平凉信访志

《平凉信访志》编纂委员会 编

光明日报出版社

图书在版编目（CIP）数据

平凉信访志 /《平凉信访志》编纂委员会编 . -- 北
京：光明日报出版社，2023.11
ISBN 978 - 7 - 5194 - 7599 - 4

Ⅰ.①平… Ⅱ.①平… Ⅲ.①信访工作—概况—平凉
Ⅳ.①D632.8

中国国家版本馆 CIP 数据核字（2023）第 224840 号

平凉信访志
PINGLIANG XINFANGZHI

编　　者:《平凉信访志》编纂委员会

责任编辑:刘兴华　　　　　　　　　责任校对:宋　悦　贾　丹
封面设计:中联华文　　　　　　　　责任印制:曹　净

出版发行:光明日报出版社
地　　址:北京市西城区永安路 106 号，100050
电　　话:010 - 63169890（咨询），010 - 63131930（邮购）
传　　真:010 - 63131930
网　　址:http://book.gmw.cn
E - mail:gmrbcbs@ gmw.cn
法律顾问:北京市兰台律师事务所龚柳方律师

印　　刷:三河市华东印刷有限公司
装　　订:三河市华东印刷有限公司
本书如有破损、缺页、装订错误，请与本社联系调换，电话:010-63131930

开　　本:210mm×285mm
字　　数:616 千字　　　　　　　　印　　张:24
版　　次:2023 年 11 月第 1 版　　　印　　次:2023 年 11 月第 1 次印刷
书　　号:ISBN 978 - 7 - 5194 - 7599 - 4
定　　价:128.00 元

领导关怀

2022 年 8 月 19 日，甘肃省委、省政府领导会见全省信访系统受表彰代表。时任平凉市信访局副局长李良军（二排左七）、灵台县信访局四级调研员牛国平（三排右四）分别作为受表彰先进集体代表和先进个人代表受到会见

2022 年 9 月 5 日，甘肃省委、省政府领导会见荣获全国"人民满意的公务员"和"人民满意的公务员集体"称号受表彰代表。时任平凉市信访局网信科科长、一级主任科员黄沿钧（二排右四）作为荣获全国"人民满意的公务员"代表受到会见

2012年4月12日，时任甘肃省信访局局长俞成辉（正面左二）来静宁县督办重点信访事项

2020年10月26日至27日，时任中共甘肃省委副秘书长、省信访工作联席会议办公室主任、省信访局局长秦仰贤（图中）督查调研平凉信访工作

2022年7月9日，时任中共甘肃省委副秘书长、省信访工作联席会议办公室主任、省信访局局长秦仰贤（左二）督查调研华亭市集中治理重复信访、化解信访积案专项工作

2013 年 4 月 10 日，时任甘肃省信访局信访督查专员王宗良（图中）督查调研平凉市集中治理重复信访、化解信访积案专项工作

2014 年 12 月 3 日至 5 日，时任甘肃省信访局信访督查专员史虎平（图中）督查调研崇信县信访工作

2014 年 12 月 19 日，时任甘肃省信访局信访督查专员吴学勤（图中）来平凉市复核信访事项

2015 年 6 月 3 日，时任甘肃省信访局副局长薛生家（图中）督查灵台县信访工作

2018 年 10 月 15 日至 19 日，时任甘肃省信访局信访督查专员郑永生（图中）带领省信访联席办第六督查组对平凉市信访矛盾化解"四场攻坚战"等工作进行实地督查

2021 年 5 月 14 日至 18 日，时任甘肃省信访局信访督查专员刘全生（左二）带领督查组督查调研平凉市信访积案化解工作

2022 年 6 月 15 日，时任甘肃省信访局副局长梁兆光（图中）在庄浪县实地督查信访积案办理情况

2014 年 4 月 24 日，时任中共平凉市委书记陈伟（右二）接待信访群众

2020 年 10 月 23 日，时任甘肃省政协副主席、中共平凉市委书记郭承录（图中）预约接访并协调化解包抓信访积案

2021年11月18日，时任中共平凉市委书记周伟（正面左一）预约接访并督办化解包抓信访积案

2022年8月30日，时任中共平凉市委书记王旭（图中）预约接访并督办重点信访事项

2012年5月29日，时任中共平凉市委副书记、市长臧秋华（左一）接待信访群众

2020 年 10 月 20 日，时任中共平凉市委副书记、市长王奋彦（图中）接待信访群众

2022 年 9 月 20 日，时任中共平凉市委副书记、市长白振海（图中）预约接访并督办重点信访事项

2013 年 3 月 4 日，时任中共平凉市委常委、市委政法委书记、市处理突出信访问题及涉访群体性事件联席会议召集人马晓峰（左一）接待信访群众

2017 年 7 月 20 日，时任中共平凉市委常委、市委政法委书记、市信访工作联席会议召集人杨军（右排图中）接待信访群众

2022 年 7 月 7 日，时任中共平凉市委常委、市委政法委书记、市信访工作联席会议召集人王晓军（右排图中）专题协调督办重点信访事项

2022 年 9 月 9 日，时任平凉市人大常委会副地级干部、市信访工作联席会议召集人薛晓宏（图中）带队督查泾川县党的二十大期间信访安全保障工作

2014年4月1日，时任平凉市政府副市长、市处理突出信访问题及涉访群体性事件联席会议召集人李富君（图中）接待信访群众

2019年7月，时任平凉市政府副市长、市公安局局长、市信访工作联席会议召集人吴建忠（正面右一）下访约见信访群众

2022年3月8日，时任平凉市政府副市长、市公安局局长、市信访工作联席会议召集人寇正德（正面左一）接待信访群众

工作剪影

1993年10月，甘肃省部分地（州、市）信访工作研讨会在平凉地区（今平凉市）召开

1998年9月7日至9日，甘肃省基层信访工作会议在平凉地区（今平凉市）召开

2010年3月10日，全市信访工作会议在平凉市召开

2015年9月24日，全省信访工作制度改革暨网上信访工作交流推进会在平凉市召开，时任中共平凉市委副秘书长、市信访局局长周晓宁（左一）在会上作交流发言

2018年6月29日，全市信访形势通报会暨信访工作制度改革研讨会在崇信县召开

2022 年 5 月 12 日，市信访工作联席会议 2022 年第二次全体（扩大）会议在平凉市召开

2022 年 7 月 5 日，时任中共甘肃省委副秘书长、省信访工作联席会议办公室主任、省信访局局长秦仰贤来平凉市作《信访工作条例》专题宣讲报告

2003 年 7 月 6 日，时任平凉市委市政府信访局局长陈黎萍（左一）接待信访群众

2015 年 5 月 26 日，时任中共平凉市委副秘书长、市委市政府信访局局长周晓宁（正面右三）接待信访群众

2020 年 8 月 17 日，时任中共平凉市委副秘书长、市信访局局长王怀义（右二）接待信访群众

2022 年 7 月 11 日，时任中共平凉市委副秘书长、市信访局局长滚多雄（正面右二）接待信访群众

2017 年 11 月 12 日，时任平凉市信访局副局长王喜东（左二）接待信访群众

2022 年 4 月 23 日，时任平凉市信访局副局长王永红（右三）到华亭市安口镇回访信访群众

2022 年 11 月 7 日，时任平凉市信访局副局长黄沿钧（左一）接待信访群众

2021 年 11 月 16 日，时任平凉市信访局信访督查专员王勇（图中）回访信访群众

1995 年，平凉地委、行署信访处在平凉地区（今平凉市）白水乡上街宣传国务院《信访条例》

2016 年 5 月 27 日，平凉市举办信访信息系统应用培训班

2016 年 6 月 6 日，全市信访局长会议在平凉市召开

2017 年 9 月 28 日，全市信访工作制度改革专题培训班在平凉市委党校举办

2019 年 5 月 7 日，平凉市举行"阳光信访"信访宣传月活动

2022 年 4 月 21 日，平凉市信访联席办在灵台县升级调查处理重点信访积案

2022 年 5 月 10 日，平凉市《信访工作条例》宣传月活动启动仪式在崆峒区人民广场举行

2022 年 7 月 11 日
至 15 日，平凉市信访局
组织召开全市信访工作
观摩调度会

2022 年 7 月 26 日，
时任中共平凉市委常委、
崆峒区委书记王琳玺（图
中）现场接访并协调化
解群众信访问题

2022 年 9 月 15 日，
时任中共崆峒区委副书
记、区长刘懿平（右二）
在柳湖镇信访接待室接待
信访群众

2022年8月31日，时任中共华亭市委书记景晓东（右二）接访策底镇塌陷安置区信访群众

2022年3月30日，时任中共华亭市委副书记、市长张晓刚（右二）在山寨乡协调泾华高速公路临时用地复垦信访事项

2022年9月1日，时任中共泾川县委书记于宏勤（正面左一）接待信访群众

2021年2月2日，时任中共泾川县委副书记、县长王德全（左一）下访高平镇信访群众

2022年8月18日，时任中共灵台县委书记王度林（右一）赴梁原乡带案下访，化解杜家沟村群众信访反映的土地承包纠纷问题

2022年11月25日，时任中共灵台县委副书记、县长文斌（左一）带案下访，处理西屯镇村民反映的农民工欠薪问题

2022 年 8 月 11 日，时任中共崇信县委书记张拴会（图中）接待信访群众

2022 年 3 月 6 日，时任中共崇信县委副书记、县长杨聪（图中）赴柏树镇带案下访处理信访事项

2022 年 9 月 7 日，时任中共庄浪县委书记陈景春（图中）预约接待信访群众

2022 年 1 月 21 日，时任中共庄浪县委副书记、县长王敏（正面右三）预约接待信访群众

2022 年 9 月 6 日，时任中共静宁县委书记何鹏峰（图中）接待信访群众，专题督办重点信访事项

2022 年 8 月 24 日，时任中共静宁县委副书记、县长王蕾（左一）带案下访信访群众

党的建设

2020 年 6 月 13 日，平凉市信访系统支部共建座谈会在泾川县召开

2021 年 9 月 24 日至 25 日，平凉市信访局组织举办全市信访系统"学党史、强能力、开新局"知识竞赛及业务交流活动

2022年5月11日，平凉市直机关党务干部培训班参训学员到市信访局现场观摩党建工作

2022年7月1日，平凉市信访局召开学习贯彻省第十四次党代会精神宣讲辅导暨研讨交流会

基础建设

2019年1月24日，中共平凉市委、平凉市人民政府信访局更名为平凉市信访局。时任中共平凉市委常委、市委政法委书记、市信访工作联席会议召集人杨军（右一）出席挂牌仪式

1975年至2022年11月平凉市信访局办公场所（位居平凉市委院内东一、二排）

2022年11月，平凉市信访局搬迁至平凉市政协机关办公楼。图为新办公场所（位居南一楼、西二楼）

2015年6月建成的平凉市委信访接待大厅

队伍风采

近年来平凉市信访局获得的部分荣誉

2022年11月9日，平凉市信访局举行新办公场所揭牌仪式，市信访局领导班子合影（从左起依次为平凉市信访局信访督查专员王勇，副局长王永红，中共平凉市委副秘书长、市信访局局长滚多雄，副局长王喜东、黄沿钧）

2022 年 12 月，平凉市信访局全体干部职工合影

2022 年 12 月，崆峒区信访局全体干部职工合影

2022 年 12 月，华亭市信访局全体干部职工合影

2022 年 12 月，泾川县信访局全体干部职工合影

2022 年 12 月，灵台县信访局全体干部职工合影

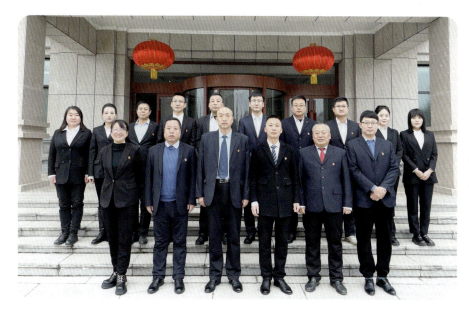

2022 年 12 月，崇信县信访局全体干部职工合影

2022 年 12 月，庄浪县信访局全体干部职工合影

2022 年 12 月，静宁县信访局全体干部职工合影

编审合影

2022 年 12 月，《平凉信访志》编纂委员会部分成员合影

2023 年 8 月 16 日，《平凉信访志》评审会部分参加人员合影

目 录
CONTENTS

第三编　信访工作制度改革及联席会议机制

第四编　典型经验及优秀论文

第五编　党的建设

第六编　信访艺苑

序　言

　　存史鉴今，以启未来。在全党全国各族人民迈上全面建设社会主义现代化国家新征程、向第二个百年奋斗目标进军的重要时刻，承载着平凉信访工作者夙愿的《平凉信访志》编纂成书，这是平凉信访工作发展史上具有里程碑意义的大事喜事，对全市上下汲取历史经验、坚定历史自信、担当历史使命，以昂扬奋进的姿态做好新时代信访工作起到很好的激励和促进作用。

　　信访工作是党的群众工作的重要组成部分，是党和政府了解民情、集中民智、维护民利、凝聚民心的一项重要工作。新中国成立以来，平凉信访工作随时代变革、与时代同行，经历了不平凡的发展历程。中华人民共和国成立初期，在毛泽东同志"必须重视人民的通信"重要批示的号召下，各级党委、政府重视接待和处理人民群众的来信来访，帮助群众解决了许多生产生活中的实际困难。改革开放后，经过探索实践，我国信访工作制度逐步形成，国务院《信访条例》颁布实施，全市信访工作得到长足发展，各项制度机制不断建立完善，妥善化解了大量改革发展中出现的矛盾问题。进入新时代以来，党中央对信访工作作出一系列重大决策部署，全面深化信访制度改革，出台《信访工作条例》。各级各部门领会贯彻习近平总书记关于加强和改进人民信访工作的重要思想，着眼加强民主政治建设和基层社会治理现代化，强化信访工作法治化规范化建设，全方位畅通信访渠道，完善落实联席会议机制，创新源头治理措施，想方设法化解信访积案、治理重复信访，在保障群众权益、密切党群关系、维护社会稳定、服务中心大局方面发挥了积极作用。《平凉信访志》的编纂遵循辩证唯物主义和历史唯物主义，客观全面记述中华人民共和国成立至今平凉信访工作的发展变化和主要成就，收集了许多具有史料价值的文件、图片、案例，通过这部志书不仅可以了解平凉一域之概貌，亦可以对我国现代信访制度发展窥知一二。

　　习近平总书记在党的二十大报告中强调："在社会基层坚持和发展新时代'枫桥经验'，完善正确处理新形势下人民内部矛盾机制，加强和改进人民信访工作，畅通和规范群众诉求表达、利益协调、权益保障通道，完善网格化管理、精细化服务、信息化支撑的基层治理平台，健全城乡社区治理体系，及时把矛盾纠纷化解在基层、化解在萌芽状态。"在新时代新征程上，全市各级信访工作联席会议和信访部门、广大信访工作者应时刻铭记领袖殷殷嘱托，坚持和加强党对信访工作的全面领导，对党和人民绝对忠诚，牢记初心使命，站稳群众立场，自觉践行"人民信访为人民"的工作理念，认真履行好为民解难、为党分忧的政治责任，积极融入到市域社会治理现代化和平安建设中，围绕保障和实现人民对美好生活的向往来做好工作，按照"三到位一处理"要求依法及时就地解决群众信访问题，以法治化科学化机制措施推动信访工作高质量发展，更好地把中国特色信访制度优势转化为社会治理效能，为以中国式现代化推进中华民族伟大复兴注入强有力的信访工作力量。

　　是为序。

平凉市委常委、市委政法委书记、
市信访工作联席会议召集人　王晓军

平凉市人大常委会副主任、
市信访工作联席会议召集人　张弘

平凉市人民政府副市长、市公安局局长、
市信访工作联席会议召集人　密正德

凡 例

一、本志以马克思列宁主义、毛泽东思想、邓小平理论、"三个代表"重要思想、科学发展观、习近平新时代中国特色社会主义思想为指导，坚持辩证唯物主义和历史唯物主义的立场、观点、方法，遵循依法编志、实事求是、述而不论、寓论于述的原则，客观全面系统记述平凉信访工作的历史和现状，力求做到思想性、时代性、科学性、专业性、资料性相统一。

二、本志采用平列分目体，按编、章、节、目体例编写。采用述、记、志、图、表、录等体裁记述各方面情况。记述内容横列纵述、纵横结合，以类系事、事以类从。

三、本志记述时间范围上起 1949 年平凉解放，下迄 2022 年 12 月 31 日，重大事项延至搁笔。

四、本志记述的地域范围，以志书下限前平凉市辖境为限。

五、本志行文除大事记和新中国成立以来历年信访工作简述等章节采用编年体外，其余均为记述体。采用国家统一的简体文字，历史纪年、地理名称、机构官职等保持历史原貌。

六、本志中的时间表述，均采用公历年月日，年份一律使用全数，并用阿拉伯数字书写。

七、本志中所指"新中国成立以来"为"中华人民共和国成立以来"。

八、本志中引用数字除引用文、习惯语、成语中涉及的以外，一律用阿拉伯数字。计量单位一律用国家法定的计量单位。

九、本志中的地方机构名称，首次出现时一律使用全称，之后均使用规范简称；一些词难达意的简称则用全称。人物称谓在姓名之前冠以职务（职级）或职称。专用名称、专用术语均在首次使用时加以注释。对信访人只记身份、隐去实名；个别重要事件，在不影响他人隐私的前提下，保留实名。

十、本志对获得国家级荣誉和有突出事迹的先进人物以典型事迹简介及照片入志；对市级信访工作机构副县（处）级以上干部、成稿前市信访局全体在职干部职工附简历及照片；对光荣在党 50 年人员、获得国家信访局颁发从事信访工作 25 年以上证书人员、获得省市级荣誉的先进工作者、市县两级信访工作机构科级及以下干部等人员予以列表收录。

十一、本志中的图、照采取彩色和黑白兼收，分别置前集中排列和文中插图。照片一律不署作者姓名。图表随正文次序排列。

十二、本志所用资料，广征博取于市县档案馆、地方志、图书、报刊、统计数据和各县（市、区）信访局、市级有关部门（单位）及知情者提供的资料等。各种资料业经反复考证核实，为节省篇幅，编纂时一律不注明出处。

综　述

　　信访作为一种社会现象，是人类社会发展到特定阶段的产物。信访在中国古已有之，最早可追溯到尧舜时代。古语中的"进善旌""华表木""谏鼓"等被视作最早表达和接纳信访的形式。根据《周礼》记载，西周时出现了"路鼓"和"肺石"制度：路鼓之制，是申诉者打击宫门外所设之鼓，由专门受理路鼓的人先倾听申诉；肺石之制，是指王宫门外设立暗红色的石头，有冤屈者在肺石上站立三日，司法官即受理此案。在汉代，则出现了"诣阙上书"这种制度，即老百姓一般应按照司法管辖逐级告劾，但若蒙受重大冤狱，也可越级上书中央司法机关申冤。晋武帝（公元265年—290年）时始设登闻鼓，悬于朝堂或都城内，百姓可击鼓鸣冤，有司闻声录状上奏，这就是所谓的"登闻鼓"直诉制度，也就是冤屈者不服判决，可以不受诉讼审级的限制，直接诉冤于皇帝或钦差大臣。北魏、南梁均沿用此制。登闻鼓制度设立之后，一直沿用到清朝，成为直诉的途径之一。

　　平凉在唐、宋、明、清及中华民国时期，民众在官府击鼓鸣冤，拦轿、堵路告状的现象也有。

　　1986年出版的《汉语大词典》把"信访"一词解释为群众来信来访的简称，指人民群众致函或走访有关部门，反映情况并要求解决某些问题。无论是古代或是近现代的信访，一般都具有六项功能：了解民情、获取信息；服务管理、完善决策；监督官员、整肃吏治；纪律管人、制度管事；弥补律令、实现公平；维护权益、补充救济。

　　中国共产党领导的信访工作产生于革命战争年代，成长于社会主义建设时期，是在历代党和国家领导同志的重视关心下逐步完善发展起来的，始终发挥着密切联系人民群众的桥梁纽带作用，具有独特的政治优势和制度优势。早在江西瑞金时期（1931年—1935年），中华苏维埃共和国临时中央政府就设立了控告箱和群众来访接待场所，专门受理和接受工农群众对政府及其工作人员的意见。在延安时期（1935年—1937年），毛泽东、周恩来等老一辈无产阶级革命家对群众来信来访亲自处理，帮助群众解决了大量生产生活问题。新中国成立以来，信访工作机构和制度机制逐步健全，党和政府为信访赋予了全新的生命，人民主体地位真正凸显，信访工作成为党和政府聚民智、连民心、解民忧的重要渠道。1949年4月，中共中央设立中央书记处政治秘书室。1950年，中共中央办公厅设立秘书室。1951年，毛泽东同志专门作出批示，强调"必须重视人民的通信，要给人民来信以恰当的处理，满足群众的正当要求，要把这件事看成是共产党和人民政府加强和人民联系的一种方法，不要采取掉以轻心置之不理的官僚主义的态度"。1954年12月，国务院秘书厅设立人民接待室，专门负责办理人民群众写给领导同志的来信或代表领导同志接待群众来访。改革开放后，信访工作体制机制不断完善，信访工作机构多次调整。2000年2月，中共中央办公厅国务院办公厅信访局升格为国家信访局。党的十八大以来，以习近平同志为核心的党中央始终把信访工作摆在重要位置。习近平总书记对信访工作作出了一系列重要指示批示，要求把信访工作作为了解民情、集中民智、维护民利、凝聚民心的重要工作，加强党对信访工作的全面领导，牢记为民解难、为党分忧的政治责任，形成了习近平总书记关于加强和改进人民信访工作的重要思想。党的十八大及十八届三中、四中全会和党的十九大及十九届四中、五中、六中全会都对信访工作进行战略擘画，提出"改革信访工作制度，实行网上受理信访制度"，要求"畅通和规范群众诉求表达、利益协调、权益保障通道"，强调"把信访纳入法治化轨道，保障合理合法诉求依照法律规定和程序就能得到合理合法的结果"，等等。党的二十大从推进国家安全体系和能力现代化、坚决维护国家安全和社会稳定高度，对"加强和改进人民信访工作"作出战略部署，充分彰显了信访制度在中国特色社会主义制度体系中不可或缺的重要地位。

▲1951 年，毛泽东同志批示指出："必须重视人民的通信，要给人民来信以恰当的处理"

新中国成立以来，我国信访制度建设大致经历了三个发展阶段：

第一阶段：起步探索阶段。新中国成立后，先后颁布《关于处理人民来信和接见人民工作的决定》《关于加强处理人民来信和接待人民来访工作的指示》，要求各级党委、政府倾听民事民愿、密切联系群众，初步建立各级领导亲自接待和阅批人民来信来访制度，形成了信访制度的雏形。

第二阶段：逐渐正规化阶段。改革开放后，"文化大革命"遗留问题被妥善解决，社会生产和人民生活逐渐恢复正常。1982 年 2 月，第三次全国信访工作会议召开，通过了《党政机关信访工作暂行条例（草案）》《当前信访工作的形势和今后的任务》，标志着中国信访制度逐渐走上了正规化道路，进入了一个新的时期。

第三阶段：法治化发展阶段。1995 年 10 月 28 日，国务院颁布《信访条例》，这是我国第一部信访行政法规。随后，国务院对《信访条例》进行了修订，于 2005 年 5 月 1 日起实施。2022 年 2 月 25 日，中共中央、国务院印发《信访工作条例》，自 2022 年 5 月 1 日起施行。《信访工作条例》是全面规范信访工作的第一部党内法规，是新时代信访制度改革的标志性成果。

平凉信访工作经历新中国成立初期起步探索、"文化大革命"中停滞或半停滞状态，改革开放后逐步进入依法治理与制度创新阶段，信访制度改革逐步完善，信访工作逐步迈入法治化、规范化、信息化轨道。

1949 年 7 月，中共平凉地委、平凉分区专员公署相继宣告成立。全区广大人民群众纷纷采取写信或来访的形式，积极对党和国家建设事业提出意见、建议，如实反映生产生活困难，提出救济等涉及个人切身利益的诉求。各级干部和信访工作者力求将人民群众意愿和诉求原汁原味地向领导机关和领导人反映。对群众的来信或来访，全区各级党委、政府认为是反映社情民意的"晴雨表"，当作党和政府联系人民群众的桥梁和纽带，都及时妥善地进行了办理。

1950 年至 1965 年，是平凉信访工作起步探索时期。信访工作由地、县党委、政府秘书部门指定工作人员兼职办理到逐步建立信访工作机构专门办理；人员配备由兼职到相对固定，再到专职；处理群众来信来访的方式方法由探索工作到逐步建章立制，依规章制度办理。群众信访反映的问题既有对社会主义建设事业提出的建议意见，也有要求调动工作、不服退休及精简安置、请求重新安置工作、不服历史结论或党纪政纪团纪处分和工资福利、生活困难、农业生产、农村工作、干部作风等问题。平凉与全国、全省一样，由于从上到下都处于"三反"（指在党政机关工作人员中开展的反贪污、反浪费、反官僚主义的运动）、"五反"（指在私营工商业中开展的反行贿、反偷税漏税、反盗骗国家财产、反偷工减料、反盗窃国家经济情报的斗争）、社会主义改造、"大跃进"（指 1958 年至 1960 年在全国范围内开展的极"左"路线运动，是在中共八届三中全会及其以后不断地错误批判 1956 年反冒进的基础上发动起来的，是"左"倾冒进的产物）、人民公社、"反右"和"四清"（1963 年至 1966 年，中共中央在全国城乡开展的社会主义教育运动）等政治运动中。信访的内容、数量与当时国家的一系列政治运动密切相关，信访工作也不可避免地烙上了各种政治运动的痕迹。来信来访量猛增，信访主要内容为揭发他人问题，后期相当长的一段时间里，大多数信访反映的是政治运动中存在的问题，同时要求落实相关政策。在这一时期，群众信访采取的主要方式是"信"和个体走访，其中：写信反映问题的占信访总量的 80% 以上，走访不到信访总量的 20%，集体上访极少；平凉地委秘书处、平凉专员公署办公室和各县（市）党委、政府受理群众来信占信访总量的 88%，来访占信访总量的 12%。由于这一时期信访工作机构没有健全，信访工作人员兼职的多、专职的少，加上一些地方党政组织对群众来信重视不足，对群众来信处理不及时，信件积压现象比较突出，个别单位甚至将群众来信未做任何受理就一存了之。针对这些突出问题，地委秘书处、专署办公室采取将一般来信转有关县或单位查处，固定专人催办；对涉及量大、面广且反映同一类问题的重要来信，提交地委、专署有关会议专题研究，指派专人直接调查处理。地委秘书处和专署办公室还以《要信请示》《要信阅办》的形式向地委、专署领导同志呈送。同时，探索建立和严格落实群众来信办理责任追究等制度，不断畅通人民群众信访渠道，使人民群众信访反映的突出问题得到及时处理。

1966 年至 1978 年，平凉信访工作在之前多年探索、取得基本经验的时候，"文化大革命"开始，全区信访工作受到严重干扰和影响，地、县信访工作机构处于瘫痪或半瘫痪状态，许多受迫害的干部、群众不仅上告无门，反而遭到新的打击报复。1967 年 4 月至 1968 年 1 月，信访工作由中国人民解放军驻平部队和平凉军分区"支左"委员会全面承担。群众来信来访工作由"支左"委员会办公室指定军队干部或地方干部负责办理，主要工作任务是接待部分造反群众和一些串联的红卫兵。1968 年 2 月，平凉专区革命委员会成立，信访工作业务由平凉专区革委会办公室秘书组兼办。从此，人民群众来信来访工作逐步由军队干部与地方干部共同负责办理转交地方干部办理，人民群众来信来访工作引起了专区革委会的重视，地、县两级认真贯彻全省信访工作座谈会议精神，各县恢复和建立信访工作机构，调整充实信访工作人员，严格落实党的政策，积极解决人民群众通过信访渠道反映的合理诉求，使许多"老大难"问题得到了初步解决。但是，由于仍处在"文化大革命"中，一些信访案件未能得到彻底解决而被搁置。1970 年，平凉地区革委会办公室下设信访组，专门负责人民群众来信来访接待和信访问题交办督办工作，但由于受"文革""左"的错误路线影响以及全区开展"一打三反"、清查"五·一六"反革命集团斗争和"批陈整风""批林整风""批林批孔""评法批儒""思想和政治路线教育"等运动的影响，全区信访工作又处于停滞或半停滞状态。1973 年 9 月，平凉地委、平凉地区革委会分设办公。地委信访工作业务由地委办公室秘书科确定专人办理；地区革委会办公室下设信访接待室，专门负责人民群众来信来访受理接待和信访事项协调办理工作。地、县两级确定分管副书记，恢复和建立领导干部定期接待来访群众制度，认真查处了一批人民群众来信来访反映的突出问题。1975年8月20日至29日，中共甘肃省委召开由各地、市、自治州党委和部分省直机关单位党组负责同志，以及省委信访室、落实政策办公室有关负责同志参加的落实政策座谈会。会议决定：对"文革"中确实搞错了的要甄别平反；无辜受害的要分配工作；一切污蔑不实之词应予推翻；被迫害致死的应予昭雪，恢复名誉。座谈会之后，全区各级信访工作机构和信访工作人员除受理接待来信来访群众和协调处理日常信访问题外，还配合地、县落实政策办公室为纠正"左"的错误做了许多有益的工作。1976年10月，"文化大革命"结束，全区信访量上升幅度较大。1977年，全区信访工作基本步入正轨。1978年1月9日，中共甘肃省委批转1977年12月14日的《全省信访工作会议纪要》，要求各级党的组织建立领导接待日制度，领导同志都要亲自过问和处理一些重要信访案件。是年，地委及各县党委成立落实政策领导小组及办公室，开始对"文革"案件进行彻底复查，平反冤假错案；对历次运动中的案件进行复查清理，重点对"四清"运动及"大跃进"中处理的案件和肃反审干中的国民党、三青团合并案进行复查。是年9月，中共甘肃省委办公厅又发出《关于切实做好群众来信来访工作的通知》，按照其要求，地委成立信访室，专门负责人民群众来信来访受理接待和信访事项协调办理工作。地、县党委建立领导干部星期五接待来访群众制度，主要领导同志亲自接待来访群众，亲自抓信访工作，亲自协调处理信访突出问题。通过全区上下共同努力工作，赴省上访人数明显下降，绝大多数信访问题解决在本地区和本单位，信访形势有了初步好转。是年12月，党的十一届三中全会召开。之后，全区信访工作机构和信访工作人员配合有关部门和单位为拨乱反正、平反冤假错案、处理涉及"文革"及各种政治运动中的信访问题，全面落实党的各项政策作出了不懈努力。

1979年至2002年，是平凉信访工作在改革开放中充分发挥桥梁纽带作用的时期。地、县党政机关和信访工作机构坚持"实事求是，有错必纠"的原则，在深入调查研究的基础上，先后制定出台了一系列平反冤假错案、处理历史遗留问题、规范信访工作的具体文件，为开展大规模平反工作确立了标准，也为有效开展信访工作提供了政策依据。这一时期，全区信访工作制度建设逐步恢复，信访工作机构不断调整完善，信访干部队伍建设得到加强，工作职能定位为"为经济建设和改革开放服务"，信访工作逐渐步入了依法治理与制度创新的全新阶段。信访工作的方式方法由过去的一般转送、交办，开始向落实各级领导责任、实行责任交办，协调督办、维护群众合法权益，综合分析、为领导提供决策参考转变。人民群众信访采取的方式为投递信件、个体走访、集体上访，其中以投递信件方式反映问题的占信访总量的60%，以个体走访和集体上访方式反映问题的占信访总量的40%。地委、行政公署信访工作机构受理群众来信占全区信访总量的69%，接待群众来访占全区来访总量的31%。在来访总批次中，集体上访占28%。

2003年至2012年，是平凉信访工作负重爬坡时期。绝大多数社会矛盾通过信访渠道反映出来，全市信访量持续高位运行、群众集体上访量居高不下。最为突出的是：企业改制破产后职工的安置及下岗再就业问题；重点项目建设征用土地及失地农民生活出路问题；改制破产企业职工养老保险政策落实和城区失地农民养老保险的办理问题；城镇房屋拆迁群众安置问题；农村中小学校聘用代课人员工资待遇问题；"三农"及农民负担问题；退耕还林政策落实问题；"形象工程""政绩工程"拖欠农民工工资及工程款问题；干部违纪违法问题；涉法涉诉信访问题；等等。这一时期，人民群众信访采取的方式以集体上访和个人走访为主，以来信和网上投诉为辅。同时，也出现了许多越级到市赴省进京上访人员，给信访部门和相关责任单位信访工作带来了前所未有的困难和挑战。对此，市、县（区）信访部门和信访工作人员，在热情接待来访群众的基础上，不断加大人民群众信访反映各类问题的协调处理力度，最大限度地维护人民群众合法权益，为维护社会和谐稳定作出了积极贡献。自2006年开始，平凉市连续7年在全省信访工作考核中被评为信访工作先进市。

2013年至2022年，是平凉信访制度改革完善、信访工作高质量发展的重要时期。随着全市各项改革不断深入，经济加速发展，社会加快转型，新情况、新问题不断出现，新老问题交织叠加，绝大多数矛盾和问题通过信访渠道向党委、政府反映，群众信访量持续高位运行，信访工作难度越来越大，信访工作面临的任务十分繁重。这一时期，群众信访反映的问题主要集中在市、县（市、区）国有（集体）企业改制或破产、下岗职工养老保险办理和再就业、城市建设拆迁安置、重点项目建设征用土地、城郊失地农民生活困难和养老保险办理、"两参"人员生活救助、转业退役人员安置、县聘代课人员工资待遇、城乡居民房屋产权登记、非法吸收公众存款和非法集资、村社财务管理、扶贫资金使用、涉法涉诉、农民工工资、"三农"和干部工作作风等方面。这一时期，全市信访部门以习近平新时代中国特色社会主义思想为指导，认真学习贯彻习近平总书记关于加强和改进人民信访工作的重要思想，不断改革完善信访制度，大胆探索建立符合平凉实际的信访工作模式，在落实信访工作责任、建立信访工作制度机制、维护群众合法权益、防范化解矛盾风险、加强信访源头治理上狠下功夫，初步实现了信访工作制度机制更加完善、信访工作和信访行为基本规范、群众满意度逐年上升的工作目标。主要体现在四个方面：一是体制机制更加健全。在全市形成了"统一领导、各负其责、齐抓共管、广泛参与"的信访工作格局，信访工作联席会议机制更加完善。二是解决问题更加有力。不断拓宽人民群众信访渠道，信访群众表达诉求更为便捷；大力改善接访场所条件，热情接待来访群众；及时受理交办群众信访事项，不断加大信访事项督查督办力度；依法依规开展信访事项复查复核工作；全面落实首办责任制，初次信访事项一次性化解率明显提高。三是信访业务更加规范。信访工作法治化、信息化水平明显提升，信访业务工作制度体系更加完备，群众信访事项绝大多数能够得到及时受理和依法办理，信访事项及时受理率、按期办结率、群众满意率均有提高，信访工作考核更加务实、科学、严谨。四是防范信访风险更加有效。市、县（市、区）信访部门汇集社情民意、服务科学决策的参谋助手作用得到了充分发挥，信访维稳和应急处置工作机制进一步健全，信访风险评估预警制度得到全面落实，有效防范和化解了一大批影响社会和谐稳定的信访风险。全市信访工作连续10年在全省年度信访工作考核中被评为先进市或全面达标地区，涌现出了陈黎萍、王仁贵、黄沿钧等一批全国、全省先进信访工作者。2021年，市信访局党支部被省委表彰为全省先进基层党组织。2022年，市信访局被人社部、国家信访局表彰为"全国信访系统先进集体"。

总之，平凉市信访工作在73年的历程中，通过不断探索总结，在不同的历史时期，都积累了一些好经验、好做法。概括起来有以下十个方面：一是坚持党对信访工作的领导，把党委、政府重视支持作为做好信访工作的根本保证。二是坚持以人民为中心的发展思想，把践行党的根本宗旨和群众路线贯穿于信访工作全过程。三是坚持新发展理念，构建党委统一领导、政府组织落实、联席会议协调、信访部门推动、各方齐抓共管的"大信访"格局，与时俱进创新信访工作理念方式。四是坚持"三到位一处理"要求，依法依规分类处理群众信访事项，做到诉求合理的解决问题到位、诉求无理的思想教育到位、生活困难的帮扶救助到位、行为违法的依法处理。五是坚持全面推行信访工作责任制，把主要领导负总责、分管领导负直接责任、其他领导"一岗双责"的责任体系真正落到实处。六是坚持推进信访工作高质量发展，不断加强基层信访工作和信访业务规范化建设。七是坚持改革创新信访工作制度，大胆探索符合本地实际的信访工作新机制、新制度、新模式。八是坚持和发展"枫桥经验"，把信访矛盾纠纷排查化解工作制度化、规范化、常态化，依靠基层组织及时就地依法化解各类信访矛盾纠纷，做到"小事不出村（社区）、大事不出乡（镇）"。九是坚持培育信访工作先进典型，把典型引路、示范带动作为一种行之有效的方式，全面提高信访工作质量水平。十是坚持不懈地抓好信访部门自身建设和信访干部队伍建设，落实"对党忠诚可靠、恪守为民之责、善做群众工作"的总要求，加强信访干部队伍思想政治建设、能力建设和作风建设，努力锻造一支忠诚干净担当的高素质信访干部队伍。这些好经验、好传统、好做法，是新时代平凉信访工作高质量发展可供借鉴的宝贵财富。

在新时代新征程上，平凉市各级信访工作机构和广大信访工作者将继续在市委、市政府的坚强领导下，不忘初心、牢记使命、踔厉奋发、勇毅前行，认真贯彻落实《信访工作条例》，自觉履行"为民解难、为党分忧"的政治责任，全力做好服务中心大局、解决信访问题、维护群众合法权益、促进社会稳定等工作，为建设社会主义现代化幸福美好新平凉做出新的更大贡献。

第一编 01

机构人员

第一章 机构编制

第一节 市级信访工作机构沿革及人员编制

1949年7月，中共平凉地委、平凉分区行政督察专员公署相继宣告成立。是年8月开始，人民群众来信来访由地委秘书处和专署秘书室受理接待。

1950年8月，平凉地委秘书处、平凉分区行政督察专员公署秘书室指定工作人员兼职办理人民群众来信来访业务。

1951年4月，平凉地委秘书处、甘肃省人民政府平凉区专员公署秘书室确定工作人员办理人民群众来信来访业务。是年6月，区直党政部门和公安、检察、司法、监察机关设立"检举箱""控告箱"，并指定专人公开受理接待人民群众来信来访、办理信访业务。

1953年，甘肃省人民政府平凉区专员公署秘书室下设人民来信来访接待室，编制1名，专门负责人民群众来信来访接待、协调和处理工作。

1955年，甘肃省人民政府平凉区专员公署秘书室更名为办公室，人民群众来信来访工作由办公室兼办。

1961年8月，平凉地委秘书处、平凉区专员公署办公室分别设立信访接待室，编制2名，专门负责人民群众来信来访受理接待工作和信访事项交办督办工作。

1966年5月，因"文化大革命"，平凉区专员公署领导机构遭受严重冲击，信访工作机构瘫痪。

1968年2月，平凉专区革委会办公室秘书组兼办信访工作业务。

1969年10月，平凉地区革委会办公室确定专职信访干部办理信访业务。

1970年，平凉地区革委会办公室下设信访组，编制4名，专门负责人民群众来信来访受理接待和信访事项交办督办工作。

1973年9月，平凉地委、平凉地区革委会分设办公。地委信访工作由地委办公室秘书科兼办；地区革委会办公室下设信访接待室，编制2名，专门负责人民群众来信来访受理接待和信访事项协调办理工作。

1975年，平凉地区革委会办公室信访接待室更名为信访室，编制3名，专门负责人民群众来信来访接待和信访事项协调办理工作。

1978年，平凉地委成立信访室，编制3名，专门负责人民群众来信来访受理接待和信访事项协调办理工作。

1979年，平凉地区行政公署设立信访室。

1984年6月，平凉地区行政公署信访室更名为信访科，编制3名。

1985年1月，平凉地委信访室与平凉地区行政公署信访科合并，成立中共平凉地委、平凉地区行政公署信访处，县级建制，编制8名，未设职能科室，专门负责人民群众来信来访接待和信访事项协调办理工作。

1997年8月8日，中共平凉地委、平凉地区行政公署信访处，职能并入中共平凉地委秘书处，保留牌子。地委、行政公署信访处设办公室1个职能科室，核定行政编制8名，设处长1名（地委副秘书长兼），副处长1-2名。

2002年9月，撤销中共平凉地委、平凉地区行政公署信访处，设立中共平凉市委、平凉市人民政府信访局，内设办公室和信访科2个职能科室，行政编制7名，事业编制1名。

2003年，成立平凉市人民政府信访接待室，科级建制，归市政府办公室管理，工作业务由市委、市政府信访局指导，事业编制3名，主要负责市政府人民群众来信来访接待和处理工作。

2004年3月，中共平凉市委、平凉市人民政府信访局增加行政编制1名。

2005年7月，中共平凉市委、平凉市人民政府信访局增设内设科室督查科，增加事业编制2名，增设副局长领导职数1名、科级领导职数1名。

2007年，中共平凉市委、平凉市人民政府信访局增加行政编制1名。是年8月，中共平凉市委、平凉市人民政府信访局核定工勤编制1名，编制共11名（其中行政编制8名、事业编制2名、工勤编制1名）。

2008年7月，成立平凉市人民政府信访事项复查复核委员会办公室，科级建制，设在市委市政府信访局，设主任1名，编制在市委市政府信访局内部调整，主要负责市级信访事项复查复核业务工作。

2010年9月，平凉市人民政府信访接待室整体划入市委、市政府信访局（事业编制3名），市委市政府信访局确定1名副局长、3名工作人员具体负责市政府来信来访受理接待工作。

2012年10月，中共平凉市委、平凉市人民政府信访局将1名事业编制转为工勤编制，调整后共有编制15名，其中行政编制9名，事业编制4名，工勤编制2名。

2013年6月，中共平凉市委、平凉市人民政府信访局增设信访科副科长科级领导职数1名。调整后，市委市政府信访局内设办公室、信访科、督查科、市政府信访事项复查复核委员会办公室、市政府信访接待室5个科室，设科级领导职数6名。是年8月，中共平凉市委、平凉市人民政府信访局设纪检组长领导职数1名。是年12月17日，中共平凉市委决定：成立中共平凉市委、平凉市人民政府信访局党组。

2015年5月，中共平凉市委、平凉市人民政府信访局增加全额拨款事业编制2名，总编制17名，其中行政编制9名，全额拨款事业编制6名，工勤编制2名。

2017年10月，中共平凉市委、平凉市人民政府信访局纪检组长领导职数和编制划转市纪委。

2019年1月14日，中共平凉市委、平凉市人民政府信访局更名为平凉市信访局，为市委工作机关。是年1月21日，经中共平凉市委决定：撤销中共平凉市信访局党组。是年5月9日，中共平凉市委办公室印发《关于调整平凉市信访局职能配置内设机构和人员编制的通知》（平办字〔2019〕76号），平凉市信访局内设机构信访科更名为网信科、市政府信访接待室更名为接访科、市政府信访事项复查复核委员会办公室更名为复查复核科。调整后平凉市信访局内设5个职能科室；共有编制17名，其中行政编制12名、事业编制4名、工勤编制1名；设局长1名（市委副秘书长兼任），副局长3名；科级领导职数8名，其中正科级 5 名, 副科级 3 名。是年 12 月, 核定平凉市信访局副县级信访督查专员领导职数 1 名。

第二节　县 (市、区) 信访工作机构沿革及人员编制

一、崆峒区 (原平凉县、原平凉市) 信访工作机构沿革及人员编制

1949 年, 平凉县解放后, 未设专门信访工作机构, 信访工作由中共平凉县委秘书室和平凉县人民政府秘书室兼办。

1955 年, 中共平凉县委秘书室、平凉县人民委员会办公室各配备 1 名专职信访接待员, 具体受理接待人民群众来信来访。

1968 年, 平凉县革委会办公室下设信访组, 编制 3 名, 具体负责人民群众来信来访受理接待工作。

1979 年, 中共平凉县委、平凉县人民政府分别下设信访室, 县委信访室编制 4 名, 县政府信访室编制 2 名, 具体负责受理接待人民群众来信来访, 协调处理人民群众信访反映的问题。

1982 年 9 月, 中共平凉县委信访室和平凉县人民政府信访室合并, 成立中共平凉县委、平凉县人民政府信访办公室, 科级建制, 编制 6 名。

1983 年 10 月, 中共平凉县委、平凉县人民政府信访办公室更名为中共平凉市委、平凉市人民政府信访办公室。

1985 年 4 月, 中共平凉市委、平凉市人民政府信访办公室列入市委、市政府工作部门编制序列, 隶属于市委、市政府, 科级建制, 编制 6 名。

2002 年 8 月, 中共平凉市委、平凉市人民政府信访办公室更名为中共崆峒区委、崆峒区人民政府信访办公室。

2005 年 4 月, 撤销中共崆峒区委、崆峒区人民政府信访办公室, 成立中共崆峒区委、崆峒区人民政府信访局, 隶属于区委工作部门, 设局长 1 名, 副局长 2 名, 信访接待员 2 名, 事业干部 2 名。

2009 年 3 月, 成立崆峒区人民政府信访事项复查复核委员会及其办公室, 办公室设在区信访局, 区信访局局长兼任办公室主任。是年 5 月, 成立崆峒区信访热线受理中心, 加挂崆峒区人民政府信访事项复查复核委员会办公室牌子, 副科级财政全额拨款事业单位, 设主任 1 名, 编制 5 名, 隶属于区委区政府信访局管理。

2019 年 1 月, 撤销中共崆峒区委、崆峒区人民政府信访局, 成立崆峒区信访局, 为区委工作机关, 内设办公室、接访室两个工作机构, 均为股级, 核定行政编制 7 名、工勤编制 1 名, 设局长 1 名、副局长 2 名。区信访热线受理中心及区人民政府信访事项复查复核委员会办公室仍设在区信访局, 工作职责未变。是年 12 月, 核定区信访局副科级信访督查专员领导职数 1 名。

二、华亭市 (原华亭县) 信访工作机构沿革及人员编制

1949 年, 华亭县解放后, 未设专门信访机构, 信访工作由中共华亭县委秘书室和华亭县人民政府秘书室兼办。

1955 年 3 月, 中共华亭县委秘书室、华亭县人民委员会办公室指定专人兼办信访工作业务。

1962 年, 中共华亭县委秘书室、华亭县人民委员会办公室分别下设信访室, 各配备专职信访干部 1 名, 具体受理接待人民群众来信来访, 协调处理人民群众信访反映的问题。

1968 年 3 月, 华亭县革委会办公室下设信访组, 编制 2 名, 具体受理接待人民群众来信来访。

1972年，中共华亭县委、华亭县革委会合设信访室，配备2名信访干部，隶属于县委办公室管理，具体负责人民群众来信来访受理接待工作，办理信访工作业务。

1977年，中共华亭县委、华亭县革委会分别设立信访室，各配备信访干部1名，具体受理接待人民群众来信来访，办理信访工作业务，协调处理人民群众信访反映的问题。

1983年，中共华亭县委信访室、华亭县人民政府信访室合并，成立华亭县信访办公室，设在县委机关，科级建制，编制3名，配备主任1名、工作人员2名。

1984年，撤销华亭县信访办公室，在县委办公室下设信访室，配备2名专职信访干部。

1985年，重新成立华亭县信访办公室，科级建制，编制4名，配备主任1名、工作人员3名。

1988年，撤销华亭县信访办公室，成立中共华亭县委、华亭县人民政府信访办公室，科级建制，编制3名。

2002年，中共华亭县委、华亭县人民政府信访办公室增加编制2名，总编制5名，设主任1名、副主任2名、工作人员2名。

2005年，撤销中共华亭县委、华亭县人民政府信访办公室，成立中共华亭县委、华亭县人民政府信访局，编制5名，设局长1名、副局长1名，配备工作人员3名。

2010年，中共华亭县委、华亭县人民政府信访局增加工勤编制1名。

2015年3月，成立华亭县人民政府信访事项复查复核委员会及其办公室，其办公室为县委、县政府信访局内设股级事业单位，核定编制2名，县委、县政府信访局局长兼任办公室主任。

2017年9月，华亭县人民政府信访事项复查复核委员会办公室增加编制2名。

2018年12月，华亭撤县设市，中共华亭县委、华亭县人民政府信访局更名为中共华亭市委、华亭市人民政府信访局。

2019年1月，撤销中共华亭市委、华亭市人民政府信访局，成立华亭市信访局，为市委工作机关。核定行政编制6名、工勤编制1名，设局长1名、副局长2名。是年12月，核定市信访局副科级信访督查专员领导职数1名。

2020年，华亭市信访局增设机构华亭市人民政府信访事项复查复核委员会办公室，核定事业编制6名，市信访局局长兼任办公室主任。

三、泾川县信访工作机构沿革及人员编制

1949年，泾川县解放后，未设专门信访工作机构，信访工作由中共泾川县委秘书室和泾川县人民政府秘书室指定工作人员兼办。

1955年3月，中共泾川县委秘书室、泾川县人民委员会办公室指定工作人员受理接待人民群众来信来访，兼办信访工作业务。

1957年，中共泾川县委设立人民来信来访接待室，隶属于中共泾川县委办公室管理，县委办公室指定工作人员兼办信访工作业务。

1968年5月，泾川县革委会办公室下设信访组，具体负责人民群众来信来访受理接待工作。

1972年，泾川县革委会办公室下设的信访组更名为人民群众来信来访接待组。

1977年，中共泾川县委办公室下设信访办公室，编制2名，具体负责人民群众来信来访受理接待工作，协调处理人民群众信访反映的问题。

1978年1月，成立中共泾川县委信访办公室，具体负责人民群众来信来访受理接待工作，办理信访工作业务。

1984年1月，中共泾川县委、泾川县人民政府联合成立信访办公室，科级建制，编制4名，具体负责人民群众来信来访受理接待工作，协调处理人民群众信访反映的问题，办理信访工作业务。

1986年10月，中共泾川县委、泾川县人民政府分别设立信访办公室，县委信访办公室工作人员3名，县政府信访办公室工作人员1名，共同负责人民群众来信来访受理接待工作，协调处理人民群众信访反映的问题。

1990年4月，中共泾川县委信访办公室和泾川县人民政府信访办公室合并，成立中共泾川县委、泾川县人民政府信访办公室，科级建制，编制为6名，设主任1名、副主任1名、文书1名、来信来电处理兼案件调查员2名、来访接待兼信访调查员1名。具体负责人民群众来信来访受理接待工作，交办督办信访事项，调查处理人民群众信访反映的突出问题。

2005年8月，撤销中共泾川县委、泾川县人民政府信访办公室，成立中共泾川县委、泾川县人民政府信访局，科级建制，编制7名，其中行政编制6名、事业编制1名（工勤岗），设局长1名、副局长2名、科办员3名、工勤人员1名。

2019年4月，成立泾川县信访接待服务中心，科级全额拨款事业单位，隶属泾川县信访局管理，核定事业编制6名，设主任1名、副主任1名。是年5月，撤销中共泾川县委、泾川县人民政府信访局，成立泾川县信访局，为县委工作机关，核定行政编制6名，设局长1名、副局长2名。是年12月，核定县信访局副科级信访督查专员领导职数1名。

四、灵台县信访工作机构沿革及人员编制

1949年，灵台县解放后，未设专门信访工作机构，信访工作由中共灵台县委秘书室和灵台县人民政府秘书室兼办。

1955年3月，中共灵台县委秘书室、灵台县人民委员会办公室指定工作人员受理接待人民群众来信来访。

1968年，灵台县革委会办公室下设信访组，具体负责受理接待人民群众来信来访工作。

1979年2月，成立中共灵台县委、灵台县革委会信访办公室，科级建制，编制4名，设主任1名，具体负责人民群众来信来访受理接待工作，协调处理人民群众信访反映的问题，办理信访工作业务。

1981年1月，撤销中共灵台县委、灵台县革委会信访办公室，成立中共灵台县委、灵台县人民政府信访办公室，科级建制，编制4名。具体负责人民群众来信来访受理接待工作，交办督办信访事项，协调处理人民群众信访反映的问题，办理信访工作业务。

2004年7月，撤销中共灵台县委、灵台县人民政府信访办公室，成立中共灵台县委、灵台县人民政府信访局，科级建制，编制6名，设局长1名、副局长2名。

2009年6月，成立灵台县人民政府信访事项复查复核委员会及其办公室，办公室设在中共灵台县委、灵台县人民政府信访局，县信访局局长兼任办公室主任。

2012年11月，成立灵台县人民政府信访接待室，为股级全额拨款事业单位，隶属县委、县政府信访局管理，核定编制5名（其中划入局机关3名事业编制）。

2017年5月，中共灵台县委、灵台县人民政府机构编制委员会核定县信访局信访督查专员职数1名（副科级）。

2019年5月，撤销中共灵台县委、灵台县人民政府信访局，成立灵台县信访局，为县委工作机关。

核定行政编制 6 名、事业编制 7 名，设局长 1 名、副局长 2 名。是年 12 月，核定县信访局副科级信访督查专员领导职数 1 名。

五、崇信县信访工作机构沿革及人员编制

1949 年，崇信县解放后，未设专门信访工作机构，信访工作由中共崇信县委秘书室、崇信县人民政府秘书室兼办。

1955 年 3 月，中共崇信县委、崇信县人民委员会办公室指定工作人员兼职办理信访工作业务。

1968 年，崇信县革委会办公室下设信访组，具体负责人民群众来信来访受理接待工作。

1982 年 5 月，成立中共崇信县委、崇信县人民政府信访办公室，科级建制，编制 4 名，设主任 1 名、副主任 1 名。具体负责人民群众来信来访受理接待工作，办理信访工作业务，协调处理人民群众信访反映的问题。

2002 年 6 月，中共崇信县委、崇信县人民政府信访办公室归口县委办公室管理，科级建制，核定行政编制 2 名、事业编制 1 名，设主任 1 名、副主任 1 名。

2005 年 6 月，撤销中共崇信县委、崇信县人民政府信访办公室，成立中共崇信县委、崇信县人民政府信访局，为县委工作部门，科级建制，核定行政编制 2 名、事业编制 1 名，设局长 1 名、副局长 1 名。具体负责人民群众来信来访受理接待工作，协调处理人民群众信访反映的突出问题，办理信访工作业务。

2007 年 6 月，县委、县政府信访局新增事业编制 1 名。

2010 年 6 月，中共崇信县委、崇信县人民政府信访局核定编制 5 名，其中行政编制 2 名、事业编制 3 名（包括 1 名后勤岗）。

2012 年 4 月，成立崇信县集中处理信访突出问题及涉访群体性事件联席会议办公室，隶属县委、县政府信访局，为股级全额拨款事业单位，核定事业编制 4 名。

2013 年 10 月，崇信县集中处理信访突出问题及涉访群体性事件联席会议办公室增加事业编制 1 名。

2015 年 9 月，调剂增加崇信县集中处理信访突出问题及涉访群体性事件联席会议办公室全额拨款事业编制 1 名。是年 10 月，崇信县集中处理信访突出问题及涉访群体性事件联席会议更名为崇信县信访工作联席会议。

2019 年 1 月，撤销中共崇信县委、崇信县人民政府信访局，成立崇信县信访局，为县委工作机关，核定行政编制 6 名（含行政岗 5 名，工勤岗 1 名），设局长 1 名、副局长 2 名。是年 4 月，成立崇信县信访工作联席会议事务服务中心，为股级财政全额拨款事业单位，隶属县信访局管理，核定事业编制 5 名。是年 12 月，核定县信访局副科级信访督查专员领导职数 1 名。

六、庄浪县信访工作机构沿革及人员编制

1949 年，庄浪县解放后，未设专门信访工作机构，信访工作由中共庄浪县委秘书室和庄浪县人民政府秘书室兼办。

1955 年 3 月，中共庄浪县委秘书室、庄浪县人民委员会办公室指定专人兼办信访工作业务，具体受理接待人民群众来信来访。

1968 年 3 月，庄浪县革委会办公室下设信访组，具体负责人民群众来信来访受理接待工作。

1984 年 12 月，中共庄浪县委、庄浪县人民政府联合设立信访办公室，为县委工作部门，科级建制，核定人员编制 5 名，设主任 1 名、副主任 1 名。具体负责人民群众来信来访受理接待工作，办理信访工作业务，协调处理人民群众信访反映的问题。

1997年9月，中共庄浪县委、庄浪县人民政府信访办公室更名为庄浪县信访办公室，职能并入中共庄浪县委办公室，保留庄浪县信访办公室牌子，核定行政编制4名。

2002年，县级机构改革中，庄浪县信访办公室为县委、县政府工作机构，归口中共庄浪县委办公室管理，人员编制、工作职责未变。

2005年6月，庄浪县信访办公室更名为中共庄浪县委、庄浪县人民政府信访局，为县委、县政府工作机构，归口中共庄浪县委办公室管理。是年8月，县委、县政府信访局增加行政编制2名。

2009年3月，成立庄浪县人民政府信访事项复查复核委员会及其办公室，办公室设在县委、县政府信访局，县委、县政府信访局局长兼任办公室主任。

2019年4月，撤销中共庄浪县委、庄浪县人民政府信访局，成立庄浪县信访局，为县委工作机关。核定行政编制6名、工勤编制1名，设局长1名、副局长2名。是年12月，核定县信访局副科级信访督查专员领导职数1名。

2021年12月，成立庄浪县信访事务服务中心，隶属庄浪县信访局管理，核定事业编制2名。

七、静宁县信访工作机构沿革及人员编制

1949年，静宁县解放后，未设专门信访工作机构，信访工作由中共静宁县委秘书室和静宁县政府秘书室兼办。

1955年3月，中共静宁县委秘书室、静宁县人民委员会办公室指定专人兼办信访工作业务，受理接待人民群众来信来访。

1957年，中共静宁县委秘书室、静宁县人民委员会办公室分别设立信访接待室，编制各1名，具体受理接待人民群众来信来访，办理信访工作业务。

1968年，静宁县革委会办公室下设信访组，确定2名专职干部，具体受理接待人民群众来信来访。

1972年，中共静宁县委、静宁县革委会分别设立信访室，具体受理接待人民群众来信来访，办理信访工作业务。

1984年12月，中共静宁县委信访室和静宁县人民政府信访室合并，成立中共静宁县委、静宁县人民政府信访办公室，设在县委机关，归口县委办公室管理，科级建制，编制4名，设主任1名、副主任1名，同时在县委设立信访接待室，具体负责人民群众来信来访受理接待工作，办理信访工作业务，协调处理人民群众信访反映的问题。

2002年6月，中共静宁县委、静宁县人民政府信访办公室更名为静宁县信访办公室，隶属关系、人员编制、工作职责未变。

2006年3月，静宁县信访办公室更名为静宁县信访局，科级建制，为县委工作部门，编制4名，设局长1名，副局长1名，局长兼任中共静宁县委办公室副主任。

2007年4月，县信访局增加事业编制2名。

2008年12月，在县政府设立信访接待室，增加副局长科级领导职数编制1名，增加工作人员编制3名。

2009年6月，成立静宁县人民政府信访事项复查复核委员会及其办公室，办公室主任由县信访局局长兼任。

2013年9月，县信访局增加工勤编制1名。是年11月，县信访局增加行政编制2名，县编办收回事业编制2名。

2019 年 5 月，静宁县信访局调整为县委工作机关，人员编制调整为行政编制 6 名、工勤编制 1 名，设局长 1 名、副局长 2 名、纪检组长 1 名。内设办公室、群众来访接待室 2 个股级室。是年 12 月，核定县信访局副科级信访督查专员领导职数 1 名。

2020 年 9 月，成立静宁县信访事项网上办理中心，隶属于静宁县信访局管理，核定事业编制 3 名。

第三节　其他市级机关及部门（单位）信访工作机构沿革

一、设立专门信访工作机构的机关和部门

（一）平凉市纪委监委

1993 年 5 月 10 日，中共平凉地区纪委机关与平凉地区监察局合署办公，设立信访室（举报中心），为中共平凉地区纪委（监察局）内部职能室，专门受理接待人民群众来信来访，受理信访举报线索。

2002 年 6 月 28 日，中共平凉地区纪委、平凉地区监察局分别更名为中共平凉市纪律检查委员会、平凉市监察局，市纪委和市监察局合署办公，设立信访室（监察局举报中心），为市纪委、市监察局内设机构。

2015 年 2 月 11 日，根据市编委《关于调整市纪委内设机构和职责的通知》（平机编〔2013〕126号），撤销信访室，继续保留举报中心。

2018 年 10 月 8 日，根据市委办公室、市政府办公室《关于印发中国共产党平凉市纪律检查委员会、平凉市监察委员会机关职能配置、内设机构和人员编制规定的通知》（平办字〔2018〕63 号），市纪委监委机关内设信访室，副县级建制。

（二）平凉市人大常委会办公室

1996 年 4 月，平凉地区人大工委办公室下设信访科，专门受理接待人民群众来信来访。

2002 年 12 月，平凉撤地设市之后，成立平凉市人大常委会，在市人大常委会办公室设立信访科。

2010 年 11 月，经市机构编制委员会同意，市人大常委会办公室信访科升格为信访室，副县级建制，更名为市人大常委会办公室信访室，为市人大常委会办公室下设机构。

2016 年 8 月，撤销市人大常委会办公室信访室，在市人大常委会办公室下设信访科。

2020 年 7 月，根据市编委办《关于调整市人大常委会办公室内设机构和职责的通知》（平编委办发〔2020〕81 号），撤销市人大常委会办公室信访科，成立市人大常委会办公室督查信访科。

（三）平凉市中级人民法院

1949 年 8 月 3 日，甘肃省人民法院平凉分庭成立，未设专门信访工作机构，人民群众来信来访工作业务由问事处、代书室办理。

1951 年 1 月，甘肃省人民法院平凉分庭改为甘肃省人民法院平凉分院，未设专门信访工作机构，人民群众来信来访由相关庭（室）受理接待。

1953 年 4 月，甘肃省人民法院平凉分院成立人民来信来访接待室，受理接待人民群众来信来访。

1954 年 9 月，甘肃省人民法院平凉分院改为平凉地区中级人民法院，设立人民接待室，受理接待人民群众来信来访，办理信访工作业务。

1955 年 10 月，平凉地区中级人民法院与庆阳地区中级人民法院合并，成立平凉地区中级人民法院，设立人民来信来访接待室。

1959 年 1 月，平凉地区中级人民法院和地区公安处、地区检察分院合署办公，未设专门信访工作机构。

1960 年初，恢复平凉地区中级人民法院建制，设立人民来信来访接待室。

1966 年 5 月，"文化大革命"开始后，平凉地区中级人民法院审判工作和信访工作处于停滞状态。

1968 年 2 月 20 日，平凉地区中级人民法院实行军事管制，成立中级人民法院军事管制委员会，取代平凉地区中级人民法院审判机构和信访工作机构。

1969 年 1 月，撤销中级人民法院军事管制委员会，成立平凉地区革命委员会保卫部，保卫部下设审判组，取代平凉地区中级人民法院审判机构和信访工作机构。

1973 年 1 月，中共甘肃省委决定恢复各级人民法院。平凉地区中级人民法院恢复正常工作后，参照"文化大革命"前的机构设置，设立人民来信来访接待室。是年 6 月，部署加强信访接待工作，抽调干部突击清理申诉案件。

1997 年 5 月，平凉地区中级人民法院改革调整内设机构，设立告诉申诉审判庭，负责审查民事、经济、行政案件的审判监督及申诉信访等工作。

2002 年 6 月，平凉地区中级人民法院设立立案庭，信访受理接待工作由立案庭负责。

2007 年 7 月，平凉市中级人民法院设立信访督查室，负责人民群众来信来访受理接待工作，协调办理人民群众信访反映的涉法涉诉信访案件。

（四）平凉市人民检察院

1950 年，平凉分区人民检察署成立，未设信访工作机构，指定工作人员受理接待人民群众来信来访。

1951 年 3 月，平凉分区人民检察署改为甘肃省人民检察署平凉分署，未设信访工作机构，指定工作人员受理接待人民群众来信来访。

1954 年，甘肃省人民检察署平凉分署改为平凉地区人民检察院，未设信访工作机构，信访工作由相关科（室）承办。

1966 年 5 月，"文化大革命"开始后，平凉地区人民检察院受到冲击，工作瘫痪。

1967 年 4 月，平凉地区人民检察院实行军事管制。

1968 年 12 月，撤销平凉地区人民检察院，职能由平凉地区革命委员会保卫部取代。

1978 年 10 月，成立甘肃省人民检察院平凉分院，未设专门信访工作机构，信访工作由相关科（室）承办。

1985 年，甘肃省人民检察院平凉分院设立控申科，具体受理接待人民群众来信来访，办理控告申诉检察业务。

2002 年，甘肃省人民检察院平凉分院改为平凉市人民检察院，设立控告申诉检察处（人民来信来访接待室），负责办理控告申诉检察业务，受理接待人民群众来信来访。

2019 年，平凉市人民检察院控告申诉检察处改为第八检察部，具体负责办理司法救助、人民群众来信来访等控告申诉检察工作。

二、确定内部信访工作机构的部门（单位）

（一）平凉工业园区（高新区）

2012 年，平凉工业园区由崆峒区上划到市上，未成立专门信访工作机构，信访工作业务由园区纪工委指定专人与园区管辖的四十里铺镇综治中心工作人员共同办理。

2017年，平凉工业园区管辖的四十里铺镇划归崆峒区管辖，园区信访工作业务由园区纪工委指定专人承办。

2020年6月，平凉工业园区（高新区）设立信访工作办公室，为园区内设机构，隶属园区纪工委管理，具体负责人民群众信访受理接待，处理人民群众信访反映的问题，办理信访工作业务。

（二）平凉市公安局

2006年7月之前，信访工作业务由局办公室和相关科（室、支队）办理。

2006年7月，市公安局成立信访工作领导小组办公室，正科级建制，编制2名，配有专职信访民警2名，具体负责人民群众来信来访受理接待，协调办理人民群众信访反映的问题和信访工作业务。

（三）平凉市生态环境局

2004年至2019年11月，信访工作业务由局属环境监察支队具体办理。

2019年12月23日，根据市编委《关于印发平凉市生态环境保护综合行政执法队职能配置、内设机构和人员编制规定的通知》（平编委发〔2019〕45号），市生态环境局下属平凉市生态环境综合行政执法队内设环境信访投诉受理中心，正科级建制，编制2名，设主任1名，工作人员1名。2020年11月正式组建成立，具体负责全市生态环境信访工作，办理"12369"环境投诉热线等事项，协调处理生态环境信访问题和污染纠纷。

（四）平凉崆峒山大景区

2013年2月2日，中共平凉市崆峒区委办公室、崆峒区人民政府办公室印发《中共平凉崆峒山生态文化旅游示范区工作委员会平凉崆峒山生态文化旅游示范区管理委员会主要职责内设机构和编制的规定》（崆办发〔2013〕13号），设立中共平凉崆峒山生态文化旅游示范区工作委员会、平凉崆峒山生态文化旅游示范区管理委员会，为处级事业单位，示范区党工委、管委会分别为区委、区政府的派出机构。示范区信访工作业务由示范区纪工委（监察室）具体办理。

2017年4月9日，根据市编委印发的《平凉崆峒山大景区管理委员会主要职责内设机构和编制的规定》（平机编发〔2017〕9号）、《甘肃省政府关于18个大景区管理体制改革方案的批复》和《省编办关于成立平凉崆峒山大景区管理委员会的通知》（甘机编发〔2016〕85号），撤销平凉崆峒山生态文化旅游示范区工作委员会，设立崆峒山大景区管理委员会，属县级全额拨款事业单位，为平凉市人民政府派出机构，由平凉市人民政府委托崆峒区人民政府代管。崆峒山大景区管委会信访工作业务由大景区纪工委（监察室）负责具体办理。

2019年1月16日，根据市编委印发的《平凉崆峒山大景区管理委员会（国家级风景名胜区崆峒山管理局）主要职责内设机构和编制的规定》（平机编〔2019〕2号）和《省编委关于调整平凉崆峒山大景区管理委员会体制的批复》（甘编委复字〔2018〕3号），平凉崆峒山大景区管理委员会与国家级风景名胜区崆峒山管理局整合，在平凉崆峒山大景区管理委员会加挂国家级风景名胜区崆峒山管理局牌子。一个机构，两块牌子，隶属市政府管理，为县级全额拨款事业单位。信访工作业务由崆峒山大景区管委会综合办公室信访室具体办理。

2022年4月7日，根据市编委印发的《平凉崆峒山大景区管理委员会（国家级风景名胜区崆峒山管理局）主要职责内设机构和编制的规定》（平机编〔2022〕33号），平凉崆峒山大景区管理委员会为正县级全额拨款事业单位，隶属市政府管理，依法负责平凉崆峒山大景区（国家级风景名胜区崆峒山）的保护利用和统一管理工作。信访工作由平凉崆峒山大景区管委会党政办公室信访室具体负责办理。

三、指定内部信访业务办理机构及专兼职人员的部门（单位）

市委办、市政府办、市委组织部、市委统战部、市发展改革委、市教育局、市工信局、市民宗委、市民政局、市司法局、市财政局、市自然资源局、市住建局、市交通运输局、市水务局、市农业农村局、市商务局、市文旅局、市卫健委、市退役军人事务局、市应急管理局、市政府国资委、市林草局、市市场监督管理局、市政府金融办、市医疗保障局、市粮食和物资储备局、市畜牧兽医局、市供销合作社联合社、市总工会、市妇联、市残联等市直部门和群团组织未设立信访工作机构，信访工作业务由其办公室（人秘科、政治部、综合科）办理。其中确定2名以上专（兼）职信访工作人员的有市政府办、市人社局、市自然资源局、市农业农村局、市卫健委、市退役军人事务局、市市场监督管理局、市妇联。

第四节　市信访局工作职责及内设职能科（室）职责

一、市信访局工作职责

（一）负责市委、市政府人民群众来信来访受理接待和信访事项协调处理工作；协调服务市委、市政府领导接访，办理市委、市政府领导批示和上级部门转送交办信访事项。

（二）分析研究信访情况，综合研判全市信访形势，及时向市委、市政府报告信访信息，提出完善政策和改进工作的建议；落实重大信访事项风险评估预警机制，按规定向责任单位提出解决信访问题和化解信访风险的建议。

（三）按照"属地管理、分级负责，谁主管、谁负责"原则，向有关县（市、区）、部门（单位）交办信访事项，督促检查信访事项的处理；直接或协同有关部门（单位）调查处理重点信访事项。

（四）统筹指导全市信访信息化建设和应用工作，受理、转送、交办、督办网上信访事项，督查指导各县（市、区）、部门（单位）做好网上信访事项的办理工作。

（五）承办市级信访事项复查复核业务，协调指导各县（市、区）、各部门（单位）信访事项复查复核工作。

（六）依法依规管理使用中央和省、市信访资金。

（七）组织做好市委、市政府领导信访接待日的准备、接待、协调、督查和落实工作。

（八）督促全市各级各部门贯彻落实《信访工作条例》和中央、省市关于信访工作制度改革及信访法治化建设的决策部署，开展调查研究，制定信访工作方面文件。

二、内设职能科（室）工作职责

（一）办公室。负责机关日常运转；承担机关党的建设、廉政建设、机要保密、宣传调研、督查督办、文稿起草、文书档案、人事财务、后勤保障等工作。

（二）网信科。负责人民群众来信来电和网上信访事项的受理、录入、转送和交办工作；负责全市信访信息系统建设及应用工作；负责网上信访信息数据的汇总、统计、分析、研判；指导各县（市、区）、各部门（单位）网信工作。

（三）接访科。负责群众到市委、市政府来访接待工作；负责市级领导接待信访群众的协调服务工作；负责群众来访信息的汇总、分析、呈报和通报反馈工作；指导各县（市、区）、各部门（单位）群众来访接待工作。

（四）督查科。负责督查督办上级部门交办、市委市政府领导批示、市信访局交办的信访事项；负责直接调查处理重点信访事项，协调"三跨三分离"信访事项；负责中央和省、市信访资金的管理和使用；负责群众赴省进京上访协调劝返工作。

（五）复查复核科。负责市级信访事项复查复核业务工作；指导各县（市、区）、各部门（单位）信访事项复查复核工作。

第二章　信访干部

第一节　市级信访工作机构干部

一、市级信访工作机构历任主要领导干部（按任职时间排序）

　　王正华　男，汉族，1935年6月生，甘肃泾川人。1951年6月参加工作，1961年9月加入中国共产党，初中学历。1951年6月至1951年7月任甘肃省军区警备二团三连副班长；1951年7月至1954年9月先后为平凉军分区、隆德县巩隆区人武部学员、助理员；1954年10月至1955年4月为静宁县兵役局动员科助理员；1955年5月至1958年4月为崇信县兵役局征集科助理员；1958年5月至1958年10月为夏河县武工队队员；1958年10月至1958年11月在夏河县公安局工作；1958年11月至1959年2月在甘南自治州交通运输管理局工作；1959年3月至1959年12月在甘南州委肃反办公室工作；1960年1月至1960年6月在甘南州委畜牧委员会工作；1960年7月至1961年12月为甘南州委秘书处信访专职干部；1962年1月至1964年2月在甘南州委信访工作室工作；1964年3月至1966年4月为甘南州委秘书处秘书；1966年5月至1968年2月任甘南州委秘书处秘书科科长；1968年3月至1968年7月任甘南州革委会办公室办事组秘书、副组长；1968年8月至1969年8月任甘南州革委会政治部宣传干事、军分区战备办公室副主任；1969年9月至1971年11月任甘南州革委会文教局领导小组副组长；1971年11月至1975年12月任甘南州革委会政治部宣传组组长；1976年1月至1979年3月任甘南州委宣传部副部长；1979年4月至1980年8月任庄浪县革委会副主任；1980年8月至1983年11月任泾川县一中党支部书记；1983年12月至1985年4月任平凉地区地方病研究所党支部书记；1985年5月至1988年3月任平凉地委组织部组织员；1988年3月至1992年4月任平凉地委、行政公署信访处处长；1992年4月至1994年9月任平凉行政公署档案处处长、地区档案馆馆长；1994年9月至1995年9月任平凉行政公署档案处调研员。1995年9月退休。

范凤林　女，汉族，1941年7月生，甘肃庆阳人。1960年8月参加工作，1965年6月加入中国共产党，中专学历。1960年8月至1961年8月在庆阳县广播站工作；1961年9月至1970年2月在平凉地委党校工作；1970年3月至1970年10月在平凉新华书店工作；1970年10月至1975年10月在平凉地委政治部、组织部干部科工作；1975年10月至1984年6月任平凉地委组织部干部二科、青干科科长；1984年6月至1986年10月任平凉行政公署卫生计划生育处副处长；1986年10月至1992年4月任平凉地委、行政公署信访处副处长；1992年4月至1996年10月任平凉地委、行政公署信访处处长；1996年10月至2001年10月任平凉地委、行政公署信访处调研员（正县级）。2001年11月退休。

高继学　男，汉族，1944年11月生，甘肃平凉人。1965年8月参加工作，1972年10月加入中国共产党，高中学历。1965年8月至1968年10月在平凉县粮食局人秘股工作；1968年10月至1970年5月在平凉县革委会办公室工作；1970年5月至1979年3月在原平凉市水利局办公室工作；1979年3月至1983年3月在原平凉市政府办公室工作；1983年3月至1985年8月任原平凉市政府办公室副主任；1985年8月至1990年9月任原平凉市政府农办主任；1990年9月至1994年3月任原平凉市政府办公室主任；1994年3月至1996年11月任平凉地委副秘书长；1996年11月至2002年5月任平凉地委副秘书长兼地委、行政公署信访处处长。2002年6月退休。

陈黎萍　女，布依族，1959年3月生，贵州贵阳人。1976年3月参加工作，1984年8月加入中国共产党，大学学历。1976年3月至1978年11月在平凉县白水公社插队；1978年11月至1980年9月在庆阳师专化学系学习；1980年9月至1983年10月，在原平凉市第一回民中学任教；1983年10月至1990年3月任原共青团平凉市委副书记；1990年3月至1992年3月任原平凉市环保局副局长；1992年3月至1993年9月在平凉地区妇联工作；1993年9月至1994年12月任平凉地区妇联正科级秘书（其间：1994年3月至1994年12月在平凉地区皮革厂挂职，任厂长助理）；1994年12月至2002年5月任平凉地区妇联副主任；2002年5月至2005年7月任平凉市委、市政府信访局局长；2005年7月至2011年11月任平凉市委副秘书长，市委、市政府信访局局长；2011年11月至2013年7月任平凉市政协副主席、市委副秘书长，市委、市政府信访局局长；2013年7月至2016年11月任平凉市政协副主席；2016年11月至2019年2月任平凉市政协副主席、党组副书记。2019年7月退休。

周晓宁　男，汉族，1963年3月生，甘肃泾川人。1982年8月参加工作，1986年1月加入中国共产党，大学学历。1982年8月至1983年11月为崇信县九功公社农技员；1983年11月至1988年12月任崇信县九功乡政府副乡长；1988年12月至1989年10月任崇信县木林乡政府乡长；1989年10月至1993年11月任崇信县木林乡党委书记；1993年11月至1997年1月任崇信县委办公室主任；1997年1月至2001年11月任灵台县委常委、县纪委书记；2001年11月至2003年12月任灵台县委副书记、县纪委书记；2003年12月至2007年7月任平凉市司法局副局长；2007年7月至2010年4月任平凉市司法局副局长、调研员；2010年4月至2013年7月任平凉市检察院副检察长、检委会委员；2013年7月至2019年8月任平凉市委副秘书长，市委、市政府信访局局长（其间于2014年3月至2019年1月同时任市委、市政府信访局党组书记）；2019年8月至2019年12月任平凉市委副秘书长、市信访局局长，一级调研员；2019年12月至2020年6月任平凉市委副秘书长、市信访局局长，二级巡视员；2020年6月至2022年12月任平凉市信访局二级巡视员。

王怀义　男，汉族，1969年5月生，甘肃灵台人。1990年7月参加工作，1993年3月加入中国共产党，在职研究生学历。1990年7月至1991年1月在灵台县农技中心工作；1991年1月至1997年1月在灵台县委办公室工作；1997年1月至1998年2月任灵台县委机要室副主任；1998年2月至2001年12月任灵台县西屯乡党委副书记、纪委书记；2001年12月至2004年12月任灵台县朝那镇党委副书记、镇长；2004年12月至2009年8月任灵台县朝那镇党委书记；2009年8月至2011年9月任灵台县委办公室主任；2011年9月至2013年12月任华亭县安口镇镇长；2013年12月至2014年11月任华亭县安口镇党委书记；2014年11月至2020年6月任市政协副秘书长、办公室副主任；2020年6月至2022年2月任市委副秘书长、市信访局局长；2022年2月至2022年12月任平凉市生态环境局党组书记、局长。

滚多雄　男，汉族，1969年3月生，甘肃张掖人。1992年7月参加工作，1991年12月加入中国共产党，大学学历。1992年7月至1994年9月任张掖市党寨乡畜牧站站长；1994年9月至1997年6月为平凉地区技术监督处业务科科员；1997年6月至1998年4月任平凉地区技术监督处业务科副科长；1998年4月至2000年12月任平凉地区技术监督处办公室副主任；2000年12月至2001年9月任平凉地区质量技术监督局办公室副主任；2001年9月至2002年9月任平凉地区质量技术监督局办公室主任；2002年9月至2004年1月任平凉市质量技术监督局办公室主任；2004年1月至2005年9月任平凉市质量技术监督局党组成员、办公室主任；2005年9月至2012年12月任平凉市质量技术监督局纪检组长；2012年12月至2019年1月任平凉市质量技术监督局副局长；2019年1月至2020年6月任平凉市市场监督管理局党组成员、副局长；2020年6月至2022年2月任平凉市生态环境局党组书记；2022年2月至2022年12月任平凉市委副秘书长、市信访局局长。

二、市级信访工作机构历任副县级领导干部（按任职时间排序）

　　李生浩　男，汉族，1931年9月生，甘肃镇原人。1950年2月参加工作，1956年12月加入中国共产党，初中学历。1950年2月至1952年4月先后在镇原县中原公社小学任教师、校长；1952年4月至1956年8月在镇原县中原完小任教导主任；1956年8月至1958年3月在镇原报社、广播站、记者站任编辑；1958年3月至1960年5月在镇原县委秘书室、宣传部、农村部任文书；1960年5月至1966年1月在平凉地委党校任理论教员、办公室主任；1966年1月至1972年2月任平凉县四十里铺公社党委书记、县落实政策办公室主任、大寨公社党委书记；1972年2月至1975年9月任崇信县柏树公社党委书记，县委常委、政研室主任；1975年9月至1977年8月任平凉农学院政治部主任；1977年8月至1981年1月任平凉县地震台台长、地委宣传部秘书、地委落实政策办公室组长；1981年1月至1983年11月任平凉地区林业总场副场长；1983年11月至1985年1月任平凉地委信访办公室主任；1985年1月至1992年3月任平凉地区农技站党支部书记。1992年3月退休。现已去世。

　　董海清　男，汉族，1940年4月生，甘肃庄浪人。1960年7月参加工作，1962年8月加入中国共产党，中专学历。1960年7月至1969年10月在平凉专署文教局工作；1969年11月至1970年6月在平凉地区五七干校工作；1970年7月至1972年1月在平凉三线建设办公室工作；1972年1月至8月在平凉地区革委会综合组工作；1972年8月至1974年12月在平凉地区人防办公室工作；1974年12月至1975年7月在平凉地区文教局工作；1975年7月至1983年9月为平凉地委秘书处秘书；1983年9月至1986年6月任平凉地委副秘书长；1986年6月至1987年12月任平凉地委、行政公署信访处副处长；1987年12月至1993年9月任平凉地区体育运动委员会主任；1993年9月至1997年4月任平凉地区地震局局长；1997年4月至2000年7月任平凉地区行政公署水利处调研员。2000年7月退休。2021年12月去世。

　　程建民　男，汉族，1942年8月生，甘肃泾川人。1961年8月参加工作，1972年9月加入中国共产党，中专学历。1961年8月至1964年10月在平凉地区农校试验坊工作；1964年11月至1968年5月在平凉地区农科所工作；1968年6月至1970年10月在平凉地区革委会专案办公室工作；1970年11月至1980年10月在平凉地委总务科工作；1980年11月至1983年2月在平凉地委信访室工作；1983年3月至1987年5月任平凉地委信访室副主任；1987年6月至1990年4月任平凉地委、行政公署信访处正科级秘书；1990年5月至2002年5月任平凉地委、行政公署信访处副处长。2002年6月退休。2012年9月去世。

魏藏珍 男，汉族，1932年4月生，甘肃庄浪人。1955年10月参加工作，1956年7月加入中国共产党，高中学历。1955年10月至1957年8月在平凉木材公司工作；1957年9月至1958年8月在原平凉市商业局工作；1958年9月至1959年8月在原平凉市经委工作；1959年9月至1964年11月在平凉县委党校工作；1964年12月至1968年9月在平凉地委宣传部工作；1968年10月至1969年7月在平凉地区五七干校学习、劳动；1969年8月至1974年6月任华亭安口、杨家沟煤矿办公室副主任；1974年7月至1980年12月任平凉地区卫校教务处副主任；1981年1月至1983年11月任平凉地委信访室主任（科级）；1983年11月至1986年6月任平凉地委信访室副主任（正科级）；1986年6月至1991年12月任平凉地委、行政公署信访处正科级秘书；1991年12月至1993年4月任平凉地委、行政公署信访处副县级调研员、正县级调研员。1993年4月退休。2009年4月去世。

冯生鼎 男，汉族，1934年1月生，甘肃灵台人。1951年2月参加工作，1955年3月加入中国共产党，大专学历。1951年2月至1951年6月在平凉地区干校学习；1951年6月至1958年4月任灵台县民政科科员、副科长；1958年4月至1959年10月在平凉专署民政局工作；1959年10月至1961年11月在甘肃财经学院学习；1961年11月至1968年11月在平凉专署民政局工作；1968年11月至1979年10月任平凉地区五七干校、党校政工科科长；1979年10月至1984年4月任平凉地区行政公署统计局科长；1984年4月至1993年8月任平凉地区行政公署信访科科长；1993年8月至1994年8月任平凉地委、行政公署信访处调研员（副县级）。1994年9月退休。2015年11月去世。

李 枫 男，汉族，1956年6月生，甘肃庄浪人。1982年7月参加工作，1985年1月加入中国共产党，大学学历。1982年7月至1984年2月在庄浪县委农村工作部工作；1984年2月至1987年4月在平凉地区行政公署农牧处工作；1987年4月至1991年6月任平凉地区行政公署农牧处人秘科副科长；1991年6月至1994年3月任平凉地委秘书处副科级秘书；1994年3月至1999年4月任平凉地委秘书处正科级秘书；1999年4月至2002年9月任平凉地委、行政公署信访处副处长；2002年9月至2003年2月任平凉市委、市政府信访局副局长；2003年2月至2012年3月任平凉市环境保护局党组成员、副局长；2012年3月至2016年6月任平凉市环境保护局调研员。2016年6月退休。

岳彦杰 男，汉族，1942年7月生，甘肃平凉人。1963年12月参加工作，1986年6月加入中国共产党，初中学历。1963年12月至1964年12月为平凉县白水公社"四清"工作队队员；1964年12月至1965年6月在平凉县公安局工作；1965年7月至1972年2月在青海省矿区银行工作；1972年2月至1974年8月在平凉地区园艺试验场工作；1974年8月至1984年6月在平凉地区八一厂工作；1984年6月至1986年10月在平凉地委秘书处行管科工作；1986年10月至1991年1月在平凉地委、行政公署信访处工作；1991年1月至1995年3月任平凉地委、行政公署信访处副科级秘书；1995年3月至2000年6月任平凉地委、行政公署信访处正科级秘

书；2000年6月至2001年10月任平凉地委、行政公署信访处助理调研员（副县级）。2001年11月退休。

张兴荣　男，汉族，1965年11月生，甘肃民勤人。1988年7月参加工作，1986年11月加入中国共产党，大学学历。1988年7月至1992年5月在平凉地区农科所工作；1992年5月至1996年1月在共青团平凉地委工作；1996年1月至1998年4月任共青团平凉地委副科级秘书；1998年4月至2003年1月任共青团平凉地委办公室主任；2003年1月至2003年7月任平凉市委、市政府信访局副局长；2003年7月至2004年5月任庄浪县委常委、组织部部长；2004年5月至2009年12月任崆峒区委常委、组织部部长；2009年12月至2010年4月任崆峒区委副书记、组织部部长；2010年4月至2012年4月任崆峒区委副书记；2012年4月至2015年8月任平凉工业园区党工委副书记、管委会主任；2015年8月至2019年8月任静宁县委副书记、县人民政府县长；2019年8月至2020年3月任静宁县委副书记、县人民政府县长、一级调研员；2020年3月至2020年6月任静宁县人民政府一级调研员；2020年6月至2021年10月任平凉市人大常委会副秘书长、机关党组副书记、二级巡视员；2021年10月至2021年11月任平凉市人大常委会副秘书长、办公室二级巡视员；2021年11月至2022年12月任平凉市人大常委会办公室二级巡视员。

朱克贤　男，汉族，1962年1月生，甘肃平凉人。1983年7月参加工作，1984年11月加入中国共产党，在职研究生学历。1983年7月至1984年12月在庄浪县万泉乡政府工作；1984年12月至1987年4月任共青团庄浪县委副书记；1987年4月至1990年8月任共青团庄浪县委书记；1990年8月至1992年1月任庄浪县水洛镇镇长；1992年1月至1992年4月在平凉地委党校工作；1992年4月至1997年7月任平凉地委党校工作科科长；1997年7月至2001年11月任平凉地委党校教务科科长；2001年11月至2003年1月任平凉地委党校校委委员、教务科科长；2003年1月至2003年7月任平凉市委党校校委委员；2003年7月至2010年4月任平凉市委、市政府信访局副局长；2010年4月至2014年8月任平凉市商务局党组成员、副局长；2014年8月至2019年6月任平凉市商务局党组成员、副局长、调研员；2019年6月至2021年10月任平凉市商务局党组成员、副局长，二级调研员；2021年10月至2022年1月任平凉市商务局二级调研员。2022年2月退休。

赵立雅　男，汉族，1966年10月生，甘肃镇原人。1987年7月参加工作，1991年6月加入中国共产党，大专学历。1987年7月至1990年4月在镇原县庙渠中学任教；1990年4月至1991年7月在华亭县东华镇政府工作；1991年7月至1992年12月在华亭县体改委工作；1992年12月至1994年12月在华亭县政府办公室工作；1994年12月至1997年2月任华亭县政府办公室副主任；1997年2月至2001年1月任华亭县政府办公室副主任兼法制局局长；2001年1月至2002年7月任华亭县政府办公室主任；2002年7月至2003年8月任华亭县安口镇政府镇长（副县级）；2003年8月至2005年9月任华亭县东华镇党委书记；2005年9月至2007年7月任平凉市委、市政府信访局副局长；2007年7月至2010年4月任平凉市委副秘书长；2010年4月至2013年

9月任平凉市委副秘书长、督查室主任；2013年9月至2018年5月任平凉市食品药品监督管理局党组书记、局长，市食品安全委员会办公室主任（兼）；2018年5月至2019年1月任平凉市食品药品监督管理局党组书记、局长，市食品安全委员会办公室主任（兼），平凉市工商局党组书记；2019年1月至2022年12月任平凉市人大常委会财经预算工作委员会主任。

王度林　男，汉族，1973年1月生，甘肃崇信人。1994年7月参加工作，1996年1月加入中国共产党，在职研究生学历。1994年7月至1999年12月在崇信县高庄乡中学任教；1999年12月至2001年11月任共青团崇信县委副书记；2001年11月至2003年1月任崇信县柏树乡政府乡长；2003年1月至2005年10月任崇信县柏树乡党委书记；2005年10月至2009年7月任崇信县委办公室主任、机要室主任；2009年7月至2010年12月任平凉市委、市政府信访局副局长；2010年12月至2015年9月任灵台县委常委、政法委书记；2015年9月至2017年12月任灵台县纪委委员、常委、书记；2017年12月至2020年3月任灵台县委常委、县政府常务副县长；2020年3月至2020年4月任灵台县委副书记、县政府代县长；2020年4月至2021年7月任灵台县委副书记、县政府县长；2021年7月至2022年12月任灵台县委书记。

史维君　男，汉族，1973年3月生，甘肃灵台人。1992年7月参加工作，1996年11月加入中国共产党，大学学历。1992年7月至1995年10月在平凉地区行政公署教育处工作；1995年11月至2000年7月在平凉地委、行政公署信访处工作；2000年8月至2004年4月任平凉市委、市政府信访局办公室副主任；2004年4月至2009年8月任平凉市委、市政府信访局办公室主任；2009年9月至2012年8月任平凉市委、市政府信访局副调研员；2012年8月至2021年6月任平凉市扶贫开发办公室党组成员、副主任；2021年6月至2022年12月任平凉市乡村振兴局党组成员、副局长。

曹百芳　男，汉族，1959年1月生，甘肃灵台人。1978年2月参加工作，1980年7月加入中国共产党，大学学历。1978年2月至1981年6月在兰州军区武山油料仓库服役；1981年6月至1982年6月在兰州石油技工学校油料储运专业学习；1982年6月至1985年1月任兰州军区武山油库正排职助理员；1985年1月至1987年4月任兰州军区武山油库副连职助理员；1987年4月至1990年3月任兰州军区第一输油管线队正连职管理员；1990年3月至1996年5月任兰州军区第一输油管线队助理工程师；1996年5月至1997年12月任兰州军区第一输油管线队二中队中队长兼助理工程师；1997年12月至1999年3月任兰州军区第一输油管线队工程师；1999年3月至2003年5月在平凉市委、市政府信访局工作；2003年5月至2010年5月任平凉市委、市政府信访局主任科员；2010年5月至2019年3月任平凉市委、市政府信访局副调研员。2019年3月退休。

　　赵贤君　男，汉族，1966年9月生，甘肃静宁人。1987年7月参加工作，1990年11月加入中国共产党，大学学历。1987年7月至1990年10月在静宁县劳动和社会保障局工作；1990年10月至1995年6月任静宁县毛针织厂副厂长；1995年6月至1996年9月任静宁县橡胶厂副厂长；1996年9月至1998年8月任静宁县第三建筑安装公司经理；1998年8月至2006年6月任静宁县供销社党组书记、主任；2006年6月至2010年5月任静宁县劳动和社会保障局局长；2010年5月至2013年12月任平凉市委、市政府信访局副局长；2013年12月至2014年12月任平凉工业园区党工委委员、管委会副主任；2014年12月至2020年4月任平凉泓源工业投资发展有限责任公司党委书记、董事长；2020年4月至2022年12月为享受总经理待遇的正县级干部。

　　李卫东　男，汉族，1967年12月生，甘肃灵台人。1988年11月参加工作，1992年7月加入中国共产党，在职研究生学历。1988年11月至1997年3月在灵台县工商局工作；1997年3月至1999年11月为灵台县委组织部组织员；1999年11月至2002年4月任灵台县委组织部副部长；2002年4月至2004年12月兼任灵台县委党史办主任；2004年12月至2007年1月任灵台县上良乡党委书记；2007年1月至2011年7月任灵台县独店镇党委书记；2011年7月至2015年9月任平凉市委、市政府信访局党组成员、副局长；2015年9月至2016年9月任静宁县委常委、县纪委书记；2016年9月至2017年12月任泾川县委常委、县纪委书记；2017年12月至2019年11月任泾川县委常委、县纪委书记、县监委主任；2019年11月至2019年12月任泾川县委常委、县纪委书记、县监委主任，三级调研员；2019年12月至2020年1月任泾川县人大常委会党组书记、主任候选人；2020年1月至2022年12月任泾川县人大常委会党组书记、主任。

　　苏调和　男，汉族，1963年11月生，甘肃庄浪人。1984年8月参加工作，1992年4月加入中国共产党，大学学历。1984年8月至1991年3月在庄浪县农技中心、农牧局工作；1991年3月至1993年9月任庄浪县种子公司副经理、经理；1993年9月至1995年1月任庄浪县亚麻厂厂长（其间：1994年3月至1995年1月兼任庄浪县农牧局副局长）；1995年1月至1995年11月任庄浪县南湖镇党委书记；1995年11月至2000年1月任庄浪县白堡乡党委书记；2000年1月至2002年7月任庄浪县水保局局长；2002年7月至2009年8月任庄浪县农办主任兼扶贫办主任；2009年8月至2010年9月任庄浪县发改局局长；2010年9月至2011年7月任庄浪县发改局党委书记、局长；2011年7月至2014年3月任平凉市委、市政府信访局副局长；2014年3月至2015年7月任平凉市委、市政府信访局党组成员、副局长；2015年7月至2019年1月任平凉市能源局党组成员、副局长；2019年1月至2020年7月任平凉市发改委党组成员、副主任；2020年7月至2022年12月任平凉市发改委二级调研员。

付小江　男，汉族，1966 年 11 月生，陕西宝鸡人。1989 年 7 月参加工作，1993 年 6 月加入中国共产党，大专学历。1989 年 7 月至 1990 年 9 月，在平凉市第三中学任教；1990 年 9 月至 1999 年 5 月在原平凉市委、市政府信访办公室工作；1999 年 5 月至 2002 年 6 月任原平凉市委、市政府信访办公室副科级信访员；2002 年 6 月至 2005 年 12 月任崆峒区委、区政府信访局副局长；2005 年 12 月至 2008 年 4 月任平凉市委、市政府信访局信访科副科长；2008 年 4 月至 2013 年 12 月任平凉市委、市政府信访局信访科科长；2013 年 12 月至 2017 年 4 月任平凉市委、市政府信访局党组成员、纪检组长；2017 年 4 月至 2021 年 5 月任平凉市纪委监委第六派驻纪检监察组副组长；2021 年 5 月至 2022 年 12 月任平凉市纪委监委派驻平凉市委宣传部纪检监察组副组长。

董永昌　男，汉族，1959 年 10 月生，甘肃泾川人。1978 年 5 月参加工作，1985 年 11 月加入中国共产党，大专学历。1978 年 5 月至 1982 年 8 月在泾川县梁河小学、中学任民教；1982 年 8 月至 1984 年 7 月在平凉师范学习；1984 年 7 月至 1995 年 9 月在崇信县锦屏小学、崇信县教育局工作；1995 年 9 月至 1996 年 10 月在崇信县九功乡政府挂职任乡长助理；1996 年 10 月至 1998 年 2 月任崇信县九功乡政府副乡长；1998 年 2 月至 2001 年 4 月任崇信县黄花乡政府乡长；2001 年 4 月至 2002 年 7 月任崇信县黄花乡党委书记；2002 年 7 月至 2003 年 2 月任崇信县锦屏镇党委书记、人大主席；2003 年 2 月至 2004 年 2 月任崇信县锦屏镇党委书记；2004 年 2 月至 2004 年 5 月任崇信县人事劳动和社会保障局局长；2004 年 5 月至 2009 年 8 月任崇信县人事劳动和社会保障局局长兼任编办主任；2009 年 8 月至 2010 年 12 月任崇信县委办公室主任；2010 年 12 月至 2014 年 8 月任平凉市档案局党组成员、副局长；2014 年 8 月至 2019 年 1 月任平凉市委、市政府信访局党组成员、副局长；2019 年 1 月至 2019 年 6 月任平凉市信访局副调研员；2019 年 6 月至 2019 年 9 月任平凉市信访局四级调研员；2019 年 9 月至 2019 年 12 月任平凉市信访局三级调研员；2019 年 12 月至 2020 年 3 月任平凉市信访局二级调研员。2020 年 3 月退休。

王喜东　男，汉族，1966 年 11 月生，甘肃静宁人。1988 年 7 月参加工作，1990 年 12 月加入中国共产党，大学学历。1988 年 8 月至 1990 年 5 月在静宁县皮毛厂工作；1990 年 5 月至 1995 年 10 月在静宁县古城乡政府工作；1995 年 10 月至 1997 年 5 月任静宁县曹务乡政府副乡长；1997 年 5 月至 1999 年 5 月任静宁县曹务乡政府计生站站长；1999 年 5 月至 2001 年 12 月任静宁县曹务乡政府党委副书记；2001 年 12 月至 2004 年 2 月任静宁县余湾乡政府乡长；2004 年 2 月至 2005 年 11 月任静宁县余湾乡党委书记；2005 年 11 月至 2006 年 12 月任静宁县古城乡党委书记；2006 年 12 月至 2011 年 8 月任静宁县国土资源局党组书记、局长；2011 年 8 月至 2014 年 12 月任泾川县国土资源局党组书记、局长；2014 年 12 月至 2015 年 11 月任平凉市国土资源局规划科科长；2015 年 11 月至 2019 年 1 月任平凉市委、市政府信访局党组成员、副局长；2019 年 1 月至 2022 年 12 月任平凉市信访局副局长。

李良军 男，汉族，1974年4月生，甘肃灵台人。1992年7月参加工作，1996年5月加入中国共产党，大学学历。1992年7月至1995年7月在灵台县邵寨学区任教；1995年7月至2000年4月在灵台县人大常委会办公室工作；2000年4月至2003年10月任灵台县人大常委会办公室副主任；2003年10月至2004年7月为平凉市人大常委会科教文卫与民侨工委秘书；2004年7月至2011年2月任平凉市人大常委会科教文卫与民侨工委主任科员；2011年3月至2012年4月任平凉市人大常委会办公室秘书科科长；2012年4月至2017年2月任平凉市人大常委会办公室信访室主任（副县级）；2017年2月至2019年1月任平凉市委、市政府信访局党组成员、副局长；2019年1月至2022年11月任平凉市信访局副局长；2022年11月至2022年12月任平凉市委政法委员会副书记。

朱　云 男，汉族，1970年1月生，甘肃镇原人。1992年7月参加工作，1997年11月加入中国共产党，在职研究生学历。1992年7月至1995年5月在原平凉市第二回民中学任教；1995年5月至2000年12月在原平凉市土地管理局工作；2000年12月至2001年11月在原平凉市委办公室工作；2001年11月至2002年7月任原平凉市计委副主任；2002年7月至2005年9月任崆峒区发展计划局副局长；2005年9月至2006年8月任崆峒区发展和改革局副局长；2006年8月至2008年1月任崆峒区政府办公室副主任；2008年1月至2011年3月任崆峒区政府办公室副主任、信息产业办主任（正科级）；2011年3月至2016年2月任崆峒区政府办公室主任；2016年2月至2017年3月任崆峒区政府党组成员，区政府办公室党组书记、主任；2017年3月至2019年1月任崆峒区四十里铺镇党委副书记、镇长（副县级）；2019年1月至2019年9月任平凉市信访局副局长；2019年9月至2022年12月任甘肃省城乡发展投资集团建融实业有限公司党委副书记、总经理，甘肃省城乡发展投资集团有限公司武威分公司总经理。

王永红 男，汉族，1972年12月生，甘肃华亭人。1994年7月参加工作，1999年4月加入中国共产党，大专学历。1994年7月至1996年9月在华亭县工商局工作；1996年9月至1998年7月在华亭县委党校工作；1998年7月至2005年10月在华亭县信访局工作；2005年10月至2008年7月任华亭县委、县政府信访督查员；2008年7月至2010年12月任华亭县马峡镇党委副书记、镇纪委书记；2010年12月至2013年5月任华亭县马峡镇人大主席；2013年5月至2014年2月任华亭县委农办副主任、新农办主任；2014年2月至2015年12月任华亭县策底镇党委副书记、镇长；2015年12月至2019年5月任华亭县策底镇党委书记；2019年5月至2019年12月任华亭市科技局党组书记、局长；2019年12月至2022年12月任平凉市信访局副局长。

王勇 男，汉族，1973年4月生，甘肃平凉人。1995年10月参加工作，2001年6月加入中国共产党，大学学历。1995年10月至1997年10月为原平凉市公安局白水派出所民警；1997年10月至2003年6月为平凉市公安局崆峒分局民警；2003年6月至2007年10月在崆峒区信访局工作；2007年10月至2010年1月在平凉市委、市政府信访局工作；2010年1月至2012年9月任平凉市委、市政府信访局办公室副主任；2012年9月至2019年1月任平凉市委、市政府信访局办公室主任；2019年1月至2019年8月任平凉市信访局办公室主任；2019年8月至2019年12月任平凉市信访局办公室主任、一级主任科员；2019年12月至2020年3月任平凉市信访局办公室主任、四级调研员；2020年3月至2022年12月任平凉市信访局信访督查专员。

黄沿钧 男，汉族，1972年5月生，陕西城固人。1990年12月参加工作，1991年10月加入中国共产党，大专学历。1990年12月至1993年3月为西安陆军学院战士；1993年3月至1995年9月为步兵63师警卫连战士；1995年9月至1997年7月为西安陆军学院炮兵指挥专业学员；1997年7月至1998年4月任武警63师422团3营9连排长；1998年4月至1999年8月任武警63师422团3营7连排长；1999年8月至2001年12月为武警63师422团政治处宣传股副连职干事；2001年12月至2003年9月任武警63师422团3营7连政治指导员；2003年9月至2004年12月为武警63师422团政治处宣传股正连职干事；2004年12月至2007年12月为武警63师422团政治处宣传股副营职干事；2007年12月至2010年1月军转安置，分配到平凉市委、市政府信访局工作；2010年1月至2012年10月任平凉市人民政府信访事项复查复核委员会办公室副主任（副科级）；2012年10月至2013年10月任平凉市人民政府信访事项复查复核委员会办公室副主任（正科级）；2013年10月至2019年3月任平凉市委、市政府信访局信访科科长；2019年3月至2020年3月任平凉市信访局网信科科长；2020年3月至2022年10月任平凉市信访局网信科科长、一级主任科员；2022年10月至2022年12月任平凉市信访局副局长。

三、市级信访工作机构提拔调出干部

荆世雄 男，汉族，1962年3月生，甘肃泾川人。1981年7月参加工作，1988年10月加入中国共产党，大学学历。1981年7月至1986年9月先后在泾川县罗汉洞乡、丰台乡中小学任教；1986年9月至1987年7月在泾川县总工会工作；1987年7月至1992年10月在泾川县信访室工作；1992年10月至1992年12月任泾川县信访室副主任；1992年12月至1994年4月在平凉地委、行政公署信访处工作；1994年4月至1996年5月任平凉地委、行政公署信访处副科级秘书；1996年5月至1998年5月任平凉地委、行政公署信访处正科级秘书；1998年5月至2004年4月任平凉地委、行政公署信访处办公室主任；2004年4月至2005年11月任平凉市委、市政府信访局信访科科长；2005年11月至2011年4月任平凉市物价检查所副所长；2011年4月至2019年1月任平凉市价格监督检查局副局长；2019年1月至2019年5月任平凉市市场监督管理局党组成员、副局长；2019年5月至2022年3月任平凉市市场监督管理局二级调研员。2022年4月退休。

四、市级信访工作机构其他在职干部职工

刘东升 男，汉族，1968年4月生，山西沁源人。1986年11月参加工作，1991年9月加入中国共产党，大专学历。1986年11月至1989年9月应征入伍；1989年9月至1991年7月在徐州工程兵指挥学院工程兵指导专业学习；1991年7月至1996年7月任步兵第61师181团排长、副政治指导员；1996年7月至2002年5月任武警63师187团作训股正连职参谋；2002年5月至2003年9月任武警63师187团副营职参谋；2003年9月至2005年12月在平凉市委、市政府信访局工作；2005年12月至2009年3月任平凉市委、市政府信访局督查科副科长；2009年3月至2019年1月任平凉市委、市政府信访局督查科科长；2019年1月至2020年3月任平凉市信访局督查科科长；2020年3月至2020年12月任平凉市信访局一级主任科员；2020年12月至2022年12月任平凉市信访局四级调研员。

梁　涛 男，汉族，1985年4月生，甘肃崇信人。2004年6月参加工作，2005年6月加入中国共产党，大学学历。2004年6月至2006年3月在崇信县锦屏镇政府工作；2006年3月至2009年8月在崇信县委办公室工作；2009年8月至2011年3月任崇信县委保密委员会办公室副主任、县国家保密局副局长；2011年3月至2012年9月任平凉市委、市政府信访局办公室副科级干部；2012年9月至2013年12月任平凉市委、市政府信访局办公室副主任；2013年12月至2019年8月任平凉市人民政府信访事项复查复核委员会办公室副主任（正科级）；2019年8月至2020年11月任平凉市信访局办公室一级主任科员；2020年11月至2022年12月任平凉市信访局办公室主任、一级主任科员。

单鑫玮 男，汉族，1984年10月生，甘肃泾川人。2002年10月参加工作，2006年11月加入中国共产党，大学学历。2002年10月至2007年6月在泾川县窑店中学任教；2007年6月至2008年7月在泾川县罗汉洞中学任教；2008年7月至2011年2月在泾川县信访局工作；2011年2月至2013年12月在平凉市委、市政府信访局工作；2013年12月至2017年8月任平凉市委、市政府信访局市政府信访接待室副主任；2017年8月至2019年1月任平凉市政府信访接待室主任；2019年1月至2022年12月任平凉市信访局接访科科长。

杜培林 男，汉族，1983年6月生，甘肃灵台人。2001年12月参加工作，2005年11月加入中国共产党，大学学历。2001年12月至2003年12月在灵台县原新集乡人民政府工作；2003年12月至2005年11月在灵台县百里乡人民政府工作；2005年11月至2011年3月在灵台县委办公室工作；2011年3月至2013年12月在平凉市委、市政府信访局工作；2013年12月至2017年8月任平凉市委、市政府信访局信访科副科长；2017年8月至2019年1月任平凉市委、市政府信访局主任科员；2019年1月至2019年6月任平凉市信访局主任科员；2019年6月至2019年12

月任平凉市信访局督查科二级主任科员；2019 年 12 月至 2022 年 12 月任平凉市信访局复查复核科科长。

李　军　男，汉族，1987 年 5 月生，甘肃灵台人。2005 年 8 月参加工作，2016 年 6 月加入中国共产党，大学学历。2005 年 8 月至 2008 年 7 月在灵台县梁原学区任教；2008 年 7 月至 2010 年 1 月在灵台县什字学区任教；2010 年 1 月至 2013 年 3 月在灵台县教育局工作；2013 年 3 月至 2015 年 12 月在崆峒区白水镇政府工作；2015 年 12 月至 2017 年 8 月在平凉市委、市政府信访局工作；2017 年 8 月至 2019 年 1 月任平凉市委、市政府信访局信访科副科长；2019 年 1 月至 2020 年 3 月任平凉市信访局信访科（网信科、接访科）副科长；2020 年 3 月至 2022 年 12 月任平凉市信访局督查科科长。

马　华　女，汉族，1990 年 10 月生，甘肃金塔人。2013 年 3 月参加工作，2011 年 3 月加入中国共产党，大学学历。2012 年 9 月至 2013 年 3 月在酒泉市金塔县双城学区任教；2013 年 3 月至 2017 年 10 月在庄浪县赵墩乡政府工作；2017 年 10 月至 2019 年 8 月在平凉市信访局工作；2019 年 9 月至 2020 年 2 月任平凉市信访局四级主任科员；2020 年 3 月至 2022 年 12 月任平凉市信访局网信科副科长。

朱旺春　男，汉族，1985 年 2 月生，甘肃庄浪人。2009 年 4 月参加工作，2007 年 5 月加入中国共产党，大学学历。2009 年 4 月至 2011 年 5 月在庄浪县韩店小学任教；2011 年 5 月至 2014 年 12 月在泾川县高平镇政府工作；2014 年 12 月至 2019 年 10 月在泾川县委机构编制委员会办公室工作；2019 年 10 月至 2020 年 3 月在平凉市信访局工作；2020 年 3 月至 2022 年 12 月任平凉市信访局办公室副主任。

王小珍　女，汉族，1988 年 5 月生，甘肃灵台人。2010 年 9 月参加工作，2008 年 12 月加入中国共产党，大学学历。2010 年 9 月至 2016 年 2 月在灵台县西屯中学任教；2016 年 2 月至 2019 年 1 月在崆峒区工商局东街工商所工作；2019 年 1 月至 2019 年 10 月在崆峒区市场监督管理局东关市场监督管理所工作；2019 年 10 月至 2020 年 3 月在平凉市信访局工作；2020 年 3 月至 2022 年 12 月任平凉市信访局接访科副科长。

李转转　女，汉族，1998年1月生，甘肃庄浪人。2020年8月参加工作，2019年12月加入中国共产党，大学学历。2020年8月至2022年12月在平凉市信访局工作。

马小丽　女，回族，1974年11月生，甘肃平凉人。1996年9月参加工作，大专学历。1996年9月至2022年12月在平凉市信访局工作。

五、市级信访工作机构曾经工作过的干部（按从事信访工作时间排序）

表 1-2-1　市级信访工作机构曾经工作过的干部

序号	姓名	从事信访工作时间	单位	历任职务	备注
1	田国本	1949 年 7 月—1953 年	甘肃省人民政府平凉分区行政督察专员公署秘书室	文书股股长（兼职信访干部）	未设专门信访工作机构
2	张大为 张 心 陈世斌 孙启明 张东昌 张德禄	1949 年 8 月—1961 年 8 月	中共平凉地委秘书室	信访工作负责人（专职或兼职信访干部）	未设专门信访工作机构
3	付一夫	1953 年—1955 年	甘肃省人民政府平凉专员公署秘书室信访接待室	负责人（专职信访干部）	
4	王正文 于超英 尚焕信 唐 一	1955 年—1968 年 2 月	甘肃省人民政府平凉专员公署办公室	信访工作负责人（兼职信访干部）	未设专门信访工作机构
5	周生发 李培福	1961 年 8 月—1968 年 2 月	中共平凉地委秘书处	信访工作负责人（专职或兼职信访干部）	未设专门信访工作机构
6	尚焕信 王成栋 乔 木	1968 年 2 月—1970 年	平凉专区革委会（1969 年 10 月改为平凉地区革委会）办公室秘书组	负责人（专职信访干部）	未设专门信访工作机构
7	颜良弼 刘亚民 王成栋 乔 木	1970 年—1971 年	平凉地区革委会办公室信访组	组长 组员（专职信访干部）	
8	刘敏学 白献恩 安志忠 王顺天	1971 年 1 月—1973 年 9 月	平凉地区革委会办公室信访组	副组长、组长 组员（专职信访干部）	2013 年 1 月去世
9	何启仁 姚启科	1973 年 9 月—1975 年	平凉地区革委会办公室信访接待室	负责人（专职信访干部）	1991 年 1 月去世
10	白献恩 安志忠	1973 年 9 月—1978 年	中共平凉地委办公室秘书科	兼职信访干部	未设专门信访工作机构

续表

序号	姓名	从事信访工作时间	单位	历任职务	备注
11	姚启科	1975年—1979年	平凉地区革委会办公室信访接待室	主任（科级）	
12	党仲民	1975年—1984年6月	平凉地区行政公署信访室	专职信访干部	
13	张林奎				
14	白献恩	1979年1月—1980年12月	中共平凉地委信访室	主任（科级）	
	安志忠			专职信访干部	
	王顺天				
15	姚启科	1979年—1984年6月	平凉地区行政公署信访室	主任（科级）	
16	王顺天	1980年12月—1983年11月	中共平凉地委信访室	专职信访干部	
	谷志真				
17	张林奎	1984年6月—1985年1月	平凉地区行政公署信访科	副科长	
	何永贞			科员	
	傅廷杰				
18	信国璋	1984年8月—1996年12月	中共平凉地委、平凉地区行政公署信访处	主任科员	1996年12月退休
19	傅廷杰	1985年1月—1998年2月	中共平凉地委、平凉地区行政公署信访处	科员	
20	杨飞	1987年7月—2004年4月	中共平凉地委、平凉地区行政公署信访处	信访工作人员	工勤人员
21	李怀荣	1998年2月—2017年2月	中共平凉地委、平凉地区行政公署信访处 中共平凉市委、平凉市人民政府信访局 （2002年6月更名）	副科级秘书 主任科员	
22	熊建华	2005年12月—2018年5月	中共平凉市委、平凉市人民政府信访局	信访工作人员	工勤人员

六、选派到市级信访工作机构挂职干部

表 1-2-2 选派到市级信访工作机构挂职干部

序号	批次	挂职时间	挂职干部姓名	性别	挂任职务	挂职时原单位职务
1	第一批	2013 年 6 月— 12 月	张 涵	男		市人大常委会财经与城建工委副主任
2			张 鑫	男		市文明办副主任
3			顾晓冬	男		团市委副书记
4	第二批	2014 年 1 月— 6 月	王照东	男		市供销联社党组成员、纪检组长
5			黄瑞荣	男		市国防教育委员会办公室副主任
6			巩 华	男		团市委副书记
7	第三批	2014 年 7 月— 2015 年 1 月	柳晓宁	男	平凉市委、市政府信访局信访督查专员	市非税收入管理局副局长
8			王 珺	男		市委台办主任
9			刘 鹏	男		市科技局副调研员
10	第四批	2015 年 1 月— 6 月	何文莉	女		市委党校副校长
11			兰仲武	男		市国资委副主任
12			郭 浩	男		市委党史研究室副主任
13	第五批	2015 年 7 月— 12 月	赵润生	男		市政府采购办副主任
14			赵正鑫	男		市直水务系统工会主席
15			尚军锋	男		市直农牧系统工会主席
16	第六批	2016 年 1 月— 7 月	朱升红	男	平凉市委、市政府信访局信访督查专员	市卫计委纪检组长
17			赵福全	男		市残联副调研员
18	第七批	2016 年 7 月— 2017 年 1 月	杨生凌	男		市农业综合执法支队支队长
19			闫建红	男		市统计局副调研员
20	第八批	2019 年 11 月— 2020 年 3 月	马 蛟	男	挂职干部	市民族宗教事务委员会办公室主任
21			车守江	男	挂职干部	团市委办公室主任、四级调研员
22		2019 年 11 月— 2020 年 5 月	李 哲	男	挂职干部	市委党校业务指导科科长
23			张 敏	男	挂职干部	市人社局职业能力建设科科长
24	第九批	2020 年 3 月— 9 月	文诚勇	男	市信访局办公室副主任兼市委人民接待大厅负责人	崇信县广播电视台总编辑

续表

序号	批次	挂职时间	挂职干部姓名	性别	挂任职务	挂职时原单位职务
25	第十批	2021年4月—2022年4月	高小钟	男	市信访局督查科副科长	崆峒区信访局信访热线受理中心主任
26			赵永福	男	市信访局办公室副主任	崇信县委巡察办巡察专员
27	第十一批	2022年4月—12月	乔 婷	女	市信访局办公室副主任	灵台县科学技术局生产力促进中心主任
28			马顺义	男	市信访局网信科副科长	静宁县雷大镇综合执法队队长
29			方淑荣	女	市信访局督查科副科长	庄浪县融媒体中心记者、责任编辑

第二节 县（市、区）信访工作机构干部

一、崆峒区（原平凉县、原平凉市）信访工作机构干部

（一）历任主要领导

表1-2-3 崆峒区（原平凉县、原平凉市）信访工作机构历任主要领导

姓名	职务	任职时间
蔺增仁	县人民政府秘书室信访负责人	1950年7月—1951年10月
陶秉坤	县人民政府秘书室信访负责人	1951年10月—1954年10月
曹光英	县人民政府秘书室信访负责人	1954年10月—1955年
	县人委办公室信访负责人	1955年—1956年6月
姚维孝	县人委办公室信访负责人	1956年7月—1957年1月
王长发	县人委办公室信访负责人	1958年12月—1959年1月
卢哲敏	县人委办公室信访负责人	1959年1月—1960年3月
李少唐	县人委办公室信访负责人	1964年10月—1965年7月
刘吉仁	县人委办公室信访负责人	1965年7月—1968年
张俊录	县革委会办公室信访组负责人	1968年—1969年
高纪录	县革委会办公室信访组负责人	1969年—1970年
贾 蔚	县革委会办公室信访组负责人	1970年—1971年1月
朱建基	县革委会办公室信访组负责人	1971年1月—1972年11月
朱孝敏	县革委会办公室信访组负责人	1973年12月—1976年11月
慕世铭	县革委会办公室信访组负责人	1974年5月—1975年5月
朱建基	县革委会办公室信访组负责人	1976年
张树人	县革委会办公室信访组负责人	1977年

姓名	职务	任职时间
李　枢	县革委会办公室信访组负责人	1978 年
马鸿林	县委、县政府信访室负责人	1979 年 3 月—1982 年 9 月
杨效义	县委、县政府信访办公室主任	1982 年 9 月—1983 年 10 月
	市委、市政府信访办公室主任	1983 年 10 月—1987 年 10 月
王浩凌	市委、市政府信访办公室主任	1989 年 12 月—1997 年 9 月
柳治元	市委、市政府信访办公室主任	1997 年 9 月—2002 年 7 月
时文耀	区委、区政府信访办公室主任	2002 年 7 月—2005 年 4 月
陈方荣	区委、区政府信访局局长	2005 年 4 月—2008 年 9 月
朱浩本	区委、区政府信访局局长	2008 年 9 月—2016 年 5 月
徐耀辉	区委、区政府信访局局长	2016 年 5 月—2019 年 3 月
	区委办公室副主任、区信访局局长	2019 年 3 月—2022 年 12 月

（二）历任副职领导

表 1-2-4　崆峒区（原平凉县、原平凉市）信访工作机构历任副职领导

姓名	职务	任职时间
石海科	县委、县政府信访室副主任	1978 年 5 月—1982 年 9 月
陈世新	市委、市政府信访办公室副主任	1984 年 3 月—1987 年 10 月
张万勋	市委、市政府信访办公室副主任	1987 年 10 月—1990 年 7 月
柳治元	市委、市政府信访办公室副主任	1990 年 7 月—1997 年 9 月
陈淑萍	市委、市政府信访办公室副主任	1997 年 9 月—1999 年 3 月
张　华	市委、市政府信访办公室副主任	1999 年 3 月—2002 年 8 月
	区委、区政府信访办公室副主任	2002 年 8 月—2003 年 5 月
刘海林	市委、市政府信访办公室副主任	1999 年 7 月—2002 年 7 月
付小江	区委、区政府信访局副局长	2002 年 6 月—2005 年 12 月
朱浩本	区委、区政府信访办公室副主任	2003 年 5 月—2005 年 4 月
	区委、区政府信访局副局长	2005 年 4 月—2008 年 9 月
李晓玲	区委、区政府信访局副局长	2005 年 9 月—2019 年 2 月
兰晓成	区委、区政府信访局副局长	2011 年 4 月—2019 年 4 月
	区信访局主任科员	2019 年 5 月—2019 年 6 月
	区信访局二级主任科员	2019 年 6 月—2022 年 12 月
范新建	区委、区政府信访督查专员	2016 年 3 月—2019 年 1 月
	区信访局副局长	2019 年 1 月—2022 年 12 月
潘民杰	区委、区政府信访督查专员	2017 年 8 月—2019 年 3 月
	区信访局副科级干部	2019 年 3 月—2021 年 3 月
	区信访局三级主任科员	2021 年 3 月—2022 年 12 月
吴小胜	区信访局副局长	2020 年 3 月—2022 年 12 月

续表

姓名	职务	任职时间
冯静静	区信访局信访督查专员	2020 年 8 月—2022 年 12 月
高小钟	区信访局信访热线受理中心主任	2020 年 11 月—2022 年 12 月

（三）历任信访工作人员

表 1-2-5　崆峒区（原平凉县、原平凉市）信访工作机构历任信访工作人员

姓名	从事信访工作时间	备注
何兰香	1968 年 2 月—1992 年 12 月	副主任科员
王冠帅	1979 年 2 月—1994 年 3 月	主任科员
王永彪	1987 年 4 月—1999 年 6 月	科员
付小江	1990 年 9 月—1999 年 5 月	科员
	1999 年 5 月—2002 年 6 月	副科级信访员
包　杰	1990 年 12 月	科员
杜海涛	1991 年 5 月	科员
刘耀让	1991 年 5 月—1997 年 2 月	副主任科员
雷金海	1991 年 11 月	科员
张冀平	1994 年 12 月—2005 年 8 月	科员
朱晓虎	1999 年—2002 年	科员
宋红妍	1999 年 8 月—2002 年 4 月	科员
张　华	1999 年 12 月—2003 年 6 月	科员
王志彦	2001 年 11 月—2022 年 12 月	科员
马文俊	2002 年 2 月—2003 年 6 月	科员
贾书麟	2003 年 5 月—2007 年 3 月	科员
	2007 年 3 月—2019 年 1 月	副科级信访员
	2019 年 1 月—2019 年 6 月	副主任科员
	2019 年 6 月—2019 年 9 月	四级主任科员
	2019 年 9 月—2019 年 12 月	三级主任科员
	2019 年 12 月—2022 年 12 月	二级主任科员
冯叙椋	2003 年 6 月—2007 年 3 月	科员
王　勇	2003 年 6 月—2007 年 10 月	科员
伍文广	2007 年 2 月—2020 年 10 月	事业管理八级职员
兰晓成	2007 年 5 月—2011 年 4 月	科员
范新建	2009 年 6 月—2016 年 3 月	科员
李勇刚	2009 年 6 月—2022 年 12 月	四级主任科员
潘民杰	2009 年 7 月—2017 年 8 月	科员

姓名	从事信访工作时间	备注
黄珠怡	2011 年 12 月—2019 年 1 月	副科级信访员
	2019 年 1 月—2019 年 6 月	副主任科员
	2019 年 6 月—2019 年 9 月	四级主任科员
	2019 年 9 月—2021 年 3 月	三级主任科员
	2021 年 3 月—2022 年 12 月	二级主任科员
周鹏博	2012 年 1 月—2016 年 1 月	科员
冯静静	2016 年 1 月—2020 年 4 月	一级科员
	2020 年 4 月—2020 年 8 月	四级主任科员
尹淑琦	2019 年 5 月—2022 年 12 月	二级主任科员
邓　刚	2019 年 6 月—2022 年 12 月	事业管理九级职员
王　伟	2019 年 6 月—2022 年 12 月	事业管理九级职员
于　涵	2019 年 6 月—2022 年 12 月	事业管理九级职员

二、华亭市（原华亭县）信访工作机构干部

（一）历任主要领导

表 1-2-6　华亭市（原华亭县）信访工作机构历任主要领导

姓名	历任职务	从事信访工作时间
白树基	县信访办公室副主任	1983 年 3 月—1984 年 12 月
	县委办公室信访室主任	1984 年 12 月—1985 年 9 月
	县信访办公室主任	1985 年 9 月—1988 年 1 月
	县委、县政府信访办公室主任	1988 年 1 月—1997 年 6 月
吴双绪	县委、县政府信访办公室主任	1997 年 6 月—2004 年 1 月
闫天和	县委、县政府信访办公室主任	2004 年 1 月—2005 年 5 月
	县委、县政府信访局局长	2005 年 5 月—2006 年 4 月
张满银	县委办公室副主任、县委县政府信访局局长	2006 年 4 月—2009 年 11 月
苟国英	县委办公室副主任、县委县政府信访局局长	2009 年 11 月—2012 年 2 月
王学兵	县委办公室副主任、县委县政府信访局局长	2012 年 2 月—2012 年 12 月
王彩菊	县委、县政府信访局局长	2012 年 12 月—2018 年 12 月
	市委、市政府信访局局长	2018 年 12 月—2019 年 1 月
王玉和	市信访局局长	2019 年 1 月—2019 年 11 月
	市信访局局长兼市委办公室副主任	2019 年 11 月—2020 年 7 月
杨文华	市信访局局长兼市委办公室副主任	2020 年 7 月—2022 年 5 月
徐　鹏	市信访局局长兼市委办公室副主任	2022 年 5 月—2022 年 12 月

（二）历任副职领导

表 1-2-7 华亭市（原华亭县）信访工作机构历任副职领导

姓名	历任职务	从事信访工作时间
马智勇	县委、县政府信访办公室副主任	1999 年 4 月—2005 年 1 月
席宏杰	县委、县政府信访办公室副主任	2002 年 3 月—2005 年 10 月
	县委、县政府信访局副局长	2005 年 10 月—2006 年 4 月
邓玉英	县委、县政府信访办公室副主任	2004 年 12 月—2005 年 10 月
	县委、县政府信访局副局长	2005 年 10 月—2008 年 6 月
王永红	县委、县政府信访督查员	2005 年 10 月—2008 年 7 月
孙 凡	县委、县政府信访局副局长	2008 年 6 月—2012 年 12 月
	县委、县政府信访局党支部书记	2012 年 12 月—2016 年 3 月
李小平	县委、县政府信访局副局长	2008 年 12 月—2012 年 10 月
	县委、县政府信访局副局长、主任科员	2012 年 10 月—2019 年 1 月
	市信访局副局长	2019 年 1 月—2021 年 8 月
	市信访局一级主任科员	2021 年 8 月—2022 年 12 月
叶红锋	县委、县政府信访督查专员	2010 年 6 月—2016 年 6 月
蒋焱烽	县委、县政府信访局副局长	2012 年 12 月—2018 年 3 月
	县委、县政府信访局副局长、主任科员	2018 年 3 月—2019 年 1 月
	市信访局副局长	2019 年 1 月—2020 年 6 月
赵宏涛	县委、县政府信访督查专员	2015 年 5 月—2019 年 1 月
	市信访局信访督查专员	2019 年 1 月—2022 年 8 月
张宏峰	县委、县政府信访督查专员	2016 年 5 月—2019 年 1 月
	市信访局信访督查专员	2019 年 1 月—2022 年 12 月
李文娟	市信访局副局长	2020 年 5 月—2022 年 12 月
王 斌	市信访局信访督查专员	2020 年 5 月—2022 年 12 月
马海龙	市信访局副局长	2021 年 8 月—2022 年 12 月

（三）历任信访工作人员

表 1-2-8 华亭市（原华亭县）信访工作机构历任信访工作人员

姓名	从事信访工作时间	备注
刘正明	1962 年	科员
曹治州	1962 年—1964 年	科员
贾耀祖	1963 年—1966 年	科员
曹天荣	1965 年—1966 年	科员
李效彭	1968 年—1969 年	科员
乔培忠	1970 年—1974 年	科员

姓名	从事信访工作时间	备注
刘金祥	1971年—1972年	科员
曹治州	1973年	科员
刘佐光	1974年—1976年、1977年—1986年	科员
燕灵怀	1977年—1978年	科员
杨笃敬	1979年	科员
郭谭林	1980年—1982年	科员
马万堂	1981年—1982年	科员
李晓明	1983年	科员
吕德绪	1984年	科员
李学祖	1985年—1988年	科员
王旭坤	1985年—1992年	科员
孟春贤	1991年2月—1998年5月	科员
赵升学	1992年—1995年	科员
柳定军	1997年4月—1998年4月	工勤人员
席宏杰	1997年7月—2002年3月	科员
王永红	1998年7月—2005年10月	科员
王宏军	1999年4月—2022年12月	事业管理十级职员
叶红锋	2007年9月—2010年6月	事业管理九级职员
赵宏涛	2008年11月—2015年5月	事业管理九级职员
贾金红	2012年12月—2015年7月	工勤人员
马强华	2013年12月—2022年12月	工勤人员
王雯雯	2016年4月—2022年12月	事业管理九级职员
柳文军	2017年11月—2022年12月	事业管理九级职员
王小丽	2017年11月—2022年12月	事业管理九级职员
潘常青	2020年9月—2022年12月	事业管理九级职员
吴蓉蓉	2021年3月—2022年12月	事业管理九级职员

三、泾川县信访工作机构干部

（一）历任主要领导

表1-2-9 泾川县信访工作机构历任主要领导

姓名	历任职务	任职时间
杨自成	县信访办公室负责人	1977年1月—1980年1月
辛自治	县信访办公室负责人	1980年1月—1980年12月
尚旭中	县委办公室主任兼信访办公室主任	1984年10月—1986年12月
史福林	县委、县政府信访办公室主任	1987年1月—2002年7月

续表

姓名	历任职务	任职时间
张锁仁	县委、县政府信访办公室主任	2002年7月—2005年8月
	县委、县政府信访局局长	2005年8月—2017年12月
郭贵明	县委、县政府信访局党组书记、局长	2017年12月—2019年5月
	县信访局局长兼县委办公室副主任	2019年5月—2020年9月
周英全	县信访局局长兼县委办公室副主任	2020年9月—2022年12月

（二）历任副职领导

表1-2-10　泾川县信访工作机构历任副职领导

姓名	历任职务	任职时间
荆世雄	县委、县政府信访办公室副主任	1992年10月—1992年12月
任新红	县委、县政府信访办公室副主任	1994年1月—2005年5月
	县委、县政府信访局副局长	2005年5月—2007年10月
尚筱竑	县委、县政府信访办公室副主任	1995年12月—2005年8月
	县委、县政府信访局副局长	2005年8月—2017年10月
刘仲文	县委、县政府信访局副局长	2005年8月—2016年10月
吴仁全	县委、县政府信访局副局长	2011年6月—2019年5月
	县信访局副局长	2019年5月—2020年4月
	县信访局二级主任科员	2020年4月—2022年7月
	县信访局一级主任科员	2022年7月—2022年12月
郭贵明	县委、县政府信访局党组成员、纪检组长	2016年5月—2017年8月
	县委、县政府信访局党组成员、副局长	2017年8月—2017年12月
朱红娟	县委、县政府信访局党组成员、纪检组长	2017年8月—2019年5月
	县信访局二级主任科员	2019年5月—2019年9月
陈荣伟	县委、县政府信访局党组成员、副局长	2017年12月—2019年5月
	县信访局副局长	2019年5月—2022年12月
刘芸	县信访接待服务中心副主任	2019年5月—2022年12月
景斌文	县信访局信访督查专员	2021年1月—2022年12月

（三）历任信访工作人员

表1-2-11　泾川县信访工作机构历任信访工作人员

姓名	从事信访工作时间	备注
罗万全	1949年8月—1952年10月	科员
李正建	1949年8月—1952年12月	科员
张超	1953年1月—1955年12月	科员

姓名	从事信访工作时间	备注
许恒丰	1953 年 1 月—1955 年 12 月	科员
赵文珍	1956 年 1 月—1959 年 12 月	科员
吴 娥	1956 年 1 月—1959 年 12 月	科员
李祥林	1960 年 1 月—1961 年 12 月	科员
刘金明	1960 年 1 月—1961 年 12 月	科员
王得玺	1962 年 1 月—1964 年 12 月	科员
王正堂	1962 年 1 月—1964 年 12 月	科员
张东昌	1962 年 5 月—1964 年 12 月	科员
何安明	1965 年 1 月—1966 年 12 月	科员
刘含华	1965 年 4 月—1966 年 12 月	科员
王红和	1967 年 1 月—1968 年 2 月	科员
卢得海	1967 年 1 月—1968 年 2 月	科员
薛天太	1969 年 5 月—1976 年 12 月	科员
陈德学	1975 年 1 月—1976 年 12 月	科员
巫建恩	1977 年 1 月—1978 年 12 月	科员
史君存	1977 年 2 月—1980 年 10 月	科员
辛自治	1979 年 1 月—1980 年 12 月	科员
卢浩业	1981 年 1 月—1984 年 12 月	科员
薛俊璋	1984 年 2 月—1988 年 12 月	科员
魏小东	1986 年 2 月—1987 年 2 月	科员
张志魁	1986 年 8 月—1997 年 10 月	科员
荆世雄	1987 年 7 月—1992 年 10 月	科员
闫俊春	1997 年 12 月—2009 年 10 月	科员
李灵平	1997 年 12 月—2009 年 12 月	科员
单鑫玮	2008 年 7 月—2011 年 2 月	科员
张宏伟	2008 年 7 月—2018 年 7 月	科员
王志宏	2011 年 2 月—2013 年 3 月	事业管理九级职员
刘 芸	2011 年 2 月—2019 年 5 月	事业管理八级职员
尚 阳	2013 年 3 月—2022 年 12 月	事业管理九级职员
赵军合	2019 年 2 月—2019 年 5 月	科员
	2019 年 5 月—2022 年 12 月	四级主任科员
丁贵龙	2019 年 4 月—2022 年 12 月	事业管理九级职员
刘文明	2019 年 11 月—2022 年 12 月	事业管理九级职员
张莉贞	2019 年 11 月—2022 年 12 月	事业管理九级职员

四、灵台县信访工作机构干部

（一）历任主要领导

表 1-2-12　灵台县信访工作机构历任主要领导

姓名	历任职务	任职时间
任志财	县委、县革委会信访办公室主任	1979 年 3 月—1982 年 8 月
杨　青	县委、县政府信访办公室主任	1982 年 8 月—1990 年 2 月
孙培毓	县委、县政府信访办公室主任	1990 年 2 月—1992 年 8 月
王仁贵	县委办副主任，县委、县政府信访办公室主任	1993 年 12 月—2004 年 7 月
	县委、县政府信访局局长	2004 年 7 月—2007 年 8 月
牛国平	县委、县政府信访局局长	2007 年 8 月—2019 年 5 月
	县信访局局长兼县委办公室副主任	2019 年 5 月—2020 年 12 月
	县信访局四级调研员	2020 年 12 月—2022 年 12 月
马小平	县信访局局长兼县委办公室副主任	2020 年 12 月—2022 年 12 月

（二）历任副职领导

表 1-2-13　灵台县信访工作机构历任副职领导

姓名	历任职务	任职时间
任效杰	县委、县政府信访办公室副主任	1983 年 11 月—1989 年 11 月
王继升	县委、县政府信访办公室副主任	1990 年 4 月—1995 年 11 月
刘　臻	县委、县政府信访办公室副主任	1995 年 11 月—1997 年 1 月
焦升武	县委、县政府信访办公室副主任	1997 年 1 月—2004 年 7 月
	县委、县政府信访局副局长	2004 年 7 月—2005 年 8 月
牛国平	县委、县政府信访办公室副主任	2002 年 4 月—2004 年 7 月
	县委、县政府信访局副局长	2004 年 7 月—2007 年 8 月
杨俊锋	县委、县政府信访局副局长	2005 年 8 月—2017 年 11 月
何　为	县委、县政府信访局副局长	2008 年 1 月—2019 年 5 月
	县信访局副局长	2019 年 5 月—2022 年 4 月
	县信访局一级主任科员	2022 年 4 月—2022 年 12 月
李　涛	县委、县政府信访局副局长	2017 年 11 月—2019 年 5 月
	县信访局副局长	2019 年 5 月—2021 年 3 月
王春雨	县委、县政府信访督查专员	2019 年 3 月—2019 年 5 月
	县信访局信访督查专员	2019 年 5 月—2022 年 3 月
李智超	县信访局副局长	2021 年 8 月—2022 年 12 月
王广旭	县信访局副局长	2022 年 3 月—2022 年 12 月
巩丽娟	县信访局信访督查专员	2022 年 7 月—2022 年 12 月

（三）历任信访工作人员

表 1-2-14　灵台县信访工作机构历任信访工作人员

姓名	从事信访工作时间	备注
任永成	1949 年 8 月—1952 年 10 月	科员
付怀德	1952 年 11 月—1956 年 11 月	科员
边　成	1956 年 12 月—1958 年 10 月	科员
李斌仕	1962 年 1 月—1962 年 10 月	科员
任国英	1962 年 10 月—1965 年 5 月	科员
杨自华	1965 年 5 月—1967 年 4 月	科员
任效杰	1983 年 11 月—1987 年 9 月	科员
于忠学	1983 年 12 月—1986 年 6 月	科员
李作新	1987 年 6 月—1997 年 2 月	科员
巩志刚	1991 年 4 月—2000 年 1 月	科员
牛国平	1997 年 3 月—2002 年 4 月	科员
杨俊锋	2001 年 6 月—2005 年 8 月	科员
徐海军	2005 年 1 月—2011 年 6 月	科员
白永勤	2005 年 12 月—2011 年 4 月	科员
王永军	2005 年 12 月—2011 年 4 月	科员
张天荣	2007 年 7 月—2022 年 12 月	工勤人员
李晓刚	2008 年 1 月—2010 年 12 月	科员
王春雨	2010 年 6 月—2019 年 3 月	科员
景永刚	2011 年 3 月—2012 年 8 月	事业管理九级职员
李　丽	2011 年 3 月—2021 年 4 月	事业管理九级职员
李　涛	2012 年 10 月—2017 年 11 月	科员
曹文浩	2012 年 10 月—2022 年 12 月	四级主任科员
孙　斌	2013 年 3 月—2022 年 12 月	事业管理九级职员
史新强	2013 年 3 月—2022 年 12 月	事业管理九级职员
曹龙祥	2013 年 3 月—2022 年 12 月	事业管理九级职员
王　蕊	2013 年 3 月—2016 年 3 月	事业管理九级职员
王海涛	2017 年 5 月—2022 年 12 月	事业管理九级职员
朱丽莉	2017 年 5 月—2022 年 12 月	事业管理九级职员
于晓宏	2020 年 3 月—2022 年 12 月	四级主任科员
杨瑞琴	2021 年 6 月—2022 年 12 月	事业管理九级职员
闫亚军	2022 年 8 月—2022 年 12 月	事业管理九级职员

五、崇信县信访工作机构干部

（一）历任主要领导

表1-2-15 崇信县信访工作机构历任主要领导

姓名	历任职务	任职时间
阎德世	县革委会办公室主任、信访负责人	1969年9月—1970年3月
余念荣	县革委会办公室主任、信访组组长	1970年9月—1973年12月
赵效儒	县委办公室主任、信访负责人	1974年1月—1981年3月
王锦发	县委办公室主任、信访负责人	1981年4月—1982年4月
章启科	县委、县政府信访办公室主任	1987年1月—1998年4月
谢建国	县委、县政府信访办公室主任	1998年4月—2005年7月
	县委办副主任、县委县政府信访局局长	2005年7月—2006年1月
张喜武	县委办副主任、县委县政府信访局局长	2006年1月—2007年8月
谯恒民	县委办副主任、县委县政府信访局局长	2007年8月—2015年7月
朱新堂	县委、县政府信访局局长	2015年7月—2019年1月
	县信访局局长	2019年1月—2019年6月
赵双喜	县信访局局长	2019年6月—2019年11月
	县信访局局长兼县委办公室副主任	2019年11月—2021年1月
文诚勇	县信访局局长兼县委办公室副主任	2021年1月—2022年12月

（二）历任副职领导

表1-2-16 崇信县信访工作机构历任副职领导

姓名	历任职务	任职时间
谢宏轩	县革委会办公室信访组副组长	1970年9月—1973年12月
王锦发	县委办副主任（分管信访工作）	1974年1月—1981年3月
张兆吉	县委办副主任（分管信访工作）	1981年4月—1982年4月
王熙民	县委、县政府信访办公室副主任	1982年5月—1983年4月
李志忠	县委、县政府信访办公室副主任	1983年5月—1983年11月
乔成贵	县委、县政府信访办公室副主任	1983年12月—1986年12月
岳发忠	县委、县政府信访办公室副主任	2001年10月—2002年7月
张建伟	县委、县政府信访办公室副主任	2002年7月—2003年1月
王义宏	县委、县政府信访办公室副主任	2003年5月—2005年7月
	县委、县政府信访局副局长	2005年7月—2007年3月
于文涛	县委、县政府信访局副局长	2008年5月—2011年3月
岳 杰	县委、县政府信访局副局长	2012年2月—2013年11月
陈丽萍	县委、县政府信访督查专员	2013年4月—2017年11月
岳军科	县委、县政府信访局副局长	2013年12月—2014年12月

姓名	历任职务	任职时间
李映文	县委、县政府信访局副局长	2014 年 12 月—2017 年 11 月
	县委、县政府信访局主任科员	2017 年 11 月—2022 年 6 月
	县信访局一级主任科员	2022 年 7 月—2022 年 12 月
陈国春	县委、县政府信访局副局长	2017 年 12 月—2019 年 1 月
	县信访局副局长	2019 年 1 月—2021 年 4 月
刘　伟	县信访局三级调研员	2019 年 1 月—2021 年 1 月
于文生	县信访局副主任科员	2019 年 1 月—2021 年 1 月
朱保庆	县信访局一级主任科员	2019 年 1 月—2022 年 12 月
王　娟	县信访局信访督查专员	2020 年 3 月—2022 年 12 月
杨天时	县信访局副局长	2020 年 8 月—2022 年 12 月
李小伟	县信访局副局长	2021 年 7 月—2022 年 12 月

（三）历任信访工作人员

表 1-2-17　崇信县信访工作机构历任信访工作人员

姓名	从事信访工作时间	备注
张兆吉	1965 年 10 月—1968 年 3 月	科员
信双仁	1970 年 9 月—1973 年 12 月	科员
郭先明	1974 年 1 月—1977 年 3 月	科员
阎文海	1977 年 4 月—1981 年 3 月	科员
李三录	1981 年 4 月—1982 年 4 月	科员
马效文	1981 年 4 月—1982 年 4 月	科员
李志忠	1982 年 5 月—1983 年 4 月	科员
乔成贵	1983 年 5 月—1983 年 11 月	科员
郭玉兴	1983 年 5 月—1986 年 12 月	科员
梁友峰	1983 年 12 月—1988 年 9 月	科员
王正立	1987 年 1 月—1988 年 9 月	科员
刘娅莉	1997 年 3 月—2004 年 6 月	科员
王军军	2006 年 8 月—2008 年 5 月	事业管理九级职员
陈丽萍	2009 年 3 月—2013 年 4 月	事业管理九级职员
田新民	2009 年 9 月—2015 年 10 月	事业管理九级职员
谢志勇	2009 年 10 月—2022 年 12 月	工勤人员
马志虎	2012 年 10 月—2015 年 5 月	事业管理九级职员
王　成	2012 年 10 月—2020 年 1 月	事业管理九级职员
李　刚	2013 年 12 月—2016 年 12 月	项目人员
张瑞淇	2014 年 12 月—2017 年 12 月	项目人员

续表

姓名	从事信访工作时间	备注
梁福荣	2014年12月—2017年12月	项目人员
朱乐平	2015年11月—2021年1月	事业管理九级职员
陈　飞	2017年12月—2020年6月	项目人员
	2021年12月—2022年12月	事业管理九级职员
李　博	2018年2月—2022年12月	事业管理九级职员
李自强	2018年2月—2022年12月	事业管理九级职员
郭　勇	2018年2月—2022年12月	事业管理九级职员
谢明霞	2020年9月—2022年12月	事业管理九级职员
张江磊	2022年6月—2022年12月	事业管理九级职员

六、庄浪县信访工作机构干部

（一）历任主要领导

表1-2-18　庄浪县信访工作机构历任主要领导

姓名	历任职务	任职时间
刘华如	县委秘书室主任（信访负责人）	1949年8月—1951年8月
李世栋	县委秘书室主任（信访负责人）	1951年8月—1952年9月
王尔楷	县委秘书室主任（信访负责人）	1952年9月—1954年7月
文安邦	县委秘书室主任（信访负责人）	1954年7月—1954年10月
杜文广	县委秘书室主任（信访负责人）	1954年10月—1958年3月
蒙均鼎	县委秘书室主任（信访负责人）	1958年4月—1958年12月
吴国太	县委办公室主任（信访负责人）	1962年1月—1964年7月
王文治	县政府办公室主任（信访负责人）	1962年1月—1967年3月
雷发雯	县委办公室主任（信访负责人）	1964年7月—1965年11月
杨天理	县委办公室主任（信访负责人）	1965年11月—1967年3月
田川原	县委办公室主任（信访负责人）	1969年7月—1970年12月
李得祥	县委办公室主任（信访负责人）	1971年1月—1972年8月
万振绪	县委办公室主任（信访负责人）	1972年8月—1974年1月
吴国太	县委办公室主任（信访负责人）	1974年1月—1976年3月
程振华	县委办公室主任（信访负责人）	1976年4月—1976年12月
王发堂	县委办公室主任（信访负责人）	1979年7月—1980年2月
崔景林	县政府办公室主任（信访负责人）	1982年1月—1983年11月
张耀堂	县委办公室主任（信访负责人）	1982年4月—1984年12月
李培春	县委、县政府信访办公室主任	1994年9月—1997年9月
	县信访办公室主任	1997年9月—2000年1月

续表

姓名	历任职务	任职时间
陈建明	县信访办公室主任	2000 年 1 月—2005 年 6 月
	县委、县政府信访局局长	2005 年 6 月—2007 年 5 月
董　霞	县委、县政府信访局局长	2007 年 5 月—2012 年 2 月
柳志福	县委、县政府信访局局长	2012 年 2 月—2015 年 7 月
张嘉庆	县委、县政府信访局局长	2016 年 3 月—2019 年 4 月
	县信访局局长兼县委办公室副主任	2019 年 4 月—2021 年 6 月
陈学林	县信访局局长兼县委办公室副主任	2021 年 6 月—2022 年 12 月

（二）历任副职领导

表 1-2-19　庄浪县信访工作机构历任副职领导

姓名	历任职务	任职时间
王月桂	县委办公室副主任（分管信访工作）	1977 年 1 月—1978 年 12 月
刘先俊	县委办公室副主任（分管信访工作）	1979 年 1 月—1981 年 9 月
张显文	县委办公室副主任（分管信访工作）	1981 年 9 月—1982 年 4 月
刘发前	县政府办公室副主任（分管信访工作）	1983 年 11 月—1984 年 12 月
蒙俊清	县委、县政府信访办公室副主任	1984 年 12 月—1989 年 11 月
张士言	县委、县政府信访办公室副主任	1984 年 12 月—1998 年 12 月
温尚怀	县委、县政府信访办公室副主任	1986 年 1 月—1989 年 11 月
郑登科	县委、县政府信访办公室副主任	1993 年 12 月—1997 年 9 月
	县信访办公室副主任	1997 年 9 月—2000 年 1 月
王兴亚	县信访办公室副主任	2000 年 1 月—2005 年 6 月
	县委、县政府信访局副局长	2005 年 6 月—2005 年 8 月
朱志翔	县委、县政府信访局副局长	2005 年 8 月—2010 年 10 月
邵俊禄	县委、县政府信访局副局长	2007 年 8 月—2013 年 3 月
王德志	县委、县政府信访局副局长	2013 年 3 月—2016 年 3 月
王彤彤	县委、县政府信访局副局长	2013 年 3 月—2016 年 9 月
史　涛	县委、县政府信访局副局长	2017 年 9 月—2019 年 4 月
	县信访局副局长	2019 年 4 月—2022 年 12 月
张　晟	县信访局副局长	2019 年 12 月—2022 年 12 月
韩爱桃	县信访局信访督查专员	2020 年 12 月—2022 年 12 月

（三）历任信访工作人员

表1-2-20　庄浪县信访工作机构历任信访工作人员

姓名	从事信访工作时间	备注
崔维岗	1950年2月—1951年3月	科员
慕仰德	1951年3月—1953年9月	科员
赵鼎新	1954年1月—1954年11月	科员
李享通	1954年11月—1956年12月	科员
马玉玺	1957年2月—1958年12月	科员
杨志俊	1962年1月—1962年10月	科员
杨殿选	1962年1月—1967年3月	科员
解天德	1962年10月—1963年5月	科员
赵丕烈	1963年5月—1964年10月	科员
张士言	1964年10月—1967年3月	科员
	1975年12月—1998年12月	科员
何凯	1969年9月—1969年12月	科员
李福全	1969年10月—1975年10月	科员
王志贤	1970年10月—1973年9月	科员
郭振华	1973年10月—1977年3月	科员
蒙俊清	1979年7月—1984年12月	科员
李耀德	1982年1月—1984年12月	科员
陈玉中	1999年3月—2002年3月	科员
邵俊禄	2002年3月—2007年8月	科员
王德志	2004年9月—2013年3月	科员
	2016年3月—2022年12月	二级主任科员
王玉中	2006年3月—2007年3月	科员
王新文	2008年5月—2014年11月	科员
苏继军	2010年6月—2022年12月	事业管理九级职员
王思敏	2010年9月—2019年5月	科员
史涛	2016年5月—2017年9月	科员
朱凡凡	2019年2月—2021年8月	科员
谢丽娟	2019年4月—2022年12月	项目人员
梁艳君	2019年9月—2022年12月	一级科员
徐守斌	2021年2月—2022年12月	项目人员
连升	2021年2月—2022年12月	项目人员
杨娟娟	2021年3月—2022年12月	项目人员
唐海平	2021年10月—2022年12月	项目人员

七、静宁县信访工作机构干部

（一）历任主要领导

表 1-2-21　静宁县信访工作机构历任主要领导

姓名	历任职务	任职时间
王治华	县委、县政府信访办公室副主任（主持工作）	1984 年 12 月—1988 年 5 月
高顺存	县委、县政府信访办公室主任	1988 年 5 月—1998 年 2 月
王连兴	县委、县政府信访办公室主任	1998 年 2 月—2002 年 6 月
孙青茂	县信访办公室主任、县信访局局长	2002 年 12 月—2006 年 6 月
张秉鑑	县信访局局长兼县委办公室副主任	2006 年 6 月—2010 年 3 月
樊爱平	县信访局局长兼县委办公室副主任	2010 年 3 月—2013 年 8 月
郭国定	县信访局局长兼县委办公室副主任	2013 年 8 月—2019 年 1 月
袁金全	县信访局局长兼县委办公室副主任	2019 年 1 月—2022 年 5 月
闫小亮	县信访局局长兼县委办公室副主任	2022 年 5 月—2022 年 12 月

（二）历任副职领导

表 1-2-22　静宁县信访工作机构历任副职领导

姓名	历任职务	任职时间
李国军	县委、县政府信访办公室副主任	1994 年 7 月—1996 年 7 月
周光烈	县信访局副局长	1997 年 5 月—2010 年 6 月
吴　韡	县信访局副局长	2007 年 9 月—2015 年 3 月
程中平	县信访局纪检组长	2011 年 8 月—2015 年 9 月
王有武	县信访局信访督查专员	2012 年 2 月—2015 年 7 月
	县信访局副局长	2015 年 7 月—2019 年 2 月
	县信访局二级主任科员	2019 年 2 月—2022 年 12 月
张红专	县信访局副局长	2012 年 12 月—2021 年 6 月
雷向红	县信访局纪检组长	2015 年 12 月—2019 年 7 月
李党润	县信访局信访督查专员	2016 年 3 月—2019 年 5 月
	县信访局副局长	2019 年 5 月—2022 年 12 月
崔江柳	县信访局纪检组长	2019 年 7 月—2021 年 12 月
郑润兵	县信访局信访督查专员	2020 年 3 月—2022 年 12 月
王惠勤	县信访局副局长	2021 年 6 月—2022 年 12 月

（三）历任信访工作人员

表 1-2-23　静宁县信访工作机构历任信访工作人员

姓名	从事信访工作时间	备注
王虎兴	1984 年 12 月—1988 年 5 月	科员
邹振兴	1984 年 12 月—1993 年 3 月	科员
牛世德	1984 年 12 月—1998 年 3 月	科员
李国军	1990 年 9 月—1994 年 7 月	科员
席学军	1996 年 4 月—2003 年 3 月	科员
王连兴	1998 年 2 月—2002 年 6 月	科员
吴　犨	1999 年 10 月—2007 年 9 月	科员
孙青茂	2002 年 12 月—2006 年 6 月	科员
王有武	2003 年 12 月—2012 年 2 月	科员
李党润	2005 年 11 月—2016 年 3 月	科员
高俊义	2005 年 11 月—2022 年 12 月	事业管理八级职员
王满良	2009 年 12 月—2010 年 4 月	科员
马小元	2009 年 12 月—2022 年 12 月	事业管理九级职员
王具仓	2009 年 12 月—2022 年 12 月	事业管理九级职员
程中平	2011 年 8 月—2015 年 9 月	科员
陈彦东	2012 年 11 月—2013 年 1 月	科员
杨亚军	2018 年 9 月—2021 年 7 月	事业管理九级职员
高双喜	2018 年 9 月—2022 年 12 月	事业管理九级职员
王堆田	2018 年 9 月—2022 年 12 月	事业管理九级职员
司飞霞	2019 年 5 月—2020 年 11 月	科员
王军平	2020 年 10 月—2022 年 12 月	工勤人员

第三节　其他市级机关及部门（单位）信访工作机构干部

一、平凉市纪委监委（原平凉地区纪委、监察局，原市纪委、市监察局）信访工作机构干部

表 1-2-24　平凉市纪委监委信访工作机构干部

姓名	历任职务	从事信访工作时间
张怀道	市纪委市监察局信访室正科级纪检监察员	1993 年 5 月—2003 年 1 月
卢建设	市纪委市监察局信访室副科级纪检监察员	1993 年 5 月—2005 年 12 月
杨德易	地区纪委（监察局）信访室主任	1994 年 10 月—2001 年 11 月
李　博	地区纪委（监察局）信访室科员	1996 年 10 月—1999 年 4 月
	地区纪委（监察局）信访室副科级纪检监察员	1999 年 4 月—2001 年 7 月

姓名	历任职务	从事信访工作时间
朱卫华	市纪委市监察局信访室干部	2001 年 10 月—2003 年 1 月
	市纪委市监察局信访室副主任	2003 年 1 月—2010 年 12 月
	市纪委市监察局信访室主任	2010 年 12 月—2015 年 5 月
李多才	市纪委市监察局信访室主任	2001 年 11 月—2010 年 4 月
郗宁宁	市纪委监委信访室干部	2008 年 5 月—2013 年 8 月
	市纪委监委信访室副主任	2013 年 8 月—2019 年 3 月
	市纪委监委信访室主任	2019 年 3 月—2020 年 8 月
杜　洁	市纪委市监察局信访室正科级纪检监察员	2011 年 1 月—2012 年 8 月
	市纪委监委信访室主任	2020 年 8 月—2022 年 12 月
李逢春	市纪委监委信访室主任	2015 年 7 月—2017 年 3 月
丁小荣	市纪委监委信访室主任	2017 年 3 月—2019 年 3 月
温杨林	市纪委监委信访室正科级干部	2017 年 9 月—2018 年 9 月
杜文哲	市纪委监委信访室干部	2018 年 5 月—2022 年 12 月
拓雅媛	市纪委监委信访室副主任	2019 年 7 月—2022 年 12 月

二、平凉市人大常委会办公室信访工作机构干部

表 1-2-25　平凉市人大常委会办公室信访工作机构干部

姓名	历任职务	从事信访工作时间
朱　恭	地区人大工委办公室信访科科长	1985 年 7 月—1997 年 4 月
豆景辉	市人大常委会办公室督查信访科干部	1996 年 12 月—2022 年 12 月
田芳林	市人大常委会办公室信访科副科长	2004 年 3 月—2005 年 4 月
	市人大常委会办公室信访科科长	2005 年 4 月—2010 年 12 月
党小琰	市人大常委会办公室信访室副主任	2011 年 3 月—2018 年 6 月
李良军	市人大常委会办公室信访室主任	2012 年 4 月—2017 年 2 月
张宏元	市人大常委会办公室信访科科长	2019 年 10 月—2020 年 7 月
李　玮	市人大常委会办公室督查信访科科长	2020 年 11 月—2022 年 12 月

三、平凉市中级人民法院信访工作机构干部

表 1-2-26　平凉市中级人民法院信访工作机构干部

姓名	历任职务	从事信访工作时间
代建勋	市中级人民法院信访督查室工作人员	1991 年 10 月—2007 年 9 月
冯土成	市中级人民法院刑二庭庭长	1994 年 5 月—1999 年 4 月
袁冬琴	市中级人民法院信访督查室工作人员	1994 年 7 月—2010 年 5 月
王萍英	市中级人民法院信访督查室主任	2009 年 12 月—2015 年 9 月
安兴民	市中级人民法院信访督查室主任	2015 年 9 月—2022 年 12 月

四、平凉市人民检察院信访工作机构干部

表 1-2-27　平凉市人民检察院信访工作机构干部

姓名	历任职务	从事信访工作时间
李再武	省人民检察院平凉分院控告申诉科科长	1985 年 5 月—1989 年 1 月
张治华	省人民检察院平凉分院控告申诉科科员	1991 年 2 月—1993 年
李保彦	省人民检察院平凉分院控告申诉科科长	1991 年
张光存	省人民检察院平凉分院控告申诉科科长	1993 年 1 月—2002 年 11 月
	市人民检察院控告申诉处处长	2002 年 12 月—2005 年 5 月
朱　伟	省人民检察院平凉分院控告申诉科一级警长、主任科员	1993 年—1997 年
席胜国	省人民检察院平凉分院控告申诉科正科级检察员	1993 年—1998 年
陈益霞	省人民检察院平凉分院控告申诉科书记员、主任科员	1997 年—2002 年
	市人民检察院控告申诉处书记员、主任科员	2002 年—2010 年
史学军	市人民检察院控告申诉处副处长	2002 年 12 月—2010 年 7 月
	市人民检察院第八检察部主任	2020 年 5 月—2022 年 12 月
张宏勇	市人民检察院控告申诉处处长	2006 年—2009 年
封世宏	市人民检察院控告申诉处处长	2009 年 12 月—2019 年 6 月
	市人民检察院第八检察部主任	2019 年 6 月—2020 年 4 月
刘玉仓	市人民检察院控告申诉处副主任科员	2011 年 3 月—2015 年 12 月
	市人民检察院第八检察部主任科员	2015 年 12 月—2021 年 2 月
程　焱	市人民检察院控告申诉处副处长	2014 年 12 月—2017 年 12 月
袁　静	市人民检察院第八检察部检察官助理	2015 年 3 月—2022 年 12 月
田　莉	市人民检察院第八检察部书记员	2015 年 6 月—2022 年 12 月
邵　艺	市人民检察院第八检察部书记员	2020 年 12 月—2022 年 12 月
张廉妍	市人民检察院第八检察部副主任	2021 年 6 月—2022 年 12 月

五、平凉工业园区信访工作机构干部

表 1-2-28　平凉工业园区信访工作机构干部

姓名	历任职务	从事信访工作时间
赵　义	工业园区党工委委员、纪工委书记	2014 年 12 月—2022 年 12 月
张耀斌	工业园区信访办三级主任科员	2020 年 6 月—2022 年 12 月
张智勇	工业园区信访办三级主任科员	2020 年 6 月—2022 年 12 月
巨　妍	工业园区信访办干部	2020 年 6 月—2022 年 12 月

六、平凉市公安局信访工作机构干部

表 1-2-29　平凉市公安局信访工作机构干部

姓名	历任职务	从事信访工作时间
于学军	市公安局信访办主任科员	2005 年 9 月—2006 年 11 月
袁　炜	市公安局信访办主任科员	2006 年 8 月—2012 年 8 月
	市公安局信访办主任	2012 年 8 月—2014 年 9 月
	市公安局信访办主任科员	2014 年 9 月—2016 年 12 月
褚静妍	市公安局信访办主任	2012 年 8 月—2019 年 11 月
杨　帆	市公安局信访办副主任	2017 年 9 月—2022 年 1 月
	市公安局信访办主任	2022 年 1 月—2022 年 12 月
李永忠	市公安局经侦支队一大队大队长	2019 年 5 月—2021 年 12 月
郭　童	市公安局信访干部	2021 年 1 月—2022 年 12 月

七、平凉市人社局信访工作机构干部

表 1-2-30　平凉市人社局信访工作机构干部

姓名	历任职务	从事信访工作时间
刘　刚	市人社局纪检组长	2006 年 10 月—2017 年 6 月
杨　涛	市人社局四级调研员	2007 年 10 月—2022 年 12 月
万　颖	市人社局调解仲裁科科长	2010 年 2 月—2022 年 12 月
陈　龙	市人社局劳动监察支队二级主任科员	2010 年 11 月—2022 年 12 月
李　刚	市人社局劳动监察支队一级主任科员	2012 年 1 月—2022 年 12 月
张福全	市人社局劳动监察支队支队长	2012 年 11 月—2018 年 6 月
周　睿	市人社局劳动监察支队支队长	2019 年 11 月—2022 年 12 月
田　军	市人社局副局长	2020 年 4 月—2022 年 12 月

八、平凉市生态环境局信访工作机构干部

表 1-2-31　平凉市生态环境局信访工作机构干部

姓名	历任职务	从事信访工作时间
高淑霞	市生态环境保护综合行政执法队环境信访受理投诉中心主任	2005 年 8 月—2012 年 12 月 2020 年 11 月—2022 年 8 月
朱耀强	市生态环境保护综合行政执法队队长	2021 年 1 月—2022 年 12 月
李　婷	市生态环境保护综合行政执法队环境信访受理投诉中心干部	2021 年 8 月—2022 年 8 月

九、平凉崆峒山大景区信访工作机构干部

表 1-2-32 平凉崆峒山大景区信访工作机构干部

姓名	历任职务	从事信访工作时间
毛宏伟	崆峒山生态文化旅游示范区管理委员会党委委员、副主任	2013 年 1 月—2017 年 3 月
位海军	崆峒山大景区管理委员会监察室主任、宣传营销部部长	2013 年 2 月—2019 年 9 月
	信访办主任	2021 年 9 月—2022 年 12 月
孟军强	崆峒山大景区管理委员会党委副书记、纪委书记	2017 年 3 月—2019 年 9 月
朱国明	崆峒山大景区管理委员会党委委员、副主任	2019 年 9 月—2020 年 7 月
		2021 年 8 月—2022 年 12 月
白文军	崆峒山大景区管理委员会人力资源部部长、信访办副主任	2019 年 9 月—2022 年 12 月
孙卫萍	崆峒山大景区管理委员会人力资源部干部、信访办干事	2019 年 9 月—2022 年 12 月
车守江	崆峒山大景区管理委员会党委委员、副主任	2020 年 7 月—2021 年 8 月

十、其他市直部门信访工作人员

表 1-2-33 其他市直部门信访工作人员

姓名	单位及职务	从事信访工作时间
何愿斌	市政府办公室副主任	2022 年 10 月—2022 年 12 月
朱静玉	市政府办公室总值班室主任	2022 年 11 月—2022 年 12 月
曹伟伟	市发改委办公室主任	2020 年 10 月—2022 年 12 月
袁永强	市教育局人事科副科长	2022 年 4 月—2022 年 12 月
吴永年	市工信局二级主任科员	2019 年 3 月—2022 年 12 月
曹维珍	市工信局工勤人员	2019 年 3 月—2022 年 12 月
毛小锋	市民宗委宗教一科科长	2020 年 8 月—2022 年 12 月
李柏洋	市民政局办公室副主任	2021 年 4 月—2022 年 12 月
潘彬彬	市司法局办公室副主任	2021 年 11 月—2022 年 12 月
关龙龙	市财政局综合科科长	2019 年 3 月—2022 年 12 月
杨艳	市自然资源局政策法规科科长	2017 年 5 月—2022 年 12 月
李小凤	市自然资源局干部	2006 年 1 月—2022 年 12 月
何龙	市住建局办公室科员	2021 年 6 月—2022 年 12 月
李志杰	市交通运输局干部	2020 年 4 月—2022 年 12 月
曹乐	市水务局办公室主任	2015 年 9 月—2022 年 12 月
秦啸	市农业农村局机关党委专职副书记	2020 年 12 月—2022 年 12 月
郭元锋	市农业农村局农机监理所所长兼办公室主任	2012 年 12 月—2022 年 12 月
张小龙	市商务局办公室主任	2022 年 4 月—2022 年 12 月
刘军	市文旅局四级调研员	2019 年 1 月—2022 年 12 月

续表

姓名	单位及职务	从事信访工作时间
马　丽	市卫健委办公室干部	2022 年 1 月—2022 年 12 月
康　博	市卫健委办公室干部	2022 年 1 月—2022 年 12 月
王永红	市退役军人事务局权益维护科科长	2019 年 1 月—2022 年 12 月
程　鸣	市退役军人事务局权益维护科副科长	2015 年 5 月—2022 年 12 月
蒋军辉	市应急管理局办公室一级科员	2022 年 4 月—2022 年 12 月
杨志军	市政府国资委监督稽查科科长、四级调研员	2019 年 3 月—2022 年 12 月
汝　阳	市林草局林业有害生物防治检疫站干部	2021 年 12 月—2022 年 12 月
刘建明	市市场监督管理局人事科科长、四级调研员	2020 年 10 月—2022 年 12 月
梁文学	市市场监督管理局机关党委专职副书记、四级调研员	2020 年 10 月—2022 年 12 月
刘　宁	市市场监督管理局办公室主任	2020 年 10 月—2022 年 12 月
王昭蔚	市市场监督管理局办公室副主任	2020 年 10 月—2022 年 12 月
张　伟	市政府金融办金融稳定科科长、一级主任科员	2012 年 1 月—2022 年 12 月
曹琳钰	市医疗保障局办公室副主任、三级主任科员	2015 年 2 月—2022 年 12 月
张瑞芳	市粮食和物资储备局办公室主任	2019 年 1 月—2022 年 12 月
王　瑨	市畜牧兽医局牛产业开发办公室信息与技术推广科副科长	2022 年 8 月—2022 年 12 月
李　龙	市总工会法保经济科干部	2012 年 7 月—2022 年 12 月
崔仁英	市妇联妇女权益部部长	2019 年 1 月—2022 年 12 月
郭　锐	市残联维权科科长	1974 年 9 月—2022 年 12 月

第二编 02

信访工作

第一章 新中国成立以来历年信访工作简述

第一节 1950 年—1965 年信访工作简述

1950 年

全区没有建立统一的信访工作机构，地委秘书处、专署秘书室指定工作人员兼职办理人民群众来信来访业务。4 月 19 日，中共中央发出《关于在报纸上展开批评与自我批评的决定》，原由党政机关受理的批评建议类信件，绝大多数投向《甘肃日报》社读者来信组。11 月 28 日，《甘肃日报》社读者来信组接待室主持召开了省直部分机关和兰州市接待人民群众工作座谈会，在该会议上议定：处理人民群众来信和接待人民群众来访的简况可在报纸上刊登；处理的好、有教育意义的典型案件，可在报纸上发表；哪些部门对人民群众来信不重视，或有严重官僚主义作风，可在报纸上批评；每月由报社接待室主持召集有关单位交流一次情况。之后，全区除批评建议类的多数信件投向《甘肃日报》社读者来信组，然后由报社读者来信组向全区相关县（市）交办外，其他各类信件仍由地、县（市）受理处理。

1951 年

2 月 26 日，政务院颁布《中华人民共和国劳动保险条例》后，人民群众诉说生、老、病、死、伤、残等困难的信件明显增多。地委、专署和各县（市）把解决上述问题作为本年度信访工作的主要任务。4 月，地委秘书处、专署秘书室指定专人办理人民群众来信来访工作业务。6 月，区直党政部门和公安、检察、司法、监察机关设立"检举箱""控告箱"并指定专人公开受理接待人民群众来信来访、办理信访业务。

1952 年

《甘肃省人民政府处理人民来信和接见人民工作暂行办法》颁布，这是甘肃省信访工作第一个具有地方法规性质的文件，对来信怎么处理、来访怎么接待等重要问题作出了明确规定。7 月 25 日，政务院发布《关于劳动就业问题的决定》后，全区失业人员要求工作的信件明显增多。12 月 10 日，省委办公厅向全省各地、县（市）委转发了《省委秘书处 1952 年 7 月至 9 月处理群众来信的总结报告》，要求各地、县（市）和省直部门对省委交办的信访案件，必须在 3 个月内上报查处结果。根据上级要求，地委、专署建立了书记、专员亲自批阅重大信访案件和专日接待人民群众来访制度并常态化坚持，为全区各级领导干部带头接待来访群众、处理信访问题起到了示范引领作用。

1953 年

1月5日，中共中央发出《关于反对官僚主义、反对命令主义和反对违法乱纪的指示》。中央要求各级领导机关结合整党、建党及其他工作，从处理人民来信入手，检查官僚主义、命令主义和违法乱纪的情况，并与之展开坚决的斗争。之后，中共甘肃省委、甘肃省人民政府抽调专人赴各地、县（市）检查信访工作。检查人员有力指导并配合了平凉"新三反"运动的开展。地委、专署在不断总结全区信访工作经验的基础上，结合平凉信访工作实际，提出了做好信访受理接待和处理信访问题的措施。专署秘书室下设了人民来信来访接待室，编制1名，专门负责人民来信办理、来访接待和协调处理工作。各县（市）和区直部门更加重视信访工作，全区信访工作有了新起色。

1954 年

全区各级党委、政府不断加强对信访工作的组织领导，地、县（市）普遍建立信访工作规章制度，严格落实地委书记、专署专员阅批重要信件和专日接待来访群众制度，各县（市）还规定每逢集日或定有专日为书记、县（市）长接待来访群众日并坚持落实这一制度。本年度经地委书记、专署专员批办的信件占全年受理来信总数的三分之一以上，地、县（市）配备了专（兼）职信访干部，其中党员、团员占80%以上，具有初中以上文化程度的占73%。地、县（市）先后召开信访业务工作会议，信访业务工作逐步走向正轨，大量信访问题得到妥善解决，进一步密切了党和政府与人民群众的联系，调动了人民群众建设社会主义的积极性，并对克服过渡时期的经济困难、维护社会稳定、巩固新生政权起到了重要作用。

1955 年

平凉专员公署秘书室更名为办公室，人民群众来信来访工作由办公室确定专人办理。3月，各县（市）人民政府改称人民委员会，信访工作业务由县（市）人委办公室指定专人办理。4月5日，甘肃省人民委员会转发了中华人民共和国华侨事务委员会内（55）字第1276号《关于改进处理华侨来信工作的指示》。7月1日，中共甘肃省委批转了省委办公室关于《甘肃省1954年人民来信来访工作报告》。根据上级要求，地委、专署领导除坚持阅批人民群众来信和专日接待人民群众来访外，还带案下访，亲自调查处理人民群众信访反映的问题。各县（市）党委、人委和区直部门及时配备了有一定文化水平的专（兼）职信访干部，多数县（市）设立了人民来访接待室，地、县（市）对信访积案进行了清理，采取联合办公或召开联席会议的方式，解决了一些久拖未决的信访疑难问题。本年度，地、县（市）受理人民群众来信308件，接待群众来访46人次。

1956 年

中共甘肃省委办公厅从省直有关部门和单位抽调人员组成工作组，深入地、县（市）对信访工作进行普查。根据《省委办公厅信访工作情况通报》要求，地委、专署主要领导和分管领导除作出批示外，还召集有关部门对全区信访工作中存在的突出问题进行了专题研究，提出了加强和改进人民来信来访工作的具体意见。之后，地、县（市）及其相关部门和单位普遍重视人民群众来信来访登记和处理工作，人民群众来信积压现象明显减少，对信访案件的调查处理，也基本做到了"件件有着落，案案有结果"。

1957 年

全区信访工作普遍得到各级党委、人委的重视，地、县（市）领导阅批人民群众来信和专日接待人民群众来访、人民群众来信来访登记、领导干部下乡随身带案调查处理等信访工作制度均得到有效落实。5 月，中共中央办公厅和国务院办公厅联合在北京召开了第一次全国信访工作会议。11 月，全省第一次信访工作会议在兰州召开，会议之后，平凉地区参加会议的同志及时向地委汇报了会议精神，并在地委、专署机关全体党员大会上作了传达。随后，地委秘书处和专署办公室主持召开了由全区 46 个单位参加、历时 5 天的全区信访工作会议，与会人员讨论了地委、专署拟定的处理人民来信和接待人民来访两个实施细则（草案），总结交流了新中国成立以来全区信访工作经验，找出了信访工作差距，提出了做好信访工作的意见。会后，全区各级普遍设立了信访工作机构，地、县（市）相继健全完善了领导干部接待来访群众制度，地、县（市）领导干部阅批群众来信、亲自接待群众来访逐渐形成风气。

1958 年

经过全民整风和人民公社运动，一些人民内部矛盾和信访问题得到及时处理，人民群众的信访活动更加活跃，来信来访数量激增。3 月 31 日，中共甘肃省委办公厅转发了《平凉地区传达贯彻全省第一次信访工作会议情况的报告》。地委、专署和各县（市）党委、人委采取有效措施，狠抓全省第一次信访工作会议、信访工作现场评比会精神和省委办公厅、省人委办公厅下发的《适应新形势，采取新措施，力争人民来信来访大跃进的总结报告》《1958 年信访工作计划》《人民来信来访工作临洮现场会议的评比报告》《人民来信来访情况简报》等文件精神的贯彻落实，全区基本实现了信访工作"三无"目标，从而改变了以往处理人民群众来信来访工作中存在的拖拉积压现象。本年度，地、县（市）受理群众来信15871 件，接待群众来访 1359 人次。

1959 年

平凉一些地方出现粮荒，全区信访量急剧上升，通过信访渠道反映粮食问题的来信尤为突出。上半年，全省第二次信访工作会议在兰州召开。7 月 31 日，中共甘肃省委批转了省委办公厅关于 7 月初召开的信访工作座谈会情况简报，指出："人民来信来访是一个'政治寒暑表'。通过处理人民来信来访中反映的具体问题，可以进一步密切党群、政群、干群之间的联系，帮助人民群众实现管理国家、管理人民公社、监督干部的政治权利，可以揭露和打击敌人，巩固人民民主专政。各级党组织都应该立即把人民来信来访工作切切实实地抓起来，真正提到党委工作议事日程上来"。地委、专署高度重视粮荒问题，及时采取了一系列补救措施，使灾情得到了有效控制，粮荒问题得到了暂时缓解。本年度，全区受理群众来信来访 6141 件，结案 6089 件，结案率达到了 99.2%。

1960 年

全区经济形势日趋恶化，城乡人民生活困难，信访积案增多。具体表现为：全区各地普遍缺粮，农村多数地方严重缺粮；浮肿病大量发生；耕地大片荒芜，农业生产遭到严重破坏；工业生产由于缺乏原材料，处于瘫痪或半瘫痪状态；交通运输几乎中断，人民群众所需要的粮食等生活物资调运困难，造成一些极度困难地方的群众外出逃命。由于在开展"大跃进"和人民公社运动中"共产风""浮夸风"泛滥，许多干部群众因向上级反映粮食问题、生活困难、干部作风、虚报浮夸等真实情况而受到批斗。在这一特殊时期，一些单位对处理人民群众来信来访的重要性和严肃性认识不足，漠视人民群众疾苦，认为处理来信来访是"可有可无的琐碎事""哪里的来信多，哪里的群众落后"，有的单位甚至错误认为"好人不告状，告状没好人"，等等。许多单位不重视人民群众来信来访工作，对人民群众反映的问题和提出的意见建议抱着消极被动和敷衍塞责的态度，普遍存在互相推诿、照抄照转、应付差事的现象，造成信访积案甚多。11月3日，中共中央发出《关于农村人民公社当前政策问题的紧急指示信》（以下简称《指示信》）。《指示信》要求各省彻底纠正"一平二调"的错误，允许社员经营少量的自留地和家庭副业。中共甘肃省委及时召开"三干"会议，检查了人民公社的政策问题。12月上旬，西北局在兰州召开会议，认真总结了甘肃的工作。这次会议是扭转全省局势的关键，也是甘肃整体工作的转折点。从此，平凉同全省一样，各项工作开始步入正确轨道，信访工作也随之正常开展。本年度，地、县（市）受理群众来信5426件，接待群众来访407人次。

1961 年

1月，中央有关部门、西北局、中共甘肃省委指派到平凉的工作组，在指导挽救人民和检查纠正平凉工作中存在错误的同时，还纠正了信访工作中存在的各种问题，比如，一些地方混淆了人民内部矛盾和敌我矛盾，把一些积极反映缺粮死人问题的人民群众错误地当成坏人进行了批判或处理；个别干部对检举揭发自己错误的职工群众借机进行打击报复；等等。4月21日，甘肃省人民委员会办公厅向甘肃省人民委员会上报《关于当前人民来信来访工作情况和存在问题的报告》，要求专署、县（市）建立健全机构，迅速及时地处理信访问题，做到"有信必办，有访必见"，减少越级上访。5月25日，中共甘肃省委向各地、自治州、县、市和省直厅（局）发出《关于加强人民来信来访工作的通知》，要求各级党政机关要对信访工作进行一次总结，清理积案，凡是以往错处理的案件，要认真查对，予以平反；县以上各级党委均应建立和恢复人民接待室机构，并配备一定数量的专职干部，尽快克服无人负责的现象；健全制度，严格转办手续，克服拖延积压、层层照转或失去信件的现象；群众给各单位负责人的信件，负责同志一定要亲自阅批；公社一级不得再往下转信件；有关检举揭发和控告信件，由上级或上两级党委处理，并对来信来访人员保密；凡注明不要下转的信件，一般不再下转。8月，平凉地委秘书处、平凉专员公署办公室分别设立了信访接待室，编制2名，专门负责人民群众来信受理、来访接待和信访事项交办督办工作。各县（市）党委秘书室和人委办公室也确定了专人接待群众来访、办理信访业务。12月20日，平凉地委派人参加全省第三次人民来信来访工作会议。会议要求各级领导机关要更加重视人民群众来信来访工作，对人民群众来信来访反映的问题，必须认真对待，一件一件研究处理。本年度，全区受理群众来信5866件，接待群众来访490人次。

1962 年

全区人民群众来信来访数量大幅上升。本年度全区共受理接待来信来访21773件（次），其中受理群众来信18185件，接待群众来访3588人次。当年结案21416件，结案率达到98.4%。在结案案件中，反映肃反、审干、整风反右等政治运动中处理不服上诉的3584件，占16.7%；反映执行政策方面问题和意见的2582件，占12.1%；反映干部工作作风和违法乱纪问题的2247件，占10.5%；反映农村经济和生活困难问题的 1387 件，占 6.5%；反映职工工资福利、粮食关系、城镇生活问题的 8504 件，占 39.7%；揭发检举坏人坏事的 856 件，占 4%；其他问题 2613 件，占 12.2%。另外，反映情况属实的占 97%，失实或诬陷的占 3%。

1963 年

全区信访工作的主要任务是落实中共中央 1962 年发出的《关于加速进行党员干部甄别工作的通知》精神和 1962 年 2 月 23 日中共甘肃省委向各地、县发出的《中共甘肃省委和甘肃省人民政府关于印发〈甘肃省人民来信来访接待工作条例（草案）〉的通知》精神，继续贯彻落实全省第三次来信来访工作会议精神和地委、专署关于全区信访工作的部署要求，明确各级党政领导责任，落实党政领导定期接待来访群众制度，下决心解决信访积案问题。同时，全区各级信访工作机构联合有关部门和单位，对凡在"拔白旗"、反右倾、整风整社、民主革命补课运动中批判和处分完全错误或基本错误的党员干部进行了甄别平反。5 月 11 日，中共甘肃省委批转《华亭县委关于曹良贵逼死人命一案处理经过》。该县西华公社上亭生产队孟效春向中央西北局写信反映队长曹良贵玩赌、吸食鸦片、私分粮食、打人等 8 个问题，被曹良贵打击报复逼死其父孟承贤。西北局批转省委，省委又批转地委查处，地委组织公、检、法人员查证落实后，将曹良贵批捕依法处理，并对原处理不公及有意泄露调查情况的两名干部给予党内严重警告处分。本年度，全区共受理接待来信来访 19650 件（次），其中受理群众来信 14368 件，接待群众来访 5282 人次，较上年下降 9.8%。在受理接待的来信来访案件中，反映干部作风和违法乱纪问题的 4932 件，占 25.1%；反映执行政策法令方面问题的 3400 件，占 17.3%；反映破坏集体经济和投机倒把问题的 1807 件，占 9.2%；反映阶级敌人破坏问题的 1375 件，占 7%；要求解决粮食、户口等问题的 1952 件，占 9.9%；反映学习、工作、思想问题的 884 件，占 4.5%；反映职工精简、工资福利方面问题的 978 件，占 5%；反映民间纠纷的 1041 件，占 5.3%；各种申诉 963 件，占 4.9%；其他问题 2318 件，占 11.8%。

1964 年

全区领导干部阅批群众来信和接待群众来访成为常态，信访工作逐渐走向正轨。1 月 28 日，全省秘书工作会议在兰州召开，会议印发了 1963 年 9 月 20 日中共中央国务院《关于加强人民来信来访的通知》《中共中央办公厅和国务院办公厅关于人民来信来访工作的情况和改进意见的报告》等文件。5 月 28 日，全省信访工作现场会议在张掖地区召开，平凉派员参会。会后，参会人员及时将会议精神向地委、专署领导同志做了汇报。全区各级党政组织和信访工作机构狠抓了会议精神贯彻落实。本年度，群众来信来访数量大幅下降。全区受理接待人民群众来信来访 8496 件（次），其中受理群众来信 6584 件，接待群众来访 1912 人次，较上年下降 56.8%，当年结案 7242 件，结案率达到 85.2%。

1965 年

1 月 14 日，中共中央发布了《农村社会主义教育运动中目前提出的一些问题》（即二十三条）。平凉地、县（市）相继开展"四清"运动，人民群众反映"四不清"干部问题的信件大幅上升，一些人民群众来信属于事出有因或捕风捉影，由于受"左"的指导思想的影响，对许多社队干部作了错误处理。2 月 8 日至 13 日，地委、专署召开全区秘书工作会议，对人民来信来访工作作出安排部署。3 月 1 日，中共平凉地委印发《平凉专区一九六四年处理人民来信来访情况和一九六五年信访工作任务的报告》。8 月 25

日，中共甘肃省委人民来信来访工作室向全省各地发出《关于认真做好城乡"四清"运动中人民来信来访的几点意见》。9月27日，西北局办公厅向西北地区各省转发了该意见。12月8日，《甘肃日报》报道了兰州市商业局"活学活用毛泽东同志的著作，正确处理人民来信来访"的经验，并配发了《活学活用毛主席著作，进一步做好来信来访工作》的社论。全区各级党政组织和信访工作机构在抓好遗留信访积案和信访问题处理的基础上，认真落实领导干部定期接待来访群众制度。12月24日，省委办公厅、省信访室对平凉地区信访工作进行督查调研，并将督查调研情况向地委主要领导作了反馈。本年度，全区共受理接待群众来信来访16634件（次），其中受理群众来信16388件，接待群众来访246人次，查结14452件（次），结案率达到86.9%，其中西北局、省委转来343件，查结301件，结案率达到87.8%。在查结的信访案件中，反映城乡阶级斗争、"两条道路"斗争和干部"四不清"方面的问题占比较大。同时，查处信访积案841件，占总积案数的82%。

第二节　1966年—1978年信访工作简述

1966年

3月12日，中共甘肃省委人民来信来访工作室发出《推广平凉地区人民来信来访工作基本实现"两不欠账"的经验的意见》。平凉的基本经验是：各级党政机关普遍重视人民来信来访工作，经各级领导批办查处的信件占总数的95%以上，专职信访干部思想作风好，深入基层查案多，因而实现了上级转交和自己受理的信件"两不欠账"，即不欠上级领导机关的账，不欠群众的账。3月30日，中共甘肃省委人民来信来访工作室发出《以毛泽东思想为指针，以焦裕禄为镜子，坚持高标准，力争今年全省实现"两不欠账"的几点意见》。是年8月份以后，地、县信访工作机构因"文化大革命"受到红卫兵"大串联"的冲击，许多长期从事信访工作和富有信访工作经验的同志陆续调离信访工作岗位，信访工作处于瘫痪状态，造成来信无人办理、来访无人接谈的局面，全区人民群众来信来访量随之大幅下降。本年度，接待群众来访230人次。

1967年

4月，中国人民解放军驻平部队和平凉军分区奉命"支左"，主持成立军、干、群三方代表相结合的"抓革命、促生产"第一线指挥部。人民群众来信来访工作由"支左"办公室指定军队干部或地方干部负责办理，主要工作任务是接待部分造反群众和一些串联的红卫兵。本年度，接待群众来访158人次。

1968年

1月24日，甘肃省革命委员会成立，甘肃省革委会所属政治部下设接待组，负责信访工作。2月，平凉专区革命委员会成立，信访工作业务由平凉专区革委会办公室秘书组兼办。从此，人民群众来信来访工作逐步由军队干部与地方干部共同负责办理转交地方干部办理。本年度，接待群众来访1001人次。

1969年

1月，甘肃省革委会政治部接待组将信访工作业务移交甘肃省革委会办公室信访组管辖。2月，平凉专区革委会办公室确定专职信访干部受理接待群众来信来访、办理信访工作相关业务。之后，各县革委会办公室均设立了信访组，有专职信访干部受理接待群众来信来访，办理信访工作业务。10月，平凉专区革命委员会更名为平凉地区革命委员会，信访工作业务由平凉地区革命委员会办公室确定专职信访干部办理。本年度，地、县两级认真贯彻全省信访工作座谈会议精神，各县恢复和建立了信访工作机构，调整充实了信访工作人员，严格落实党的政策，积极解决人民群众通过信访渠道反映的合理诉求，使许多"老大难"问题得到了初步解决。但是，由于仍处在"文化大革命"期间，一些信访案件未能得到彻底解决而被搁置。本年度，地、县两级革委会办公室信访工作机构共受理接待群众来信来访4904件（次），其中，中央和甘肃省革委会转来人民群众来信240件，地、县两级革委会受理群众来信3203件，接待群众来访1461人次。当年查结4457件（次），结案率达到90.9%。在受理接待的4904件（次）来信来访案件中，属于揭发阶级敌人和坏人坏事的1014件，占20.7%；反映各级革委会、职代会领导班子成员问题的355件，占7.2%；反映工资福利、工作调动和安插工作的1112件，占22.7%；对革委会工作提出批评意见的213件，占4.3%；要求对历次政治运动中处理的问题进行复查的1048件，占21.4%；反映"上山下乡"问题的231件，占4.7%；其他问题931件，占19%。

1970 年

平凉地区革委会办公室下设信访组，编制4名，专门负责人民群众来信来访接待和信访问题交办督办工作，但由于受"文革""左"的错误路线影响，全区开展"一打三反"运动，地、县信访工作基本处于停滞或半停滞状态。本年度，接待来访群众586人次。

1971 年

全区开展清查"五·一六"反革命集团斗争和"批陈整风""批林整风""批林批孔""评法批儒"等运动，进行"思想和政治路线教育"，以大批促大干、大干促大变。全区信访工作仍处在停滞或半停滞状态。本年度，接待来访群众679人次。

1972 年

全区信访工作继续处于停滞或半停滞状态，人民群众来信来访主要反映的是所谓的"走资派""五·一六"分子及知识青年上山下乡和"我们也有两只手，不在城里吃闲饭"等问题。是年，全区出现了个别赴京上访人员。9月，撤销军队"支左"办公室，军队干部陆续归队。12月，中共中央转发《关于加强信访工作和维持首都治安的报告》（中发〔1972〕45号）。本年度，地、县信访工作机构共受理接待群众来信来访13642件（次），其中受理群众来信12870件，接待群众来访772人次。

1973 年

1月26日，甘肃省革委会办公室、政治部、保卫部联合向中共甘肃省委报送了《关于贯彻执行中发〔1972〕45号文件，加强信访工作的意见的报告》。2月23日，中共甘肃省委向各地转发了这个报告。9月，平凉地委、平凉地区革委会分设办公。地委召开了全区信访工作会议，对贯彻中发〔1972〕45号文件精神做了安排部署。之后，地、县两级党委以贯彻中央45号文件精神为中心，重视和加强党对信访工作的领导及信访干部队伍建设，将处理人民群众来信来访反映的问题当作一项重要的政治工作，列入党委重要议事日程，定期或不定期地进行讨论研究，做到了工作有人抓、来信有人管、业务有人办。地委信访工作业务由地委办公室秘书科确定专人办理；地区革委会办公室下设信访接待室，编制2名，专门负责人民群众来信来访受理接待和信访事项协调办理工作。地、县两级确定了分管副书记，恢复和建立了领导干部定期接待来访群众制度，认真查处了一批人民群众来信来访反映的突出问题。本年度，全区受理接待来信来访14628件（次），其中受理群众来信14000件，接待群众来访628人次，结案12949件，结案率达到88.5%。

1974 年

1月26日，中共甘肃省委办公厅发出《关于当前信访工作情况及进一步加强信访工作的意见》。4月24日，甘肃省公安局向各地、县公安局发出《关于认真做好赴京上访人员劝阻工作的通知》。8月14日，甘肃省公安局向各地、县公安局转发公安部《关于严禁公安机关检查寄给中央领导同志的信件的通知》。虽然上级提出了加强信访工作的意见，但由于开展"批林批孔"运动等原因，平凉信访工作仍处于半瘫痪状态，人民群众通过信访渠道反映问题还不顺畅，来信受理不及时、不规范，来访有时无人接待，即使接待了也没有及时协调处理问题。本年度，全区共受理接待群众来信来访967件（次），其中受理群众来信909件，接待群众来访58人次。

1975 年

全区信访工作受到"江青集团"修正主义路线的严重冲击和影响，一度把信访工作看成了小事，放松了党的领导，导致信访工作处于涣散状态。8月20日至29日，中共甘肃省委召开由各地、自治州、市党委和省直机关部分局党组的负责同志以及省委信访室、落实政策办公室有关负责同志参加的落实政策座谈会。会议决定：对"文革"中确实搞错了的案子要甄别平反；无辜受害的干部要分配工作；一切污蔑不实之词应予推翻；被迫害致死的应予昭雪，恢复名誉。座谈会之后，全区各级信访工作机构和信访工作人员除受理接待来信来访群众和协调处理日常信访问题外，还配合地、县落实政策办公室为纠正"左"的错误，做了许多有益的工作。同时，地、县信访工作机构针对重信重访这一突出问题，协调相关部门和单位加强党对信访工作的领导，严格落实党的政策，深入开展调查研究，较好地处理了一些突出的重复信访问题。本年度，地、县信访工作机构共受理接待群众来信来访10021件（次），其中受理群众来信7803件，接待群众来访2218人次。

1976 年

1月至9月，全区信访工作机构意欲着手解决一些单位对信访工作"说起来重要，做起来次要，忙起来不要"的认识问题，切实转变"关门办信""守门待访"等工作作风问题，但因党和国家领导人毛泽东、周恩来相继逝世，加上唐山大地震等影响，全区信访工作仍处于一般工作状态。全区各级信访工作机构通过深入开展揭批"江青集团"的斗争，提高了信访工作机构干部的思想认识和政治觉悟，信访工作逐渐转入正规，群众来信来访工作逐步恢复正常，广大人民群众看到了解决信访问题的希望，全区信访量明显上升。本年度，全区共受理群众来信来访11255件（次），其中受理群众来信10050件，接待群众来访1205人次，结案10535件，结案率达到93.6%，其中地区信访工作机构受理728件，结案率98.07%。在全区受理的群众来信来访中，反映城乡阶级斗争和经济犯罪问题的2416件，占21.5%；反映干部不正之风的 3412 件，占 30.3%；各类申诉案件 1840 件，占 16.3%；生产生活方面的 2141 件，占 19%；其他方面的 1446 件，占 12.8%。

1977 年

各级信访工作机构运行正常，人民群众来信来访较为活跃，全区信访总量与上年相比上升幅度较大。来信来访反映的问题，除反映城乡阶级斗争，要求落实各项政策，农村基层干部徇私舞弊、贪污盗窃、多吃多占、挥霍浪费、强迫命令、在生产上虚报浮夸等违法违纪以及群众生产生活困难问题外，最突出的是要求复查处理"敌党团合并案件""下放城镇居民要求回城问题"和"'四清'运动案件"这三类问题。对于上述信访问题，地、县党委及时召开会议进行专题研究，各级各部门信访工作机构在认真受理接待群众来信来访的基础上，及时交办并协同相关单位对能够处理的问题进行了调查处理。12 月 8 日至 14 日，中共甘肃省委召开全省信访工作会议。省委书记宋平在会议上讲话强调：认真处理人民来信、搞好群众来访工作，是我们党政机关一项经常性的重要任务。全省信访工作会议之后，平凉地、县相继召开了信访工作会，传达了全省信访工作会议精神和宋平同志讲话精神，对揭批"江青集团"以来的信访工作进行了总结交流，对群众来信来访中涉及的一些政策性问题进行了讨论，对如何做好会后的信访工作提出了具体的意见和措施。本年度，全区共受理群众来信来访 10945 件（次），其中受理群众来信 9837件，接待群众来访 1108 人次。

1978 年

1 月 9 日，中共甘肃省委批转 1977 年 12 月 14 日《全省信访工作会议纪要》，要求各级党组织建立领导接待日制度，领导同志都要亲自过问和处理一些重要信访案件。是月，地委及各县党委成立了落实政策领导小组及其办公室，开始对"文革"案件进行彻底复查，平反冤假错案；对历次运动中的案件进行复查清理，重点对"四清"运动及"大跃进"中处理的案件和肃反审干中的三青团国民党合并案进行了复查。5 月 17 日，中共甘肃省委办公厅发出《关于加强来信来访积案处理工作的通知》。9 月 9 日，中共甘肃省委办公厅又发出《关于切实做好群众来信来访工作的通知》，要求各级党委主要领导要亲自抓信访工作，亲自处理来信来访；要充实信访工作人员，提高工作效率；要坚持逐级把关，层层负责，把问题解决在本单位。地、县党委建立了领导干部星期三接待来访群众制度，主要领导同志亲自接待来访群众，亲自抓信访工作，亲自协调处理信访突出问题。通过各级努力工作，全区赴省上访人数明显下降，绝大多数信访问题解决在本地区和本单位，信访形势初步好转。9 月 18 日，全国第二次信访工作会议在北京召开。11 月，地委召开了全区落实政策和信访工作会议，认真总结了前一段时间落实干部政策工作情况和信访工作情况，查找分析了工作中存在的问题，对下一步做好落实干部政策工作和信访工作作出了具体安排部署。12 月 18 日，党的十一届三中全会在北京召开。此后，全区信访工作机构和信访工作人员配合有关部门和单位为拨乱反正、平反冤假错案、处理涉及"文革"及各种政治运动中的信访问题，全面落实党的各项政策作出了不懈努力。本年度，全区共受理接待群众来信来访 11676 件（次），其中受理群众来信 9460 件，接待群众来访 2216 人次，当年结查案件 9461 件，结案率达到 81%。在受理接待的来信来访案件中，属于要求落实政策的 4543 件，占 38.9%；要求解决户口、生活问题的 1255 件，占 10.7%；反映其他问题的 5878 件，占 50.3%。

第三节 1979 年—2002 年信访工作简述

1979 年

平凉地区行政公署设立了信访室,专门负责人民群众来信来访受理接待工作。6 月 26 日,中共甘肃省委发出《关于迅速处理人民来信来访积案的通知》。要求各级党委对本地区和本单位的积案进行摸底,根据不同情况,区分先后,采取地、县委常委、党组成员和党委委员负责包干,责任到人,限期解决的办法,组织力量,深入调查,迅速切实加以解决,力争在国庆节前基本处理完积案。9 月 26 日,地委秘书处下发了《关于催报查结信件的通知》,要求各县委办公室和地区有关单位对 1978、1979 年度需要查报结果的信件迅速查结上报,并对历年来的积案予以清理查结。10 月 5 日,中共甘肃省委召开全省信访工作电话会议。会议之后,在省委信访检查组的指导下,地委、行政公署对信访工作进行了一次专题研究,从地区有关单位抽调人员协助一些信访量大的县开展工作。11 月 15 日,地委秘书处、行政公署办公室下发了《关于抓紧处理信访案件,迅速减少上访的通知》(以下简称《通知》)。《通知》要求:为了确保把问题解决在基层,迅速减少上访量,必须从现在起,大抓信访案件的处理,争取年底使信访量转入正常情况;各地、县直各单位应对信访工作进行一次检查,全面清理积存案件,分类排队,分轻重缓急,先易后难抓紧处理;党委要加强对信访工作的领导,各县主管信访工作的书记、主任,地直各单位的负责同志要亲自抓这项工作。按照省委和地委的部署要求,全区各级党政组织和信访工作机构,彻底复查纠正了一批"文化大革命"期间造成的冤假错案,解决了一批因冤假错案而引发的信访问题。本年度,地、县信访工作机构共受理接待群众来信来访 21897 件(次),其中受理群众来信 18912 件,接待群众来访 2985 人次。

1980 年

大多数涉及信访问题的单位自查处理了应该查处的信访案件,解决了应该解决的信访问题,"文革"以来的冤假错案复查纠正率达 98%。本年度全区受理接待人民群众来信来访量与上年度相比明显下降,尤其是到地赴省上访人数和前几年相比下降幅度很大。但重信重访的局面还没有发生根本性的好转,遗留下来的信访问题多数是一些疑难信访问题,调查工作量和查处难度都比较大。针对这一实际,地委、行政公署采取召开座谈会、汇报会、分析会等形式,认真研究分析全区信访形势,提出了加强信访工作的措施。10 月 9 日,平凉地区行政公署下发了《关于加强信访工作的通知》(以下简称《通知》)。《通知》明确要求:要解决好各级领导对信访工作的认识问题;要归口管理,层层负责,互相协商,密切配合,把问题解决在基层;要加强调查研究,做好耐心细致的思想教育工作。平凉地、县两级按照省政府《关于贯彻执行〈国务院关于维护信访工作秩序的几项规定〉的通知》和省委办公厅、省人大常委会办公厅、省政府办公厅《关于省级各部门归口处理人民来信来访暂行办法》要求,及时对维护信访工作秩序、归口处理人民来信来访问题作出了部署安排。本年度,全区共受理接待群众来信来访 13840 件(次),其中受理群众来信 10011 件,接待群众来访 3829 人次。

1981 年

全区信访量大幅下降,信访形势明显好转,对调动各方面的积极因素、促进安定团结和国民经济的进一步调整起到了积极作用。全区共受理接待群众来信来访 3177 件（次），其中受理来信 2558 件，接待来访 619 人次。在来信来访案件中，属于落实人的政策方面的 874 件（次），占 27.5%；经济政策方面的 253 件（次），占 8%；检举揭发各类问题的 340 件（次），占 10.7%；批评建议方面的 108 件（次），占 3.4%；要求就业和工作调动的 196 件（次），占 6.2%；要求复查精减下放人员问题的 132 件（次），占 4.2%；要求解决有关工资福利问题的 71 件（次），占 2.2%；民事纠纷方面的 159 件（次），占 5%；要求申报城镇户口的 27 件（次），占 0.8%；要求解决各种困难的 223 件（次），占 7.3%；其他方面的 794 件（次），占 25%。

1982 年

2 月，中共中央在北京召开了第三次全国信访工作会议，讨论通过《党政机关信访工作暂行条例（草案）》。5 月 25 日至 29 日，全省第四次信访工作会议召开，制定了《甘肃省信访工作细则（草案）》。6 月 24 日，中共甘肃省委向各地、县批转了全省第四次信访工作会议《关于〈甘肃省三年信访工作情况和今后意见〉的报告》。7 月 22 日，中共甘肃省委办公厅转发了《甘肃省党政机关信访工作细则（草案）》。10 月 19 日，中共甘肃省委办公厅转发了《甘肃省关于六十年代的精减退职老职工若干问题的暂行处理规定》。此后，全区各级党政组织和信访工作机构认真贯彻落实中央和省委、省政府会议及文件精神，相继解决了 20 世纪 60 年代初精减职工生活待遇问题、"文革"中上山下乡居民返城落户、赴省进京上访老户等许多遗留问题，改善了党群关系，信访秩序有了实质性好转，全区人民群众来信来访量大幅度下降。本年度，全区共受理接待群众来信来访 3862 件（次），其中受理群众来信 3325 件，接待群众来访 537 人次。

1983 年

全区信访工作的中心任务是：认真落实党的政策，解决历史遗留问题和信访老户问题；探索建立信访工作责任制；提高办案质量，使信访工作为党的中心工作服务；继续解放思想，肃清"左"的流毒，消除落实政策中的思想阻力。全区各级各部门党政领导严格落实领导干部定期接待来访群众制度，亲自处理疑难信访案件和历史遗留问题。地、县信访部门严格落实省委办公厅《关于进一步加强信访工作的通知》要求，对人民群众来信来访反映的问题，力求做到多办少转，严格实行"三定三包"（定办案单位、定办案人员、定结案时间，包调查、包处理、包做思想工作）责任制，从而使办案进度明显加快，办案质量和结案率明显提高。本年度，全区共受理接待群众来信来访 3846 件（次），其中受理群众来信 3405 件，接待群众来访 441 人次。在受理接待的人民群众来信来访中，地区信访部门受理 1125 件（次）。反映的主要问题是：20 世纪 60 年代精简人员要求解决生活困难问题；检举经济领域的违法犯罪问题；党员干部违纪问题；干部职工调资等问题。

1984 年

2 月 7 日，中共甘肃省委办公厅发出《关于进一步加强信访工作的思想建设和组织建设的问题的通知》（以下简称《通知》）。《通知》要求各级信访部门要明确信访工作的指导思想，提高信访干部的政治素质；进一步健全信访机构，配备得力干部；要建立信访工作岗位责任制，制定奖惩制度，使信访工作逐步走向规范化、制度化、科学化。6 月，平凉地区行政公署信访室更名为信访科，编制 3 名，隶属行政公署办公室管理,专门负责行政公署人民群众来信来访受理接待工作。7月15日至18日,地委、行政公署召开全区信访工作会议,学习贯彻省、地委扩大会议和全省第四次信访工作会议精神,分析近三年来全区信访工作形势,汇报交流信访工作经验,研究重点案例和具体政策问题,讨论修改"分级负责,归口处理"的信访工作责任制(草稿),明确在新形势下开创全区信访工作新局面的具体措施。之后,各县(市)党委、政府相继召开了不同形式的信访工作会议,认真传达学习了省、地信访工作会议精神,结合各自信访工作实际,研究提出了做好新时期信访工作的具体措施和健全信访工作机构、配备专职或兼职信访干部的意见。由于地、县(市)党委、政府重视信访工作,全区各级党政组织普遍建立健全信访工作制度,落实信访工作"分级负责,归口办理"责任制。广大信访干部不断改进工作作风,及时受理群众来信,对一些重点案件和积案的查处实行"三定一包"(定办案单位、定办案人员、定结案时间,包调查处理)责任制,基本做到了人民群众信访反映的问题事事有交代、件件有着落。本年度,全区共受理接待群众来信来访3976件(次),其中受理群众来信3228件,接待群众来访748人次。在受理的来信来访案件中,省、地立案要结果案件314件,查结并上报结果的274件,结案率达到87.3%。本年度地委信访室信访案件立案率、自办率、结案率、重信重访率"四项考核指标"均达到省考核标准。

1985 年

1月8日,按照中共甘肃省委办公厅、甘肃省人民政府办公厅联合下发的《关于各级党政机关信访工作机构和人员配备的通知》要求,经地委研究,决定撤销地委信访室、行政公署信访科,设立地委、行政公署信访处,县级建制,编制8名,专门负责人民群众来信来访受理接待和信访事项协调办理工作。2月,经地委、行政公署主要领导和分管领导同意,地委秘书处、行政公署办公室召开了全区信访工作总结评比会议,对全区信访工作总结评比的一些重要事宜作了安排,对全区重点信访工作进行了具体部署,提出了明确的工作要求。会后,各县(市)和地直部门普遍召开会议,认真传达了全区信访工作总结评比会议精神,对本县(市)、本部门信访工作作出了具体的安排。3月底至4月初,省检查评比组对全区7县(市)进行了巡回检查,共评出信访工作先进单位2个,信访工作先进个人4名。4月26日,中共甘肃省委办公厅、甘肃省人民政府办公厅联合发出《关于表彰全省党政机关信访工作先进单位、先进个人的决定》,中共平凉地委、地区行政公署信访处和中共灵台县委、县人民政府信访室被表彰为全省信访工作先进单位;中共庄浪县委、县人民政府信访室副主任蒙俊清,中共崇信县委、县人民政府信访室干部郭玉兴,中共平凉市委、市人民政府信访室干部何兰香,中共平凉地委、地区行政公署信访处信访科副科长张林奎被表彰为全省信访工作先进个人。本年度全区共受理接待群众来信来访3675件(次),其中受理群众来信3105件,接待群众来访570人次。在受理接待的来信来访中,立案1296件,结案1154件,结案率达到89%。

1986 年

随着各项改革的不断深化和社会主义市场经济体制的逐步建立,人民群众来信来访要求解决各类现实问题的求决类、举报揭发类、批评建议类信访事项逐渐增多,特别是一些历史遗留问题、城乡经济体制改革中出现的问题、被精减老职工生活困难问题、下乡落户知青要求返城安排工作问题占比较大,相关县(市)和部门调查处理的难度越来越大。针对这一现实,地委、行政公署抽组人员对全区信访工作进行了评比检查,督促指导来信来访量较大的县(市)和单位调查处理了一批人民群众反映突出的信访问题。6月，中共平凉地委、地区行政公署信访处正式启动工作。7月，地委、行政公署召开全区信访工作会议，认真传达学习了中央领导同志对信访工作的重要批示精神和全国、全省信访工作会议精神，交流了信访工作经验，对前两年全区信访工作进行了全面总结和深入分析，对如何做好新形势下信访工作进行了部署，地委主要领导和分管领导出席会议并分别作了讲话。会后，地委、行政公署决定：每周星期五全天为领导接待来访群众日，地委、行政公署领导同志分别在地委、行政公署轮流接待来访群众。8月，地委秘书处、行政公署办公室联合下发了《关于实行领导干部接待日制度的通知》，要求各县（市）委、政府都要建立领导接待日制度，由县（市）委、政府领导同志轮流接待来访群众，直接听取人民群众向各级党委和政府提出的要求、建议、批评，切实把人民群众来信来访这件大事办好。之后，地、县（市）领导同志带头执行接待日制度，主动接待来访群众，倾听人民群众呼声，了解社情民意，掌握社会动态，督促各级各部门认真落实"分级负责，归口办理"信访工作责任制，全区乡（镇）以上领导干部包案查办了一批有影响的信访案件，解决了许多信访突出问题，基本做到了小事不出乡、大事不出县。本年度，全区共受理接待群众来信来访4500件（次），其中受理群众来信3700件，接待群众来访800人次。

1987 年

1月，经地委同意，地委、行政公署信访处组织各县（市）信访室主任，巡回各县（市）重点乡（镇）和单位对贯彻落实全区信访工作会议精神、重点信访案件查处、上访老户教育稳控等工作情况进行了为期一个半月的检查评比，推荐产生了一批全区信访工作先进单位和先进个人。2月25日，地委、行政公署召开了全区信访工作检查评比会议，地委、行政公署信访处主要领导作了全区信访工作检查评比情况的报告。地委分管领导从"提高认识，加强领导，真正把信访工作作为一项经常性的重要工作来抓；认真落实'分级负责，归口办理'信访工作责任制；加强信访部门工作，充分发挥信访部门的作用"三个方面提出了要求。3月，地委、行政公署信访处对全区信访工作2个先进县、10个先进单位和5名先进个人进行了表彰。之后，全区各级各部门认真贯彻落实全区信访工作检查评比会议精神，普遍落实了领导干部接待日制度和"分级负责，归口办理"信访工作责任制，充实加强了信访工作机构和人员，查处了一批信访积案和信访突出问题。本年度，全区共受理接待群众来信来访7272件（次），其中受理群众来信3986件，接待群众来访3286人次。

1988 年

全区各级党政组织和信访工作机构继续推行"分级负责，归口办理"信访工作责任制，下决心解决了一批群众反映强烈的农村土地承包、劳动工资纠纷、基层干部作风和历史遗留问题。严格落实信访工作目标管理责任和信访干部岗位职责；注重乡（镇）、村两级信访工作网络建设，不断加强基层信访工作；大力推广"灵台县领导干部下乡带案解决问题"和"华亭县神峪乡领导干部逢集接待信访群众"的做法；注重信访信息收集，为领导决策服务；重视信访部门自身建设和信访干部队伍建设，尽最大努力解决信访部门工作人员少、经费不足、办公条件差、信访干部补贴未落实等突出问题。12月24日，全省第五次信访工作会议在兰州召开，平凉地委、行政公署分管领导和地委、行政公署信访处主要负责人参会。会后，地委、行政公署主要领导专门听取了参会人员关于全省第五次信访工作会议精神和具体贯彻意见的汇报，并对贯彻会议精神提出了明确的要求。本年度，全区共受理接待群众来信来访2389件

（次），其中受理群众来信 1964 件，接待群众来访 425 人次，来信来访总量同上年相比下降 67.1%。

1989 年

3 月 1 日，省委办公厅印发《甘肃省党政机关信访工作考核四项目标管理规定》。3 月 21 日，地委秘书处、行政公署办公室、地区人大联络处联合召开了全区信访工作会议，地委、行政公署领导同志出席会议并作了讲话。会后，各县（市）委、政府及地直部门采取不同形式传达学习了省、地召开的信访工作会议精神，对本县（市）、本部门信访工作作出了具体的安排，狠抓了各项信访工作任务的落实。本年度，全区共受理接待群众来信来访 2139 件（次），其中受理群众来信 1802 件，接待群众来访 337 人次，来信来访总量同上年相比下降 10.5%。在受理接待的来信来访中，共立案 323 件，查结 240 件，结案率达到 74.3%。来信来访反映的主要问题包括：经济体制改革方面的问题、不服各级处理意见方面的问题、农村生产生活方面的问题、贪污盗窃问题、索贿受贿问题、计划生育方面的问题、"四清"问题、检举揭发"官倒"问题、统战宗教方面的问题及各种批评建议。

1990 年

随着改革开放的不断深化，工业化、信息化、城镇化、市场化的加快推进，因城镇国有企业改制、农民负担过重、平凉中心城区建设"四通八达"工程、房屋拆迁改造、土地征用等问题，群众到地区集体上访较多、滞留时间长、重复上访率高、反映的问题处理难度大，这成为全区信访工作的突出问题。4 月，经地委同意召开了全区信访工作会议。会后，地、县（市）党委政府和信访部门在认真贯彻落实党的十三届六中全会精神和全区信访工作会议部署要求，把维护社会稳定、维护安定团结作为信访工作中最紧迫的政治任务，认真接待人民群众来访，积极稳妥地协调处理了一些改制后的国有企业下岗职工和城镇亏损企业职工反映的信访突出问题。同时，严格落实领导干部接待来访群众制度，狠抓基层信访网络建设和信访信息工作，充分发挥基层组织作用，最大限度地减少越级上访、控制集体上访、劝阻进京上访，全区信访形势保持了平稳可控的态势。本年度，全区共受理接待群众来信来访 2014 件（次），其中受理群众来信 1832 件，接待群众来访 182 人次。在受理接待的人民群众来信来访中，地委、行政公署信访处共受理接待群众来信来访 1009 件（次）。

1991 年

全区信访工作以党的十三届六中、七中全会精神和江泽民同志"七一"讲话精神为指针，坚持"一个中心，两个基本点"，把维护社会稳定作为信访工作的首要任务，按照"分级负责、归口处理"的原则，在扎扎实实地做好经常性信访工作的前提下，狠抓了全区信访工作检查评比会议精神的贯彻落实。地、县（市）党政领导亲自接待来访群众，下决心对群众集体上访、越级上访和上访老户反映的有理诉求进行了协调处理，基本做到了事事有结果、件件有着落。同时，地、县（市）信访部门重视基层信访网络建设和信访信息工作，积极配合相关部门和单位做好有集体上访和越级上访苗头的群众的思想疏导和教育稳控工作，力求把问题解决在基层或萌芽状态。9 月，省委、省政府在兰州召开了全省第六次信访工作会议，平凉地委、行政公署信访处在会上介绍了工作经验。本年度，全区共受理接待群众来信来访 2184 件（次），其中受理群众来信 1859 件，接待群众来访 325 人次。在受理接待的来信来访中，立案 249 件，结案 207 件，结案率 83.1%。

1992 年

全区信访工作紧紧围绕经济建设这个中心，狠抓基层信访网络建设，强化信访法规宣传和信访信息工作，按照"分级负责，归口办理"的原则，在实现"三个减少"（集体上访减少、越级上访减少、重信重访减少）上狠下功夫，采取检查评比、召开会议、定期通报、专项督查、领导包案等形式，集中解决了一批人民群众反映强烈的信访突出问题和信访积案。灵台县委、县政府信访办公室被评为"全省信访工作先进集体"、灵台县委书记李铁成被评为"全省信访工作先进个人"，受到中共甘肃省委办公厅、甘肃省人民政府办公厅表彰奖励。本年度，全区共受理接待群众来信来访 1329 件（次），其中受理群众来信 1036 件，接待群众来访 293 人次。在受理接待的群众来信来访中，地委、行政公署信访处受理接待群众来信来访 552 件（次），其中来信 495 件，来访 57 人次。地委、行政公署信访处直接立案 28 件，查结 23 件，结案率达到 82.1%。

1993 年

全区各级信访部门把为改革开放和经济建设创造一个团结稳定的社会环境作为工作重点，将信访工作重心主动向基层倾斜、向经济领域倾斜。地委、行政公署信访处抽组人员，由信访处领导带队，深入各县（市）和地直部门，对贯彻落实全省信访工作有关会议和全区信访工作检查评比会议精神情况，建立信访工作机构和落实信访工作人员情况，县（市）建立三级信访网络情况，学习推广平凉市中街办事处、灵台县北沟乡、华亭县东华镇东华村等信访工作先进典型经验情况，信访宣传和信访信息工作情况，查处信访案件和解决上访老户反映的问题情况进行了实地督查和面对面指导，对一些基层单位棘手的"老大难"信访问题，协调相关部门联合进行了调查处理，最大限度地维护了人民群众的合法权益和社会的团结稳定。9 月中旬，省委、省政府信访室在平凉召开全省部分地、州、市信访工作理论研讨会。平凉地委、行政公署信访处交流的论文"试论如何加强信访工作，使问题解决在基层"被评选为优秀论文。本年度，全区共受理群众来信来访 3607 件（次），其中受理群众来信 1042 件，接待群众来访 2565 人次。

1994 年

地委、行政公署要求全区各级各部门领导要提高对"稳定压倒一切"的认识，认真落实领导干部接待来访群众和阅批群众来信制度，积极引导群众逐级上访，确保全区群众集体上访、越级上访、重信重访较上年有所下降。地委、行政公署信访处组织全区信访系统干部职工认真学习《邓小平文选》第三卷和党的十四届四中全会精神，在抓好常规信访工作的基础上，积极探索社会主义市场经济体制建立过程中做好信访工作的新路子。2 月，平凉地区被确定为全省五个引导群众逐级上访试点地区之一。3 月，地委、行政公署信访处下发《关于认真做好全区逐级上访试点工作的通知》，并在华亭县东华镇、灵台县邵寨乡、平凉市中街办事处、庄浪县水洛镇及静宁县开展了引导群众逐级上访试点工作。8 月，地委、行政公署信访处制定印发了《平凉地区引导群众逐级上访制度试行办法》。通过开展试点工作，全区基层信访工作得到了进一步加强，三级信访工作网络更加健全，信访工作各项制度得到全面落实，群众对信访法规的知晓率明显提升，大量信访问题在基层得到解决，越级上访人数明显减少，全区七县（市）无人赴省进京越级上访，有三个县无人到地委、行政公署上访，全区有 56 个乡（镇）无人越级上访。12 月，在全区信访工作会议上，灵台县信访室、华亭县信访室、平凉市中街办事处等单位介绍了引导群众逐级上访试点工作的经验做法。本年度，全区共受理接待群众来信来访 1208 件（次），其中受理群众来信 1002 件，接待群众来访 206 人次。

1995 年

全区信访工作机构和广大信访工作者紧紧围绕经济建设这个中心，坚持为改革开放服务、为领导决策服务、为人民群众服务、为社会稳定服务，大力宣传《信访条例》《甘肃省人民群众逐级上访办法》《平凉地区人民群众逐级上访接待处理暂行办法实施细则》和全国第四次信访工作会议精神，在全区范围内全面推行逐级上访制度，重视解决信访老户问题，立案查处重要信访问题，积极化解各类信访矛盾纠纷，妥善处理群众集体上访，有效化解了人民群众反映强烈的加重农民负担、基层干部工作作风粗暴、农村税费征收不规范、乡（镇）拖欠干部职工工资、亏损企业职工生活困难等突出问题。但随着平凉中心城区和各县（市）城市建设、乡（镇）建设力度不断加大，许多国有企业生产经营不景气、连年亏损、职工工资发放不到位，引发了一些群众联名写信和集体上访，出现了少数上访群众围堵地委、行政公署大门的极端上访行为。针对这一信访现实，地委、行政公署信访处除热情接待来访群众、耐心倾听上访群众诉求、配合相关单位做好上访群众的思想疏导教育等工作外，还及时将接访情况及上访群众的合理诉求向地委、行政公署领导进行了汇报，引起了地委、行政公署对上访群众反映问题的重视。为了确保信访群众反映的问题得到及时妥善的处理，确保全市经济社会各项事业健康发展，地委、行政公署除召开会议专题研究解决上访群众反映的共性问题外，地委、行政公署分管领导还亲自召集信访问题突出的县（市）和单位领导，面对面研究上访群众反映的生产生活方面的现实问题，并责成相关县（市）和单位对群众反映的问题及时进行妥善处理。灵台县信访办公室主任王仁贵被评为"全国信访系统先进工作者"，受到中共中央办公厅、国务院办公厅、国家人事部表彰奖励。本年度，全区共受理接待群众来信来访 1464 件（次），其中受理群众来信 945 件，接待群众来访 519 人次。

1996 年

全区遭受严重干旱，导致粮食减产，少数群众日常生活出现了困难，一些县（市）在发展支柱产业中，由于宣传教育不够、方法不当，导致部分群众对发展支柱产业有对立情绪，引发了许多群众信访。面对这一信访形势，全区各级党委、政府认真贯彻落实党的十四届五中全会精神和全区"三干"会议精神，从促进全区经济和社会各项事业稳步发展的高度，把做好信访工作作为密切联系群众的一件大事来抓，定期研究分析信访形势和信访群众反映的突出问题，及时解决信访群众反映带有政策性、倾向性的问题。各级各部门领导干部亲自阅批群众来信，亲自接待来访群众，亲自研究解决群众信访反映的突出问题，亲自做上访老户的思想疏导工作。地、县（市）信访部门认真学习贯彻中共中央办公厅、国务院办公厅信访局《关于在全国信访工作系统开展向吴天祥同志学习活动的通知》精神，把开展向湖北省武汉市武昌区信访办副主任吴天祥同志学习活动作为加强信访干部队伍思想政治建设和作风建设的一项重要内容，掀起了学习热潮。同时，地委、行政公署信访处对灵台县信访办公室主任王仁贵同志的先进事迹进行了总结推广，有针对性地组织开展了"远学吴天祥，近学王仁贵"活动和"学先进、找差距、讲奉献、做贡献"活动。地、县（市）党委把信访工作纳入党建目标管理。年初，地委与 7 县（市）、14 个地直部门签订了年度信访工作目标责任书；年末，抽组人员对信访工作目标责任书完成情况进行了严格考核，评选出了全面完成各项目标任务的先进县（市）和先进单位。本年度，全区共受理接待群众来信来访 1444 件（次），其中受理群众来信 1127 件，接待群众来访 317 人次。

1997 年

1月，在地委扩大会议上，兑现了 1996 年全区信访工作目标管理责任书，对完成工作目标任务的灵台县、华亭县和地区水利处、林业处、经委、劳人处、卫生处、粮食处、计划处、农牧处、教育处 9 个部门进行了表彰奖励，对未完成信访工作目标任务的崇信县、庄浪县和地区建设处进行了通报批评。同时，地委、行政公署领导与 7 个县（市）及 20 个地直部门签订了 1997 年信访工作目标管理责任书。3 月 19 日至 22 日，地委、行政公署信访处在灵台县召开全区信访工作现场会，与会人员现场观摩了灵台县西屯乡、吊街乡、庙背村及县林业局、县教育局、县工商局的信访接待场所，查阅了信访工作资料，听取了单位负责人关于做好信访工作的经验介绍；交流学习了灵台县委、县政府在抓信访工作中探索出的"五抓五促五到位"工作经验；总结分析了近几年全区信访工作，对当年信访工作进行了安排部署。这次现场会是新中国成立以来平凉地区第一次召开的信访工作现场会，对于推动全区信访工作整体上台阶、上水平具有里程碑意义。会后，各县（市）普遍召开了县委常委会，传达学习了全区信访工作（灵台）现场会精神，对做好新形势下的信访工作进行了专题研究。各县（市）还在本县（市）政治工作会议上，传达了全区信访工作（灵台）现场会议精神，对本县（市）信访工作作了安排部署。5 月上旬，地委、行政公署信访处将灵台县信访工作经验编撰成书，印发全区各乡镇和重点信访单位学习借鉴。5 月中旬，省委、省政府信访室领导同志在检查指导平凉信访工作时，对平凉地区各级党委政府重视信访工作、实行信访工作目标管理、推广灵台县信访工作经验、学习宣传《信访条例》和依法处理信访问题的做法给予了充分肯定。从 6 月初到年底，地、县（市）信访部门按照省委、省政府信访室《关于印发〈学习吴天祥同志座谈会议纪要〉的通知》要求，持续开展了向吴天祥同志学习活动和"远学吴天祥，近学王仁贵"活动。8 月，地委、行政公署信访处对各县（市）、地直部门落实信访工作目标责任书情况进行了集中检查评比，指导各县（市）和地直有关部门对群众反映强烈的农村乱收税费加重农民负担问题，城市企业因亏损拖欠或减发职工工资问题，破产倒闭、停产半停产企业下岗职工生活困难问题，城市建设征地补偿问题和土地、荒山、林区、果树、矿山承包等引发的各类信访问题进行了依法依规处理。12 月份，地委、行政公署信访处对各县（市）、地直部门信访工作进行了全面检查，对信访工作目标管理责任书完成情况进行了严格考核。本年度，全区共受理接待群众来信来访 3770 件（次），其中受理群众来信 1603 件，接待群众来访 2167 人次。在群众来访中，个体上访 768 人次，集体上访 84 批 1399 人次。

1998 年

按照地委、行政公署提出的"抓大事、求突破、树典型"工作思路和"抓落实、办实事、求实效"工作要求，地、县（市）信访部门不断强化信访工作目标管理，狠抓基层基础工作，大力培养先进典型，妥善化解信访矛盾纠纷，全力维护社会稳定。1 月，在地委扩大会议上，兑现了 1997 年度信访工作目标管理责任书，地委分管领导与各县（市）、地直部门主要领导签订了 1998 年度信访工作目标管理责任书，责任书内容突出了领导重视支持、信访问题处理、信访法规宣传、信访部门宏观管理和基层信访网络建设等考核内容，并在考核奖罚方面大幅度提高了分值。4 月，全区信访工作会议召开。会后，地委、行政公署下发《关于认真贯彻全区信访工作会议精神的通知》，要求各县（市）和地直部门要高度重视信访工作，把信访工作当作党政领导工作的大事来抓，认真抓好信访工作责任目标落实，全力化解信访矛盾纠纷，依法依规处理人民群众信访反映的各类问题。5月，各县（市）委普遍召开县（市）委常委会，对贯彻落实全区信访工作会议精神进行专题研究，提出具体的贯彻意见和抓落实、求突破、树典型的措施。地委秘书处设立了信访值班室，配备了一名专职干部接待来访群众；行政公署办公室建立了主任、副主任轮流值班接待来访群众制度。7月，地委分管领导带队，信访处负责人参加，深入平凉、泾川、灵台等县（市）部分乡（镇），对贯彻落实全区信访工作会议精神、培育信访工作先进典型、《信访条例》宣传、推行逐级上访、查处信访问题等重点信访工作进行了实地检查，并召集有关县（市）和部门负责人开会，及时对平凉电子元件厂、平凉电机厂、平凉地区建筑公司等企业和泾川县王村镇公路修建拆迁户等多起职工、群众集体上访反映的问题做了协调处理，受到社会各界和广大人民群众的一致好评。8月，地、县（市）信访部门以培育信访工作先进典型为重点，以调查处理重点信访问题为突破口，全力配合省委、省政府信访室筹备全省基层信访工作（平凉）会议。9月，全省基层信访工作会议在平凉召开，与会人员对灵台、平凉、泾川等县（市）信访工作进行了现场观摩学习，省委、省政府信访室领导同志对平凉地区特别是灵台县抓信访工作的经验和做法给予了充分肯定，要求全省各级信访部门认真学习平凉地区大力推行信访工作目标管理的做法和灵台县加强基层信访工作规范化建设的经验。11月，地委、行政公署信访处组织各县（市）信访办主任和部分地直部门信访工作机构负责人分组对各县（市）信访工作责任书完成情况作了全面检查考核，对地、县（市）信访部门立案交办的信访案件查处情况进行实地检查，指导相关县（市）及单位对发现的问题及时进行了整改。是年，灵台县信访办公室被评为"全省信访工作先进集体"、灵台县信访办公室主任王仁贵被评为"全省信访工作先进个人"，分别受到中共甘肃省委办公厅、甘肃省人民政府办公厅表彰奖励。本年度，全区共受理接待群众来信来访5181件（次），其中受理群众来信1569件，接待群众来访3612人次。平凉地区全面完成了全省规定的四项信访工作考核指标。

1999 年

地、县（市）信访部门坚持以邓小平理论和党的十五大精神为指针，以"三讲"教育为动力，紧紧围绕地委扩大会议暨全区三级干部会议和全区政治工作会议确定的目标任务，不断强化宏观管理职能，严格落实信访工作目标管理责任制，指导相关部门和单位认真查处人民群众反映强烈的农村减负政策落实不力、乡村巧立名目加重农民负担、亏损企业拖欠职工工资、改制企业下岗失业职工生活困难、村社干部贪污挥霍集体资产、个别政法干部以权谋私、基层干部工作作风粗暴、拆迁安置及征地补偿不公等信访突出问题。狠抓基层信访基础工作和信访业务规范化建设，严格按照"十有"标准规范信访工作，大力推广灵台县信访工作经验，加大典型培育力度，广泛宣传《信访条例》《甘肃省逐级上访暂行办法》等信访法规。在全区，信访系统继续开展"远学吴天祥，近学王仁贵"活动，不断加强信访干部队伍建设，自觉为信访群众排忧解难，为全区改革开放和经济建设营造良好社会环境。本年度，全区共受理接待群众来信来访2622件（次），其中受理群众来信1363件，比上年减少206件（次），下降13.1%；接待群众来访1259人次，比上年减少2353人次，下降65.1%。

2000 年

党中央、国务院关于"西部大开发"战略部署在全区开始实施。随着改革开放的逐步深入，全区国有企业改制、减负政策落实、农村税费征收、下岗职工安置再就业、城市建设拆迁安置、土地征用补偿、城乡环境污染、农村支柱产业发展、行政执法、社会治安和干部工作作风等方面的信访问题依然较多。针对这一信访工作现实，地委、行政公署信访处明确提出是年全区信访工作的基本思路是：坚持以邓小平理论和党的十五大精神为指导，以"三讲"教育、警示教育和学习江泽民同志"三个代表"重要思想为契机，紧紧围绕地委扩大会议确定的目标任务，全面落实信访工作领导责任制和信访工作目标管理责任制，重点协调处理好重信重访、越级上访和集体上访问题，加大立案查处力度，尽力化解各类社会矛盾，充分发挥信访工作"窗口""桥梁""纽带""稳压器""调解器"作用，在反映社情民意、维护人民群众合法权益、促进党风廉政建设和社会和谐稳定等方面做出新成绩。是年，地、县（市）信访部门开展了"三讲"教育、警示教育和"三个代表"重要思想学习教育；积极协调地、县（市）党政领导亲自阅批群众来信、亲自接待群众来访、亲自包案查处重点信访问题；指导各级各部门严格按照"分级负责，归口办理"和"谁主管，谁负责"的原则办事，认真查处了一批人民群众反映强烈的信访突出问题，形成了信访工作层层有人抓、事事有人管的良好局面；大力宣传《信访条例》等信访法规和灵台县信访工作经验，继续在全区信访系统开展"远学吴天祥，近学王仁贵"活动；巩固提高基层信访网络建设成果，重视信访工作业务规范化建设，严格落实信访工作"十有"标准，全区信访工作水平得到了有效提升。本年度，全区共受理接待群众来信来访5394件（次），其中受理群众来信1454件，接待群众来访3940人次。在接待的群众来访中，个体上访932人次，集体上访153批3008人次。

2001 年

全区信访工作紧紧围绕地委扩大会议确定的"三增一稳"奋斗目标和"五个加快"工作任务，提出了"高举一面旗帜、落实两个责任、抓好三项工作、实现两个确保"的基本思路。3月8日，全区信访工作会议召开。会议总结分析了2000年信访工作，兑现了2000年信访工作目标管理责任书，以地委、行政公署名义对全面完成2000年信访工作目标管理任务的灵台县、地区检察院等县（市）和单位进行了表彰奖励，签订了2001年信访工作目标管理责任书，对2001年信访工作做了安排部署。5月，地区信访处对7个县（市）和地直23个部门贯彻落实全区信访工作会议精神、落实信访工作领导责任制和信访工作目标管理责任制情况进行了督查，对在督查中发现的问题，及时作了反馈并提出了整改意见。6月，对地委、行政公署主要领导、分管领导批示交办的97件信访案件办理情况进行了督查，并将督查情况进行了通报。9月下旬，地委秘书处、行政公署办公室向各县（市）和市直部门下发《关于实行地委、行政公署领导信访接待日制度的通知》。地委、行政公署信访处把做好地委、行政公署领导接待来访群众协调服务工作作为第四季度重点工作狠抓落实。以地委、行政公署信访处的名义通过《平凉日报》、平凉电视台等新闻媒体，就地委、行政公署领导信访接待日制度的接待时间、接待程序、接待安排做了公告；组织来访群众有序接受接待日值班领导同志接访。是年，共有5位地委、行政公署领导公开接待个人上访和集体上访代表41人，集中解决了平凉地区肉联厂、平凉彩印厂和庄浪、静宁等县（市）民请教师反映的疑难复杂信访问题21件。地委、行政公署实行领导信访接待日制度，受到了社会各界和人民群众一致好评。本年度，全区共受理接待群众来信来访5056件（次），其中受理群众来信1562件，接待群众来访3494人次。在接待的群众来访中，个人上访888人次，集体上访177批2606人次。

2002 年

平凉撤地设市。地委、行政公署要求各级党政组织要认真践行"三个代表"重要思想，站在讲政治的高度，把信访工作作为维护社会稳定的基础性工作来抓，列入重要议事日程，与经济工作同研究、同部署、同落实、同考核、同奖罚；严格落实信访工作领导责任制和信访工作目标管理责任制，坚持领导干部亲自阅批群众来信、亲自接待群众来访、亲自协调处理信访问题；把地、县（市）党政领导"信访接待日"持之以恒地坚持下去。4月，地委、行政公署信访处针对集体上访、异常信访增多且牵涉面广、处理难度大的实际，组织人员进行了为期一月的信访矛盾纠纷大排查活动。对排查出的28件重点信访案件，按照地委、行政公署领导联系县（区）和分工安排，由相关领导分别包案督办，有效解决了群众反映的突出问题。同时，严格落实领导干部挂牌接待来访群众制度，每月地委、行政公署领导轮流挂牌公开接待来访群众2次，共有11位地委、行政公署领导公开接待上访群众代表93人，协调落实资金28万元，解决各类疑难信访问题和上访老户问题31件，社会反响良好。9月8日，中共平凉市委员会成立，同时撤销中共平凉地区委员会。按照机构更名设置要求，撤销中共平凉地委、平凉地区行政公署信访处，设立中共平凉市委、平凉市人民政府信访局，为市委工作机构。9月18日，全省落实信访工作领导责任制座谈会在兰州召开。会上，平凉市作了题为《认真落实信访工作领导责任制，努力做好新形势下的信访工作》的经验介绍。9月28日，市委、行政公署召开了全市信访工作电视电话会议。会议传达了全省落实信访工作领导责任制座谈会精神，通报了1月至9月全市人民群众来信来访情况，就进一步加强和改进全市信访工作做了全面部署。11月30日，平凉市第一届人民代表大会第一次会议选举产生了平凉市人民政府组成人员。12月2日，举行平凉市人民政府成立揭牌仪式。同时，市人民政府发出《关于撤销平凉地区行政公署所属机构设立平凉市人民政府所属机构的通知》。从此，全市信访工作翻开了新的一页。本年度，全市共受理接待群众来信来访5068件（次），其中受理群众来信1231件，接待群众来访3837人次。

第四节　2003年—2011年信访工作简述

2003年

全市各级党委、政府和信访部门坚持以党的十六大精神为指导，忠实践行"三个代表"重要思想，始终把信访工作作为密切党群关系、发扬民主和维护社会稳定的基础性工作来抓，不断探索解决信访问题的新思路、新方法，相继解决了一大批疑难复杂信访问题，为推进全市改革发展和社会稳定发挥了重要作用。市委、市政府加强了对全市信访工作的领导，调整充实了市信访工作领导小组；市委、市政府信访局制定印发了《平凉市信访工作责任制》，对各级领导的信访工作职责、信访部门和工作人员的办理职责、信访工作的责任查究作出了明确规定；深入市直部门和县（区）及基层单位，对贯彻落实信访工作责任制情况进行了全面督查，向市委、市政府上报了专题报告，由市委批转各县（区）、各部门抓好整改落实；严格实行信访工作目标管理，分类制定并签订了年度全市信访工作目标责任书，完善了责任书考核细则。全市所有乡（镇）全部设立了信访室，落实了专（兼）职信访干部，信访室达到了"十有"要求，基层信访工作得到进一步加强，在全市形成了"上下联结、纵横畅通"的信访工作网络和"一级抓一级、层层有责任、积极抓落实"的良性运行机制；针对涉法涉诉信访问题增多的实际，从4月份开始，对群众涉法涉诉信访由市司法局指派专职律师到市政府信访接待室参与接访，或由市委、市政府信访局介绍上访群众到市政务大厅律师接待处，由值班律师为上访群众提供法律咨询和法律援助；设立了市政府信访接待室，开通了市、县（区）长热线电话或信访热线电话，全年通过市、县（区）长热线电话共受理群众来电712件（次），办结657件（次），办结率达到92.3%；市委、市政府信访局加大信访案件交办督办力度，全年立案交办信访案件65件，结案59件，结案率达到90.8%，通过立案交办督办重点信访案件，妥善化解了平凉汽车运输公司部分解除劳动关系人员集体上访、平凉中心城区"一线三点"工程实施中引发的群众到市集体上访反映的问题和一些赴省进京上访人员反映的问题；同时，认真开展群众重复上访专项治理活动，以市委办、市政府办文件印发《妥善处理到市集体上访、异常上访，维护市委、市政府机关正常工作秩序的工作方案》，依法有效解决了大部分重复上访和上访老户反映的困难和问题，初步扭转了上访老户长期缠访、闹访和重复上访的被动局面，全市信访工作秩序有了明显好转。本年度，全市共受理接待群众来信来访8072件（次），其中受理群众来信1599件，接待群众来访6473人次。在接待的来访中，个体上访1350人次，集体上访5123人次。

2004 年

随着西部大开发和"发展抓项目"力度的不断加大，全市交通、煤电、生态、旅游、水利等基础设施和其他方面项目逐年增多，在全市"改革抓企业"的过程中，涉及农村征地、城市拆迁、企业改制、重组、破产及职工身份转换、下岗分流等问题增多，人民群众信访总量持续上升，走访活动特别是集体上访趋势明显，到市赴省进京上访量明显增多，一些上访人员在上访过程中的过激行为时有发生，受经济发展、财政状况等因素制约，一些信访突出问题解决起来难度很大，全市信访工作面临的形势严峻，任务艰巨。为此，市委、市政府在专题听取市委、市政府信访局工作汇报和认真分析全市信访工作面临的新形势、新情况的基础上，于3月3日召开了全市信访工作会议，认真研究了在新形势下如何进一步加强和改进全市信访工作。会后，全市各级党政组织将信访工作列入重要议事日程，定期听取信访部门工作汇报，专题研究解决信访工作中遇到的困难和问题，从政策的制定上维护人民群众的根本利益。在日常工作中，市、县（区）党政领导普遍做到了"三个亲自"，即亲自阅批群众来信、亲自接待上访群众、亲自督查处理信访案件，积极稳妥地解决人民群众反映的现实问题。市委、市政府信访局在抓好日常信访业务工作的基础上，注重从调查研究入手，准确掌握全市信访工作中存在的问题和群众信访动态，主动当好参谋助手，及时向市委、市政府反映社情民意，指导配合各级各部门狠抓了信访工作领导责任制和信访工作目标管理责任制的落实；有针对性地建立和完善了一系列信访工作制度，以市委办、市政府办文件下发了《关于认真做好全市赴省进京上访人员劝返及反映问题处理工作的通知》《平凉市人民政府关于维护信访秩序的通告》，转发了《甘肃省化解和受理群众集体上访问题暂行办法》《甘肃省信访工作责任追究暂行规定》等，建立了市政府常务会议听取民情通报制度、市直相关部门参加的集中处理信访突出问题及涉访群体性事件联席会议制度、领导干部包案制度、信访局长接待日制度、信访工作月分析季通报制度等。针对全市信访总量持续攀升、集体上访和群体性事件明显增多、信访问题影响全市社会稳定的实际，8月4日，市委、市政府召开了全市信访案件交办会议，以市委办文件对上半年群众反映较为强烈的38件信访案件进行了集中交办。要求各级各部门严格落实信访工作各项责任和措施，着力解决当前信访工作中的紧迫问题。会后，全市各级各部门坚持接待上访与主动下访相结合、督查办理与源头预防相结合、思想教育疏导与政策法律调节相结合、归口办理与党委政府直接协调处理相结合的方式方法，狠抓了集体上访、重复上访、赴省进京上访群众的教育稳控和信访问题的解决，突出抓了重点信访案件督查办理、信访秩序的规范维护、基层信访工作和重大信访事件的责任追究。全市初步构建起了

"党政组织统一领导，部门各负其责，各级领导干部齐抓共管"的大信访工作格局。7月，市委、市政府信访局信访科科长荆世雄同志被评为"全省信访工作先进个人"，受到省委办公厅、省政府办公厅表彰奖励。本年度，市、县（区）两级信访部门共受理接待群众来信来访13275件（次），其中受理群众来信1632件，接待群众个体上访2043人次、集体上访515批9600人次。

2005 年

年初，市委常委会专题听取了市委、市政府信访局关于2004年全市信访工作情况的汇报，就新形势下信访工作遇到的有关问题进行了研究，对2005年全市信访工作提出了明确要求。3月16日，市委、市政府召开了全市信访工作会议，市委分管领导与各县（区）和市直部门签订了信访工作目标管理责任书。提出了突出一个重点（要切实解决好信访突出问题）、坚持两个规范（依法规范信访工作行为，依法规范群众信访行为）、力争三个减少（集体上访、重复上访、到市赴省进京上访数量减少）、发挥四个作用（为群众排忧解难，发挥好维护人民群众根本利益的作用；化解信访矛盾纠纷，发挥好维护社会和谐稳定的作用；重视信息反馈，发挥好为领导决策和促进发展服务的作用；强化信访监督，发挥好推进党风廉政建设和政治文明建设的作用）的总体要求。市委、市政府信访局从3月初至5月底，在全市开展了集中处理信访突出问题及涉访群体事件第二阶段工作，对中央信访联席会议办公室、国家信访局、省信访局交办的14件重点信访案件和市委、市政府信访局摸排出的影响全市社会和谐稳定的17件信访案件，严格实行"四定三包"（定领导、定措施、定时间、定责任，包调查、包处理、包稳定）责任制，向相关县（区）、部门和单位进行了立案交办，并下发了《平凉市重大信访信息预警函》。4月7日，市上召开了由崆峒区和市直11个重点部门负责人参加的信访工作座谈会，分析通报了全市信访形势，摸排掌握影响社会和谐稳定的信访案件31件，对4件跨地区、跨行业、跨部门重点信访案件向责任单位进行了交办，明确提出了办结时限和责任要求。4月27日，市委、市政府信访局组织召开了全市学习贯彻国务院《信访条例》工作会议，对各县（区）、市直部门分管领导和专职信访干部进行了《信访条例》集中学习辅导培训。5月1日，新修订的国务院《信访条例》正式施行，全市信访治理和制度改革迈出重要的一步。5月上旬，市委宣传部、市政府法制办和市委、市政府信访局联合下发了《关于认真做好〈信访条例〉宣传教育活动的通知》。全市各级各部门把学习贯彻《信访条例》作为规范信访工作和信访人行为、依法推进信访工作的一项重要工作来抓，普遍采用新闻媒体宣传、领导宣讲、举办培训班、印发宣传资料、制作宣传栏、组织人员上街宣传等形式，开展广泛宣传。市、县（区）信访部门对现行信访工作方面的文件、规定、办法进行了全面清理，依据《信访条例》有关规定修订、制定了信访工作相关规章制度和工作流程。各级各部门在"事要解决"、畅通信访渠道、维护信访秩序、化解信访矛盾和提升信访工作效率上狠下功夫，重点抓了群众信访反映突出问题的督查办理、领导包案制度的落实、信访工作责任的追究、信访工作行为及群众上访行为的规范治理、初信初访的办理、信访工作领导责任制及目标管理责任制的落实和信访部门自身建设。各县（区）统一成立了信访局，县（区）信访局长兼任县（区）委办公室副主任；市、县（区）专职信访干部全部享受了每月235元的信访岗位津贴。本年度，全市共受理接待群众来信来访6830件（次），其中受理群众来信1482件，接待群众来访5348人次。

2006 年

全市信访工作按照"畅通渠道、解决问题、维护秩序、促进稳定"的要求，突出贯彻落实《信访条例》这一主线，坚持依法规范信访工作行为和群众信访行为"两个规范"，夯实制度建设、基层建设和队伍建设"三个基础"，充分发挥为群众排忧解难、维护社会和谐稳定、服务领导科学决策、促进党风廉政建设"四个作用"，重点抓了信访工作目标管理、信访不稳定因素排查调处、信访情况分析通报、信访案件督查督办和来市赴省进京上访预防处置"五项工作"。3月，召开了全市信访工作会议。在全市持续开展了《信访条例》的再学习、再宣传。灵台、崆峒、泾川等县（区）把5月份确定为"信访法规宣传月"，将《信访条例》在政府网站全文发布，制作宣传专题片，在县（区）电视台开设"信访之窗"栏目进行播放，举办培训学习班，召开专题研讨会等。市、县（区）信访部门认真履行"六项职责"，严格落实《办理群众来信规则》《接待群众来访规则》《信访工作督查督办规则》，不断规范受理群众信访事项程序，加大信访事项办理指导工作力度。坚持以促进"事要解决"为核心，进一步加大信访矛盾纠纷排查调处、信访信息通报反馈、信访事项督查办理力度。以构建大信访工作格局为目标，狠抓以领导干部为主体的信访工作责任制、领导干部包案督办信访事项制度、信访工作目标考核奖惩制度和信访工作通报谈话制度的落实，制定印发了《信访部门履行"三项建议"职责工作规则（试行）》《信访事项三级终结制度》《信访听证暂行办法》，严格落实了信访工作联席会议制度、信访事项首办责任制、信访工作责任追究制度和信访事项办理三级终结制度，积极探索建立信访矛盾纠纷排查调处机制、信访事项应急处置机制、行政投诉处理机制和法律援助服务机制，大力推行乡（镇）信访工作"三位一体"（综治、信访、调解）机制，有力地推动了信访问题的解决和信访工作中存在问题的整改。从3月份开始，在全市开展了自上而下的信访矛盾纠纷排查调处活动、"信访月"集中整治活动、"非正常上访"集中整治活动。在开展三项活动中，共排查调处信访矛盾纠纷452起，集中解决重点信访问题128个，有效劝返赴省进京上访老户11人次，督办查结省、市交办信访案件51件，公安机关对违反《信访条例》规定的23名上访人员依法进行了教育训诫，对9名严重违法上访人员依法进行了刑事拘留，对1名长期赴省进京闹访者依法进行了劳动教养，对4名组织群众违法上访者依法追究了刑事责任。在全市信访系统开展了"创学习型机关，建高素质队伍"活动。市委、市政府信访局被评为全市"法制宣传教育先进单位"、市直"四型机关先进单位"。本年度，全市共受理接待群众来信来访8001件（次），其中受理群众来信1291件，接待群众来访6710人次。

2007 年

年初，市委、市政府召开会议，听取了市委、市政府信访局关于信访工作情况的汇报，对全市信访工作形势进行了认真分析，针对出现的赴省进京上访人员增多，少数到市集体上访人员冲击党政机关、悬挂横幅、围堵大门、拒不推选集体上访群众代表反映问题，个别涉法涉诉上访人员经常在党政机关缠访闹访或者滞留上访等新情况，以及企业改革改制、中心城市建设土地征用、村社财务管理、涉法涉诉、干部作风等方面群众信访反映的新问题，将信访工作纳入全市年度目标管理责任考核内容进行考核。3月14日，市委办、市政府办印发《市委、市政府领导接待信访群众办法（试行）》和《关于进一步做好赴省进京非正常上访人员劝返有关工作的通知》。8月13日，市委、市政府下发《关于进一步加强新时期信访工作的意见》（市委发〔2007〕34号）。9月下旬，市委、市政府召开全市信访工作会议，围绕做好国庆节和党的十七大期间的信访工作，分析当前信访形势，交办重点信访案件，对全市信访工作作出了具体部署。之后，各县（区）、各部门普遍召开会议，对做好本县（区）、本部门信访工作特别是国庆节和党的十七大期间信访维稳工作进行了再部署、再安排。11月30日，市纪委、市委组织部、市监察局、市人事局、市信访局联合印发《平凉市信访工作绩效考核和责任追究暂行办法》。是年，在全省信访工作年度考核中，平凉市被评为信访工作先进市，受到了省信访联席会议的表彰奖励。中共平凉市委副秘书长、市信访局局长陈黎萍被评为全国信访先进个人，受到人社部、国家信访局表彰奖励，并现场参加第六次全国信访工作会议，受到温家宝、曾庆红等党和国家领导人亲切接见。本年度，全市共受理接待群众来信来访8626件（次），其中受理群众来信1144件，接待群众来访7482人次。

2008 年

全市信访工作紧紧围绕改革发展稳定大局，狠抓《信访条例》实施，依法规范信访工作行为和群众信访行为，不断夯实制度建设、基层建设、队伍建设"三个基础"，充分发挥信访工作为群众排忧解难、维护社会和谐稳定、服务领导决策、促进党风廉政建设"四个作用"，全力落实信访工作目标管理、信访不稳定因素排查调处、信访情况分析通报、信访案件督查督办、到市赴省进京上访预防处置"五项措施"，严格按照"属地管理、分级负责"和"依法、及时、就地解决问题与疏导教育相结合"的原则，通过开展"县（区）委书记大接访"活动和市、县（区）党政领导包案督办到市赴省进京重点上访案件，妥善解决了一大批涉及人民群众生产生活和切身利益方面的信访突出问题，为举办北京奥运会、开展改革开放30周年纪念活动和平凉市承办全国乡企贸洽会、开展学习实践科学发展观试点等一系列重大政治活动和节会活动营造了良好的环境，基本实现了市委、市政府提出的"抓信访、保稳定、促发展"年度工作目标。同时，在全市开展了重复信访专项治理活动和"听民声、察民意、知民情、解民忧、帮民富"为主要内容的"民情调研"活动。是年，调整充实了市信访联席会议机构和组成人员；市上成立了市政府信访事项复查复核委员会及其办公室，办公室为科级建制，设在市委市政府信访局，设主任1名。市财政列支市级劝返经费20万元。市级领导共阅批人民群众来信530件，接待来访群众30批261人次，包案督办到市赴省进京上访群众重点上访案件47件。在全省信访工作考核中，平凉市被评为信访工作先进市，受到了省信访联席会议的表彰奖励。本年度，市、县（区）两级信访部门共受理接待群众来信来访7799件（次），其中受理群众来信1400件，接待群众来访6399人次。

2009 年

市委、市政府把信访工作作为保障经济社会又好又快发展的重要任务，将信访工作纳入市、县（区）党委、政府重点工作责任目标进行考核，定期不定期听取市委、市政府信访局信访工作汇报，分析全市信访形势，研究解决信访工作中遇到的各种困难和信访突出问题。市委、市政府制定下发了《关于领导干部定期接待群众来访的实施意见》《关于定期组织干部下访的意见》《关于矛盾纠纷排查化解工作制度化的实施意见》。年初，下发了《关于市级领导包案解决重点信访矛盾纠纷问题的通知》，对摸排的40件重点信访案件，分别由9名市级领导包案，7个责任县（区）和相关市直部门承办。2月，对省委第三巡视组在平凉巡视期间受理转交的69件信访案件进行了集中交办，由4名市级领导包抓，7个责任县（区）和21个市直部门具体承办。3月，在全市组织开展了信访矛盾纠纷排查化解活动，对排查出的47件重点信访案件，确定9名市级领导分别包案，3个责任县（区）和12个市直部门承办。从3月份开始，市信访联席会议办公室和市委、市政府信访局利用6个月时间，在全市组织开展了"信访积案化解年"活动，按照"诉求合理的解决问题到位，诉求无理的思想教育到位，生活困难的帮扶救助到位，行为违法的依法处理"要求，向相关县（区）和部门交办信访积案217件，查结213件，结案率达到98.2%。同时，依法处置违法上访人员 42 人，其中行政拘留 11 人、依法训诫 31 人，及时纠正了一些信访人信"访"不信"法"、信"闹"不信"理"的错误认识和违法行为。市、县（区）信访部门加强与省驻京教育劝返站联系协调，按照"信息传递快、接领速度快、劝返离开快"的要求和接领劝返工作预案，在全国"两会"和国庆期间，分别成立了由市、县（区）信访、公安部门相关领导和工作人员组成的接领劝返工作小组，驻京全程值班，积极接领劝返进京非正常上访人员 80 多人次。全年，市委常委会议、市政府常务会议先后专题研究信访工作 5 次，召开全市信访工作会议 3 次，召开市信访联席会议、信访案件交办会、信访事项协调会 19 次，市委主要领导 4 次对全市信访工作作出批示，市委、市政府分管领导 3 次到市、县（区）信访局和信访问题较多的单位调研指导工作，市级领导阅批人民群众来信 586 件，亲自接待到市上访群众代表 160 多人次。是年，在全省信访工作年度考核中，平凉市被评为"信访工作先进市"，受到了省信访联席会议的表彰奖励。本年度，全市共受理接待群众来信来访 7083 件（次），其中受理群众来信 1186 件，接待群众来访 5897 人次。在接待群众上访案件中，个体上访 1826 批 2297 人，集体上访 266 批 3600 人。本年度全市信访总量与上年基本持平，重信重访和集体上访人数明显下降，特别是到市集体上访批数和人数分别下降 43.1% 和 48.8%。

2010 年

全市信访工作紧紧围绕市委、市政府确定的"四三二一"发展战略和"六个集中突破"目标任务，多举措排查化解信访矛盾纠纷，下功夫推进"事要解决"，有效预防和处置非正常上访。在全市范围内集中开展了"走进矛盾、化解纠纷"专项活动；开展了"创先争优""深化干部作风整顿""学习潘作良（系辽宁省辽中县信访局局长）事迹，建设工作一流、群众满意的信访部门"等专题教育实践活动。市委、市政府多次召开市委常委会、市政府常务会和市党政联席会议，专题研究信访工作。市委、市政府 3 次召开全市信访工作会议，市信访联席会议办公室和市委、市政府信访局组织召开信访联席会议、信访事项交办会议、重点信访问题协调处理会议和领导干部包案督办重点信访案件会议 19 次。市级领导阅批人民群众来信 184 件，包案督办重点信访案件 13 件。通过领导干部接访、带案下访、司法援助、民政救助等方式，先后对有条件办理的 284 件信访案件和诉求合理并有实际困难的 151 件信访问题进行了妥善处理；7 县（区）县级领导包案 65 件，结案 59 件，结案率达到 90.8%；先后解决了静宁县第二建筑公司改制、工商银行"协解"人员生活困难、灵台县邵寨煤田输电线路改线、庄浪县客运公司服务中心营运、崆峒区清真北大寺扩建用地、泾川县乡镇卫生院集体工工资等影响全市社会和谐稳定的信访突出问题；利用中央信访专项资金，化解疑难信访问题 49 件；化解"两访"重点疑难复杂信访案件 64 件；依法对 37 名违法上访人员进行了行政拘留、训诫处理；对 16 名上访老户进行了教育稳控。在全省信访工作年度考核中，平凉市被评为信访工作先进市，受到了省信访联席会议表彰奖励。本年度，受暴雨灾后重建、复退军人安置、拖欠农民工工资等因素影响，全市集体上访人数与上年相比上升幅度较大。市、县（区）两级信访部门共受理接待群众来信来访 9074 件（次），其中受理群众来信 518 件，接待群众来访 8556 人次。

2011 年

全市信访工作以"抓信访、保稳定、促发展"为目标，牢固树立用群众工作统揽信访工作的新理念，推进信访工作体制机制创新，狠抓领导干部接访下访、信访积案化解、信访工作目标管理责任制落实、信访矛盾纠纷和信访问题源头预防、基层基础工作、《信访条例》学习宣传、信访部门自身建设等重点工作的落实。市委常委会 2 次专题研究信访工作，市委、市政府出台《关于用群众工作统揽信访工作的实施意见》。各县（区）、各部门不断探索完善维护群众合法权益、领导干部接待来访群众、信访问题协调督办、规范信访工作秩序、依法处置信访群体性事件等制度机制。市信访联席会议办公室和市委、市政府信访局把化解信访积案、减少重信重访工作作为重点任务，制定《关于深入推进信访积案化解工作的实施方案》，向责任县（区）和部门交办重复信访案件 129 件。针对"两参"人员、"家属工"、城市建设拆迁安置、廉租房销售、改制企业职工养老保险办理、安全生产事故、医疗事故等问题引发的集体上访，市委、市政府信访局指导相关责任县（区）和单位严格落实"一个案件、一名领导、一套班子、一个方案、一抓到底"的"五个一"要求，对问题限期进行了化解。市级领导利用"信访接待日"接待来访群众 15 批 253 人次，直接阅批群众来信 306 件，占全市群众来信的 46.9%，其中市委、市政府主要领导阅批群众来信 189 件，占市委、市政府领导阅批群众来信总数的 61.8%；市政行风热线节目先后安排 14 个重点单位上线，解答群众提出的问题 119 条；市长热线受理群众有效投诉 1227 件，直接答复 429 件，交办督办 798 件；使用中央信访专项资金 120.5 万元，筹集配套资金 431.5 万元，化解信访积案和"三跨三分离"信访案件 68 件；依法复查复核信访案件 3 件，并纳入了"三级终结"程序；大力推行"信访事项一册通"信访方式，印发"一册通"1 万多册；围绕做好全国和省、市"两会"、市党代会、西安世界园艺博览会、庆祝中国共产党成立 90 周年等重要节会期间的信访工作，组织开展信访矛盾纠纷排查化解活动 6 次，使 95% 以上的信访矛盾纠纷和问题化解在了部门（单位）和基层乡村。市、县（区）两级信访部门共受理接待群众来信来访 8040 件（次），其中受理群众来信 652 件，接待群众上访 7388 人次。在接待群众上访案件中，接待个体上访 2239 批 2845 人次，接待集体上访 292 批 4543 人次。在全省信访工作考核中，平凉市被评为"信访工作先进市"，受到省信访联席会议表彰。

第五节　2012 年—2022 年信访工作简述

2012 年

全市信访工作按照市委提出的"重点工作上台阶，薄弱环节求突破，盯紧抓实干到位，好中求快促跨越"总体要求，全力推动工作落实。2 月下旬，召开全市信访工作会议。是年，市委、市政府先后 9 次召开会议，市委、市政府主要领导和分管领导亲自协调解决了崆峒水泥厂、原市乡企局下属 5 户企业、原平凉运输公司等企业改制遗留问题。市级领导接访下访群众 26 批 387 人次，各县（区）党政领导接待信访群众 236 批 944 人次。市、县（区）两级信访部门领导干部先后深入到信访问题较多的 28 个乡（镇）32 个村，走访回访信访群众，指导基层组织化解信访矛盾纠纷和办理群众信访事项 536 件。市委、市政府信访局将信访积案化解和非正常上访治理作为工作重点，制定《关于 2012 年集中化解信访积案的实施方案》《关于在全市信访系统开展"联人联事化积案、真情真心解民难"活动的实施意见》。全市共化解信访积案 396 件，息诉罢访率达 95%，全面完成了省上交办的信访积案化解任务。市委、市政府信访局指导 7 县（区）制定《关于用群众工作统揽信访工作的实施意见》。崆峒区新建信访接待大厅，实行职能部门联合接访和律师参与接访。华亭县在乡镇和县直单位开展了"信访工作示范点"创建活动。灵台县对新建项目实行社会稳定和信访风险评估，从源头上预防信访问题的发生。泾川县针对群众信访反映的吃水行路、上学就医、就业社保等问题措办了一批惠民实事，化解信访矛盾纠纷 176 件。灵台、庄浪、崇信、静宁等县不断完善"四位一体"基层信访工作网络，探索建立基层联合接访、信访代理、信访风险评估等制度机制。市、县（区）信访部门配合公安机关对少数长期缠访、闹访、赴省进京非正常上访的信访人进行了依法处理，落实了思想疏导和稳控教育措施。市、县（区）信访部门围绕建设"工作一流、群众满意"信访部门，开展"为民服务创先争优""基层组织建设提升年"、学习党的十八大精神"五项主题"教育等活动和"效能风暴"行动，健全完善了干部教育培训、监督管理、轮流接访、挂职锻炼等制度，加强了信访干部队伍建设。在全省信访工作责任目标考核中，平凉市被评为信访工作先进市。市信访局机关党支部被市直机关工委评为市直机关"先进基层党组织"。本年度，全市共受理接待群众来信来访 7782 件（次），其中受理群众来信 409 件，接待群众来访 7373 人次。在接待群众上访案件中，接待个体上访 2098 批 3041 人次，接待集体上访 271 批 4332 人次。

2013 年

全市信访工作以深化接访下访、解决突出问题、排查化解矛盾、推进源头预防、创新制度机制、加强队伍建设为重点，进一步规范信访秩序，强化协调督办，推动各级各部门化解社会矛盾、维护群众合法权益。市信访联席会议办公室印发《2013 年度信访工作目标管理责任制考核办法》。市委、市政府主要领导先后 19 次就信访工作作出批示，市政府主要领导与 7 县（区）和 13 个市直重点部门签订了信访工作目标管理责任书，县（区）、乡（镇）、村（社区）逐级签订了信访工作目标责任书。各县（区）、各部门普遍建立了党政"一把手"负总责、分管领导负主要责任、其他领导"一岗双责"的责任体系，靠实有权处理信访问题责任主体的责任。突出进京非访重访、赴省进京集体访、20 人以上到市集体重复访等重点考核指标，细化量化目标任务。各级信访联席会议严格实行信访工作通报分析、约谈信访问题突出的地方、部门及其责任人制度，对信访问题突出且尚未及时化解的责任单位及责任人严肃追究了责任。各级各部门在公开接访场所、信访专线的基础上，积极推行网上信访。全市信访部门加强全国信访信息系统的应用管理，把信访事项办理、督查督办、复查复核、依法终结等工作流程全部纳入系统。完善和落实领导干部阅批信访件和接访包案制度，市委、市政府领导直接阅批群众来信 418 件，接访下访群众 164 批 732 人次。各县（区）、各部门每月向市信访联席会议办公室报送一次领导干部接访下访和包案督办信访事项情况。各县（区）、各部门严格落实初信初访首办责任制，切实降低重信重访率。全市信访部门将进京重复非正常上访和赴省进京集体上访"两访"治理作为重点任务，在全市开展了信访积案化解"回头看"和信访突出问题"百日攻坚"活动，市信访联席会议召开信访工作部署会、信访案件交办会、信访形势分析通报会等会议 21 次，交办化解"两访"案件 89 件，7 县（区）和市直有关部门集中化解信访积案 124 件，市、县（区）领导包案督办信访案件 125 件。各县（区）有效整合基层信访、维稳、综治、司法等方面的力量，将信访工作向预防和解决两头延伸，力求做到苗头问题早消化、重点对象早转化、敏感问题早防范、信访问题早化解。市、县（区）先后建立完善了信访联席会议制度、领导干部接访下访制度、信访事项协调督办制度和处置群体性事件制度，探索完善联合接访、信访代理、律师参与接访等行之有效的工作机制。全市信访部门试行了"信访群众一站式接待、信访事项一条龙办理、信访问题一揽子解决"工作模式。多数县（区）根据本县（区）人口数量和上年度信访总量，落实了信访专项资金，向上级信访部门按时足额交纳了进京非正常上访人员劝返保证金。是年，市委办、市政府办下发了《关于进一步加强信访干部队伍建设的实施意见》（平办发〔2013〕19 号）；市委常委会决定成立中共平凉市委、平凉市人民政府信访局党组（平任字〔2013〕140号），设立了中共平凉市委、平凉市人民政府信访局纪检组并配备了专职纪检组长；市委组织部先后选派2名新提拔年轻县级干部和1名正科级干部挂职，任市委、市政府信访局督查专员。全市信访系统推行首办负责制、服务承诺制、限时办结制和责任追究制，试行党员干部职工"三考一评"岗位目标责任制。市、县（区）两级信访部门全年受理接待群众来信来访10463件（次），其中受理群众来信232件，接待群众来访10231人次。全市共发生赴省集体上访8批71人次，发生进京非正常上访61批75人次。在全省信访工作责任目标考核中，平凉市被评为"信访工作先进市"。

2014 年

全市信访工作以党的群众路线教育实践活动为契机，大力开展"当好桥梁纽带、打造五个信访（亲情信访、阳光信访、法治信访、和谐信访、效率信访）"主题实践活动、"信访积案化解年"活动和"创新方法建制度、为民服务促和谐"大调研活动，扎实推进信访秩序"双向规范"、信访积案化解、进京非访综合整治、加强基层基础工作等重点工作。市委常委会、市政府常务会3次研究信访工作。市委、市政府出台《关于创新群众工作方法解决信访突出问题实施意见》《关于进一步加大信访工作绩效问责力度的通知》《关于做好维护市委、市政府上访秩序工作的意见》等12个规范性文件，调整充实了市信访联席会议和市政府信访事项复查复核委员会成员单位，每季度召开一次信访工作方面会议。市政府主要领导与7县（区）、平凉工业园区及13个市直部门主要领导签订了信访工作目标管理责任书。市委、市政府主要领导批示信访工作15次；分管领导主持召开市信访联席会议、信访工作调度部署会、信访事项协调交办会12次；市信访联席会议制定并推行《平凉市重大信访事项风险评估预警办法》，适时发出重大信访事项预警通知5次。市委主要领导亲自接待和处理了平凉工专家属院住户上访反映的物业管理方面的问题；市政府主要领导亲自主持研究解决了崆峒区柳湖村等村失地农民信访反映的养老保险办理问题；其他领导协调解决了中心城区棚户区改造、城区集中供热、征地拆迁、风景嘉苑住宅楼裂缝及部分住宅小区物业管理等问题。市委、市政府领导直接阅批群众来信392件，接访下访群众131批458人次。36名市级领导对包案督办的39件重点信访案件，全面落实了"四定三包"责任制，基本实现了案结事了、息诉罢访。市委、市政府信访局向责任县（区）和部门集中交办57件信访积案，实行挂牌督办，限期全部化解；对72件疑难复杂信访案件，审查使用2013年中央信访专项资金198万元，一次性化解；对中央第一巡视组、省信访联席会议办公室、省信访局交办的33件信访件，督促相关责任单位按期全部办结并上报相关材料；对省委群众路线教育实践活动第十督导组、市委群众路线教育实践活动办公室交办和市委主要领导批示的420件信访件，督促相关责任单位办结382件，办结率达到91.4%；对省委第二巡视组转送的171件信访件，向责任单位进行了交办并督促按期全部办结。全市各级信访部门认真开展《信访条例》贯彻落实情况自查，全面落实国家信访局《关于进一步规范信访事项受理办理程序引导来访人逐级走访的办法》和省信访局《实施细则》。各县（区）在重点乡镇设立群众信访接待大厅，在村组和社区配备信访信息员，积极推广信访代理、干部导访、流动调解等办法，综合运用多种手段和办法化解信访矛盾纠纷。市、县（区）两级信访部门共受理接待群众来信来访8078件（次），其中受理群众来信241件，接待群众来访7837人次。全市共发生进京非正常上访49批55人次。是年，市信访局改造建成了市政府信访接待大厅。在全省信访工作责任目标完成情况考核中，平凉市被评为信访工作先进市。市委、市政府信访局领导班子在年度市管领导班子政绩考核中被评为"优秀班子"。

2015 年

全市信访工作以巩固拓展党的群众路线教育实践活动成果和开展"三严三实"专题教育为动力，以"工作落实年"为抓手，深入开展"信访法治年"和信访工作"规范化建设年"活动，积极探索建立平凉信访工作模式。市委、市政府和市信访工作联席会议专题研究信访工作和重点信访问题 7 次，原"平凉市处理信访突出问题及涉访群体性事件联席会议"更名为"平凉市信访工作联席会议"并完善了相关制度、职责。市委主要领导与 7 县（区）、平凉工业园区和 12 个市直重点部门签订了信访工作目标管理责任书。市委、市政府主要领导和分管领导对信访工作作出批示 13 次。市委、市政府信访局开展实地督查指导 56 次，分析通报信访形势 14 次，对信访问题突出的县（区）和单位发出信访工作建议 6 份，报请市委主要领导、分管领导约谈信访问题突出的县（区）和单位主要负责人 1 次，组织开展联合接访 21 次。市、县（区）党委、政府将实行网上信访制度作为信访工作制度改革的首要工程来抓，市、县（区）两级 9 个信访部门、485 个职能部门和 100 个乡镇（街道）信访室全部接入全省信访信息系统；市委、市政府信访局组织培训网上信访事项办理业务人员 2138 人次，组织开展了网上信访信息录入"百日攻坚"活动，大力推行"访前依法引导、访中依法化解、违法依法处置"依法治访"三步法"，明确提出了依法按政策规定规范信访事项登记受理、规范信访事项办理答复、规范信访事项复查复核、规范信访事项督查督办、规范信访信息系统应用、规范领导干部阅信接访、规范进京非正常上访治理、规范信访专项资金使用管理、规范信访工作秩序、规范信访宣传引导、规范信访统计分析研判、规范信访档案管理的"12 个规范"要求。市委将信访工作"规范化建设年"活动纳入了全市"工作落实年"督查范围，市信访工作联席会议办公室和市委、市政府信访局紧盯重点乡（镇）、重点单位和重点信访事项开展督查，培育信访工作基础业务规范化重点示范点 30 个，在基层推行了信访代理、民情下访、社情恳谈、联合调查、流动调解、送达环节视频照片印证等行之有效的经验做法。推进市、县（区）、乡（镇）三级领导干部接访下访常态化，市委、市政府主要领导亲自主持研究处理了全市失地农民养老保险办理、城区集中供热价格调整、恒联公司家属楼住户办理商品房房产证等重点信访问题，其他市级党政领导接访下访群众 83 批 578 人次，各县（区）及市直部门县级领导干部接访下访群众 2800 人次。市委、市政府信访局组织相关责任单位对历年已经化解的 979 件信访积案进行了"回头看"，新摸排出的 42 件突出信访问题当年全部得到妥善处理。引入律师、人大代表、政协委员等第三方力量参与，复查复核和协调处理疑难复杂信访事项 9 件。市信访工作联席会议办公室交办信访件办结率 100%，市级立案交办信访件办结率 95%。全市信访部门共受理接待群众来信来访 6486 件（次），其中受理群众来信 302 件，接待群众来访 6184 人次。全市信访部门扎实推进干部能力建设、作风建设和廉政建设。市委、市政府信访局信访科科长黄沿钧被评为"平凉好人"、督查科科长刘东升被评为"全市党委系统督促检查工作先进个人"。是年 6 月，市委信访大厅建成并投入使用。9 月，省信访局在平凉召开了全省信访工作制度改革暨网上信访工作交流推进会，与会代表对平凉市打造"五个信访"、信访工作规范化建设、办理网上信访事项、重大信访事项风险评估预警等方面的经验做法及五个观摩检查点工作给予了充分肯定。在全省信访工作责任目标完成情况年度考核中，平凉市被评为"信访工作先进市"。市委、市政府信访局领导班子在年度市管领导班子政绩考核中被评为"优秀班子"。

2016 年

全市信访工作以开展"两学一做"学习教育活动为契机，以深化信访工作制度改革为主线，深入开展信访积案化解集中攻坚行动和"信访工作制度改革推进年"活动。市委、市政府和市信访工作联席会议研究信访工作和重要信访事项7次，市政府主要领导与7个县（区）、平凉工业园区及13个市直重点部门签订了年度信访工作目标管理责任书。突出考核信访事项及时受理率、按期办结率和群众满意率，建立了科学合理的信访工作责任目标考核评价体系；开展信访工作"三无"县（区）创建活动，将无进京越级上访、无大规模集体上访、无因信访问题引发的极端恶性事件和负面舆情炒作"三无"目标任务纳入全市信访工作责任目标进行了严格考核。加大督查督办和绩效问责力度，严格落实旬研判、月通报、季点评、约谈领导、黄牌警告等制度，对信访问题突出的单位实行挂牌督办。对照《市委办公室市政府办公室分解落实〈关于创新群众工作方法解决信访突出问题的实施意见〉重点工作任务的通知》（平办发〔2014〕52号）细化分解的60项重点任务，逐项开展了自查自评；全市信访系统受理群众信访事项3791件，网上录入率、及时受理率、按期办结率、群众满意率和群众参评率"五率"同比有新的提升。市级党政领导直接阅批群众来信112件，接访下访群众83批458人次；市委、市政府主要领导亲自指导和协调处理了平凉工业园区四十里铺镇农贸市场商户、平凉电力公司金景富苑住宅小区购房户等群众集体上访反映的信访突出问题，其他市级领导结合分管工作，积极协调解决了环境保护、棚户区改造、土地征用、拆迁安置、农民工讨薪、供暖物业等方面的信访突出问题；各县（区）、各部门开展信访积案清仓攻坚战，各县（区）、各部门县级领导干部接访下访群众2866人次，指导帮助基层化解信访积案338件，基本实现了信访积案化解"清仓见底"。崇信、灵台、华亭、庄浪四县建成了符合标准的信访接待大厅。全市培育基层信访基础业务规范化建设示范点97个。市、县（区）组织开展联合接访68次，聘请律师参与信访接待和信访问题化解。市、县（区）复查复核信访事项14件，办理中央第三巡视组转交信访件29件。是年，市、县（区）信访部门共受理接待群众来信来访6196件（次），其中受理群众来信218件，接待群众来访5978人次。全市信访总量、到市集体上访、赴省进京上访等重点指标均呈下降趋势，庄浪县实现了年度"三无"县创建目标。在全省信访工作责任目标落实情况年度考核中，平凉市被评为"信访工作先进市"；市信访局领导班子在年度市管领导班子政绩考核中被评为"优秀班子"。市信访局党支部被市委表彰为"先进基层党组织"。

2017 年

全市信访工作坚持以党的十九大精神为指导，以维护社会稳定为重点，以开展"明察暗访督查年""责任落实年"活动及"三纠三促"专项行动为抓手，全面落实信访工作目标任务。是年，市委常委会对全市信访工作提出了严抓责任落实不打折、严抓信访改革不懈怠、严抓问题化解不欠账、严抓基层基础不松劲的"四严四不"要求。市委、市政府制定下发了《平凉市深入推进领导干部包案督办和接访下访实施方案》，市级党政领导先后两轮包案督办重点信访事项32件。市、县（区）两级党政领导阅批群众来信355件，接访下访群众1062人次。市委、市政府主要领导先后18次对信访工作作出批示。市政府主要领导与7县（区）和13个市直重点部门签订了年度信访工作目标管理责任书。市信访工作联席会议召集人主持召开全市信访工作会议等会议14次，带队开展信访工作督查调研11次。各县（区）和市直部门采取领导接访、联合接访、会议协商、公开听证、依法处理等措施，协调化解信访积案137件；市、县（区）公安机关依法处置进京非访、缠访、闹访和违法上访人员108人次。市委、市政府信访局实行局领导班子成员联系指导县（区）信访局与分管领导抓信访业务工作相结合的督查方式，强化综合协调和督查督办，分析通报信访形势12次，开展实地督查和业务抽查56次，发出催办督办通知书33份、信访工作建议 5 份，在市委党校举办了全市信访工作制度改革专题培训班；建立"四衔接、一会办、两评价"网访办理工作机制，指导各级部门网上受理办理群众信访事项 3365 件，网访"五率"均接近 100%。培育基层信访基础业务规范化建设示范点 109 个；深入推行联合接访制度，市、县（区）两级信访部门协调安排信访量较大的职能部门和法律工作者定期或不定期进驻人民来访接待大厅，组织开展联合接访 82 次。持续推进信访法治化建设，制定下发了全市信访系统学习贯彻中办、国办《关于进一步加强信访法治化建设的意见》的《实施方案》，开展法制宣讲进村入户，引导群众依法逐级理性反映利益诉求，群众重信重访、越级走访现象逐步减少，庄浪、崇信两县实现年度"三无"县（区）创建目标。建立诉求甄别、分流引导、协调联动、跟踪督查"四项机制"，将 275 件信访事项依法分别导入司法诉讼、仲裁、行政复议等法定途径处理。针对集资融资、复退军人、中小学校代课人员等重点领域利益群体上访反映的问题，开展信访矛盾纠纷集中排查化解活动 7 次，排查化解各类信访矛盾纠纷 1672 件，对 5 件重点信访事项进行风险评估并发出了预警通知。严格实行"五个不放过"（事实不查清不放过、合理合法诉求解决不到位不放过、教育疏导和困难救助不到位不放过、信访基础业务不规范及问题整改不到位不放过、对信访问题突出的责任单位问责不到位不放过），组织开展信访个案实地督查 35 次，依法规范复查复核各类信访事项 17 件，上级交办及市级立案交办信访件全部按期办结。市、县（区）信访部门共受理接待群众来信来访 5632 件（次），其中受理群众来信 298 件，接待群众来访 5334 人次。是年，在全省信访工作责任目标落实情况年度考核中，平凉市被评为"信访工作先进市"；市委、市政府信访局领导班子在年度市管领导班子政绩考核中被评为"优秀班子"；市委、市政府信访局信访科科长黄沿钧被人社部、国家信访局表彰为"全国信访系统先进工作者"。灵台县、庄浪县信访局被评为"全省信访工作先进集体"，市委、市政府信访局督查科科长刘东升、市人社局事业单位管理科科长周睿、崇信县信访局信访督查专员陈丽萍被评为"全省信访工作先进个人"，分别受到了甘肃省人社厅、甘肃省信访局表彰奖励。

2018 年

全市信访工作以实施党建统领"一强三创"行动和开展"转变作风改善发展环境建设年"活动、"人民满意窗口"创建活动为抓手，以建立"大信访"工作格局和依法解决群众合理诉求为重点，狠抓信访工作制度改革和信访法治化建设，全力打好信访矛盾纠纷化解攻坚战。市委主要领导与 7 县（区）和 13 个市直部门签订了年度信访工作目标管理责任书，市委、市政府主要领导和分管领导先后 53 次对信访工作及重要信访事项办理作出批示。市委、市政府领导包案督办重点信访事项 14 件。市信访工作联席会议召集人主持召开信访工作方面会议 9 次，先后 5 次亲自主持研究涉众性重大信访事项办理意见。市、县（区）两级党政领导阅批群众来信 392 件，接访下访群众 1155 批 1641 人次。市委、市政府信访局紧紧围绕打好信访重点领域、重点群体、重点问题、重点人员"四场攻坚战"，集中交办重点信访事项 100 件，其中房地产、集资融资、"三农"等重点领域 18 件，代课人员、退伍军人、企业改制人员等重点群体 12 件，不动产登记、社会保险办理、农村土地流转等重点问题 44 件，重点上访人员信访问题 26 件。市委、市政府制定印发了《2018 年全市重点信访事项实地督查工作方案》，组织开展专项督查 4 次、个案实地督查 48 次，指导相关县（区）和责任单位化解各类重点信访事项 221 件，国家信访局、省信访局和市委、市政府信访局交办的 100 件"四个重点"信访事项全部按期办结。认真落实信访矛盾纠纷排查化解和重大信访事项风险评估预警制度，组织开展信访矛盾纠纷排查化解活动 7 次，排查化解各类信访矛盾纠纷 1028 件，评估预警重大信访风险 5 次，紧盯网访"五率"开展即时提醒、网上评查、实地督办、预警通报，指导督促各级各部门网上受理办理人民群众信访事项 6333 件；建成了省、市、县（区）相互连接的视频接访系统。组织联合接访 40 次，将 147 件信访事项依法导入法定途径处理，协调公安机关先后依法处置在全国、省、市"两会"等重要节会期间进京非访、缠访、闹访和违法上访人员 51 人次；建立了人民调解组织参与化解信访问题工作机制，邀请人民调解员、法律工作者、法律顾问、人大代表、政协委员等第三方力量参与化解信访积案 15 件。市委、市政府信访局党组高度重视机关党支部标准化建设、党风廉政建设和干部队伍建设，实现了局党组提出的"班子作表率、队伍齐努力、工作争上游、业绩创一流"工作目标。是年，市、县（区）信访部门共受理接待群众来信来访 7723 件（次），其中受理群众来信 425 件，接待群众来访 7298 人次。在全省信访工作责任目标年度考核中，平凉市被评为"信访工作先进市"；市信访局驻崆峒区西阳乡中营村帮扶工作队被市脱贫攻坚帮扶工作协调领导小组表彰为"全市帮扶工作先进驻村帮扶工作队"。

2019 年

全市信访部门在党政机构改革中全部理顺为党委部门。市委常委会、市政府常务会先后 3 次研究信访工作。市委主要领导与 7 个县（市、区）和 24 个市直重点部门签订了年度信访工作目标管理责任书；市政府主要领导主持召开了全市重点信访事项协调调度会；市委、市政府分管领导先后 5 次主持研究平凉宏达国盛商贸城业主、崇信县金融大厦业主、华明公司职工、崆峒山大景区企事业单位职工等涉众性重大信访事项，实地督查信访事项办理结果；按照市委提出的"四定三包"责任制、"一岗双责""谁接访、谁包案、谁督办"工作要求，市委、市政府领导包案督办的 15 件信访案件全部成功化解；按照市委提出的"担当、创新、突破、提升"工作要求，市信访工作联席会议召集人协调督促各县（区）、各部门严格落实了中办、国办《信访工作责任制实施办法》和《甘肃省信访工作责任制实施细则》，进一步完善落实信访工作责任体系。市、县（区）两级党政领导干部阅批群众来信 143 件，接访下访群众 316 批 548 人次。市信访工作联席会议召集人主持召开了市信访工作联席会议第一次全体会议，审议通过了《平凉市信访工作联席会议工作规则》《平凉市信访工作联席会议 2019 年工作要点》。市、县（市、区）两级信访部门组织联合接访 47 次。全市信访部门把信访矛盾化解攻坚与开展扫黑除恶斗争结合起来，对国家信访局和省、市信访局确定交办的 139 件"四个重点"信访事项，严格实行了"四定三包"责任制，得到了有效化解；全市累计投入项目资金和帮扶资金 6000 多万元，成功化解了涉及煤矿塌陷区治理、城市拆迁安置补偿等重大信访事项，受益信访群众达 750 多人；各县（市、区）多方筹集帮扶救助资金 32 万元，妥善化解了群众生活困难方面的 11 个重点信访问题，静宁、灵台、华亭、崆峒等县（市、区）对个别坚持过高无理要求、长期到北京地区非接待场所涉访的重点人员，依法进行了处理，落实了教育稳控措施。市、县（市、区）信访部门指导和督促各级各部门通过网上受理办理群众信访事项 4016 件。是年，市、县（市、区）两级信访部门共受理接待群众来信来访 4480 件（次），其中受理群众来信 337 件，接待来访 4143 人次。在全省信访工作责任目标落实情况年度考核中，平凉市被评为"信访工作先进市"；市信访局党支部被中共平凉市委直属机关工作委员会评为"市直机关先进基层党组织"。

2020 年

全市信访工作突出"提质增效年"这一总抓手，开展改革举措大落地、责任信访大起底、领导干部大接访、突出问题大化解、干部能力大提升、工作作风大转变"六大行动"，全力攻坚化解信访矛盾问题，推动信访工作高质量发展。是年，市委常委会专题听取信访工作汇报1次，研究信访工作及重大信访事项3次；市委、市政府主要领导及市信访工作联席会议召集人对信访工作作出批示21次，阅批群众来信150件，接待来访群众8批56人次；市级党政领导包案督办重点信访事项和信访积案26件，市信访工作联席会议召集人专题研究调度信访工作6次、带队开展专项督查2次。各县（市、区）坚持每季度召开一次信访工作联席会议。市信访工作联席会议成员单位调整到45个。市信访工作联席会议办公室分析通报信访形势12次，开展实地督查14次，发出信访工作建议3份，有效化解中央、省、市交办重复信访案件98件和国家、省、市信访部门交办重点信访事项122件，办理市委主要领导批示信访件153件，依法复查复核信访事项49件。市、县（市、区）信访部门组织开展了《信访条例》修订实施15周年系列宣传活动，拍摄制作了平凉市首部信访类微电影《变了没变》，在平凉门户网站、平凉发布微信公众号开设了网上信访大厅，网上信访逐步成为人民群众反映诉求的首选方式。市信访局认真履行服务全市工作大局、维护群众合法权益、化解信访突出问题、促进社会和谐稳定"四项职责"，加强信访形势分析研判，及时向市委、市政府报送信访信息、信访要情呈报和信访形势研判报告52份。协调崆峒区、市直部门及市信访局聘请的法律顾问动态进驻市人民来访接待大厅和市政府接访大厅进行联合接访28次。是年，市、县（市、区）两级信访部门共受理群众来信来访4161件（次），其中受理群众来信411件，接待群众来访1358批3750人次。市信访局坚持党建统领，培育创建"信访为民、五心服务"党建品牌，推行"党建＋信访"工作模式，融合推进局机关党支部建设标准化和党建统领"一强三创"行动，加强了信访干部队伍政治建设、思想建设和作风建设。在全省信访工作责任目标年度考核中，平凉市被评为"信访工作先进市"；市信访局领导班子在年度市管领导班子政绩考核中被评为"优秀班子"；平凉市人社局、灵台县信访局、崆峒区西郊街道办事处被评为"全省信访工作先进集体"，受到省人社厅、省信访局表彰奖励；市信访局接访科科长单鑫玮、静宁县信访局二级主任科员王有武、泾川县信访局信访接待服务中心副主任刘芸、华亭市信访局干部王雯雯被评为"全省信访工作先进个人"，受到了省人社厅、省信访局表彰奖励。

2021 年

中国共产党成立100周年。市委、市政府充分发挥信访工作联席会议制度作用，市信访工作联席会议召集人专题研究调度信访工作3次、带队督查3次，市信访工作联席会议办公室组织开展信访工作责任制落实和"治重化积"专项工作督查4次、个案实地督查68次，分析通报信访形势12次，发出信访工作建议16份；推动联席会议机制向基层延伸，全市111个乡镇（街道、城市社区）设立信访工作联席会议，实现全覆盖。市委常委会会议、市政府常务会研究信访工作7次，市委、市政府主要领导专题调研信访工作1次，听取信访工作情况汇报13次，作出工作批示34次，批示督办群众信访件251件；市级领导先后两次包案督办信访积案53件，开展预约接访和带案下访59次。市信访局报送信访信息、要情呈报、信访形势分析研判报告、专题调研报告等154份。汇报市委将"包案化解信访积案"列为党史学习教育"我为群众办实事"实践活动规定动作，实施"四定三包"明责、"四个亲自"履责、"一案三查"督责，协调推动市、县（市、区）、乡镇（街道）三级领导干部"千人包案"，争取中央信访专项资金107万元，对所有梳理交办的信访积案实行台账式管理、项目式推进、清单式销号，中央和省、市第一批交办218件信访积案全部化解结案，纳入党史学习教育"我为群众办实事"实践活动集中摸排交办的383件重点信访事项化解306件；梳理全市6大领域21个方面信访突出问题，全力配合城市更新行动、分类推进国有企业改革、化解国有土地上已售城镇住宅历史遗留"登记难"问题等工作，协调化解城市建设管理、劳动社保等领域信访突出问题92件。制定《常态化治理重复信访工作规则》，动态排查治理重复信访事项270件。市信访工作联席会议印发《关于切实提高初信初访办理质量的通知》，推行初信初访民意必听、民情必问、有诉必应、接诉必办、办结必评和马上办、网上办、简易办、代理办、闭环办"五必五办"责任措施，落实巡回接访、民情下访、联合接访、律师等第三方参与、矛盾纠纷排查化解、重大信访事项风险评估预警等制度机制，组织开展"全国信访工作示范县"创建活动，推动一次性解决信访问题7007件。持续推进网上信访主渠道建设，在省级"领导信箱"交由市（州）信访部门统一办理后，顺利完成市、县（市、区）两级"领导信箱"接入网上信访信息系统工作。制定《关于进一步改进和加强领导批示件办理的通知》等规范性文件8个，市、县（市、区）信访部门和职能部门信访事项及时受理率和按期办结率均为100%，网上信访主要考核数据指标位居全省前列。启动实施"八五"普法工作，依法复查复核、依法分类处理各类信访事项85件。建立《全市涉稳重点信访人员（群体）清单台账》，顺利完成了全国"两会"、建党百年庆典、党的十九届六中全会和省、市重大节会活动信访安全保障任务。全年全市共受理接待群众来信来访7816件（次），其中受理群众来信425件，接待群众来访7391人次。提出并落实构建新时代"党建+信访"工作体系"五强五化"任务措施，全面深化"1+3+2"支部共建，举办全市信访系统"五讲"活动10期、研讨交流及知识竞赛活动2次。将党史学习教育与信访系统"大督查大接访大调研""作风大转变、能力大提升""寻找最美信访干部"三项活动紧密结合起来，启动《平凉信访志》编纂工作，落实督查接访调研事项15项，初选"全市最美信访干部"30名。主动做好了巩固脱贫攻坚成果同乡村振兴有效衔接过渡期内帮扶、社区疫情防控、创城包抓共建等工作。是年，在全省信访工作责任目标考核中，平凉市在全省考核排名第一，受到省信访工作联席会议办公室、省信访局通报表扬；市信访局党支部被省委表彰为"全省先进基层党组织"；市信访局领导班子在年度市管领导班子政绩考核中被评为"优秀班子"；市信访局被国管局、中直管理局、国家发改委、财政部评定为"节约型机关"，同时被评定为全市首批"节水型单位"；市信访局副局长李良军被省脱贫攻坚帮扶工作领导小组表彰为"全省脱贫攻坚帮扶工作先进个人"，市信访局四级调研员刘东升被市退役军人事务工作领导小组表彰为"全市最美退役军人"。

2022 年

全市信访工作积极贯彻《信访工作条例》及第九次全国信访工作会议、全省信访工作会议精神，制定《平凉市"十四五"时期信访工作高质量发展实施方案》，提出并落实"1+6"年度思路举措，推动全市信访工作实现高质量发展取得良好成效，在2022年度全省信访工作考核中，被评为全面达标市（州），排名第二。崇信县荣获平凉市首个"全国信访工作示范县"。市信访局荣获"全国信访系统先进集体"。市委、市政府听取信访工作汇报5次、学习《信访工作条例》3次、研究相关议题7次，市委、市政府主要领导对信访工作作出批示32次、批示督办群众信访件224件，市级领导包案督办信访积案15件、接访下访25次。市信访工作联席会议召开联席会议全体（扩大）会议3次、专题会议6次，分析通报信访形势12次，开展督导调研4轮（次）、个案实地督查124件（次）。集中力量决战决胜治理重复信访、化解信访积案专项工作，向县（市、区）党政主要领导和包案领导发出提醒督办函75份，升级调查处理重点信访积案15件，争取使用中央信访专项资金62万元，中央、省上向平凉市交办的265件信访积案全部按期化解办结。系统治理化解民生领域信访突出问题215件，动态排查治理重复信访事项294件。落实"五必五办"责任措施，推动一次性解决信访问题3142件。贯彻落实《中共中央办公厅、国务院办公厅关于加强新时代网上信访工作的意见》，加强和改进网上信访工作，市、县（市、区）两级"领导信箱"接入新版门户网站和全省统一认证平台，并出台相应办理办法，全市各级信访部门和职能部门信访事项及时受理率、按期办结率均达到100%，网上信访主要考核数据指标位居全省前列。2022年，全市共受理群众来信来访和网上投诉7125件（批）14902人次，其中受理群众来信481件3817人次，接待群众来访1567批5522人次，网上投诉3796件4268人次，"领导信箱"1250件1250人次。市、县、乡信访工作联席会议机制联建、力量联合、工作联动、成果联用"三级四联"模式得到省委肯定推广，总结形成畅通渠道"说事"、一心为民"办事"、多元参与"理事"、精准施策"了事"、跟踪问效"考事""五事工作法"，创评首批7个"全市信访工作示范乡镇（街道、城市社区）"，"逢四说事""一厅联五网"等基层治理典型案例得到省上肯定，《平凉市信访工作打通基层治理"最后一公里"》稿件被新华社采用刊发。市、县（市、区）联动同步开展"贯彻信访工作新《条例》、坚持人民信访为人民"宣传月活动，举办《信访工作条例》宣讲报告会，并邀请省信访局主要负责同志来平宣讲，推动《条例》进机关、进党校、进乡村、进社区，向群众发放信访法规及群众信访指南等宣传资料10万余份，在全社会营造了办事依法、遇事找法、解决问题用法、化解矛盾靠法的良好环境。完善访前依法引导、访中依法办理、违法依法处置工作机制，提前评估预警和防范化解重大信访风险，摸排交办128名重点信访人员，逐人逐案落实"四定三包"责任制和"五个一"措施，扎实做好源头化解、信息报告、专项劝返、应急处置等工作，圆满完成党的二十大、全国"两会"、北京冬奥会及冬残奥会、省第十四次党代会等重大节会活动信访安全保障任务。落实党建引领基层治理要求，完善"党建+信访"工作体系，推行支部联结共建、领导联系抓建、委员联络帮建、党员联手创建"四联四建"工作模式，做优擦亮"信访为民、五心服务"党建品牌，加强模范机关建设，举办全市信访系统岗位练兵和业务交流活动3次，引导信访干部到"治重化积"、信访保障、信访服务、创城共建、疫情防控、乡村振兴"六个一线"锤炼党性、改进作风、提高能力，信访干部队伍的凝聚力、执行力、战斗力进一步增强。在市委、市政府的亲切关怀下，市信访局机关办公条件得到显著改善；全市信访系统3个集体、5名个人获得国家和省、市表彰。

第二章 来信来访

第一节 来信办理

一、来信办理范围和流程

（一）办信范围

群众写给党委、政府及市、县（市、区）信访部门的来信；群众写给党委、政府领导和市、县（市、区）信访部门领导需由信访部门办理的来信；党委、政府领导批示由信访部门办理的信件；上级按照属地管理原则转送、交办的信件，以及重要信访会议转送、交办的信件。

应当通过审判机关诉讼程序或者复议程序、检察机关刑事立案程序或者法律监督程序、公安机关法定程序处理的来信，涉法涉诉未依法终结的来信，按照法律规定程序处理。应当通过仲裁解决的来信，应当通过党员申诉、申请复审等解决的来信，应当通过行政复议、行政裁决、行政确认、行政许可、行政处罚等行政程序解决的来信，引入相应程序处理。

（二）办信流程

群众来信办理工作流程是在新中国成立后，中央到地方各级信访工作机构逐步建立并在办信工作中不断探索、修订补充完善和总结升华中形成的。2005年5月1日，国务院新修订的《信访条例》实施后，市信访局制定了新的群众来信办理流程；中共中央、国务院印发的《信访工作条例》于2022年5月1日正式实施后，市信访局对群众来信办理流程进行了完善，从而使群众来信办理工作进一步规范。

市信访局来信办理流程：

▲群众来信

1. 来信签收。办信工作人员严格按规定签收、启封群众来信。对特快专递、挂号加急信件，办信工作人员必须当日拆阅，有紧急事项的及时妥善处理。启封信件时注意保持邮票、邮编、地址及信封内材料的完整。启封后，按主件、附件、信封顺序装订整齐。装订位置应便于翻阅。在来信首页右上角空白处加盖当日收信专用戳记，戳记印迹端正、清晰。

2. 原信登记。办信工作人员对所有来信都进行登记。登记事项包括：收信日期、来信人（是否联名）姓名、单位或住址、受信人、内容摘要、问题分类、办理情况、办理日期等内容。领导批示信件注明批示领导姓名、批示时间和批示内容。信件必须录入网上信访信息系统。不需要再次办理的重复来信，《信访工作条例》规定不予受理，不再受理的和内容不清的信件，可作简略登记。

对于"反映国家法律、法规和党的路线、方针、政策等在贯彻执行中存在的问题和出现的新情况，以及有关重要意见和建议；对党和国家机关及其工作人员严重违法违纪问题的举报；重要的社会动态和突发事件；涉及群众生命财产安全和生产生活的突出问题和重要情况；严重侵害群众合法权益的申诉控告；人大代表、政协委员及社会知名人士的来信"等要信，在第一时间登记和报送局领导阅示，及时妥善办理。

3. 来信办理。采取上报、交办、转送等方式及时办理。

（1）上报。上报是指将来信报送市委、市政府领导阅示。上报来信，一般先核实再上报。经过核实后上报的，把核实的情况和有关意见、建议一并报领导参阅。

▲ 群众来信登记表

（2）交办。交办是指将群众来信提出的信访事项交给相关县（市、区）和市直部门办理，并要求承办单位按照交办通知要求的时限反馈办理结果。交办信件坚持"谁交办谁督办，谁办理谁反馈处理结果"的原则，收到承办单位的结案报告后，重点审核结案报告事实是否清楚、定性是否准确、处理是否恰当、程序是否完备。

（3）转送。转送是指将群众来信提出的信访事项转给有关县（市、区）和市直部门处理。转送信件采取单转和统转两种方式。单转必须将单一信件附上转送函直接转给各县（市、区）、市直部门办理。统转是将信件集中转下级信访部门办理，同时附上相对应的信件列表。

4. 信件回复。具备回复条件的群众来信，应予以回复。给来信群众回复，可视来信内容和来信人的具体情况，分别采取手机短信、书面、电话、信访信息系统等方式答复。

5. 对汇款单、包裹以及信件中夹带的钱款、证件、贵重物品等，办信工作人员在登记后将相关贵重物品退回来信人，并告知来信人退回原因。

6. 已告知过不予（不再）受理，而信访人仍以同一事实和理由继续反映的来信，无参考价值、内容不清的以及其他不需要办理的来信，集中存放，定期销毁。

7. 检举、揭发各级党政机关及其工作人员执行政策、工作作风、违法违纪方面问题的信件，按干部管理权限转送给相应纪检、监察、组织部门或其上级党政机关及其领导同志，不得将检举、揭发信件转给被检举、揭发人或单位。

8. 对有煽动性、挑衅性内容的信件，转交公安机关处理。

9. 扬言信按照"属地管理、分级负责"原则，第一时间转交至相关责任单位、责任县（市、区）处理，并督促限期报送核查化解情况。

（三）来信事项督查督办

1. 来信事项督查督办工作严格执行《信访工作条例》规定，按照突出重点、注重实效、确保质量、狠抓落实的要求，采取电话督办、发函督办、约谈督办和实地督查等方式进行，做到督办事项件件有着落、事事有结果。

2. 来信事项督查督办工作坚持"谁首次办理、谁跟踪督办"的原则，首次经办人员对转送、交办的信访事项，通过信访信息系统及时审查有关地方和部门办理情况，对有《信访工作条例》规定应当督办的情形，及时督办。

3. 办信人员对所转信件办理情况进行检查督查，将重复信、联名信的情况及时向责任单位反馈，商讨解决办法，对信件处理明显不当的，提出改进工作的建议。同时，对基层办信工作进行业务指导。

（四）信件管理归案

1. 办信人员应做好群众来信办理的收集、整理、归档工作，定期移交局档案室保存。

2. 列入长期保存的办信档案范围是：原件上报、发函交办（转送）、编写《信访要情呈报》过程中形成的各种文字材料；摘要上报、编写综合材料过程中形成的部分文字材料；立案交办信件办结材料；其他需要归档存查的原信及信件办理资料。

二、平凉解放后群众来信办理情况

1949年7月至1950年3月，对群众来信的处理，没有专门人员和机构进行办理。中共平凉地委、平凉分区专员公署由领导及秘书进行处理，来信及办理情况无书面资料记载。

1950年4月至1954年12月，地委秘书处、专署秘书室指定专人办理人民群众来信业务。全区共受理群众来信1240件。其中诬陷信件由1952年占22.2%降到1954年占4%。这一时期向党和人民政府提出合理化建议的信件占比较多。

1955年，全区共受理群众来信308件，重点对控告类信件进行了查处，其中有35件经查与事实不符或系诬告。

1956年至1957年，全区信访量因档案资料缺失无记载。

1958年，全区共受理群众来信15871件。调查结果显示，反映情况真实和基本正确的占90%以上，诬告和情况失实的不到10%，结案率达到97.7%。

1959年，全区共受理群众来信5134件。来信中，反映粮荒问题的占80%以上。信件结案率达到90%以上，基本做到了来信必查。

1960年，全区共受理群众来信5426件。群众来信主要反映缺粮、耕地荒芜、工业缺原材料、干部作风浮夸等问题。

1961年，全区共受理群众来信5866件。

1962年，全区共受理群众来信18185件。反映职工工资福利、粮户关系、城镇生活问题的占比较大，反映情况真实的占97%，失实或诬陷的占3%。

1963年，全区共受理群众来信14368件。来信中，反映干部作风和违法乱纪问题的4518件，反映执行政策法令方面问题的3313件，要求解决粮食、户口等问题的1801件，反映破坏集体经济和投机倒把问题的1754件，反映阶级敌人破坏问题的1182件，其他问题的1800件。

1964年，全区共受理群众来信6584件。来信中，要求安排工作和解决生活困难问题的占32.2%。

1965年，全区共受理群众来信16388件，结案率为87%。其中西北局、省委转来343件，查结301件，结案达到87.8%；上级要求上报结果的52件，查结49件，结案率达到94.2%。

1966年至1968年，全区群众来信因档案资料缺失无记载。

1969年，全区共受理群众来信3443件，结案率为90.8%。

1970年至1971年，全区群众来信因档案资料缺失无记载。

1972 年，全区共受理群众来信 12870 件，结案率为 88%。

1973 年，全区共受理群众来信 14000 件。来信中，属于阶级斗争方面的占 6.4%，执行政策方面的占 6.1%，不正之风方面的占 7.5%，生产生活方面的占 32%，申诉类占 21%，其他方面的占 27%。

1974 年，全区共受理群众来信 909 件。

1975 年，全区共受理群众来信 7803 件。

1976 年，全区共受理群众来信 10050 件，结案率为 92.71%。反映干部作风问题的信件比较多。

1977 年，全区共受理群众来信 9837 件，结案率为 92.71%。反映干部作风问题的信件比较多。

1978 年，全区共受理群众来信 9460 件，结案率为 80.1%。来信中，要求落实政策的占 40% 以上。

1979 年，全区共受理群众来信 18912 件，群众来信量达到了历史最高峰。来信中，绝大多数是要求复查纠正"文化大革命"期间造成的冤假错案，要求"摘帽子"平反。

1980 年，全区共受理群众来信 10011 件，与上年相比明显下降。来信中，仍然是反映"文化大革命"期间问题的信件居多。

1981 年，全区共受理群众来信 2558 件，其中地委信访室直接受理群众来信 950 件。

1982 年，全区共受理群众来信 3325 件，结案率为 91.4%。

1983 年，全区共受理群众来信 3405 件。来信中，主要是 20 世纪 60 年代精简人员要求解决生活困难问题、检举揭发经济领域犯罪活动、揭发党风党纪和调资方面的问题。

1984 年，全区共受理群众来信 3228 件，其中地、县（市）两级领导亲自批阅信件 1179 件。

1985 年，全区共受理群众来信 3105 件，其中地委信访室受理群众来信 885 件。

1986 年，全区共受理群众来信 3700 件。全区乡（镇）以上领导干部包案查办了一批有影响的信访案件，解决了许多信访突出问题，基本做到了小事不出乡（镇），大事不出县（市），受到了社会各界和广大人民群众的好评。

1987 年，全区共受理群众来信 3986 件。

1988 年，全区共受理群众来信 1964 件，其中地、县（市）两级领导亲自批阅信件 656 件。

1989 年，全区共受理群众来信 1802 件，其中地、县（市）两级领导亲自批阅信件 828 件。

1990 年，全区共受理群众来信 1832 件，其中地委、行政公署信访处受理群众来信 1009 件。

1991 年，全区共受理群众来信 1859 件。群众来信中，主要是检举揭发领导干部以权谋私、贪污受贿、挥霍浪费和思想作风方面的问题。

1992 年，全区共受理群众来信 1036 件，其中地委、行政公署信访处受理群众来信 495 件。

1993 年，全区共受理群众来信 1042 件，其中地委、行政公署信访处受理群众来信 586 件。

1994 年，全区共受理群众来信 1002 件，结案率为 85.1%。

1995 年，全区共受理群众来信 945 件。同年，国务院颁布《信访条例》，群众来信受理、办理工作逐步规范。

1996 年，全区共受理群众来信 1127 件。群众来信中，反映因粮食减产导致群众生活困难的信件居多。

1997 年，全区共受理群众来信 1603 件。

1998 年，全区共受理群众来信 1569 件。对群众来信反映的问题，地、县（市）信访部门协调相关责任单位及时依法依规进行了妥善处理，全面完成了省上规定的四项信访工作考核指标。

1999 年，全区共受理群众来信 1363 件，比上年减少 206 件（次），下降 13.1%。

2000 年，全区共受理群众来信 1454 件。群众来信中，主要反映企业改制、减负政策落实、农林税征收、下岗职工安置、城市建设拆迁安置、土地征用补偿、城乡环境污染、农村支柱产业发展、行政执法、社会治安和干部工作作风等方面的问题。

2001 年，全区共受理群众来信 1562 件，其中省委、省政府转来群众信件 462 件，占来信总数的 29.6%。

2002 年，全市共受理群众来信 1231 件。

2003 年，全市共受理群众来信 1599 件，占来信来访总量的 22.6%。

2004 年，全市共受理群众来信 1632 件。来信中，反映企业改制、重组、破产及职工身份转换、下岗分流等问题的信件居多。

2005 年，全市共受理群众来信 1482 件，与上一年相比下降 9.2%。

2006 年，全市共受理群众来信 1291 件，与上一年相比下降 12.9%。

2007 年，全市共受理群众来信 1144 件。群众来信中，多数为求决、申诉类信件。

2008 年，全市共受理群众来信 1400 件。反映的问题主要集中在企业改制、土地征用、拖欠工资、临时代课教师待遇等方面，申诉、求决类信访问题占比较大，利益调整分配仍然是引发信访的主要原因。

2009 年，全市共受理群众来信 1186 件。

2010 年，全市共受理群众来信 518 件，来信总量同上一年相比大幅下降。主要原因是随着互联网应用技术的飞速发展，群众通过领导信箱、市长热线、政务热线、网络"留言板"等平台反映诉求更加便利；各级建立信访接待大厅，走访也成为群众反映问题的重要渠道。

2011 年，全市共受理群众来信 652 件。市委、市政府领导直接阅批群众来信 306 件，占全市群众来信的 46.9%，其中市委、市政府主要领导阅批群众来信 189 件，占市委、市政府领导阅批群众来信总数的 61.8%。

2012 年，全市共受理群众来信 409 件。群众来信反映的问题主要集中在城乡建设、农业农村、政法等领域，占来信总量的 45.3%。群众来信中，重信 210 件，占 51.3%，究其原因：一方面是上级转送信件重复信较多，另一方面是群众一信多投。是年办理市委、市政府主要领导阅批群众来信 112 件。

2013 年，全市共受理群众来信 232 件，同上一年相比下降 43.3%，主要原因：一方面是严格落实信访工作责任，大量问题在基层有效化解；另一方面是互联网的普及推广，年轻群众多数通过网络反映诉求。群众来信反映的问题主要集中在城乡建设、农业农村、劳动社保、教育文体等领域，占来信总量的 51.2%。是年办理市委、市政府主要领导阅批群众来信 136 件。

2014 年，全市共受理群众来信 241 件，同上一年相比上升 3.9%，主要原因：在全市开展党的群众路线教育活动期间，一些群众就历史遗留问题重新通过信件向党委政府反映，希望借助党的群众路线教育活动得到彻底化解。群众来信反映的问题主要集中在农业农村、劳动社保、城乡建设等领域，占来信总量的 53.4%。是年办理市委、市政府主要领导阅批群众来信 148 件。

2015 年，全市共受理群众来信 302 件，同上一年相比上升 25.3%。群众来信反映的问题主要集中在城乡建设、征地拆迁、农业农村、劳动社保等领域，占来信总量的 46.7%。是年办理市委、市政府主要领导阅批群众来信 153 件。

2016 年，全市共受理群众来信 218 件，同上一年相比下降 27.8%。群众来信反映的问题主要集中在城乡建设、农业农村、劳动社保等领域，占来信总量的 49.2%。是年办理市委、市政府主要领导阅批群众来信 138 件。

2017 年，全市共受理群众来信 298 件，同上一年相比上升 36.7%。群众来信反映的问题主要集中在农业农村、自然资源、政法等领域，占来信总量的 47.5%。是年办理市委、市政府主要领导阅批群众来信 141 件。

2018 年，全市共受理群众来信 425 件，同上一年相比上升 42.6%。群众来信反映的问题主要集中在城乡建设、农业农村、劳动社保、自然资源、民政、政法等领域，占来信总量的 54.3%。是年办理市委、市政府主要领导阅批群众来信 164 件。

2019 年，全市共受理群众来信 337 件，同上一年相比下降 20.7%。群众来信反映的问题主要集中在城乡建设、农业农村、自然资源、民政、政法等领域，占来信总量的 51.6%。是年办理市委、市政府主要领导阅批群众来信 151 件。

2020 年，全市共受理群众来信 411 件，同上一年相比上升 22%。主要原因：受新冠肺炎疫情影响，一些上访群众不便出行，便通过信件反映诉求或提出意见建议。群众来信反映的问题主要集中在农业农村、环境保护、政法等领域，占来信总量的 53.7%。是年办理市委、市政府主要领导阅批群众来信 167 件。

2021 年，全市共受理群众来信 425 件，同上一年相比上升 3.4%。群众来信反映的问题主要集中在城乡建设、劳动社保、农业农村等领域，占来信总量的 52.9%。是年办理市委、市政府主要领导阅批群众来信 172 件。

2022 年，全市受理群众来信 481 件，同上一年相比上升 13.2%。群众来信反映的问题主要集中在城乡建设、农业农村、政法等领域，占来信总量的 64.4%。群众来信中，一些问题具有苗头性和倾向性，例如，城乡建设领域中房地产开发、城市管理、物业服务，金融领域中非法集资等，存在涉稳风险。是年办理市委、市政府主要领导阅批群众来信 228 件。

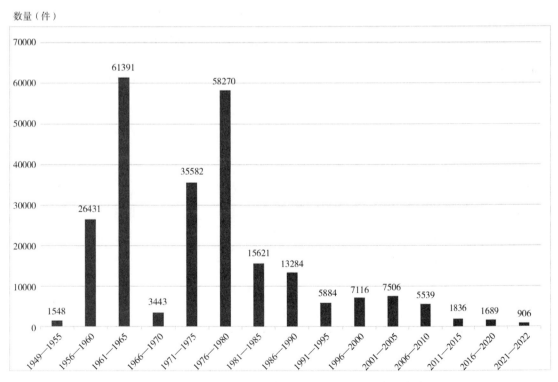

图 2-2-1 1949 年—2022 年全市（区）受理群众来信统计图

第二节 来访接待

一、来访接待场所设置和范围、流程

（一）接访场所设置

2014年3月19日，中共平凉市第三届35次常委会议决定，年内启动信访接待大厅建设，其中市委接访大厅建设由时任市委副书记王奋彦，市委常委、秘书长李雪峰负责；市政府接访大厅建设由时任副市长曹复兴、市政府秘书长王锦负责，所需资金由市财政全额拨款。2014年，改造建成了市政府信访接待大厅，大厅包括接访、接谈、协调、候访4个功能区；2015年6月，市委信访接待大厅建成并投入使用，建筑面积299.39m²，总投资120万元，包括等候服务区、保安室、登记室、进驻责任单位业务办理区、接访会商室。两个信访接待大厅总面积达430m²。两个信访接待大厅的建成，为更好地服务信访群众提供了便利。

▲市委信访接待大厅

▲市政府信访接待大厅

（二）来访接待范围

接访工作机构和接访人员负责辖区内公民、法人或者其他组织向党委、政府及其领导反映情况、提出建议、意见或者投诉请求的来访接待。转送、交办、督办、协调处理来访事项；综合分析来访信息和反映突出的问题，及时、准确地向党委、政府及其领导反映重要来访情况，向地方和部门通报群众来访事项的有关情况，编发来访情况周报、信访信息、信访要情呈报、信访形势通报等。

（三）来访接待流程（见图2-2-2）

1. 来访引导

（1）接访人员要主动向群众宣传《信访工作条例》等法规规定，并告知来访反映问题的注意事项。

（2）接访人员要加强安全防范，对携带危险可疑物品进入接访场所的人员，要果断采取处置措施。

（3）引导来访人员依次到指定窗口反映问题。来访批次较多时要编号排队接待；对个别情绪过激的上访人员，引导其进入谈心室（或独立空间）接待；对集体上访人员，引导选派5名以下代表进入会商室接待。

2. 接谈登记

（1）信访人进入信访接待大厅后，接访人员要主动亮明身份，请其就座，认真倾听来访人陈述，仔细阅读诉求材料，面对面交谈，引导来访人讲清问题和诉求。

（2）接访人员要梳理归纳来访人反映的情况，并向来访人进行反馈、确认，根据来访人反映的情况，进行政策解释和路径指引，或诉权告知。

（3）对多次来访、事项疑难复杂、牵涉多个责任主体、敏感重大等集体来访事项，由接访人员汇报局领导同意后，及时通知相关县（市、区）或主管部门现场召开协调会进行处理。接访人员应做好会议记录，视情起草《会议纪要》。

3. 判重录入

（1）接访人员对所接待事项要在《来访登记簿》上进行详细纸质登记并建立电子台账；在录入前，通过网上信访信息系统对录入事项逐一进行查询判重，区分初次来访事项与重复来访事项；对符合受理范围的初次来访事项予以受理，并全部录入网上信访信息系统，做到谁接待、谁录入，应录尽录。

（2）录入网上信访信息系统必须要件齐全，内容准确。①来访事项基本情况。包括时间、地点、人物、原因、过程和结果，来访人的具体诉求，提出诉求的依据（来访材料应扫描上传至系统）。②

▲群众来访登记簿

来访人信访情况。包括来访人的信访过程，有关地方和部门的受理、办理、答复情况，有关地方和部门工作中存在的问题。③本次来访处理情况。包括选择何种办理方式及选择依据；告知来访人的内容；对有关县（市、区）及职能部门后续工作提出具体要求；等等。

4. 甄别受理

（1）对咨询类、建议类等简易信访事项，接访人员在熟悉相关法规政策的情况下可以直接进行解释答复。其中，有利于完善政策、改进工作、促进经济社会发展的，上报党委、政府，为决策提供参考，或转送有权处理机关、单位研究。

（2）对初次来访事项，接访人员应全部录入网上信访信息系统，并通过系统向责任单位及时转办、交办；对于60日内未办结的初次来访事项由接访人员通过系统进行督办。

（3）对涉法涉诉类来访事项，接访人员应向上访人出具《来访事项告知书》，并释明法理，引导其向政法部门反映问题。

（4）对诉求合理的重复来访事项，只登记，不重录，分类处理，由当日接访人员下班前以日报表方式交接访科统计汇总后向责任单位统一交办。

（5）对诉求不合理的缠访事项，只登记，不重录。由当日接访人员向上访人出具《来访事项告知书》，并将来访事项以《来访事项转送单》形式通过传真发送至相关县（市、区）信访局及市直责任单位，提出做好教育稳控工作要求；对长时间滞留来访接待场所的信访人，及时电话通知属地及责任单位开展接领劝返。

5. 办理

（1）转送。对通过网上信访信息系统受理的来访事项，接访人员通过系统直接转送至有权处理部门和单位，并勾选回执，对符合纳入"最多访一次"来访事项进行标识。

（2）交办。一般采取系统交办和书面交办两种形式。对录入系统的重大、疑难初次来访事项，由接访人员通过信访信息系统交办至有权处理部门和单位；对重复来访事项，由接访科负责书面统一交办；对涉及两个或两个以上部门或单位的，由接访人员报请局领导确定主办单位和协办单位，分头交办；对涉及人数众多，极有可能引发群体性事件或存在其他重大不稳定因素的来访事项，由局主要领导签发《风险预警函》或《工作建议》等书面发函交办，跟进督促属地及有关责任单位做好化解稳控工作。

▲ 来信来访处理单

（3）督办。对录入系统的来访事项由接访科负责督办及办结后审核；对市信访局集中交办的来访事项及市上领导对《信访信息》《信访要情呈报》等批示事项，由接访科负责，采取系统督办、电话督办、发函督办等方式进行跟踪督办，并及时反馈办理情况。

（4）信息报送。对到市集体上访，接访人员应及时起草《信访信息》，经分管领导审核后送主要领导审签，由接访科负责统一挂号登记、存档，由办公室负责排版打印并报送市委办、市政府办及相关部门和市委、市政府相关领导，通过政务专网发送相关责任单位；对重大来访事项，由当日接访人员负责起草整理《信访要情呈报》，经分管领导审核后送主要领导审签，由接访科负责统一挂号登记、存档，由办公室负责打印并报送市委、市政府相关领导。接访科负责收集汇总市委、市政府两处接访大厅每周来访接待登记情况，建立台账，及时送局领导及相关科室阅知。

6. 特殊情

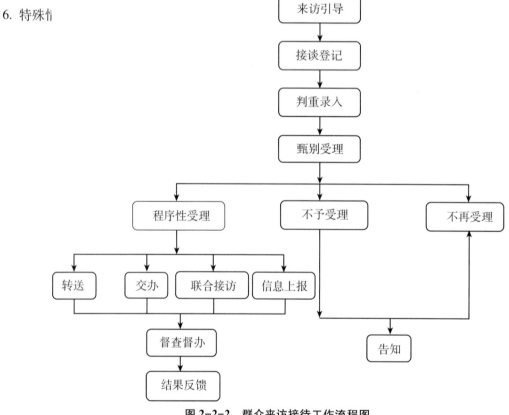

图 2-2-2　群众来访接待工作流程图

（1）接访人员对于生活困难、无法正常返程的来访人，可视情提供必要帮助或联系市救助站给予相应救助。

（2）对来访人长时间滞留接待场所，或有打砸办公物品、喝药、自残等过激极端行为的，接访人员应及时通知公安机关对其进行劝阻、批评或者教育带离；对来访人采取堵门、打横幅、静坐、拦截领导车辆等违法行为反映诉求，及滋事扰序、缠访、闹访情节严重，构成违反治安管理行为的，由公安机关依法采取必要的现场处置措施，给予治安管理处罚；构成犯罪的，依法追究刑事责任。

（3）在接待过程中，来访人突发疾病需紧急救治的，接访人员第一时间报警并迅速通知医务人员到场实施救治，必要时送医院急救；来访人患有传染病的，应迅速通知市卫健委处置；来访人患有精神病或有精神障碍的，应通知所在单位或其监护人负责带回。

二、常态接访

1950 年至 1954 年，全区共接待人民群众来访 206 人次，其中揭发检举反革命破坏和地主富农反攻倒算，干部贪污浪费、违纪违法、强迫命令、官僚主义作风问题的占 20%；要求解决经济困难、安排工作、就业等实际问题的占 30%；对处理不服上诉的、向党和政府提出合理化建议的占 50%。

1955 年，全区共接待人民群众来访 46 人次。反映的诉求集中在检举干部贪污浪费及违纪违法、要求安排工作、解决就业等方面。

1956 年至 1957 年，全区共接待人民群众来访 369 人次，其中：农业生产方面占 16.8%，反映粮食问题的占 13.5%，揭发坏人坏事的占 26.9%，要求解决工作和生活实际困难的占 25%，批评建议的占 17.8%。

1958 年，全区共接待人民群众来访 1359 人次，其中：农业生产方面占 8.4%，反映粮食问题的占 7.3%，揭发坏人坏事的占 23.1%，要求解决工作和生活实际困难的占 20%，批评建议的占 6.9%，其他问题占 34.3%。

1959 年，全区共接待人民群众来访 1007 人次。反映的主要诉求集中在要求解决粮食问题、生活问题、工作问题等方面。

1960 年，全区共接待人民群众来访 407 人次。反映的主要诉求集中在要求解决粮食短缺、解决生活实际困难、安排工作、揭发坏人坏事等方面。

1961 年，全区共接待人民群众来访 490 人次。反映的主要诉求集中在要求解决粮食短缺、提出批评建议、反映干部违法乱纪等方面。

1962 年，全区共接待人民群众来访 3588 人次，其中对肃反、审干、整风、反右、整社等政治运动中处理不服上诉的占 16.5%，对执行政策方面的反映和意见占 11.9%，反映干部违法乱纪问题的占 10.3%，反映农村经济生活问题的占 6.4%，反映职工工资福利、粮户关系、城镇生活问题的占 39.1%，揭发检举坏人坏事的占 3.9%，其他问题占 11.9%。

1963 年，全区共接待人民群众来访 5282 人次，同上一年相比上升 47.2%，其中反映干部违法乱纪问题的占 25.1%，反映执行政策法令的占 17.3%，反映破坏集体经济、投机倒把问题的占 9.2%，反映阶级敌人破坏问题的占 7%，要求解决粮食、户口等问题的占 9.9%，反映工作作风的占 4.5%，反映职工精简、工资福利的占 5%，民事纠纷的占 5.3%，各种申诉的占 4.9%，其他问题占 11.8%。

1964 年，全区共接待人民群众来访 1912 人次，同上一年相比下降 63.8%，其中，专署接待人民群众来访 37 人次。群众来访反映的诉求集中在要求调动工作、检举干部不执行党的政策和工作作风问题、揭发贪污盗窃和投机倒把、不服各种处分等方面。

1965 年，全区共接待群众来访 246 人次，同上一年相比下降 87.1%。

1966 年，全区共接待群众来访 230 人次，同上一年相比下降 6.5%。

1967 年，全区共接待群众来访 158 人次，同上一年相比下降 31.3%。

1968 年，全区共接待人民群众来访 1001 人次，同上一年相比上升 533.5%。

1969 年，全区共接待人民群众来访 1461 人次，其中揭发阶级敌人和坏人坏事的占 20.7%，反映各级革委会、职代会领导班子成员问题的占 7.2%，反映工资福利、工作调动、安插工作的占 22.7%，要求对历次政治运动中处理的问题进行复查的占 21.4%，反映上山下乡问题的占 4.7%，对革委会工作提出批评意见的占 4.3%，其他方面占 19%。

1970 年，全区共接待人民群众来访 586 人次。

1971 年，全区共接待人民群众来访 679 人次。

1972 年，全区共接待人民群众来访 772 人次。

1973 年，全区共接待人民群众来访 628 人次。其中属阶级斗争方面的占 6.4%，执行政策的占 6.1%，反映干部不正之风的占 7.9%，生产生活占 32%，申诉占 12.9%，其他问题占 34.7%。

1974 年，全区共接待人民群众来访 58 人次。

1975 年，全区共接待人民群众来访 2218 人次。

1976 年，全区共接待人民群众来访 1205 人次。其中反映城乡阶级斗争和经济犯罪问题的占 12.8%，反映干部不正之风的占 30.2%，各类申诉案件占 16.4%，生产生活占 19%，其他问题占 21.6%。

1977 年，全区共接待人民群众来访 1108 人次，同上一年相比下降 8%。反映的问题主要集中在城乡阶级斗争、落实各项政策，农村基层干部徇私舞弊、贪污盗窃、多吃多占、挥霍浪费、强迫命令、在生产上虚报浮夸及群众生产生活困难等方面，其中最突出的是要求复查处理"敌党团合并案件""下放城镇居民要求回城问题"和"四清"运动案件。

1978 年，全区共接待人民群众来访 2216 人次，同上一年相比上升 100%，其中属于落实政策方面的占 40%，要求解决户口问题的占 14%，反映其他问题的占 46%。

1979 年，全区共接待人民群众来访 2985 人次。

1980 年，全区共接待人民群众来访 3829 人次。

1981 年，全区共接待人民群众来访 619 人次，其中地委信访室接待人民群众来访 81 人次。反映的问题主要集中在要求就业和工作调动、要求复查精减下放人员、请求解决有关工资福利问题和要求申报城镇户口等方面。

1982 年，全区共接待人民群众来访 537 人次。反映的问题主要集中在要求就业和工作调动、检举揭发经济领域犯罪活动、揭发党风党纪方面的问题和请求解决有关工资福利问题等方面。

1983 年，全区共接待人民群众来访 441 人次。反映的问题主要集中在 20 世纪 60 年代精简人员生活困难问题、经济领域的违法犯罪、违反党风党纪方面的问题和调资方面的问题等方面。

1984 年，全区共接待群众来访 748 人次。是年，信访内容发生了重大变化，申诉个人问题的来访逐渐减少，反映新时期出现的新情况、新问题较多，为经济建设所提的意见、建议明显增多，信访成为干部、知识分子、工人、农民向党和政府献计献策的一条重要渠道。

1985 年，全区共接待人民群众来访 570 人次，其中地委信访室接待人民群众来访 46 人次。

1986年，全区共接待人民群众来访800人次。群众来访反映的诉求主要集中在要求解决各类现实问题，特别是一些历史遗留问题、城乡经济体制改革中出现的问题、被精减老职工生活困难问题、下乡落户知青要求返城安排工作等问题。

1987年，全区共接待人民群众来访3286人次。群众来访除了运用民主手段向党委、政府提出批评或建议外，重点反映的是干部工作作风方面的问题。

1988年，全区共接待人民群众来访425人次。

1989年，全区共接待人民群众来访337人次。反映的问题主要集中在经济体制改革、不服各级处理意见、农村生产生活、贪污盗窃、索贿受贿、计划生育、检举揭发官倒、统战宗教方面。一些来访群众对基层工作提出了批评意见建议。

1990年，全区共接待人民群众来访182人次。反映的问题主要集中在国有企业改制、农民负担过重、平凉中心城区建设"四通八达"工程、房屋拆迁、土地征用等方面。

1991年，全区共接待人民群众来访325人次，其中集体上访10批52人次。

1992年，全区共接待人民群众来访293人次。群众反映的问题主要集中在干部作风、社会治安、计划生育等方面。

1993年，全区共接待人民群众来访2565人次。群众反映的问题主要集中在农民负担过重、教师不能按时领到工资、干部职工超计划生育、平凉市征收城市建设费和部分老干部要求增加工资等方面。

1994年，全区共接待人民群众来访206人次。群众反映的问题主要集中在农民负担过重、城市建设乱收费、企业职工生活困难等方面。

1995年，全区共接待人民群众来访519人次，其中个人来访128人次，集体来访27批391人次。群众反映的问题主要集中在干部工作作风、房地产、就业及调动工作和干部职工工资福利等方面。

1996年，全区共接待人民群众来访317人次，其中个人来访117人次，集体来访18批200人次。主要反映个别科级以上干部及公、检、法等部门少数工作人员以权谋私、执法犯法和一些基层干部作风霸道、独断专横、吃拿卡要问题以及部分企业给职工、离退休人员发不出工资等问题。

1997年，全区共接待人民群众来访2167人次。反映的问题主要集中在干部工作作风、农民负担过重和农业农村等方面。

1998年，全区共接待人民群众来访3612人次。

1999年，全区共接待人民群众来访1259人次。

2000年，全区共接待人民群众来访3940人次。

2001年，全区共接待人民群众来访3494人次，其中个人来访888人次，集体来访177批2606人次。

2002年，全市共接待人民群众来访3837人次。

2003年，市、县（区）两级共接待人民群众来访6473人次，其中个人来访1350人次，集体来访5123人次。

2004年，市、县（区）两级共接待人民群众来访2558批11643人次，其中个人来访2043人次，集体来访368批9144人次，群体访147批456人次。

2005年，市、县（区）两级共接待人民群众来访1712批5348人次，其中个人来访1567批3687人次，集体来访145批1661人次。

2006年，市、县（区）两级共接待人民群众来访1815批6710人次，其中个人来访1567批2145人次，集体来访248批4565人次。群众来访反映的问题中劳动社保类占18.8%，城乡建设类占10.9%，涉法涉诉类占6.4%，组织人事类占8.1%，纪检监察类占5.6%，国土资源水利林业类占6.5%，农业农村类占5.8%，民政类占5.6%，交通能源类占5.5%，卫生计生类占4.9%，其他占21.9%。

2007年，市、县（区）两级共接待人民群众来访1894批7482人次，其中个人来访1654批3830人次，集体来访240批3652人次。

2008年，市、县（区）两级共接待人民群众来访1981批6399人次，其中个人来访1729批2914人次，集体来访252批3485人次。

2009年，市、县（区）两级共接待人民群众来访2092批5897人次，其中个人来访1826批2297人次，集体来访266批3600人次。

2010年，市、县（区）两级共接待人民群众来访2614批8556人次，其中个人来访2235批2925人次，集体来访379批5631人次。

2011年，市、县（区）两级共接待人民群众来访2531批7388人次，其中个人来访2239批2845人次，集体来访292批4543人次。

2012年，市、县（区）两级共接待人民群众来访2369批7053人次，其中个人来访2098批2721人次，集体来访271批4332人次。

2013年，市、县（区）两级共接待人民群众来访2478批10231人次，其中个人来访1861批2873人次，同比批数下降11.3%，人次上升5.6%；集体来访617批7358人次，同比批数和人次分别上升127.7%、69.9%。

2014年，市、县（区）两级共接待人民群众来访1977批7837人次，其中个人来访1630批2214人次，同比批数和人次分别下降12.4%、22.9%；集体来访347批5623人次，同比批数和人次分别下降43.8%、23.6%。

2015年，市、县（区）两级共接待人民群众来访1782批6184人次，其中个人来访1508批1927人次，同比批数和人次分别下降7.5%、13%；集体来访274批4257人次，同比批数和人次分别下降21%、24.3%。

2016年，市、县（区）两级共接待人民群众来访1848批5978人次，其中个人来访1625批2766人次，同比批数和人次分别上升7.8%、43.5%；集体来访223批3212人次，同比批数和人次分别下降18.6%、24.5%。

2017年，市、县（区）两级共接待人民群众来访1868批5334人次，其中个人来访1636批2065人次，同比批数上升0.7%，人次下降25.3%；集体来访232批3269人次，同比批数和人次分别上升4%、1.8%。群众来访反映的问题主要集中在农业农村、劳动社保、自然资源、政法、教育等领域。

2018年，市、县（区）两级共接待人民群众来访1988批7298人次，其中个人来访1714批2173人次，同比批数和人次分别上升4.8%、5.2%；集体来访274批5125人次，同比批数和人次分别上升18.1%、56.8%。群众来访反映的主要问题集中在部分县（区）乡聘、校聘、已辞退代课人员要求转正，军队转业下岗人员要求重新安置工作、补交养老保险金，拆迁补偿款发放不到位、实施棚户区改造项目摸底不准，不服法院判决、判决执行不到位、刑事治安案件侦破等方面。

2019年，市、县（市、区）两级共接待人民群众来访1471批4143人次，其中个人来访1294批1654人次，同比批数和人次分别下降24.5%、23.9%；集体来访177批2489人次，同比批数和人次分别下降

35.4%、51.4%。群众来访反映的问题主要集中在拖欠农民工工资、国有企业改革改制遗留问题、不动产登记、物业服务、供暖、征地拆迁等方面。

2020年，市、县（市、区）两级共接待人民群众来访1358批3750人次，其中个人来访1251批1823人次，同比批数下降3.3%、人次上升10.2%；集体来访107批1927人次，同比批数和人次分别下降39.5%、22.6%。群众来访反映的主要问题集中在拖欠农民工工资、国有企业改革改制、不动产登记、物业服务、供暖、征地拆迁等方面。

2021年，市、县（市、区）两级共接待人民群众来访2445批7391人次，其中个人来访2268批4754人次，同比批数、人次分别上升81.3%、160.8%；集体来访177批2637人次，同比批数和人次分别上升65.4%、36.8%。群众来访反映的问题主要集中在拖欠农民工工资、国有企业改革改制、企业养老保险缴纳、物业服务、供暖等方面。

2022年，市、县（市、区）两级共接待人民群众来访1567批5522人次，其中个人来访1314批1826人次，同比批数和人次分别下降42.1%、61.6%；集体来访253批3696人次，同比批数和人次分别上升42.9%、40.2%。群众来访反映的问题主要集中在农业农村、征地拆迁、拖欠农民工工资、国有企业改革改制、企业职工养老保险缴纳、不动产登记、物业服务、供暖等方面。

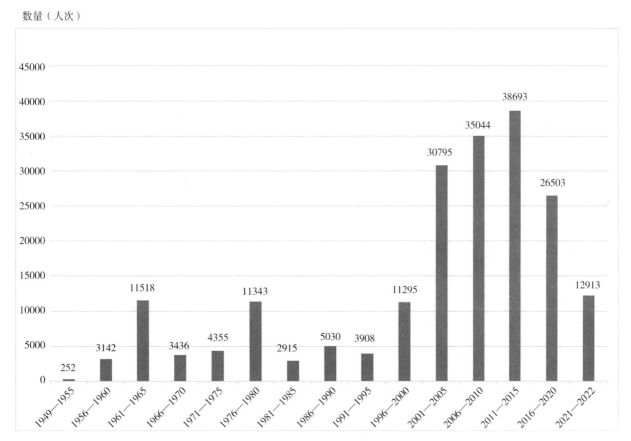

数量（人次）

图 2-2-3　1949 年—2022 年全市（区）受理群众来访统计图

三、联合接访

联合接访是在20世纪90年代中期，在人民群众来访量逐年增加，跨地区、跨部门的个体来访和集体来访越来越多，来访群众反映的问题牵扯多个地方或多个部门，反映的信访问题处理难度较大的情况下，平凉地、县（市）信访部门所采取的一种接访或会商处理人民群众反映的信访诉求的方式。联合接访就是由党政领导或信访部门有关负责人主持、与涉及地方和部门责任人共同听取来访群众或来访群众代表反映的诉求,现场进行充分讨论,达成共识,依法按政策规定提出处理意见,当场由有权处理机关或单位向来访群众或来访群众代表作出答复,并将群众安全带回,按时限要求做好处理意见的落实工作。

1995年至2001年,地、县(市)两级信访部门共组织开展联合接访128次,先后协调解决农村乱收费、加重农民负担、国有企业改制、拖欠干部职工工资等方面的问题140个。

2002年至2011年,市、县(区)两级信访部门共组织开展联合接访169次,先后协调解决农村税费征收、城市征地补偿、拆迁安置、民请教师待遇、退耕还林等方面的问题198个。

2012年,市、县(区)两级信访部门共组织开展联合接访48次。通过联合接访,协调解决原峡中水泥厂职工上访反映的柳馨园小区供暖、单家川小区商住楼业主反映的房产证办理和市糖酒公司职工要求市政府协调对企业进行改制,并妥善安置职工等方面的问题57个。

2013年,市、县(区)两级信访部门共组织开展联合接访50次。通过联合接访,协调解决平凉旅捷、长城两个出租车公司车主要求延长运营期限、更换新车,崆峒区星安小区住户要求将其小区接入城区集中供热管网供暖,柳湖乡保丰村群众要求兑付征地补偿款,市直"两参"退役下岗人员要求落实"两参"人员待遇、解决住房等方面的问题61个。

2014年,市、县(区)两级信访部门共组织开展联合接访43次。通过联合接访,协调解决崆峒区柳湖乡柳湖村村民、马家庄村村民、保丰村村民及崆峒镇韩家沟村村民反映征地拆迁过程中未兑付征地补偿款、补偿标准低等方面的问题46个。

2015年,市信联办制定印发《平凉市人民来访接待大厅联合接访方案》(平信联办发〔2015〕19号)规定:在市信访联席会议办公室统一领导下,以市人民来访接待大厅为平台,实行联合接访。市住建局、市人社局、市民政局、市国土局等群众到市上访反映问题较多的部门及市人大、市纪委、市委政法委,根据工作需要,定期不定期指派信访工作人员进驻市人民来访接待大厅开展联合接访工作(进驻单位和时间根据信访总量的变化调整);崆峒区信访局安排一名信访干部长期进驻市人民来访接待大厅接待崆峒区来访群众,协调交办信访事项。涉及重大信访事项,必须由涉访部门主要负责人接待来访群众。市司法局每个工作日确定1名律师参与接访,为信访群众提供法律咨询、法律援助和法律服务。是年,市、县(区)两级信访部门共组织开展联合接访21次。通过联合接访,协调解决博爱小区购房者反映其购买的博爱小区商品房无法入住、明发欧洲城项目部农民工反映的项目部拖欠农民工工资不予支付、崆峒区南门什字星兴商厦旧城改造片区商铺业主反映金宇房地产开发有限责任公司和天泰房地产开发有限责任公司未按照2013年签订的《星兴商厦改扩建项目门店拆迁补偿协议》安置门面房等方面的问题22个。

2016年,市、县(区)两级信访部门共组织开展联合接访68次。通过联合接访,协调解决崆峒区滨河花园二期工程拖欠农民工工资;原84664部队、84654部队退役人员要求落实他们涉核参试人员有关待遇;崆峒区土坝安置区居民要求解决因供水管道破裂,导致居民生活用水停供等方面的问题124个。

2017年,市、县(区)两级信访部门共组织开展联合接访82次。通过联合接访,协调解决新河湾一区商住楼业主反映新世纪开发公司在未接通暖气和自来水的情况下,强行向业主交房;世纪花园幼儿园部分家长反映世纪花园幼儿园网上报名存在不公平、不公正等问题;平凉工业园区四十里铺镇农贸市场商户要求恢复市场原貌、赔偿其经济损失等方面的问题134个。

2018年,市、县(区)两级信访部门共组织开展联合接访63次。通过联合接访,协调解决世纪花园小区业主要求为其购买的商品房办理70年土地使用期限、崆峒区天丰住宅小区业主反映房产交易过户及土地使用年限不足和崆峒区兰雅亲河湾住宅小区业主反映采用燃气壁挂炉分户取暖费用太高，要求接通大暖等方面的问题86个。

2019年，市、县（市、区）两级信访部门共组织开展联合接访47次。通过联合接访，协调解决崆峒区天建豪庭住宅小区、原地区肉联厂家属院住户、崆峒区西三里塬住户、灵台县邵寨镇三联村村民、S216线平华公路试验段务工人员、市人民医院患者家属、崆峒区崆峒镇寨子街综合农贸市场务工人员、崆峒区白水镇大潘村村民等反映的信访问题56个。

2020年，协调崆峒区、市直大口部门和聘请的法律顾问动态进驻市人民来访接待大厅和市政府接待大厅开展联合接访28次。通过联合接访，协调解决崆峒区暖泉花园住宅小区业主、天麟龙鑫园小区业主反映不动产登记证办理、宏达国盛商贸城业主要求协调解决返还商铺租金等方面的问题44个。

2021年，市、县（市、区）两级信访部门共组织开展联合接访87次。通过联合接访，协调解决了崆峒区泰丰茗庭、甘肃医学院附属医院门诊大楼、碧桂园江山府、振兴龙泽湾、凤凰尚境等项目拖欠农民工工资问题130个，兑付农民工工资8000多万元。

2022年，市、县（市、区）两级信访部门共组织开展联合接访112次。通过联合接访，协调解决朝阳嘉苑小区因延期交房致使适龄儿童无法入学、博爱小区业主反映的无法办理不动产登记证、城区部分在建项目拖欠农民工工资、事业单位改革改制过程中职工身份的转变及有关福利待遇的落实等问题160个。

四、领导干部接访下访

领导干部接访下访，是新中国成立后党和政府密切联系群众、了解社情民意的重要方式。平凉各级党委、政府及其所属部门领导干部，自新中国成立后至"文化大革命"之前就开始在指定的信访接待场所值班接访、预约接访，在深入基层时带案下访，既了解社情民意，又解决了群众反映的信访问题，密切了党和政府与人民群众的关系，收到了良好的社会效果。"文化大革命"之后，在不断探索总结领导干部接访下访成功做法的基础上，地、县（市）两级建立了领导干部定期接待来访群众制度，并将落实这一制度常态化。

1978年，地委秘书处下发《关于地委负责同志接待群众来访工作的意见》（地委秘发〔1978〕13号），确定每周星期三由地委书记、副书记和行政公署专员、副专员轮流接待来访群众。是年，地委、行政公署领导接待群众来访32人次。

1979年，地委确定每周星期三为书记接待群众日。是年，地委书记张建刚在群众接待日亲自接待了原林二师100多名职工代表，并安排地委副书记张嘉庆与原林二师领导及办案人员召开座谈会，对100多名职工被无辜戴上了"反党集团"帽子的冤假错案进行了平反。地委副书记任建业在群众接待日亲自接待了平凉运输公司上访职工，并到平凉运输公司实地调查了解职工反映1969年未经上级正式批准，将107人错划为"资本家"成分，要求上级纠正的问题。后经任建业协调，在落实政策时，对平凉运输公司107人多年申诉的这一信访问题，通过复审全部予以纠正。

1980年至1984年，地委、行政公署领导接待来访群众219人次。领导接访典型案例有：1982年，地委副书记朱彦邦在群众接待日亲自接待了上访达2年的平凉地区农机公司合同工王某某，协调解决了王某某按临时工错发工资的问题。1984年，地委副书记朱彦邦在群众接待日亲自接待了车祸死亡者李某家属，并召集有关单位对平凉市西大街民警杨某某致使李某车祸死亡一案重新做了妥善处理。

1985年至1986年，地委、行政公署领导接待来访群众287人次。领导接访典型案例有：1985年，地委副书记张炳玉在群众接待日亲自接待了平凉市小学教师黄某某，协调解决了黄某某反映其被田某某殴打致伤问题。1986年，地委副书记张炳玉在群众接待日亲自接待上访长达28年的平凉市居民丁某某，协调解决了合作社不予退还丁某某1956年入社股金的问题。

1987年，地委、行政公署对领导接待日做了调整，由原来每周星期三在地委、行政公署两处同时接访，改为每周五地委、行政公署轮流一名领导同志值班接访。是年，地委、行政公署领导接待来访群众69人次。

1988年，地委、行政公署领导接待群众来访61人次。领导接访典型案例有：1988年1月，地委书记马良骥在群众接待日亲自接待了平凉市四中教师李某某，协调解决了李某某反映的住房紧缺问题。1988年9月，地委书记马良骥在群众接待日亲自接待了平凉市居民舍某某和马某某，协调解决了舍某某反映的家庭生活困难问题；并安排行政公署副专员郭继芳召集有关部门，协调解决了马某某反映其无力支付医药费问题。

1989年，地委、行政公署领导接待来访群众31人次。领导接访典型案例有：行政公署副专员郭继芳在群众接待日亲自接待了平凉体校教师曹某某，并召集相关部门协调解决曹某某反映在公安干警侦破盗窃案过程中，因询问方式不当，导致其孩子精神失常，发生死亡问题。

1990年，地委、行政公署领导接待来访群众19人次。领导接访典型案例有：地委书记马良骥在群众接待日亲自接待了上访长达4年的平凉市居民舍某某，并先后三次亲自召集地、市有关部门负责同志，协调解决了舍某某反映在1966年"文革"中因其父被定为反革命分子，其及妻子被从玉门建设兵团遣送回农村劳动改造，现无房居住及生活困难问题。

1991年，地委、行政公署领导接待来访群众90人次。领导接访典型案例有：行政公署专员丁泽生在群众接待日亲自接待了平凉市居民丁某，协调解决了丁某反映1990年5月市房地产局加固楼房时将其家里窑洞震塌，致使全家无处居住的问题。地委副书记张新民在群众接待日亲自接待了平凉市电大分校英语专业上访学生，并去平凉电大分校和地区教育处实地调查了解上访学生反映招干中只分文、理科专业进行考试，没有考虑英语专业的特点，试题不合理，使英语专业的学生学非所考，考试成绩推了"光头"，招干无望问题。后经张新民副书记协调，并安排地区教育处、劳动人事处向省上有关部门申请，省人事厅、教育厅给予平凉173名招干名额，彻底解决了1990年电大毕业生（包括英语专业）无工作的问题。

1992年，地委、行政公署领导接待来访群众72人次。是年，领导接访由1986年确定的定期轮流接访改为按照领导分工，采取对口约访、定期接待的方式。

1993年至1995年，地委、行政公署领导接待来访群众580人次，通过领导接访，协调解决了一大批疑难复杂信访问题。

1996年至2000年，地委、行政公署领导接待来访群众487人次。

2001年9月，地委秘书处和行政公署办公室联合下发《关于实行地委、行政公署领导信访接待日制度的通知》。是年，地委、行政公署领导接待来访群众41人次。通过领导接访，集中解决了平凉地区肉联厂职工、平凉彩印厂职工和庄浪、静宁等县（市）民请教师反映的疑难复杂信访问题21个。

2002年，市委、市政府领导接待来访群众93人次，协调落实资金28万元，解决各类疑难信访问题31个。

2003年，市委办、市政府办联合下发《关于实行市委、市政府领导信访接待日制度的通知》。是年，市委、市政府领导通过预约接访或公开接访，接待来访群众27人次。通过领导接访，先后协调解决了崆峒区冯某某、市农科所朱某某、宁夏隆德县王某某等上访群众反映的疑难复杂信访问题19个。

2004 年，市委、市政府领导接待来访群众 53 批 300 人次，通过领导接访，解决了来访群众反映的生产生活中的困难和问题 87 个。

2005 年，市委、市政府领导接待来访群众 82 批 700 人次，通过领导接访，协调解决了疑难复杂信访问题 72 个，有效减少了群众越级赴省进京走访。

2006 年至 2007 年，市委、市政府领导接待来访群众 136 批 913 人次。通过领导接访，协调解决了农业农村、征地拆迁等方面的疑难复杂信访问题 92 个。

2008 年，市委、市政府领导接待来访群众 30 批 261 人次。

2009 年，市委、市政府领导接待来访群众 160 人次。

2010 年，市委、市政府领导接待来访群众 108 人次。

2011 年，市委、市政府领导接待来访群众 115 批 253 人次。

2012 年，市委、市政府领导接待来访群众 26 批 387 人次。接访典型案例有：市政府副市长张正在领导接待日亲自接待了"9·15"平凉东运集团公司甘 L-08859 客车在 312 国道隆德段发生特大交通事故遇难者家属，协调解决了遇难者善后理赔问题。

2013 年，市委、市政府领导接访下访群众 164 批 732 人次。接访下访典型案例有：市长臧秋华在领导接待日接待并协调解决了崆峒区柳湖乡柳湖村村民反映的征地拆迁补偿标准低问题；市委常委、市纪委书记高淑美亲自到静宁县下访协调解决了静宁县成才学校与兴飞公司房屋租赁合同纠纷问题；市委常委、政法委书记马晓峰在领导接待日接待并协调解决了西平铁路承建方反映当地村民以提高征地补偿标准为由阻拦项目施工的问题；副市长杨军在领导接待日接待并协调解决了平凉旅捷、长城两个出租车公司司机要求更换新车问题；副市长李富君在领导接待日接待并协调解决了部分军队退役人员要求落实"两参"人员待遇问题。

2014 年，市委办、市政府办印发《市委市政府领导接待来访群众工作制度》（平办发〔2014〕26 号）规定：为进一步畅通和拓宽群众诉求表达渠道，维护群众利益，密切党同人民群众的血肉联系，市委、市政府领导都要接待来访群众。涉及全局性重大群众来访事项，由主要领导接待；其他重大信访事项按照"一岗双责"要求由分管领导接待；发生 30 人以上集体上访时，分管信访工作的领导原则上要现场接待。领导接访采取定点接访、随机接访、预约接访、带案下访等多种方式进行。市委、市政府领导在接待来访群众的过程中，要努力在解决问题和化解矛盾上下功夫，着力解决案情复杂、久拖不决的疑难问题，着力解决责任主体难落实、化解难度大的复杂问题，着力解决涉及政策层面、需要完善政策规定的重大利益矛盾和突出问题，着力解决越级上访、群体上访反映的重点难点问题。是年，市委、市政府领导接访下访群众 131 批 458 人次。领导接访下访的典型案例有：市委书记陈伟通过预约接访协调解决了平凉工专家属院住户反映物业管理方面的问题；市长臧秋华通过预约接访协调解决了原峡中水泥厂职工要求补缴养老保险办理退休等问题。

2015 年，市委、市政府领导接访下访群众 83 批 578 人次。接访下访的典型案例有：市委书记陈伟通过预约接访研究解决了平凉中心城区失地农民养老保险办理和城区集中供热价格调整信访问题；市长臧秋华通过预约接访协调解决了崆峒区恒联公司家属楼住户房产证办理问题。

2016 年，市委、市政府领导共接待来访群众 83 批 458 人次，接访下访的典型案例有：市长王奋彦亲自接待并协调处理了金景富苑住宅小区购房户反映该小区在售房过程中存在变更房屋性质、提高房价、增加房屋面积、延期交房等方面的问题。其他市级领导结合分管工作，积极协调解决了环境保护、棚户区改造、土地征用、拆迁安置、拖欠农民工工资、供暖、物业服务等方面疑难复杂信访问题 35 个。

2017年，市委、市政府领导共接待来访群众 71 批 400 人次。领导接访下访的典型案例有：市委常委、副市长吕同舟协调解决了静宁县临时代课人员要求转正、提高工资待遇问题；副市长吴镇图通过接访协调解决了崆峒区崆峒镇天门村棚户区改造被拆迁户要求尽快兑付补偿款问题。其他市级领导通过接访下访，解决疑难信访问题 39 个。

2018年，市委、市政府领导接待来访群众 101 批 641 人次。通过领导接访下访，协调解决了拖欠农民工工资、企业改革改制过程中养老保险的缴纳、征地拆迁中补偿款的兑付等一大批疑难复杂信访问题 96 个。

2019年，市委、市政府领导接待来访群众 67 批 295 人次。接访下访典型的案例有：市委书记郭承录通过预约接访，协调解决了宏达国盛商贸城业主要求返还商铺租金问题。市长王奋彦通过预约接访，协调解决了崇信县金融大厦业主要求返还商铺租金问题。其他市级领导通过接访下访，协调解决了华明公司职工、崆峒山大景区职工反映在事业单位改革改制过程中，单位拖欠职工工资不予发放等问题。

2020年，市委、市政府领导共接待来访群众 44 批 220 人次，其中市委、市政府主要领导接待来访群众 8 批 56 人次。典型的案例有：市委书记郭承录通过预约接访，协调解决了崆峒区恒联公司家属院住户反映物业、燃气、供暖等方面问题。市长王奋彦通过预约接访，协调解决了博雅城住宅小区业主反映的开发商平凉正硕房地产公司不开具发票，致使他们无法办理不动产权证问题。其他市级领导通过随机接访，协调解决了润地嘉园住宅小区、暖泉小区等住户反映无法办理不动产权证等问题 32 个。

2021年，市级领导干部接访下访群众 58 批 385 人次。典型的案例有：市委书记周伟通过预约接访，协调解决了原平凉市修理厂家属院无法办理不动产权证问题。市长王旭通过预约接访，协调解决了西兴庭院无法办理不动产权证问题。其他市级领导通过接访下访，协调解决了任某某、张某某、冯某某等信访老户反映的复杂疑难信访问题 25 个。

2022年，市级领导干部接访下访群众 38 批 85 人次。典型的案例有：市委书记王旭通过预约接访，协调解决了朝阳嘉苑小区延期交房及小区配套设施不完善问题。市长白振海通过预约接访，协调解决了崆峒区柳湖镇马庄村安置楼项目拖欠农民工工资不予支付问题。市委常委、统战部部长辛少波通过预约接访，协调解决了市农业技术推广站商住楼住户要求协调退还购房业主多交的购房款问题。其他市级领导通过接访下访，协调解决了群众反映的小区物业管理混乱、拖欠农民工工资、部分在建楼房停工烂尾、征地拆迁中未兑付补偿款等疑难信访问题 39 个。

▲2021 年 12 月 17 日，时任平凉市政府副市长、市公安局局长、市信访工作联席会议召集人寇正德（右二）在市公安局信访室接待信访群众

第三章　网上信访

第一节　全市网上信访工作

一、发展概况

2005年，国务院《信访条例》颁布。正式提出了"网上信访"的概念。

2011年，全国信访信息系统一期工程建设竣工验收。

2013年7月1日，国家信访局门户网站网上投诉平台全面开放，全国29个省（自治区、直辖市）、275个地级市和1831个县开通了相应的网上投诉平台。此平台依托政府专网，统一使用全国信访信息系统应用软件，虽然在一定程度上实现了信访投诉的信息化，但无法进行网上办理，实践效果并不理想。

中国共产党第十八届中央委员会第三次全体会议通过了《中共中央关于全面深化改革若干重大问题的决定》（以下简称《决定》）提出："改革信访工作制度，实行网上受理信访制度，健全及时就地解决群众合理诉求机制。"正式把网上信访工作提上议事日程，开启了网上信访阔步前行的新征程。2013年11月28日上午，在国家新闻发布会上，时任国家信访局副局长张恩玺就《决定》中提出的网上信访改革事项做出说明，提出"实行网上信访受理制度，建立以互联网为依托的全国网上信访受理平台，引导群众更多地通过网上进行信访，多让信访信息在网上传输，减少走访上访，真正让群众不出门、少走路就能解决信访难题，一步步将网上信访打造成为解决信访问题的大平台、主渠道"。同时，大力提倡"阳光信访"。

2014年4月10日至11日，全国网上信访工作现场推进会在江苏省淮安市召开。国家信访局推广江苏省淮安市"阳光信访"的成功经验，开发新的网上信访信息系统，实现了信访业务全部在网上流转、办理。

2015年1月1日，新的全国网上信访信息系统正式上线运行。是年，甘肃省网上信访信息系统建成并正式运行，搭建起集投诉、办理、查询、跟踪、监督、评价于一体的网上信访综合运用工作平台。平凉市、县（区）两级494个部门和111个乡镇（街道）全部接入甘肃省网上信访信息系统。依托信访信息系统，形成网上受理、网下办理、网上回复的工作机制，实现信访事项"可查询、可跟踪、可督办、可评价"，信访业务全部网上流转，群众足不出户随时随地就可方便快捷地反映诉求。

2016年7月1日和9月1日国家信访局相继开通手机信访、微信信访，标志着网上信访向"掌上"延伸。甘肃省信访局开通手机信访APP、微信信访，平凉市信访局也开通了微信信访。

二、网上信访流程

（一）群众网上投诉流程和办理操作流程

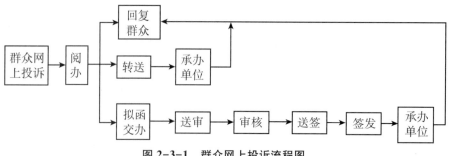

图 2-3-1　群众网上投诉流程图

（二）甘肃省网上信访信息系统操作流程

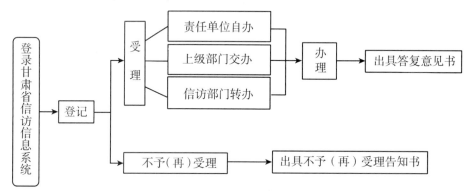

图 2-3-2　甘肃省网上信访信息系统操作流程图

三、受理、办理信访事项件数及信访事项"四率"

（一）网上信访信息系统受理、办理信访事项数量

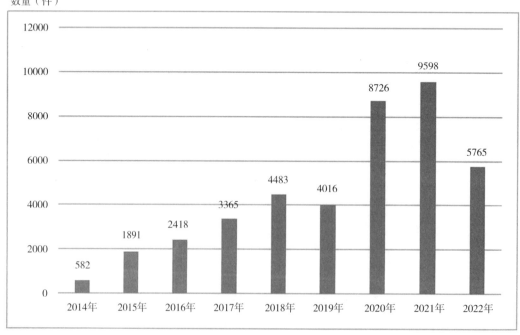

图 2-3-3　网上信访信息系统受理、办理信访事项数量示意图

（二）2020 年至 2022 年信访事项"四率"

表 2-3-1　2020 年—2022 年信访事项"四率"

年度	四率						
	及时受理率（%）		按期答复率（%）	群众满意率（%）		群众参评率（%）	
	信访部门	责任单位		信访部门	责任单位	信访部门	责任单位
2020	99.94%	99.34%	97.83%	98.74%	97.57%	76.25%	67.86%
2021	100%	99.78%	100%	98.42%	97.72%	99.31%	98.65%
2022	100%	99.91%	100%	98.71%	98.76%	99.23%	98.91%

四、工作机构

2019 年 1 月，平凉市信访局成立网信科，负责承办网上信访相关业务。具体职责是：负责办理市信访局受理网上投诉，做好台账管理、系统录入、日常督办、统计分析、档案管理等工作；负责办理国家信访局、省信访局转送网上信访事项及纳入"最多访一次"的重点信访事项，指导督促相关责任单位及时办理并规范录入网上信访信息系统；负责做好网上信访的业务指导和跟踪督办，建立常态化督办机制，定期对网访事项办理情况进行统计，建立督办台账，督促相关责任单位按期受理办理信访事项，推动网上信访事项录入率、及时受理率、按期办结率、群众参评率、群众满意率持续提升；负责筛选网上投诉和来信来电反映的重点信访事项，及时研究提出拟办意见，呈送分管领导阅处后妥善办理；对需要立案交办或实地督查的重点信访事项按程序送审后移交督查科，并配合做好督查督办；负责运用网上信访信息系统做好信访数据的统计分析，按要求报送相关报表和数据；负责网上信访信息系统的管理维护、应用拓展、业务培训、宣传推广，积极开展网上信访业务研究，指导推动全市网上信访工作水平不断提升；负责做好网信科工作方面的信访宣传工作，及时总结推广经验做法；负责做好便民服务热线和领导信箱留言回复和转送工作。

五、业务培训

自信访信息系统基本建成后，平凉市、县（市、区）两级信访部门多次进行了网上信访操作技能业务培训。

（一）集中培训

2017 年，市信访局在平凉市委党校集中培训 2 期，培训 100 余人次。2018 年，市信访局在甘肃广播电视大学平凉分校集中培训 1 期，培训 50 余人次。2019 年，市信访局组织集中培训 1 期，培训 40 余人次。2020 年，市信访局通过视频接访系统集中培训 4 期，培训 300 余人次。2021 年，市信访局通过视频接访系统集中培训 1 期，培训 110 余人次。2022 年，市信访局通过视频接访系统集中培训 1 期，培训 150 余人次。

▲2022 年 6 月 10 日，平凉市信访局组织召开全市信访基础业务培训会

（二）定点培训

自平凉市信访局接入甘肃省信访信息系统以来，市信访局组织业务科室工作人员深入市直各单位和崇信县、华亭市、灵台县、静宁县、庄浪县等县（市、区）开展培训，面对面讲解流程，一对一传授技能，对网上信访业务流程、操作技能进行培训指导，现场解决市直各单位和县（市、区）信访干部在操作过程中遇到的问题。

▲2020 年 4 月 10 日，平凉市信访局指派人员到崇信　　　▲2021 年 7 月 9 日，平凉市信访局指派人员到庄浪县
县开展网上信访业务培训　　　　　　　　　　　　　　开展网上信访业务培训

（三）在线咨询

为使信访干部快捷、高效地接受业务指导，市信访局建立 QQ 群、微信群，通过互联网在线交流、网上咨询、答疑解惑等方式，提供业务指导。

（四）跟班培训

市信访局多次指派业务骨干到省信访局培训学习，各县（市、区）也多次指派信访干部到市信访局进行挂职锻炼、跟班培训、学习借鉴经验、提高系统应用能力及业务操作技能。

六、相关法规

2014 年 12 月，国家信访局出台《信访事项办理群众满意度评价工作办法》；2015 年 10 月，国家信访局出台《信访事项网上办理工作规程（试行）》；2016 年 9 月，国家信访局出台《信访事项简易办理办法（试行）》；2019 年 5 月，国家信访局出台《关于让群众"最多访一次"的办法（试行）》；2021 年 12 月，中共中央办公厅、国务院办公厅印发《关于加强新时代网上信访工作的意见》；2022 年 2 月 25 日，中共中央、国务院发布《信访工作条例》，是年 5 月 1 日开始正式实施；2022 年 4 月 30 日，国家信访局修订印发《信访事项网上办理工作规程》；2022 年 5 月 9 日，国家信访局印发新的《信访事项办理群众满意度评价工作办法（试行）》，原《信访事项办理群众满意度评价工作办法》废止。

图 2-3-4　2015 年甘肃省网上信访信息系统（系统首页）

图 2-3-5 2020 年 10 月 1 日新版甘肃省网上信访信息系统正式上线（系统首页）

第二节 市信访局网上信访工作

2013 年至 2015 年，市信访局仅有 1 名工作人员负责网上信访事项办理工作，业务办理规范化、信息化程度不高。

2016 年，市信访局部署开展"信访工作制度改革年"活动，进一步落实落细网上信访改革举措。是年，共受理、办理网上投诉 116 件，其中，国家信访局转送 65 件，省信访局转送 42 件，群众向市信访局投诉 9 件。

2017 年，市信访局持续深化亲情信访、阳光信访、法治信访、责任信访、效率信访"五个信访"建设，狠抓网上信访办理，采取电话指导、跟班培训、派员授课与网上催办、随机抽查、实地督导相结合的方式，督促各级各部门认真办理网上信访事项，实现了信访事项网上办理常态化。是年，市信访局共受理、办理网上投诉 454 件，其中，国家信访局转送 346 件，省信访局转送 93 件，群众向市信访局投诉 15 件。

2018 年，市信访局探索推行"四衔接、一会办、两评价"网访办理机制，即信访部门收到网上投诉或网上转送交办信访事项后同责任单位衔接提醒、责任单位主管领导同承办人员衔接办理、承办人员同信访人衔接见面、信访部门视办理时限同责任单位衔接催办；对重大疑难复杂网访事项启动信访联席会议机制进行会商联办；引导信访人对信访事项办理结果进行满意度评价、指导基层信访部门对责任单位网上信访工作进行年度考核评价，确保群众初信初访事项及时处理、按期办结。是年，市信访局共受理、办理网上投诉 1218 件，其中，国家信访局转送网上投诉 1096 件，省信访局转送 102 件，群众向市信访局投诉 20 件。

2019 年，市信访局持续深化"阳光信访"宣传月活动，加大网上信访宣传推介力度，着力打造网上信访主渠道。通过摆放宣传展板、电子显示屏滚动宣传等群众喜闻乐见、通俗易懂的方

▲《信访工作条例》宣传资料

式大力宣传网上信访特点，并在市委人民来访接待大厅设置网上信访自主查询终端，配备专门引导员，极大地方便了信访群众。是年，市信访局共受理、办理网上投诉603件，其中，国家信访局转送网上投诉454件，省信访局转送网上投诉113件，群众向市信访局投诉36件。

2019年末至2020年初，新冠肺炎疫情发生，市信访局全力推行信访事项"网上说，码上办"，引导群众通过非接触方式反映诉求。在庆祝《信访条例》修订实施15周年宣传月活动期间，采取网上、网下同步宣传的方式，向全市20000名群众推送网上信访宣传标语，不断提高网上信访群众知晓率。建立网上信访工作群，制作县（市、区）网上信访二维码，通过抓宣传、抓培训、抓系统应用、抓二维码进村社、抓责任落实，构建起"主要领导亲自抓，分管领导直接抓，网访业务人员具体抓，全体干部合力抓"的

▲平凉市信访局全面推行网上信访二维码进村进社区

网上信访工作格局。是年10月1日，甘肃省新版信访信息系统正式上线，市信访局及时编发了《新版信访信息系统操作指南》和《网上信访办理规则》，指导7县（市、区）和市直各单位规范、高效办理信访信息系统流转的信访事项。全市信访事项及时受理率、按期答复率、群众满意率、群众参评率、重复信访占比和网上信访占比各项指标在全省排名靠前，综合得分取得全省第二的好成绩。是年，市信访局共受理、办理网上投诉1023件，其中，国家信访局转送网上投诉318件，省信访局转送网上投诉224件，群众向市信访局投诉481件。

2021年，市信访局结合开展"作风大转变、能力大提升"活动，按照"有访必登、有问必回、有诉必应、接访必办"要求，严格落实首办责任制，运用"1573"工作法，坚持网上网下并重，通过日提醒、周调度、旬排名、月通报、季分析等措施，大幅度提升信访事项及时受理率、按期答复率、群众满意率和一次性化解率，力争群众"最多访一次"。是年7月13日，省信访局正式通知将"省委书记信箱"和"省长信箱"交由市（州）信访部门统一办理。根据省信联办《关于将省市县党政门户网站"领导信箱"办理工作纳入信访信息系统的通知》要求，市信访局在承办"省委书记信箱""省长信箱"的同时，新建了平凉市、县（市、区）领导信箱政民互动平台，市、县（市、区）领导信箱办理子系统和市、县（市、区）网上信访数据整合子系统。2021年12月31日，平凉市全面完成了市、县（市、区）两级"门户网站"领导信箱对接工作，实现了省、市、县（市、区）门户网站领导信箱数据与信访信息系统数据的互联互通，真正实现了一网通办。是年，市信访局共受理、办理网上投诉1711件，其中，国家局转送网上投诉及网上建议1289件；省信访局转送网上投诉及省级领导信箱284件（省级"领导信箱"196件）；市信访局登记受理网上投诉及来电138件。

2022年，市信访局探索建立了四提醒、三见面、两审核、一回访的"四三二一"工作法，通过倒逼各级各部门落实信访工作责任制，压实首接首办责任，让网上信访有速度、有温度、更有力度。

▲2022年5月10日，市区《信访工作条例》集中宣传月活动举行，市上领导和信访干部现场向群众宣传解读《条例》

是年，市信访局共受理、办理网上投诉及省、市"领导信箱"1717件，同上一年相比件数上升0.4%。其中，国家局转送网上投诉668件，同上一年相比下降48.2%；省信访局转送网上投诉及省级"领导信箱"涉平留言501件，同比上升76.4%（省级"领导信箱"涉平留言367件）；市信访局登记受理网上投诉、来电及市级"领导信箱"548件，同上一年相比上升297.1%（市级"领导信箱"留言467件）。

第三节　县（市、区）网上信访工作

一、崆峒区

（一）发展概况

2013年至2015年，崆峒区信访局仅有1台计算机接入网上信访信息系统，1名工作人员负责网上信访事项办理工作；2015年至2017年，随着全省信访信息系统深度应用，全区20个乡镇（街道）、47个区直部门全部接入信访信息系统，将所有信访事项全部纳入网上信访信息系统流转，信访事项登记、受理、办理工作机制和流程进一步健全完善；从2018年开始，全区大力推进网上信访工作，从乡镇遴选3名工作人员，网上信访工作力量得到进一步加强。建立了网上信访事项办理"红、黄、蓝""三色"预警督办机制，坚持每年开展网上信访工作人员跟班培训，累计举办培训班28期，培训1316人次，全区网上信访工作水平有了明显提升。

（二）2015年至2022年网上信访信息系统受理、办理信访事项件数及信访事项指标"五率一占比"

1. 网上信访信息系统受理、办理信访事项数量（见图2-3-6）

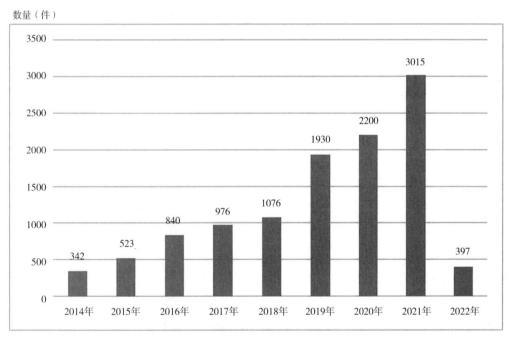

图2-3-6　崆峒区网上信访信息系统受理、办理信访事项数量示意图

2.2015 年至 2022 年信访事项"五率一占比"（见表 2-3-2）

表 2-3-2 崆峒区 2015 年—2022 年信访事项"五率一占比"

五率一占比		年度							
		2015	**2016**	**2017**	**2018**	**2019**	**2020**	**2021**	**2022**
及时受理率	信访部门	99.64%	98.82%	99.09%	99.63%	99.81%	100%	100%	100%
	责任单位	85.39%	84.37%	84.80%	95.57%	94.95%	99.88%	99.97%	100%
按期答复率		100%	100%	100%	100%	87.60%	97.30%	100%	100%
群众参评率	信访部门	100%	100%	0.31%	0.5%	1.64%	96.17%	99.76%	99.22%
	责任单位	100%	100%	0.41%	0.32%	0.48%	95.91%	99.68%	98.75%
群众满意率	信访部门	100%	100%	100%	50%	57.14%	99.71%	99.72%	98.63%
	责任单位	100%	100%	/	100%	/	99.75%	99.68%	98.54%
一次性化解率		35%	50%	54.90%	31.51%	69.64%	98.82%	98.36%	95.87%
重复信访占比		7.00%	8.72%	13.30%	6.65%	3.30%	2.43%	6.89%	3.35%

二、华亭市

（一）发展概况

2013 年，华亭市信访局仅有 1 台计算机接入信访信息系统，2 名工作人员负责网上信访事项办理工作；2015 年，全市 12 个乡（镇）、68 个市直部门全部接入信访信息系统；2018 年之后，随着甘肃省网上信访信息系统深度应用，全市网上信访工作机制和工作流程得到进一步完善，各乡（镇）、各部门基本做到了"都要用、都会用、都管用"，实现了"数据多跑腿，群众少跑路"的工作目标。同时，市信访局坚持每年至少举办网上信访专题培训班 2 期，2013 年至 2022 年，累计举办培训班 23 期，培训网上信访工作人员 1520 人次。

（二）2015 年至 2022 年网上信访信息系统受理、办理信访事项件数及信访事项"五率一占比"

1. 网上信访信息系统受理、办理信访事项数量（见图 2-3-7）

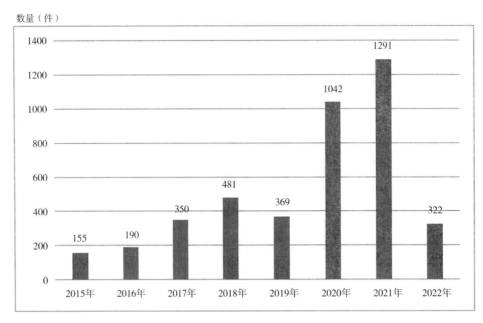

图 2-3-7 华亭市网上信访信息系统受理、办理信访事项数量示意图

2. 2015 年至 2022 年信访事项"五率一占比"（见表 2-3-3）

表 2-3-3　华亭市 2015 年—2022 年信访事项"五率一占比"

五率一占比		年度							
		2015	2016	2017	2018	2019	2020	2021	2022
及时受理率	信访部门	100%	100%	100%	100%	100%	100%	100%	100%
	责任单位	100%	99.5%	98.5%	97.65%	98.3%	99.24%	100%	100%
按期办结率		100%	95.1%	97.5%	96.4%	98.3%	98.83%	100%	100%
群众参评率	信访部门	/	98.54%	1.3%	1%	100%	94.53%	99.81%	98.14%
	责任单位	/	96.12%	1.3%	1%	100%	93.74%	99.72%	97.21%
群众满意率	信访部门	/	100%	98.7%	99.5%	100%	99.9%	99.62%	98.34%
	责任单位	/	96.67%	94.05%	92.35%	100%	93.68%	99.43%	98.09%
一次性化解率		50%	88.24%	78.95%	73.58%	71.43%	98.36%	98.56%	95.28%
重复信访占比		60%	36.36%	31.48%	30.65%	47.06%	2.96%	3.5%	5.99%

三、泾川县

（一）发展概况

2015 年，泾川县 14 个乡镇、城市社区及县直各重点部门和相关省、市驻泾单位全部接入网上信访信息系统，实现了信访业务全部网上流转、网上办理。2015 年至 2022 年，累计举办网上信访业务培训班 28 期，培训 1260 人次。

（二）2015 年至 2022 年网上信访信息系统受理、办理件数及信访事项"五率一占比"

1. 网上信访信息系统受理、办理信访事项数量（见图 2-3-8）

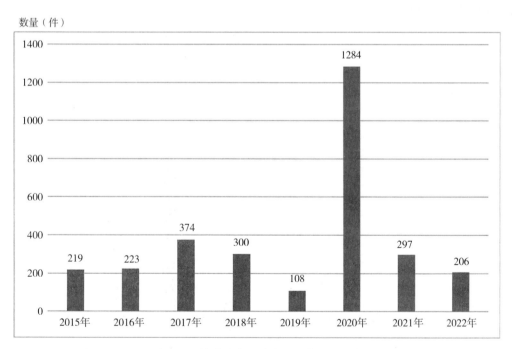

图 2-3-8　泾川县网上信访信息系统受理、办理信访事项数量示意图

2. 2015年至2022年信访事项"五率一占比"(见表2-3-4)

表2-3-4　泾川县2015年—2022年信访事项"五率一占比"

五率一占比		年度							
		2015	2016	2017	2018	2019	2020	2021	2022
及时受理率	信访部门	100%	100%	100%	100%	100%	100%	100%	100%
	责任单位	100%	100%	99.75%	100%	100%	99.35%	95.86%	100%
按期答复率		100%	100%	100%	100%	100%	99.73%	100%	100%
群众参评率	信访部门	0.81%	0%	0.76%	0.48%	44.44%	91.18%	65.22%	94.19%
	责任单位	0%	0%	1.22%	0.48%	33.33%	89.27%	56.2%	92.22%
群众满意率	信访部门	0%	0%	99.2%	99.5%	22.22%	99.73%	43.48%	93.21%
	责任单位	0%	0%	99.2%	99.5%	16.67%	97.54%	36.36%	96.75%
一次性化解率		77.78%	94.74%	77.08%	77.55%	66%	98.45%	73.43%	82.73%
重复信访占比		/	1.96%	1.10%	1.02%	/	1.3%	29.72%	27.43%

四、灵台县

(一) 发展概况

2015年开始,灵台县13个乡镇、1个城市社区、35个县直部门开通了信访信息系统,县委、县政府主要领导及乡镇、部门主要负责人坚持亲自阅办系统案件。县信访局在各级信访接待场所、网络媒体、公益广告发布网上信访信息系统端口、二维码等平台,积极引导群众通过网上信访渠道反映诉求。同时,积极探索和推广让群众"最多访一次"的做法。系统运行以来,全县各级各部门通过网上信访信息系统受理、办理信访事项3000余件,有效化解处理了一大批事关民生和社会稳定的信访问题,网上信访已成为群众表达利益诉求的主渠道。2015年至2022年,县信访局先后举办网上信访业务人员培训班21期,培训网上信访工作人员900人次。

(二) 2015年至2022年网上信访信息系统受理、办理件数及信访事项"五率一占比"

1. 网上信访信息系统受理、办理信访事项数量(见图2-3-9)

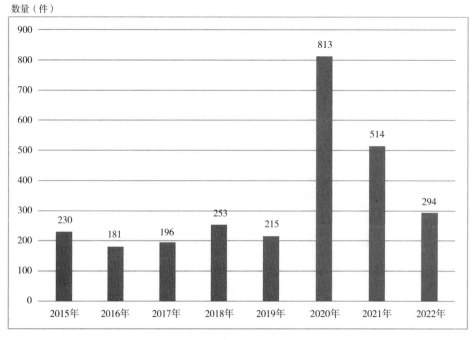

图2-3-9　灵台县网上信访信息系统受理、办理信访事项数量示意图

2. 2015 年至 2022 年信访事项"五率一占比"（见表 2-3-5）

表 2-3-5 灵台县 2015 年—2022 年信访事项"五率一占比"

五率一占比		年度							
		2015	2016	2017	2018	2019	2020	2021	2022
及时受理率	信访部门	98.70%	100%	99.49%	100%	99.53%	99.75%	100%	100%
	责任单位	97.50%	64.08%	90.35%	98.80%	78.00%	99.91%	100%	100%
按期答复率		98.50%	98.41%	99.30%	100%	98.97%	95.27%	100%	100%
群众参评率	信访部门	80.51%	85.74%	90.43%	94.56%	96.30%	97.06%	100%	99.66%
	责任单位	79.31%	80.40%	85.74%	95.30%	96.20%	96.94%	99.63%	99.66%
群众满意率	信访部门	81.21%	83.41%	85.92%	96.47%	97.35%	96.83%	99.64%	98.30%
	责任单位	80.14%	81.56%	89.74%	95.53%	96.30%	96.35%	99.28%	98.31%
一次性化解率		90.00%	97.46%	90.63%	90.91%	87.72%	99.19%	97.80%	97.31%
重复信访占比		3.03%	5.00%	2.65%	10.78%	34.33%	0.66%	4.89%	0.88%

五、崇信县

（一）发展概况

2015 年，崇信县各乡（镇）和县直各部门建立了网上信访工作平台，广泛开展网上信访宣传，累计发放宣传材料 2000 多份，举办网上信访宣传活动 20 多场次。2016 年，全县 6 个（乡）镇、41 个县直部门全部开通甘肃省网上信访信息系统账号，确定专人管理，基本实现了信访事项"网下办理、网上流转"。2017 年，县委、县政府主要领导对网上信访暨基础业务工作做出重要批示；县委、县政府将网上信访纳入年度信访工作重点考核内容，县委主要领导与各乡（镇）、县直部门主要负责人签订了信访工作责任书；县委、县政府分管领导 2 次主持召开网上信访暨基础业务督办会议，对全县网上信访工作暨基础业务规范化建设进行安排部署、集中督办。2018 年至 2022 年，坚持每年至少举办 1 期网上信访业务培训班，共培训网上信访业务人员 600 人次。

（二）2015 年至 2022 年网上信访信息系统受理、办理信访事项件数及信访事项"五率一占比"

1. 网上信访信息系统受理、办理信访事项数量（见图 2-3-10）

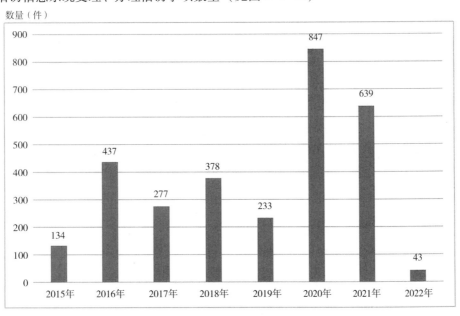

图 2-3-10 崇信县网上信访信息系统受理、办理信访事项数量示意图

2. 2015 年至 2022 年信访事项"五率一占比"（见表 2-3-6）

表 2-3-6　崇信县 2015 年—2022 年信访事项"五率一占比"

五率一占比		年度							
		2015	2016	2017	2018	2019	2020	2021	2022
及时受理率	信访部门	99.55%	99.70%	100%	100%	99.54%	99.84%	100%	100%
	责任单位	74.12%	73.49%	86.71%	98.32%	99.05%	99.50%	99.77%	100%
按期答复率		/	100%	89%	91.2%	95.20%	96.37%	100%	100%
群众参评率	信访部门	/	/	0.43%	1.04%	1.76%	93.57%	99.86%	99.78%
	责任单位	/	/	/	0.65%	1.34%	93.41%	99.57%	99.78%
群众满意率	信访部门	/	/	100%	/	66.67%	99.84%	99.47%	99.32%
	责任单位	/	/	/	/	/	99.68%	99.57%	99.32%
一次性化解率		66.67%	100%	44.44%	80%	64.29%	98.94%	98.72%	93.55%
重复信访占比		33.33%	0%	46.67%	23.08%	29.41%	0.82%	3.71%	5.41%

六、庄浪县

（一）发展概况

2015 年，庄浪县 18 个乡镇、1 个街道办事处和 59 个县直单位开通了网上信访信息系统专用账号，县信访局先后对各乡镇、各部门分管领导和业务人员进行了网上信访业务专题培训，使网上信访信息系统有专人专管专用，人民群众的来信来访全部在网上转送交办，全面落实了"网下办理、网上流转"的网上信访工作新机制，实现了国家、省、市、县、乡（镇）信访信息系统互联互通。2021 年以来，县信访局确定分管领导 1 名，业务人员 3 名，县信访工作联席会议办公室对网上信访受理办理工作实行网上交办和《信访督办件》交办"双交办"工作制度，即除对当天受理的信访事项网上交办外，坚持每 10 天对网上受理交办的信访事项梳理汇总，通过《信访督办件》形式，再次交办相关责任单位限期办结，努力提高网上受理办理信访事项的质量和效率。坚持每年举办网上信访业务培训班，2015 年至 2022 年，共举办培训班 7 期，培训网上信访工作人员 1602 人次。

（二）2015 年至 2022 年网上信访信息系统受理、办理信访事项件数及信访事项"五率一占比"

1. 网上信访信息系统受理、办理信访事项数量（见图 2-3-11）

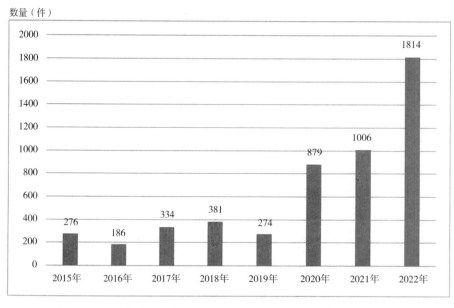

图 2-3-11　庄浪县网上信访信息系统受理、办理信访事项数量示意图

2. 2015 年至 2022 年信访事项"五率一占比"（见表 2-3-7）

表 2-3-7　庄浪县 2015—2022 年信访事项"五率一占比"

五率一占比		年度							
		2015	2016	2017	2018	2019	2020	2021	2022
及时受理率	信访部门	100%	100%	100%	100%	100%	100%	100%	100%
	责任单位	96.83%	95.32%	97.2%	96.32%	97.26%	97.72%	99.95%	100%
按期答复率		98%	91%	97%	97.2%	96%	99.26%	100%	100%
群众参评率	信访部门	/	/	/	/	/	95.22%	99.67%	99.58%
	责任单位						92.42%	98.44%	99.45%
群众满意率	信访部门	92.3%	95.2%	96.32%	96.28%	97.69%	98.88%	98.94%	99.41%
	责任单位	91.25%	93.1%	95.64%	95.68%	97.25%	98.66%	98.87%	99.32%
一次性化解率		/	/	/	/	/	97.64%	99.11%	99.07%
重复信访占比		/	/	/	/	/	4.15%	4.82%	1.24%

七、静宁县

（一）发展概况

2013 年至 2015 年，静宁县信访局仅有 1 台计算机接入信访信息系统，确定 1 名工作人员负责网上信访事项办理工作。2015 年至 2018 年，随着全省信访信息系统深度应用，全县 24 个乡（镇）、65 个县直部门全部接入信访信息系统，将所有信访事项受理、办理情况在信访信息系统上流转。2018 年以来，县信访局推行信访事项网上受理、办理工作机制，从乡（镇）调剂 3 名干部，成立了网上信访事项办理中心，建立了网上信访事项办理"蓝、橙、红"预警督办制度，以信访事项网上受理、办理剩余时间为预警点，分蓝色、橙色和红色 3 个等级向责任单位"一把手"发出预警督办函，督促责任单位依法按时限要求办结信访事项，有效提升全县网上信访工作水平。同时，坚持每年举办网上信访工作业务专题培训班，2013 年至 2022 年，累计举办培训班 36 期，培训网上信访工作人员 1440 人次。

（二）2015 年至 2022 年网上信访信息系统受理、办理信访事项件数及信访事项"五率一占比"

1. 网上信访信息系统受理、办理信访事项数量（见图 2-3-12）

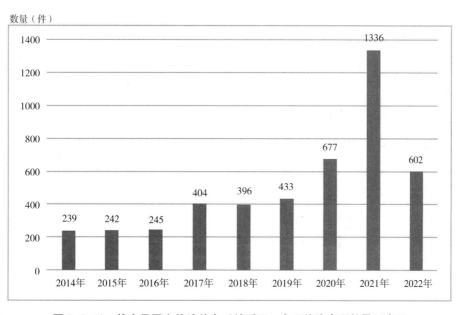

图 2-3-12　静宁县网上信访信息系统受理、办理信访事项数量示意图

2. 2015 年至 2022 年信访事项"五率一占比"（见表 2-3-8）

表 2-3-8　静宁县 2015 年—2022 年信访事项"五率一占比"

五率一占比		年度							
		2015	2016	2017	2018	2019	2020	2021	2022
及时受理率	信访部门	100%	100%	100%	100%	99.72%	99.85%	100%	100%
	责任单位	100%	100%	99.75%	100%	95.74%	99.78%	99.92%	100%
按期答复率		95.45%	88.98%	83.61%	98.15%	91.69%	99.49%	100%	100%
群众参评率	信访部门	80.51%	82.35%	87.57%	90.12%	93.36%	94.96%	99.67%	99.88%
	责任单位	79.16%	81.67%	86.36%	89.36%	91.58%	92.73%	99.47%	99.4%
群众满意率	信访部门	82.23%	84.13%	90.02%	98.21%	99.45%	94.39%	99.27%	98.57%
	责任单位	81.01%	83.25%	89.64%	97.42%	99.26%	92%	98.81%	98.44%
一次性化解率		82.35%	52.63%	69.49%	68.33%	50%	97.85%	98.19%	96.6%
重复信访占比		0.79%	5.75%	4.89%	2.59%	0.72%	/	5.09%	3%

第四节　市直部门（单位）网上信访工作

2015 年，平凉市有 35 个市直单位和 4 个中央、省驻平单位接入了网上信访信息系统。接入网上信访信息系统的单位均确定了 1 名县级领导和 1 名业务干部具体负责网上信访工作，基本做到了网上信访工作有专岗、有专人。绝大多数单位除正常办理信访部门从网上信访信息系统转送的信访事项外，还承办网站留言、便民热线、领导信箱和本部门所属系统全国通用热线转送的信访事项，例如，市卫健委 12320 卫生服务热线、市环保局 12369 环保投诉热线、市交通局 12328 全国运输服务监督电话、市自然资源局"自然资源信访信息系统"，市退役军人事务局"全国退役军人事务部信访系统"、市市场监督管理局"全国 12315 消费者投诉平台"，均对本系统网站留言、群众投诉、信访举报等业务进行了认真的办理答复。2022 年 10 月，为进一步优化全市政务服务热线资源，提高服务企业、群众水平，依据平凉市人民政府办公室《关于印发平凉市 12345 政务服务便民热线整合优化工作方案的通知》（平政办发〔2021〕28 号）要求，对有关县（市、区）、市直部门、中省驻平单位设立的 19 条政务服务热线进行整体并入，6 条政务服务热线进行双号并行，整体并入的热线由平凉市 12345 政务服务便民热线（简称平凉 12345 热线）接听受理，实行"一个号码"对外服务，语音呼叫号码统一为"12345"，双号并行的热线与平凉 12345 热线同步运行。

第四章　信访督查

第一节　信访督查及督查方式

信访督查是落实党和政府关于信访工作决策部署、推动信访问题解决的重要方法手段，也是信访部门发挥职责作用的重要方面。信访工作能否受重视、群众的合理诉求能否依法及时得到解决，督查工作至关重要。2005 年国务院《信访条例》第六条和 2022 年中共中央、国务院《信访工作条例》第十四条，均明确赋予了各级信访部门"督促检查信访事项的处理""督促检查重要信访事项的处理和落实"的职能。

平凉市信访部门在市委、市政府的坚强领导和上级信访部门的精心指导下，不断完善督查机制，创新督查方式，先后制定出台了《平凉市重点信访事项实地督查实施办法》《平凉市信访局交办信访事项办理规范》等制度，构建形成了党委政府统一领导、信访工作联席会议牵头实施、相关职能部门参与配合的"大督查"工作格局。

在工作实践中，全市信访督查的方式主要有电话督办、网上督办、立案交办（书面督查）、约谈督办、会议督办、实地督查、联合督查、升级调查等。

电话督办：责任单位处理信访事项过程中出现违反程序规定的一般情形，或者信访事项相对简单的，由市、县（市、区）信访部门采用电话予以督办。这种督办方式方便、快捷、成本低，在网上信访信息系统建成前使用较为普遍。

网上督办：针对责任单位处理信访事项中出现的受理、办理工作不规范、不到位、不落实等问题，由市、县（市、区）信访部门通过网上信访信息系统进行督办。网上督办操作简单、快速高效、覆盖面广，是当前信访部门对信访事项办理情况开展日常督查的主要方式。

立案交办（书面督查）：市、县（市、区）信访部门或上级行业主管部门依据《信访工作条例》相关规定，通过规定的书面形式，对重点信访事项进行立案交办并跟进督办，要求责任单位在规定期限内按照规定程序对交办信访事项进行调查处理，并按照规定要求上报结案资料。交办信访事项范围一般包括：带有普遍性、倾向性、苗头性，可能引发群体性事件的信访事项；按照法律政策规定应当予以解决的信访事项；涉及多个责任主体，需要多部门共同协调处理的信访事项；已作出的处理意见明显不当或处理意见未落实及落实不到位的信访事项；领导批示要求交办的信访事项；等等。相比转送信访事项，交办信访事项办理要求更高、结案标准更严，交办信访事项须由县级领导包案，在结案时落实责任单位及市、县（市、区）信访部门、包案（分管领导）五级联审制度，且有专门的办理制度和流程。

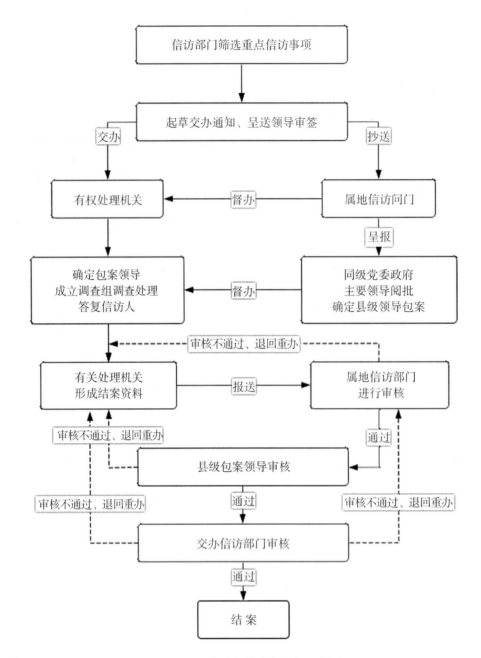

图 2-4-1 立案交办信访事项办理流程图

约谈督办：对信访事项结案时间要求紧或属于重要信访事项需要面谈的，由市、县（市、区）信访工作联席会议召集人或信访部门主要负责人采取约谈的方式，与有关地方党委或政府负责人和有权处理机关负责人面对面沟通情况，督促指导信访事项的办理。

会议督办：市、县（市、区）信访工作联席会议或信访部门召开专题会议，与处理信访事项所涉单位共同协商，使各方面意见和看法得到充分交流，通过有效沟通达成共识，促进信访事项依法及时得到处理，尤其"三跨三分离"等涉及地方、部门和单位较多的信访事项，一般都采用这种方式开展督查督办工作。

实地督查：市、县（市、区）信访部门直接派人深入信访事项发生地，在信访当事人中调查了解情况，掌握第一手资料，并提出相关建议，促进信访事项办理和处理意见的落实。这种方式一般是在电话督查、网上督查、书面督查的基础上，选择重点信访事项进行实地督查。

联合督查：市、县（市、区）信访部门会同相关职能部门对信访事项办理共同开展督查。这种督查方式，既有利于发挥各职能部门熟悉法规政策的优势，也有利于形成共同推动问题解决的合力，还可以推动相关职能部门积极履行系统管理责任，从政策制度层面批量防范解决同类问题，形成"督办一案、影响一片、解决一个方面问题"的放大效应。

升级调查：对疑难信访案件，由原处理机关的上一级信访工作联席会议办公室牵头，从信访工作联席会议成员单位抽调人员，并邀请人大代表、政协委员、律师和新闻记者等社会力量参与进来，选择重点信访事项，按照"三个敢于"（敢于推倒重来，敢于动真碰硬，敢于接受监督）、"五重五不"

▲2021年10月19日，平凉市信访联席办深入泾川县实地督办化解信访积案

（诉求重研、问题重查、结论重审、性质重判、力量重组，不听汇报听诉求、不看报告看资料、不进会场进现场、不重程序重实体、不搞照搬搞研判）、"五查五清"（通过查程序、查实体、查过程、查成因、查责任，达到了解掌握诉求清、积案问题症结清、以往处理情况清、升级调查结论清、属地稳控责任清）、"五到五解"（到地、到人、到家、到头、到底，问症解事、帮助解难、宣传解惑、交心解结、研判解剖）方法要求，从信访事项登记、受理、交办、办理、送达、录入、督查等环节入手，深入现场一线对信访事项进行直接调查，并区分信访人、责任单位、信访部门的责任，提出信访事项的化解意见。升级调查融合了约谈督办、实地督查、联合督查等方式方法，更加注重从程序、问题、责任方面进行现场督查。

上述各种督查方式既不相互孤立，也不相互排斥，而是根据实际情况，采取合适的督查方式，履行必要的督查程序，才能保证督查工作按时保质保量完成，取得实实在在的效果。例如，电话督办和网上督办往往适用于对一般信访事项的日常督查督办，书面督查则较多运用于对重点信访事项的督查督办，而实地督查则是在前几种督查方式基础上，同时运用约谈督查、会议督查、联合督查等多种方式，推动信访事项及时有效化解。

第二节　重点信访事项督查督办

对重点信访事项的督查督办，主要以立案交办和实地督查为主要方式。

平凉市对重点信访事项立案交办最早可追溯至1963年。是年，按照时任地委领导作出的"平凉要率先推行信访事项多办少转"批示要求，地委秘书处信访接待室、专署办公室信访接待室首次对要结果（类同于立案交办）的重点信访事项提出了明确的时限要求，即对向县上批转要结果的信件一般要在一至两个月内上报结果，重大复杂的问题要在三个月内上报结果；凡地委、行政公署或有关上级业务部门批转要结果的信件一般要在一个月内上报结果，重大复杂的问题要在两个月内上报结果。

1964年，中央、西北局、省人委批转平凉地区要结果的重点信访事项45件，办结43件，其中对1件重点信访事项开展了实地督查，即庄浪县徐某、孔某前后近2年反复向中央、省、地、县有关领导和部门写信40余次，反映该县良种繁殖场对他们夫妇精简下放不当的问题。是年5月，平凉专署派人到庄浪县现场督促处理，庄浪县良种繁育场向信访人补发了退职金，彻底解决了信访人反映的问题。

1965年，中央、西北局、省委批转平凉地区要结果的重点信访事项52件，办结49件。

1973年，地区批转要结果的重点信访事项1件，办结1件。

1974年，地区批转要结果的重点信访事项4件，办结1件。

1978年，甘肃省委办公厅下发《关于加速来信来访积案处理工作的通知》，要求对一些久拖不决的信访案件，地委领导接待后要亲自调查，提出处理办法，责成有关部门限期解决；各级领导同志要定期听取信访工作情况汇报，亲自阅批一些重要信件；各级党委应排除各种阻力和干扰，提高执行政策的自觉性，调动一切积极因素化解积案。是年，平凉地、县信访部门共立案交办各类信访积案12161件。

1981年，《中共平凉地委 平凉地区行政公署信访室处理人民来信来访工作细则（征求意见稿）》明确了处理人民来信来访的原则和方法，规定："凡是要结果的信访件，必须一月催办一次，特别重要或要求很急的信访件，必须随时催办，一般在三个月内上报结案。对于没有正当理由逾期不报的可采取走出去、请上来或联合办案的方法，加快结案进度。当年要结果的信访件，上半年的结案率力争达到60%，年终达到80%；第二年要结果的信访件要在第二年第一季度全部结案"。是年，全区共督办要结果的重点信访事项705件，其中省上要结果的2件，当年全部办结；地委要结果的16件，当年办结7件；地委信访室要结果的687件，当年办结550件。

1982年，地委信访室将重要信访件的处理作为重点工作及时行文交办。对影响较大的信访件及时送地委行政公署领导批示交办；对一般信访件，由经办人提出拟交办意见，经信访部门主要领导或分管领导签批后交办。对交办的重点信访事项，承办责任单位除了向信访人出具处理意见外，还要向交办单位上报办理情况报告。

1983年，地委信访室对中央、国家信访办及省委、省政府发函交办的重点信访件，地委、行政公署领导批示要结果的信访件，涉及党和政府重大方针政策的信访件，反映严重违法乱纪和重大纠纷的信访件全部实行专函交办。对来访反映的问题重大、诉求合理、有关部门长期拖着不办的信访件，反映乡（镇）、县（市）及地直单位领导问题的信访件，涉及部门较多需要共同协商处理的问题及集体访反映的问题，由地委信访室提出拟交办意见，呈地委、行政公署领导批示后交办。

1984年，省、地、县（市）交办要结果的重点信访事项314件，办结274件，结案率达到87.3%。

1985年，地委、行政公署信访处向各县（市）、地直单位交办要结果的重点信访事项98件，办结85件，结案率达到86.7%（其中省委要结果的14件，办结13件）。

1986年，地委、行政公署信访处向各县（市）、地直单位交办要结果的重点信访事项137件，办结124件，结案率达到90.5%（其中省委交办要结果的8件，办结7件）。

1987年，地委、行政公署信访处立案交办要结果的重点信访事项52件，办结39件，结案率达到75%（其中省上交办10件，办结8件）。在办理交办信访事项实践中，地委、行政公署信访处总结形成了重点信访事项督查督办三项规定：一是凡立案要结果的信件，首先发函，然后电话联系了解查办情况，督促落实办理。二是属于地委、行政公署信访处查处的案件，坚决不推不转，抽组人员亲自调查处理。三是地委、行政公署信访处的同志要根据需要，深入到信访量较大的县（市）和地直有关单位帮助工作，查处大案、要案、难案。是年，平凉市城关镇居民马某多年来多次到地委、行政公署上访，反映"其是地区建筑公司工人，1964年因公致残，要求享受退休待遇、补发20多年工资、安排其一个子女工作"的信访积案，经地委、行政公署信访处与有关部门联合实地调查，报请行政公署领导召集地区民政处、计划处、宗教处等共同研究，给出了："给马某子女安排工作、向马某发放困难补助费，并提供自行车一辆作为其自谋职业的生产工具"的处理意见并落实到位，马某息诉罢访。

1988年，地委、行政公署印发《信访处处理人民来信来访工作制度（试行稿）》，对要结果的信访件再次提出明确办理要求，即凡是要结案的交办信访件，必须事实清楚、证据确凿、处理恰当、符合政策，并要同申诉人见面。是年，地委、行政公署信访处首次以"息诉罢访"为标准对重点信访事项开展督查督办和结案审核，地、县（市）信访部门37名干部全年一半时间在基层查办、催办、商处信访案件，全区共立案交办各类重点信访事项390件，办结241件，结案率达到61.8%。

1989年，地委、行政公署信访处把查处当年交办重点信访事项和历年遗留积案作为工作重点，逐人逐事分析排查，责任到人包案查处。地、县（市）两级信访部门共立案交办要结果的重点信访事项121件，办结88件，结案率达到72.73%；查结上年度省、地交办未办结重点信访事项10件；妥善处理上访老户问题2件。

1990年，地委出台《贯彻〈中共中央关于加强党同人民群众联系的决定〉的实施细则》，规定：对本级部门职权范围内应当解决的问题，以及上级批转下去要结果的信件，要认真办理，不得敷衍塞责，不要推诿扯皮，不得积压；对不负责任，不及时办理，失职误事，造成一定后果的，追究承办单位有关责任人员责任。是年，地委、行政公署信访处共立案交办重点信访事项27件，办结17件，结案率达到63%。

1991年，地委、行政公署信访处立案交办重点信访事项39件（省级19件、地级20件），办结34件，结案率87.2%。是年，崇信县赤城乡寺湾村韩某等人向省委反映由于当地政府不闻不问、官官相护，供销部门以权谋私，导致当地农村化肥问题得不到解决；泾川县荔堡食品购销站承包人马某向省委反映由于生猪收购三角欠款问题严重，致使该单位亏损一万余元，农村出现了交猪难问题，省上立案交办后，地委、行政公署信访处跟进督办，崇信、泾川两县安排专门人员实地调查，两件信访问题均得到了妥善处理。

1992年，地委、行政公署信访处立案交办重点信访事项30件（省级12件、地级18件），办结26件，结案率达到86.67%。是年，庄浪县水洛镇西关南巷刘某等15户群众多次到省、地、县上访，反映他们1958年前属城镇居民，1958年"大跃进"时被迁到关山林区从事农业生产，1981年至1985年陆续搬回水洛镇，要求解决他们的户口问题。该信访事项被省上列入重点信访事项通报后，地委、行政公署信访处联合庄浪县有关责任单位通过实地走访查清事实后，根据群众实际困难，提出了解决临时户口、向有经商能力的群众提供营业场地等化解措施，使该信访事项得到有效化解。

1993年，地委、行政公署信访处立案交办重点信访事项49件（省级8件、市级41件），办结44件，结案率达到89.8%。泾川县泾明乡尚某自1980年起长期到省委、省政府和地、县上访，反映村上给自己少划了承包地、在处理其子超计划生育方面不公平等问题。该信访事项被省上列入本年度重点信访事项立案交办后，地委、行政公署信访处及时派工作组开展了实地调查，时任地委书记马良骥亲自召集有关部门对尚某反映的信访问题进行了协调处理，最终尚某同意处理意见，息诉罢访。

1994年，省委、省政府信访室在平凉地区开展了引导群众逐级上访试点工作。8月上旬，地委、行政公署信访处根据全区试点工作经验，制定印发了《平凉地区引导群众逐级上访制度试行办法》，明确要求各级各部门要加大信访事项督查督办力度。是年，地、县（市）信访部门共立案交办群众反映强烈的突出信访问题197件，其中地委、行政公署信访处立案交办33件。庄浪县阳川乡赵湾村王某等10人反映村委会主任赵某每年给群众多摊公购粮、多收土地承包费等问题，地委、行政公署信访处将该信访事项立案交办后，庄浪县立即派出工作组进行了实地调查，查明群众反映的问题属实，随即启动问责程序，免去赵某村委会主任职务，并对其他问题进行了妥善处理，维护了群众合法权益。

1995年，地委、行政公署信访处立案交办重点信访事项18件（省级7件、地级11件）。对于部分棘手的信访问题，地委、行政公署信访处抽组人员进行了查处。

2002年，市委、市政府信访局（以下简称"市信访局"）立案交办重点信访事项76件。

2003年，市信访局立案交办重点信访事项65件。

2004年，市委、市政府出台《关于进一步加强和改进信访工作的意见》，要求各级各部门"要加强信访案件的督查督办。对信访部门交办、转送的信访案件，下级党委、政府及同级部门要认真办理，并按要求及时报告情况，回复处理结果。对办结的信访案件，发现事实不清或处理不当的，信访部门要责成承办单位限期复查纠正。各级信访部门要加大信访案件自查自办力度，市委、市政府信访局自办率要达到30%以上，市直部门和县（区）信访部门自办率要达到50%以上"。4月起，实行市政府常务会议听取民情通报制度，每月对群众来信来访进行一次汇总分析，每季度听取一次民情民意汇报，对群众反映强烈、意见比较集中的热点、难点问题以市政府《督查专报》形式进行交办；6月，市委召开重点信访事项交办会，对省委巡视组移交的45件信访件向相关县（区）和市直部门、单位进行了面对面交办；8月，按照省委办公厅、省政府办公厅要求，市委、市政府安排自9月初开始至12月底结束，利用4个月时间，成立5个专项工作组，对农村土地征用、城镇房屋拆迁、国有企业改制、涉法涉诉、企业军转干部与退役士兵安置等5个方面信访突出问题进行集中处理；10月13日至14日，时任省信访局局长张兴照带队赴泾川县，就全市贯彻落实省上有关信访工作会议精神和开展集中处理信访突出问题及涉访群体性事件第一阶段工作进展情况进行了实地督查调研。是年，全市共立案交办重点信访事项286件。

2005年，市信访局督查科成立。市信访局印发《交办信访案件办理规定（试行）》，首次以文件形式对重点信访事项的立案交办范围、交办程序、处理程序、审核报送程序作出规定。是年，市信访局立案交办重点信访事项42件（其中国家、省信访局交办14件），办结36件，结案率达到85.7%。

2006年，为集中督办解决影响全市经济社会发展大局和涉及群众切身利益的信访突出问题，4月份，市信访局部署在全市范围内开展集中处理信访突出问题"信访月"活动。其间，市信访局向各县（区）立案交办重点信访事项27件，并先后3次派出督查组开展带案实地督查。是年，市信访局共向各县（区）和市直有关部门立案交办重点信访事项87件，办结78件，结案率达到89.7%。

2007年，市委、市政府印发《关于进一步加强新时期信访工作的意见》，要求各级各部门"要建立健全党委和政府统一领导、信访部门组织实施、各职能部门共同参与的信访督查工作机制，配备配强设施和人员，不断加大督查工作力度，确保信访工作的决策部署落到实处。市、县（区）要建立信访督查专员制度，参与对重大疑难信访案件的督办和查处，促进群众信访问题的解决"。是年，在党的十七大、全国"两会"、省党代会和国庆节等重点节会期间，市委、市政府先后召开重点信访事项交办会4次，对市级层面影响较大的重点信访事项进行了集中交办，市信访局全年立案交办重点信访事项119件，办结107件，结案率达到89.9%。

2008年，结合开展深入学习实践科学发展观试点活动，市信访局在全市范围内组织开展了"集中治理重信重访""县（区）委书记大接访"专项活动。对省上交办的7件和市委、市政府交办的41件重点重信重访案件，分别确定由3名市级领导和27名县级领导包案督办；对17件涉法涉诉重复信访案件向有关政法部门进行了交办。同时，通过实地督查、会商会诊、集中会办、救助救济等有效措施，使省、市交办的48件重点重信重访案件全部按期办结，实现"案结事了、息诉罢访"。是年，市信访局共立案交办重点信访事项145件，办结132件，结案率达到91%。

2009年，省、市部署开展"信访积案化解年"活动，市信访联席会议办公室制定下发《关于开展"信访积案化解年"活动实施意见》，对集中交办的重点信访事项进行了跟进督查。是年，市信访局共交办督办各类重点信访事项221件，办结200件，结案率达到90.5%。

2010年3月至12月，市信访联席会议在全市组

▲2008年7月12日，时任中共平凉市委副书记张军利（图中）主持召开县（区）委书记大接访活动汇报座谈会

织开展了以集中治理进京非正常上访和到市赴省集体上访为重点的"两访治理化解年"活动。市信访局先后对庄浪县公路运输服务中心经营者、平凉至静宁客运班线挂靠经营客车车主赴省集体上访问题，到市集体上访农民工问题，市工商银行"协解"人员进京上访等突出问题进行挂牌督办。10月，市信访局在全市组织开展了以"走进矛盾、化解纠纷"为主题的系列活动，派出督查组深入信访问题突出的崆峒区、静宁县、庄浪县等县（区）开展专项督查，督促追缴农民工工资保证金2012.6万元，处理协调拖欠农民工工资信访案件76件，兑付农民工工资376.49万元。是年，市信访局共交办督办各类重点信访事项64件（其中省委政法委交办涉法涉诉信访案件8件，省信访局交办重点信访事项16件，市信访局立案交办重点信访事项40件），当年全部办结。

2011年初，市信访局制定印发《关于深入推进信访积案化解工作的实施方案》，对2009年以来的信访积案和3次以上到市赴省进京重复上访反映的信访事项进行了集中摸排，梳理出129件重复信访积案（其中省上8件、市上22件、各县区99件）进行了立案交办，当年办结124件，结案率达到96.1%，其中有68件信访积案当事人息诉罢访。

2012年，市信访局在全市信访系统组织开展了"联人联事化积案、真情真心解民难"活动，继续深入推进信访积案化解工作。年初，市信访局集中立案交办省、市梳理信访积案335件（其中省信访局交办11件）。4月12日，时任省信访局党组书记、局长俞成辉到泾川县、静宁县实地督导信访积案化解工作；4月18日，市政府副市长张正主持召开信访工作调度会，对信访积案化解等重点工作进行了推进部署；8月24日至27日，时任中央候补委员、国家质检总局党组副书记、副局长杨刚带领中央信访工作督导组到平凉市检查指导信访工作。是年，在中央、省、市强力督导推动下，全市立案交办的335件信访积案全部按期办结。

2013年，省信访联席会议办公室下发《关于进一步加强信访案件办理工作的通知》，要求各级各部门把督查督办作为提升交办案件办理质效的重要环节，将重大疑难信访问题列入党委政府督查范围，督促责任单位限期认真办理。市信访联席会议办公室先后部署开展信访突出问题"百日攻坚"活动、信访突出问题集中排查化解活动。其间，市信访联席会议办公室抽调人员组成督查组，对一些调查工作不深入、政策适用不恰当、处理意见不落实的信访案件进行了实地督导。是年，省、市、县三级信访部门共立案

交办重点信访事项512件（其中省级21件、市级51件、县级440件），办结423件，结案率达到82.6%。

2014年，结合开展党的群众路线教育实践活动，市信访局在全市信访系统部署开展了"信访积案化解年"活动。市、县（区）两级将重大疑难信访突出问题列入党委、政府督查机构督查范围。是年，市委、市政府信访局共交办督办各类重点信访事项363件，办结352件，结案率达到97%（市级排查交办信访积案57件，督办省委第二巡视组移交信访件171件，督办上级信访部门交办重点信访事项135件）。

2015年，国家信访局开始通过网上信访信息系统交办信访事项，全年共向平凉市交办重点信访事项4件，其中庄浪县2件，灵台县、崇信县各1件，均按规定期限办结。省信访局印发《关于进一步规范信访事项结案材料报送工作的通知》，对立案交办信访事项结案材料提出了规范要求，即立案交办信访事项结案时须报送5个材料：《结案审核单》《办理情况报告》《信访事项处理意见书》《送达回证》《息诉罢访资料》。是年，市信访局交办督办重点信访事项42件，当年办结42件，结案率达到100%。

2016年，全市信访系统以开展"两学一做"学习教育为契机，以推动实现信访积案"清仓见底"为目标，组织开展了信访积案化解集中攻坚行动。市信访局制定《平凉市2016年化解信访积案集中攻坚实施方案》，梳理未化解信访积案48件，全部通过网上信访信息系统进行了交办，并组织开展实地督查3次，个案督办87次。8月22日至25日，时任省信访局党组成员、副局长张惠武带领第三督查组，深入崇信县、泾川县，对张某某、何某某信访积案进行了实地督查。市信访局制定印发《平凉市重点信访事项实地督查实施办法》，对重点信访事项实地督查从目标任务、事项筛选、方案制定、人员组成、督查方式、工作要求等方面提出了明确要求。是年，国家、省、市信访部门共立案交办重点信访事项67件，办结67件，结案率达到100%。

▲2016年5月，时任平凉市政府副市长李富君（右二）、市委副秘书长、市信访局局长周晓宁（右四）一行赴灵台县开展实地督查

2017年，全市信访系统以开展"工作落实年""责任落实年"和"明察暗访督查年"等活动为契机，大力推行日常督办与定期督查、网上评查与实地督查、联合督查与挂牌督办、综合督查与专项督查"四个结合"督查督办工作机制，紧盯重点县（区）、重点单位和重点信访事项，组织开展信访个案实地督查35次。市信访局共交办督办重点信访事项143件（中央巡视组及中央环境保护督察组转交信访件96件，国家信访局立案交办重点信访事项32件，省信访局立案交办信访事项4件，市委市政府信访局立案交办信访事项11件），办结143件，结案率达到100%。

2018年，市信访局制定印发《开展信访矛盾化解攻坚战实施方案》，成立工作专班，聚焦重点领域、重点群体、重点问题、重点人员"四个重点"，在全市信访系统组织开展信访矛盾集中化解攻坚行动，共交办督办"四个重点"信访问题100件。同时，将省委第四巡视组移交的116件信访件、国家和省信访局日常交办的28件重点信访事项作为督查督办重点，制定《2018年全市重点信访事项实地督查工作方案》，组织开展专项督查4次、个案实地督查48次，推动国家、省、市立案交办的209件重点信访问题全部得到妥善处理。

2019年，省信访局部署对重点信访事项开展提级直查，省、市信访局提级直查重点信访事项12件，化解12件，信访人全部签订了息诉罢访承诺书，实现了案结事了和事心双解，为后续创新开展升级调查奠定了基础。市信访局结合"不忘初心、牢记使命"主题教育，开展了以"重点领域专项治理、重复信访问题专项治理、重点人员专项治理和重点信访事项直接调查处理"为主要内容的"三治理一处理"活动，大力推进信访矛盾化解攻坚工作，聚焦"四个重点"集中排查交办重点信访事项139件（国家信访局交办2件，省信访局交办22件，市信访局交办115件），办结139件，结案率达到100%。报请市委将信访工作督查列入全市督查考核工作整体安排，制定印发《关于对全市信访工作统筹实地督查的通知》，组织开展实地督查、网上督办和业务抽查103次，使群众合理合法利益诉求得到及时就地解决。是年，全市共交办督办各类重点信访事项226件，均全部按期办结。

2020年3月，全市信访系统组织开展为期1个月的信访矛盾化解攻坚战，其间，集中筛选交办重点领域、重点群体、重点人员、重点问题43件，办结42件，结案率97.7%。（见表2-4-1）

表2-4-1　2020年信访矛盾化解攻坚战集中交办重点信访事项

责任单位	交办件数（件）		化解件数（件）		化解率（%）
	省级	市级	省级	市级	
崆峒区	1	5	1	4	83.33%
华亭市	1	6		6	85.71%
泾川县		7		7	100.00%
灵台县	1	3	1	3	100.00%
崇信县		7		7	100.00%
庄浪县		6		6	100.00%
静宁县		4		4	100.00%
平凉工业园区		2		2	100.00%
市民政局		1		1	100.00%
市自然资源局		1		1	100.00%
市交通运输局		1		1	100.00%
合计	3	43	2	42	95.65%

9月，中央信访工作联席会议办公室召开集中治理重复信访化解信访积案专项工作（简称"治重化积"专项工作）动员部署会议，安排自2020年9月开始，在全国范围内开展为期三年的"治重化积"专项工作，通过网上信访信息系统，筛选提取2019年6月30日以前的所有重复信访事项，列为第一批信访积案向各县（市、区）进行了集中交办，要求在3年内完成化解，并首次以"信访人承诺息诉罢访和不再重复信访"为标准进行结案审核，改变了以往程序性审核制度。市信访工作联席会议成立工作专班，建立督办化解台账，逐件明确包案领导、责任单位、化解时限，逐级签订化解责任书，落实县级领导包案督办制度，开展常态化实地督查，定期通报化解进展，并对11件重点信访积案进行了升级调查。是年，第一批交办的218件信访积案化解93件，化解率42.7%。（见表2-4-2）

表 2-4-2　2020 年"治重化积"专项工作交办第一批信访积案　　　　（单位：件）

责任单位	交办数			
	中央交办	省级交办	市级交办	合计
崆峒区	34	1	4	39
华亭市	18		2	20
泾川县	22			22
灵台县	17		1	18
崇信县	5		2	7
庄浪县	31		3	34
静宁县	50	2	1	53
市公安局	6			6
市工信局	3			3
市住建局	2		1	3
市自然资源局	2			2
市交通运输局	3	1	1	5
市畜牧兽医局	1			1
市林草局			1	1
市卫健委	2			2
市文旅局			1	1
市供销社			1	1
合计	196	4	18	218

　　10 月中旬，中央第 15 巡视组进驻甘肃开展巡视工作期间，省信访局先后向平凉市转交中央第 15 巡视组移交非巡视范围信访件 222 件，市信访局全部进行了交办督办，办结后逐案报省信访局进行了审核销号。（见表 2-4-3）

表 2-4-3　2020 年中央第十五巡视组移交非巡视范围信访件　　　　（单位：件）

责任单位	交办案件数	办结数
崆峒区	40	40
华亭市	40	40
泾川县	14	14
灵台县	12	12
崇信县	15	15
庄浪县	22	22
静宁县	52	52
市法院	8	8
市检察院	4	4
市公安局	1	1

责任单位	交办案件数	办结数
市教育局	1	1
市卫健委	1	1
市交通运输局	4	4
市文旅局	1	1
崆峒山大景区管委会	6	6
甘肃医学院	1	1
合计	222	222

　　10月底，为进一步规范交办信访事项办理程序，提升交办信访事项办理质量，市信访局对历年来国家、省、市有关交办信访事项办理要求进行了梳理，研究出台了《平凉市信访局交办信访事项办理规范（试行）》，对交办信访事项概念、依据、原则、范围、交办流程、领导包案、办理要求、办理期限、跟踪督办、结案审核、满意度评价等进行全面规范，统一印制了《结案审核单》《办理情况报告》《信访事项处理意见书》《送达回证》《息诉罢访资料》《调解（和解）协议书》等模板和样例下发各级各部门。是年，市、县（市、区）信访部门共交办督办重点信访事项569件，办结444件，结案率达到78%；在办结的重点信访事项中，彻底化解（承诺息诉罢访或结案后再未重复信访的）366件，化解率达到64.32%。立案交办数和化解数均创历史新高。

　　2021年，"治重化积"专项工作进入攻坚年，在推动2020年第一批交办信访积案化解基础上，9月份，中央信访工作联席会议办公室再次对2019年7月1日至2021年6月30日的重复信访事项进行筛选梳理，集中向平凉市交办第二批信访积案67件。（见表2-4-4）

表2-4-4　2021年"治重化积"专项工作交办第二批信访积案　　　　（单位：件）

责任单位	交办数（中央信访联席办）
崆峒区	18
华亭市	6
泾川县	8
灵台县	2
崇信县	3
庄浪县	11
静宁县	12
市人社局	1
市交通运输局	4
市退役军人事务局	1
市林草局	1
合计	67

是年，各级信访部门积极开展"大督查大接访大调研"活动，始终把工作重心放在督办化解信访积案上。省委副秘书长、省信访工作联席会议办公室主任、省信访局局长秦仰贤，省信访局督查专员刘全生，省信访局一级巡视员王宗良分别带队，先后三次深入平凉市7县（市、区）对"治重化积"专项工作开展实地督查，对重点信访积案开展升级调查。市信访局在全力开展系统内督查督办的同时，汇报市委把化解信访积案列入各级党员领导干部开展党史学习教育"我为群众办实事"实践活动重要内容，全面推行领导干部包案化解信访积案工作。市委、市政府主要领导先后7次听取市、县（市、区）领导包案化解信访积案情况汇报。市信访工作联席会议4次通报调度化解进展、召开推进会议，市信访工作联席会议召集人带队开展实地督查3轮次。市信访工作联席会议办公室组织开展个案实地督查68次，向包案领导发出《提醒函》55份，升级调查处理重点信访积案11件，实现了对所有交办事项面对面督查全覆盖。截至12月底，第一批218件信访

▲2021年12月6日至8日，时任中共甘肃省委副秘书长、省信访局局长、省信访工作联席会议办公室主任秦仰贤（图中）带队深入平凉开展实地督查

积案全部按期化解，通过了国家信访局审核，化解率达到100%；第二批67件信访积案化解32件，化解率47.8%。

同时，为进一步加强源头治理，减少重复信访，市信访局制定《平凉市常态化治理重复信访工作规则（试行）》，建立重复信访事项和重点人员台账清单，按季度动态排查交办新增重复信访事项，常态化开展治理化解，全年累计排查交办重复信访事项282件。

是年，市、县（市、区）信访部门累计交办督办各类重点信访事项1128件，办结941件，结案率达到83.4%；化解867件，化解率达到76.9%。交办重点信访事项，特别是信访积案化解质量在全省位居前列。

2022年，"治重化积"专项工作进入决战决胜之年，全市信访系统持续以专项工作为统揽，全力推进重点信访事项督查督办。市信访局探索建立了信访工作联席会议召集人签字交办重点信访事项制度，每季度梳理汇总化解后再次重复的信访积案、集体上访、联名信和新增重复信访事项，建立《重点信访事项责任制交办台账》，报请市信访工作联席会议召集人签字后在信访工作联席会议上进行面对面交办，并跟进开展实地督查和带案下访，定期通报化解进展情况。7月底，市信访工作联席会议办公室制定印发了《平凉市治理重复信访集中攻坚行动实施方案》，安排从7月底开始至12月底结束，集中力量对化解后再次重复的信访积案和新增重复信访事项开展集中治理。第二季度，省委副秘书长、省信访工作联席会议办公室主任、省信访局局长秦仰贤，省信访局副局长梁兆光先后带队，到平凉市对7县（市、区）重点信访积案化解情况进行实地督查。市信访工作联席会议办公室先后组织专项督查4次、个案实地督查432件，升级调查重点信访事项15件，推动"治重化积"专项工作中交办的两批285件信访积案全部得到有效化解，全市重复信访同上一年相比下降16.99%。是年，全市累计交办督办各类重点信访事项866件。

▲2022年7月10日，时任中共甘肃省委副秘书长、省信访局局长、省信访工作联席会议办公室主任秦仰贤（图中）一行到华亭市东华镇督查调研治理重复信访、化解信访积案专项工作

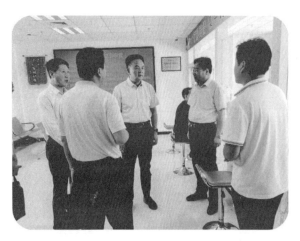

▲2022年6月17日，时任甘肃省信访局副局长梁兆光（图中）在灵台县实地督查信访积案化解工作

表 2-4-5　1964 年—2022 年立案交办重点信访事项情况　　　　　　（单位：件）

年份	交办单位	交办数量	结案数量
1964 年	中央、西北局、省人委	45	43
1965 年	中央、西北局、省人委	52	49
1973 年	地委	1	1
1974 年	地委	4	1
1978 年	地、县	12161	/
1981 年	省、地、县	705	559
1984 年	省、地、县（市）	314	274
1985 年	省、地	98	85
1986 年	省、地	137	124
1987 年	省、地	52	39
1988 年	省、地	390	241
1989 年	省、地	121	88
1990 年	地	27	17
1991 年	省、地	39	34
1992 年	省、地	30	26
1993 年	省、地	49	44
1994 年	地、县	197	/
1995 年	省、地	18	/
2002 年	市	76	/
2003 年	市	65	/

续表

年份	交办单位	交办数量	结案数量
2004 年	省、市	286	/
2005 年	国家、省、市	42	36
2006 年	市	87	78
2007 年	省、市	119	107
2008 年	中央、省	145	132
2009 年	省、市、县	221	200
2010 年	省、市	64	64
2011 年	省、市、县	129	124
2012 年	省、市	335	335
2013 年	省、市、县	512	423
2014 年	省、市、县	363	352
2015 年	国家、市	46	46
2016 年	国家、省、市	67	67
2017 年	国家、省、市	143	143
2018 年	国家、省、市	209	209
2019 年	国家、省、市	226	226
2020 年	国家、省、市	569	444
2021 年	国家、省、市	1128	941
2022 年	国家、省、市	866	865

第三节　领导阅批人民群众来信和包案督办重点信访事项

新中国成立以来，平凉地、县党政领导普遍重视人民群众来信阅批和督办工作。1949 年至 1962 年，凡是人民群众写给地、县领导的信件，地、县领导都逐一阅批，并对一些重要信访事项带案下访、督促办理，基本做到了件件有着落、事事有回音。

1963 年，人民群众写给地委、专署领导的信件中，要求调动工作的信件较多，时任地委、专署领导高度重视，在群众来信上作出批示："凡是能马上解决的就马上解决，对暂时不能调动的，第一时间复信或当面做明确答复，最终使得到调动的同志满意，未得到调动的同志安心在岗工作"。是年，按照地委、专署领导的批示要求，地、县相继解决了许多要求调动工作的干部职工的实际困难。比如，平凉一中俄语教师高某某，给时任专署领导写信申请照顾夫妻关系、调回原籍工作。为了照顾信访人的实际困难，满足其调回原籍工作的要求。按照专署领导批示要求，经向省教育厅汇报请示，省教育厅给平凉一中另外调配了一名俄语教师，使高某某写信反映的问题得到解决。高某某在离开平凉时，非常感激党和政府对他的关怀，表示他要在新的工作岗位上为党的教育事业努力工作，回报党和政府的关怀。是年，地委、专署领导阅批人民群众来信 152 件。

1964 年，对人民群众来信，地委、专署领导都进行了阅批，并安排相关部门及时作出了处理。比如，是年 2 月，时任专署副专员强振东接到群众要求申报粮、户关系的来信后，立即提交专署党组会议讨论研究，按照规定和来信群众作出了妥善处理。是年，地委、专署领导阅批人民群众来信 913 件，由地委、专署领导亲自阅批的人民群众来信比 1963 年增加了 6 倍。

1965 年，中共甘肃省委人民来信来访工作室在全省推广平凉地区人民来信来访工作基本实现"两不欠账"工作经验，对平凉地、县领导同志亲自阅批人民群众来信、亲自督办查处信访问题给予了充分肯定。是年，地、县领导阅批人民群众来信 1789 件，其中地委、专署领导阅批人民群众来信 683 件。

1966 年至 1977 年，受"文革"影响，平凉地、县信访工作处于瘫痪或半瘫痪状态，地、县领导阅批人民群众来信相对较少。这 11 年间，地、县领导阅批人民群众来信 1125 件，其中地委、专署领导阅批人民群众来信 282 件。

1978 年，地、县领导阅批人民群众来信 1972 件，其中地委、行政公署领导阅批人民群众来信 398 件。

1979 年，地、县领导阅批人民群众来信 2158 件，其中地委、行政公署领导阅批人民群众来信 472 件。

1980 年，地、县领导阅批人民群众来信 1085 件，其中地委、行政公署领导阅批人民群众来信 209 件。

1981 年，地、县领导阅批人民群众来信 511 件，其中地委、行政公署领导阅批人民群众来信 76 件。

1982 年，地、县领导阅批人民群众来信 665 件，其中地委、行政公署领导阅批人民群众来信 99 件。

1983 年，地、县领导阅批人民群众来信 681 件，其中地委、行政公署领导阅批人民群众来信 102 件。

1984 年，地、县（市）领导阅批人民群众来信 1179 件，其中地委、行政公署领导阅批 294 件。是年，地委信访室把清理积案，处理老大难信访问题作为重点工作，认真清理，吃透案情，逐人逐事摸底排查，填写案件承包登记表，经地委、行政公署有关会议研究决定，采取"三定一包"（定承办单位、定办案人员、定结案时间，领导承包）责任到人的办法进行查处，使许多老大难信访问题得到有效解决。比如，原平凉市合作中心商店集体工李某 1972 年调入毛纺厂工作，因调转介绍信含义不清，1981 年 5 月被毛纺厂按临时工清退回家，之后李某多次给地委领导写信反映此问题，时任地委书记徐尚和收到李某来信后，当即作出批示："请平凉市尽快落实处理"，时任原平凉市副市长李保印亲自包案，召集原平凉市经委、商业局、毛纺厂、合作商店负责人召开会议研究处理意见，与会人员一致认为李某被清退的责任在于单位，应予以纠正。后经提交原平凉市市长办公会议讨论决定，将李某按临时工清退回家改为按退职处理。

1985 年，地、县（市）领导阅批人民群众来信 1406 件，其中地委、行政公署领导阅批人民群众来信 436 件。

1986 年，全区建立地、县（市）、乡（镇）三级领导信访接待日制度。是年，地、县（市）领导阅批人民群众来信 1806 件，其中地委、行政公署领导阅批人民群众来信 274 件。

1987 年，地、县（市）领导阅批群众信件 1166 件。其中地委、行政公署领导阅批人民群众来信 255 件，并亲自督促检查催要结果。比如，当年静宁县对重要信访案件查处进展缓慢，时任地委书记徐尚和亲自给县委领导打电话，要求尽快办理，按时上报结果，使 5 件信访积案在短期内得到有效查处。

1988 年，地、县（市）两级领导阅批人民群众来信 656 件，其中地委、行政公署领导阅批人民群众来信 256 件；地、县（市）领导包案处理上访老户信访事项 75 件，其中地委、行政公署领导包案处理上访老户信访事项 14 件。

1989 年，地委、行政公署领导阅批人民群众来信 305 件。

1990 年，地委、行政公署领导阅批人民群众来信 482 件。

1991 年，地委、行政公署领导阅批人民群众来信 314 件。

1992 年，地委、行政公署领导阅批人民群众来信 223 件。

1993 年，地委、行政公署领导阅批人民群众来信 176 件。

1994 年，地委、行政公署领导阅批人民群众来信 169 件。

1995 年，地、县（市）党委、政府领导阅批人民群众来信 278 件，其中地委、行政公署领导阅批人民群众来信 142 件。

1996 年，地委、行政公署领导阅批人民群众来信 119 件。

1997 年，地委、行政公署领导阅批人民群众来信 271 件。

1998 年，地委、行政公署领导阅批人民群众来信 239 件。

1999 年，地委、行政公署领导阅批人民群众来信 218 件。

2000 年，地委、行政公署领导阅批人民群众来信 244 件。

2001 年，地委、行政公署领导阅批人民群众来信 234 件。

2002 年，市委、市政府领导阅批人民群众来信 226 件。

2003 年，市委、市政府领导阅批人民群众来信 247 件。

2004 年，市委、市政府领导阅批人民群众来信 328 件；市委、市人大、市政府、市政协四大家领导包案处理群众反映较为强烈、久拖不决的重点信访事项 38 件。

2005 年，市委、市政府领导阅批人民群众来信 422 件，包案督办重要信访事项 17 件。通过采取市级领导干部阅批人民群众来信、包案督办重要信访事项和召开部门联席会、信访听证会、上访人员座谈会等措施，集中解决了原平凉地区运输公司、平凉虹光电子管厂、市经委部分下属企业职工和崆峒区四十里铺镇农民因企业改制、社保待遇、征地拆迁补偿等引发的一大批信访突出问题。

2006 年，市委、市政府领导阅批人民群众来信 296 件，包案督办群众到市赴省进京上访反映的重点信访事项 26 件。

2007 年，市委、市政府领导阅批人民群众来信 254 件，包案督办群众到市赴省进京上访反映的重点信访事项 47 件。

2008 年，市委、市政府领导阅批人民群众来信 530 件，包案督办群众到市赴省进京上访反映的重点信访事项 48 件。

2009 年，市委、市政府领导阅批人民群众来信 386 件，包案督办重点信访事项 50 件。

2010 年，市委、市政府领导阅批人民群众来信 184 件。4 月份，市委办、政府办下发《关于市级领导包案解决重点信访问题的通知》，对摸排梳理的影响社会稳定的 13 个重点信访问题，由市委、市政府主要领导亲自审定，确定 9 名市级领导分别包案督办。各县（区）以解决市级领导包案督办重点信访事项为契机，层层排查梳理信访突出问题，逐级靠实工作责任，落实县级领导包案督办重点信访问题 65 件。通过上下协作，齐抓共管，相继解决了静宁县第二建筑公司改制、工商银行"协解"人员、灵台县邵寨煤田输电线路改线、庄浪县客运服务中心营运、崆峒区清真北大寺扩建用地、泾川县乡镇卫生院集体工工资发放等一批影响社会和谐稳定的信访突出问题。

2011年，市委、市政府领导阅批人民群众来信306件，其中市委、市政府主要领导阅批人民群众来信189件。是年，市委办、市政府办印发《关于市委市政府领导包案督办解决重点信访问题的通知》（以下简称《通知》），确定10名市级领导包案督办12件重点信访事项，并在当年全部办结。各县（区）按照市委办、市政府办《通知》要求，落实县级领导包案督办重点信访事项86件，办结78件，结案率达到90.7%。

2012年，市委、市政府领导阅批人民群众来信118件，包案督办重点信访案件11件。7县（区）党政领导干部阅批人民群众来信243件，包案督办重点信访案件131件。

2013年，市委、市政府领导阅批人民群众来信418件，市、县（区）级以上党政领导包案督办重点信访案件159件。

2014年，结合党的群众路线教育实践活动，市委办公室、市政府办公室制定印发《领导阅批重要来访事项暂行办法》。是年，市委、市政府领导阅批人民群众来信392件，包案督办重点信访案件39件。先后协调解决了崆峒区柳湖乡失地农民养老保险、平凉工专家属院物业管理、旅捷出租车公司四川籍车主要求延长出租车营运期限等信访突出问题。7县（区）、平凉工业园区各自排查并由党政领导包案督查重点信访案件290件。

2015年，市委、市政府领导阅批人民群众来信102件。是年，市委书记陈伟、市政府市长臧秋华亲自协调化解了平凉中心城区集中供热价格调整、平凉恒联公司家属楼住户办理房产证等信访突出问题。

2016年，市委、市政府领导阅批人民群众来信112件。是年，市委副书记、市长王奋彦主持召开专题会议，成立3个工作组，确定由3名分管副市长任组长，相关部门和责任单位负责人为成员，利用1月时间，依法化解了金景富苑住宅小区300多名业主上访反映的房屋性质变更等问题。市委常委、政法委书记杨军亲自包案协调处理了平凉工业园区四十里铺镇农贸市场商户上访反映的商业门店拆迁信访问题。

2017年，市委、市政府领导阅批人民群众来信355件。是年，市委办、市政府办印发《平凉市深入推进领导干部包案督办和接访下访实施方案》，市级党政领导先后两轮包案督办重点信访事项32件。

2018年，市委、市政府领导阅批人民群众来信392件，包案督办重点信访事项14件。先后协调解决了世纪花园业主集体上访反映的不动产登记办证等信访突出问题。

2019年，市委、市政府领导阅批人民群众来信143件，市委、市政府领导包案督办重点信访事项15件。是年，市委副书记、市长王奋彦主持召开会议，对群众反映强烈的9件信访突出问题进行了专题研究，确定市、县（区）领导进行包案督办，使9件信访突出问题全部得到解决。

2020年，市委、市政府领导阅批人民群众来信150件，市级党政领导分两批包案督办重点信访事项26件。

2021年，市委、市政府领导阅批人民群众来信251件。是年，市委把包抓化解信访积案列为各级党员领导

▲市委、市政府领导阅批的群众信件

干部开展党史学习教育"我为群众办实事"实践活动的"规定动作",市级党员领导干部带头包抓化解疑难信访积案53件,带动全市县级领导干部包抓信访积案1128件(次)。

2022年,市委、市政府领导阅批人民群众来信224件,市级党政领导包案督办疑难信访积案15件。

第五章　信访事项复查复核

第一节　信访事项复查复核工作制度

一、信访事项复查复核工作制度

1995 年 10 月 28 日，国务院颁布《信访条例》，首次正式提出信访事项复查、复核概念。

2005 年 5 月 1 日，国务院颁布新修订的《信访条例》，将信访事项复查复核制度作为我国信访制度中一项基本的工作制度从法律法规层面作出规定。

2006 年 9 月，修订的《甘肃省信访条例》对复查复核工作的规定进一步细化，对申请时间、复查复核时限、复查复核方式、申请人义务作出了明确规定。

2009 年 1 月 12 日，甘肃省人民政府办公厅印发《甘肃省信访事项复查复核办法》。

2014 年 3 月，国家信访局制定印发《关于完善信访事项复查复核工作的意见》，对办理程序、复查复核制度、审核认定、指导督查进行了规范。

2016 年 12 月，甘肃省人民政府办公厅修订印发《甘肃省信访事项复查复核办法》（甘政办发〔2016〕208 号），同时废止 2009 年 1 月 12 日印发的《甘肃省信访事项复查复核办法》。

2021 年 12 月，甘肃省人民政府办公厅修订印发《甘肃省信访事项复查复核办法》（甘政办发〔2021〕109 号），同时废止 2016 年 12 月印发的《甘肃省信访事项复查复核办法》。

2022 年，《信访工作条例》吸纳 2005 年国务院颁布的《信访条例》中的部分内容，继续对信访事项复查复核作出规定。

二、平凉市政府信访事项复查复核工作机构

2008 年 5 月，平凉市人民政府信访事项复查复核委员会成立，市委常委、市政府常务副市长赵景山兼任平凉市人民政府信访事项复查复核委员会主任（首任）。是年 7 月，平凉市人民政府信访事项复查复核委员会办公室成立，市委副秘书长、市信访局局长陈黎萍兼任办公室主任（首任）；黄沿钧任办公室副主任。

2013 年 8 月，市委副秘书长、市信访局局长周晓宁兼任平凉市人民政府信访事项复查复核委员会办公室主任（第二任）；梁涛任办公室副主任。

2019 年 5 月，市信访局设立复查复核科，承办市政府信访事项复查复核委员会办公室业务。杜培林任信访事项复查复核科科长。

2021 年 6 月，市委副秘书长、市信访局局长王怀义兼任平凉市人民政府信访事项复查复核委员会办

公室主任（第三任）。

　　2022 年 2 月，市委副秘书长、市信访局局长滚多雄兼任平凉市人民政府信访事项复查复核委员会办公室主任（第四任）。

第二节　市级信访事项复查复核工作

　　2008 年之前，市级信访事项复查复核工作业务由市信访局办理，信访事项复查复核工作只是对信访事项进行实地调查了解。

　　2008 年，平凉市人民政府信访事项复查复核委员会成立，市级信访事项复查复核工作逐渐规范。是年，市政府信访事项复查复核委员会办公室收到人民群众信访事项复核申请 3 件（教育文体类 1 件，劳动和社会保障类 1 件，城乡建设类 1 件），出具复核意见 3 件（崇信县柏树乡乔某申请复核事项，原平凉市丰收机械厂职工张某清申请复核事项，华亭县东华镇北河村杨某琴等人申请复核事项）。

　　2009 年，市政府信访事项复查复核委员会办公室收到人民群众信访事项复查复核申请 5 件（劳动和社会保障类 3 件，国土资源类 1 件，其他类 1 件），出具复核意见 4 件（华亭县安口镇白某胜申请复核事项，原华亭县安口电瓷厂职工关某玲申请复核事项，崇信县柏树乡路某申请复核事项，灵台县参战复退军人薛某喜申请复核事项），不予受理 1 件（原平凉市红十字会聘用人员王某峰申请复查事项已进入诉讼程序）。

　　2010 年，市政府信访事项复查复核委员会办公室收到人民群众信访事项复核申请 4 件（劳动和社会保障类 3 件，教育文体类 1 件），出具复核意见 2 件（平凉至静宁客运班线车主田某地申请复核事项，原平凉汽车运输公司解除劳动关系人员张某荣申请复核事项），引导通过劳动仲裁处理 1 件（泾川县卫生系统退休人员杨某琪申请复核事项），不予受理 1 件（原崇信县铜城乡马沟小学教师朱某科申请复核事项）。

　　2011 年，市政府信访事项复查复核委员会办公室收到人民群众信访事项复查复核申请 5 件（劳动和社会保障类 2 件，农业农村类 2 件，教育文体类 1 件），出具复核意见 4 件（平凉宏幸丽苑小区杨某霞申请复核事项，静宁县四河乡蔡河村上庄组蔡某平申请复核事项，崆峒区南山根 243 号宋某龙申请复核事项，庄浪县水洛镇杨某全申请复核事项），引导通过劳动仲裁处理 1 件（原平凉地区百货公司职工高某伶申请复查事项）。

　　2012 年，市政府信访事项复查复核委员会办公室收到人民群众信访事项复查复核申请 3 件（国土资源类 1 件，民政类 1 件，其他类 1 件），出具复核意见 2 件（华亭县东华镇王峡口村下范社郭某林申请复核事项，华亭县东华街道东大街居委会东关北街张某申请复核事项），出具复查意见 1 件（原平凉丰收机械厂退休职工何某寿申请复查事项）。

　　2013 年，市政府信访事项复查复核委员会办公室收到人民群众信访事项复查申请 1 件（交通运输类），出具复查意见 1 件（原平凉汽车运输公司退休职工杨某勋之女杨某兰申请复查事项）。

　　2014 年，市政府信访事项复查复核委员会办公室收到人民群众信访事项复查复核申请 16 件（劳动和社会保障类 3 件，国土资源类 8 件，交通运输类 1 件，城乡建设类 1 件，组织人事类 2 件，其他类 1 件），出具复核意见 8 件（平凉旅捷、长城两个出租车公司川籍车主陈某文等人申请复核事项，华亭县西华镇龚阳村杨庄社辛某成申请复核事项，华亭县西华镇龚阳村贺某文申请复核事项，华亭县西华镇龚阳村赵某平申请复核事项，华亭县西华镇龚阳村杨某华申请复核事项，华亭县西华镇龚阳村陈某秀申请复核事项、华亭县西华镇龚阳村谢某过申请复核事项，静宁县灵芝乡东庄村杜某仁申请复核事项），出具复查意见3件（原平凉汽车运输公司解除劳动关系人员邓某梅申请复查事项，崆峒区南苑路马某芳申请复查事项、市兽医局动物疫病监督所退休干部任某俨申请复查事项），引导通过法定途径处理1件（崆峒区滨河路4号家属院完颜某林申请复查事项），不予受理4件（崆峒区穆某英申请复查事项，原市电视网络管理中心职工杨某通申请复查事项，原平凉汽车运输公司职工席某寿申请复查事项，崆峒区崆峒镇官庄村马某平申请复查事项）。

2015年，市政府信访事项复查复核委员会办公室收到人民群众信访事项复查复核申请14件（劳动和社会保障类5件，国土资源类6件，教育文体类1件，其他类2件），出具复核意见5件（崆峒区工商街114号穆某英申请复核事项，崆峒山生态旅游示范区张某荧申请复核事项，华亭县旺达建材厂梁某仁申请复核事项，华亭县东华镇北河村杨某琴申请复核事项，华亭县东华镇北河社区张某梅申请复核事项），引导通过法定途径处理4件（静宁县界石铺镇高堡村李某财申请复查事项，崆峒区虎山路钟某

▲信访事项复核意见书

林申请复查事项，崆峒区滨河路完颜某林申请复查事项，崆峒区东瓜园鱼某萍申请复查事项），发出信访工作建议3件（崆峒区崆峒中路赵某玲申请复查事项，崇信县新窑镇新窑村杨某义申请复核事项，静宁县双岘乡姚湾村张某兵申请复核事项），不予受理2件（崆峒区崆峒中路曹某成申请复查事项，原平凉汽车运输公司安某珍申请复查事项）。

2016年，市政府信访事项复查复核委员会办公室收到人民群众信访事项复查复核申请18件（劳动和社会保障类5件，农业农村类2件，组织人事类3件，城乡建设类2件，政法类3件，民政类2件，其他类1件），出具复核意见6件（泾川县北新街杨某平申请复核事项，崆峒区崆峒中路王某军申请复核事项，静宁县甘沟镇响河村闫某社申请复核事项，平凉市红峰机械厂高某申请复核事项，泾川县城关镇水泉村党某志申请复核事项，平凉体育运动学校胡某露申请复核事项），出具复查意见1件（原平凉地区友谊革制品有限责任公司陈某虎申请复查事项），引导通过法定途径处理7件（平凉市太统林场师某英申请复核事项，崆峒区崆峒中路陈某影申请复查事项，崆峒区黄家园路李某民申请复查事项，静宁县双岘乡姚湾村张某兵申请复核事项，静宁县城关镇南关村李某学申请复核事项，静宁县城关镇王某安申请复核事项，崆峒区南河道陈某芳申请复查事项），发出信访工作建议1件（崆峒区崆峒中路张某申请复查事项），不予受理3件（静宁县印刷厂王某安申请复核事项，崆峒区中街路某林申请复查事项，市干休所家属院陈某俊申请复查事项）。

2017年，市政府信访事项复查复核委员会办公室收到人民群众信访事项复查复核申请17件（劳动和社会保障类6件，国土资源类4件，城乡建设类3件，教育文体类2件，民政类1件，其他类1件），出具复核意见2件（华亭县河西镇河西村吴某龙申请复核事项，崆峒区寇某太等人申请复核事项），出具复查意见2件（崆峒区城西路何某申请复查事项，崆峒区红旗街卫某芬申请复查事项），引导通过法定途径处理7件（崆峒区崆峒中路曾某华申请复查事项，崆峒区大秦乡梁西村苏某军等人申请复核事项，崆峒区崆峒中路刘某明申请复查事项，崆峒区石家巷冯某霞申请复查事项，崆峒区南台舍某亮申请复查事项，

崆峒区文化街田某平申请复查事项，静宁县李店镇薛胡村薛某国申请复核事项），发出信访工作建议3件（崆峒区崆峒中路曾某华申请复查事项，崆峒区城西路何某申请复查事项，静宁县城关镇慕某雄等申请复核事项），不予受理3件（崆峒区崆峒中路杨某军等人申请复查事项，兰州市永登县中堡镇马某利申请复查事项，崆峒区世纪花园朱某华申请复核事项）。

2018年，市政府信访事项复查复核委员会办公室收到人民群众信访事项复查复核申请12件（劳动和社会保障类4件，国土资源类3件，农业农村类1件，城乡建设类2件，政法类1件，教育文体类1件），出具复核意见1件（崆峒区北后街王某申请复核事项），引导通过法定途径处理5件（灵台县中台镇李某福申请复查事项，崆峒区民馨家园马某林申请复查事项，河北省三河市孙某斌申请复查事项，崆峒区崆峒东路容某中等人申请复查事项，崆峒区解放北路李某平等人申请复查事项），发出信访工作建议3件（崆峒区丰收北路马某忠等人申请复查事项，崆峒区柳湖镇鲁某荣等人申请复核事项，崆峒区城西路田某平申请复查事项），不予受理3件（崆峒区过店街苏某江等人申请复查事项，静宁县威戎镇李某富申请复核事项，崆峒区甘沟路周某人申请复查事项）。

2019年，市政府信访事项复查复核委员会办公室收到人民群众信访事项复查复核申请19件（劳动和社会保障类8件，农业农村类1件，城乡建设类5件，国土资源类4件，教育文体类1件），出具复核意见1件（泾川县城关镇西环路张某申请复核事项），引导通过法定途径处理7件（崆峒区果园路袁某东申请复查事项，泾川县荔堡镇南李村范某红申请复核事项，崆峒区安国乡安国村马某强申请复核事项，崆峒区北寺西巷马某杰申请复核事项，市委家属院李某琴申请复查事项，崆峒区崆峒东路金某义申请复查事项，兰州市七里河区胡某权申请复查事项），发出信访工作建议7件（崆峒区西新苑袁某东申请复查事项，崆峒区砖厂新区党某霞申请复查事项，崆峒区崆峒东路93号李某萁等人申请复查事项，静宁县界石铺镇崖岔村任某申请复核事项，崆峒区崆峒东路雷某宏申请复查事项，崆峒区崆峒中路王某丽申请复查事项，崆峒区来远路张某军申请复查事项），不予受理4件（崆峒区民馨家园马某明申请复查事项，庄浪县赵墩乡蛟龙寺村杜某东申请复查事项，中国邮政集团平凉市分公司沈某希申请复查事项，崆峒区杨某申请复查事项）。

2020年，市政府信访事项复查复核委员会办公室收到人民群众信访事项复查复核申请10件（劳动和社会保障类4件，民政类2件，政法类2件，农业农村类1件，国土资源类1件），出具复核意见5件（灵台县什字镇庙头村曹某学申请复核事项，宏达国盛商贸城李某娟等人申请复核事项，静宁县中街副食厂张某红申请复核事项，华亭市安口镇立新村杨某广申请复核事项，崆峒区十里铺镇瑶峰头村朱某良申请复核事项），引导通过法定途径处理3件（静宁县双岘乡樊梁村樊某申请复核事项，崆峒区水桥沟路刘某良申请复查事项，崆峒区四十里铺镇清街村杨某放申请复查事项），发出信访工作建议1件（崇信县锦屏镇于家湾村章某民申请复查事项），不予受理1件（泾川县窑店镇将军村贾某芳申请复查事项）。

2021年，市政府信访事项复查复核委员会办公室收到人民群众信访事项复查复核申请17件（城乡建设类9件，劳动和社会保障类3件，涉军安置类2件，农业农村类1件，国土资源类1件，组织人事类1件），出具复核意见2件（崆峒区崆峒中路张某申请复查事项，崆峒区白水镇段堡村段某州申请复核事项），引导通过法定途径处理6件（崆峒区果园路22号朱某申请复查事项，崆峒区红旗街29号杨某通申请复查事项，静宁县城关镇南关村张某顺申请复核事项，静宁县城关镇南关村张某运申请复核事项，崆峒区东瓜园吕某军申请复查事项，崆峒区大修厂家属院魏某莲申请复查事项），发出信访工作建议3件（泾川县城关镇建设路王某申请复核事项，静宁县城关镇南关村梁某学等人申请复核事项，崆峒区白水镇马莲村程某奎等人申请复核事项），退回责任单位重新办理3件（原平凉汽车运输公司职工何某明申请复查事项，原平凉市汽车修理厂老家属楼朱某利申请复查事项，崆峒区甘沟路安置区刘某琴申请复查事项），不予受理3件（灵台县什字镇青岗铺村李某堂申请复查事项，静宁县城关镇南关村张某运申请复查事项，静宁县城关镇南关村张某顺申请复查事项）。

2022年，市政府信访事项复查复核委员会办公室收到人民群众信访事项复查复核申请7件（劳动和社会保障类2件，合同纠纷类2件，城乡建设类1件，涉军安置类1件，农业农村类1件），引导通过法定途径处理2件（河南省郑州市金水区马某芳申请复查事项，崆峒区风景嘉苑姚某霞申请复查事项），退回责任单位重新办理2件（崆峒区丰收北路杨某烈等5人申请复查事项，华亭市河西乡河西社区章某泰申请复核事项），不予受理3件（甘肃金建房地产开发有限责任公司申请复核事项，崆峒区红泉花园雷某宏申请复查事项，静宁县贾河乡杨某刚申请复核事项）。

第三节　县（市、区）信访事项复查复核工作

2008年，7个县（区）收到人民群众信访事项复查申请3件，出具复查意见1件，引导通过法定途径处理1件，不予受理1件。

2009年，7个县（区）收到人民群众信访事项复查申请4件，出具复查意见1件，引导通过法定途径处理1件，发出信访工作建议1件，不予受理1件。

2010年，7个县（区）收到人民群众信访事项复查申请7件，出具复查意见2件，引导通过法定途径处理1件，发出信访工作建议2件，不予受理2件。

2011年，7个县（区）收到人民群众信访事项复查申请6件，出具复查意见1件，引导通过法定途径处理2件，发出信访工作建议1件，不予受理2件。

2012年，7个县（区）收到人民群众信访事项复查申请5件，出具复查意见2件，引导通过法定途径处理1件，发出信访工作建议1件，不予受理1件。

2013年，7个县（区）收到人民群众信访事项复查申请10件，出具复查意见4件，引导通过法定途径处理3件，发出信访工作建议1件，不予受理2件。

2014年，7个县（区）收到人民群众信访事项复查申请12件，出具复查意见4件，引导通过法定途径处理3件，发出信访工作建议2件，不予受理3件。

2015年，7个县（区）收到人民群众信访事项复查申请11件，出具复查意见5件，引导通过法定途径处理3件，发出信访工作建议1件，不予受理2件。

2016年，7个县（区）收到人民群众信访事项复查申请10件，出具复查意见5件，引导通过法定途径处理3件，发出信访工作建议1件，不予受理1件。

2017年，7个县（区）收到人民群众信访事项复查申请8件，出具复查意见2件，引导通过法定途径处理4件，发出信访工作建议1件，不予受理1件。

2018年，7个县（区）收到人民群众信访事项复查申请11件，出具复查意见6件，引导通过法定途径处理2件，发出信访工作建议1件，不予受理2件。

2019年，7个县（市、区）收到人民群众信访事项复查申请8件，出具复查意见5件，引导通过法定途径处理1件，发出信访工作建议1件，不予受理1件。

　　2020年，7个县（市、区）收到人民群众信访事项复查申请11件，出具复查意见5件，引导通过法定途径处理3件，发出信访工作建议2件，不予受理1件。

　　2021年，7个县（市、区）收到人民群众信访事项复查申请18件，出具复查意见9件，引导通过法定途径处理4件，发出信访工作建议3件，不予受理2件。

　　2022年，7个县（市、区）收到人民群众信访事项复查申请17件，出具复查意见3件，引导通过法定途径处理7件，发出信访工作建议3件，不予受理4件。

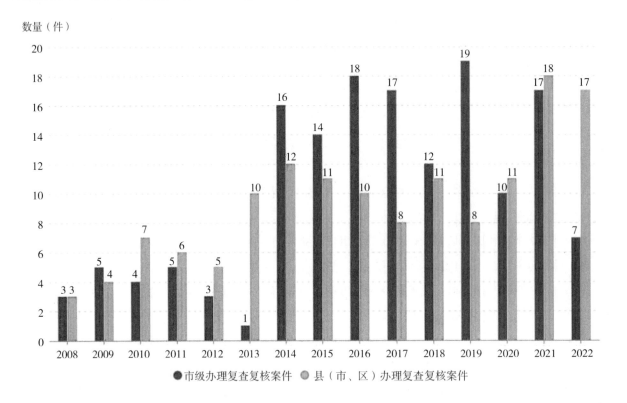

图 2-5-1　2008 年—2022 年市、县（市、区）办理复查复核案件统计图

第六章　信访保障

第一节　信访形势分析研判

2002年，市委、市政府信访局（以下简称"市信访局"）探索建立了"周研判、月分析、季通报"信访形势分析研判制度和重大信访事项风险评估预警制度，将信访工作重心从事后处理转向事前防范，在信访形势分析研判和信访事项风险评估过程中发现的苗头性、倾向性信访问题，及时以《信访信息》《要情呈报》等形式向市委、市政府进行报送，并向相关责任单位下发《信访事项风险预警通知》，力求将信访问题化解在早、化解在小、化解在基层，减少群众信访上行，维护社会和谐稳定。

2002年，市信访局通过《信访简报》及《信访摘报》等形式，定期分析信访动态，及时报送重要信访信息。先后编发《信访简报》19期，向市委、市政府领导及有关部门报送《信访信息》78期，摘报重要来信、来访113件（次），撰写《当前群众集体上访的成因与对策》等3篇调研材料。

2003年，市信访局先后分析通报信访形势8次，组织开展信访矛盾纠纷集中排查化解活动10次，排查化解信访矛盾纠纷281件，向崆峒区、静宁县发出信访工作建议2份，编发《信访简报》28期。

2004年，市信访局先后分析通报信访形势12次，向信访问题突出的单位发出信访工作建议4份，编发信访督查通报、《信访信息》《信访简报》50期（篇）。

2005年，市信访局先后分析通报信访形势14次，向信访问题突出的单位发出信访工作建议5份，编发信访形势通报、《信访信息》60期（篇）。

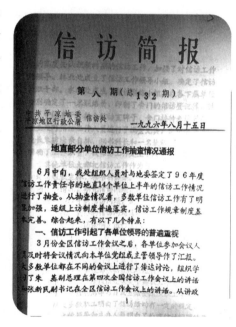

▲信访简报

2006年，市信访局先后分析通报信访形势6次，向信访问题突出的单位发出信访工作建议7份，排查化解信访矛盾纠纷349件，编发信访形势通报、《信访信息》《信访简报》76期（篇）。

2007年，市信访局先后分析通报信访形势12次，向信访问题突出的单位发出信访工作建议5份，编发信访形势通报、《信访信息》《信访简报》63期（篇）。

2008年，市信访局先后分析通报信访形势10次，对信访问题突出的单位发出信访工作建议5份，编发信访形势通报、《信访信息》《信访简报》72 期（篇）。

2009 年，市信访局先后分析通报信访形势 12 次，开展信访矛盾纠纷排查化解 15 次，对信访问题突出的单位发出信访工作建议 2 份，编发信访形势通报、《信访信息》《信访简报》54 期（篇）。

2010 年，市信访局先后分析通报信访形势 12 次，向信访问题突出的单位发出信访工作建议 6 份，编发信访形势通报、《信访信息》《信访简报》62 期（篇）。

2011 年，市信访局先后分析通报信访形势 10 次，对信访问题突出的单位发出信访工作建议 3 份，编发报送《信访情况分析》《信访信息》《要情呈报》58 期（篇）。

2012 年，市信访局先后分析通报信访形势 12 次，组织开展信访矛盾纠纷集中排查化解活动 4 次，排查化解信访矛盾纠纷 568 件，编发报送《信访情况分析》《信访信息》《要情呈报》82 期（篇）。

2013 年，市信访局先后分析通报信访形势 10 次，组织开展信访矛盾纠纷集中排查化解活动 8 次，排查化解信访矛盾纠纷 352 件，编发《信访情况分析》《信访信息》《要情呈报》86 期（篇）。

2014 年，市信访联席会议办公室制定印发了《平凉市重大信访事项风险评估预警办法》（平信联办〔2014〕8 号），《办法》规定：对重大信访事项风险评估实行分级制度，具体分为重大风险、较大风险、一般风险三个级别。

重大风险：信访事项案情重大、社会公众和媒体高度关注，涉及人数较多，有可能引发群体性事件或出现冲击、围堵党政机关等极端暴力行为，或者存在其他重大不稳定因素，需要党委政府多个部门共同解决的重大信访事项。此类信访事项评估等级用字母 A 表示，风险预警级别用"红色"表示。市、县（区）信访部门须将信访风险评估情况以《信访要情呈报》形式向党委政府主要领导报告，并及时向责任单位发出预警通知。

▲信访要情呈报

较大风险：信访事项案情相对复杂、信访矛盾持续时间较长、处理有一定难度，有可能引发群众集体上访或越级上访，需要市、县（区）、乡（镇）或有关部门相互协作、共同化解的信访事项。此类信访事项评估等级用字母 B 表示，风险预警级别用"橙色"表示。市、县（区）信访部门须将信访风险评估情况以《信访要情呈报》形式向党委政府分管领导报告，并及时向责任单位发出预警通知。

一般风险：信访人及其利益共同体对有关信访问题的解决存在疑虑，对处理结果不服，存在信访风险苗头，但通过责任单位解释说明、协调疏导能够化解的信访事项。此类信访事项评估等级用字母 C 表示，风险预警级别用"蓝色"表示。市、县（区）信访部门可直接向责任单位发出预警通知。

《平凉市重大信访事项风险评估预警办法》实施后，对于存在风险隐患的信访事项，市、县（区）信访部门严格按照《办法》规定进行了认真的风险评估，及时向有关责任单位下发了风险预警通知。是年，市信访局分析通报信访形势 12 次，组织开展信访矛盾纠纷集中排查化解活动 7 次，化解信访矛盾纠纷 352 件，向信访问题突出的单位发出信访工作建议 3 份，发出重大信访事项预警通知 5 份，编发《信访情况分析》《信访信息》《要情呈报》63 期（篇）。

2015 年，市信访局分析通报信访形势 14 次，对信访问题突出的单位发出信访工作建议 5 份，发出重大信访事项预警通知 5 份，编发《信访情况分析》《信访信息》《要情呈报》51 期（篇）。

2016 年，市信访局分析通报信访形势 12 次，向信访问题突出的单位发出信访工作建议 4 份，发出重大信访事项预警通知 5 份，编发《信访信息》《要情呈报》43 期（篇）。

2017 年，市信访局分析通报信访形势 12 次，向信访问题突出的单位发出信访工作建议 5 份，编发《信访信息》《要情呈报》《信访情况分析报告》73 期（篇）。

2018 年，市信访局分析通报信访形势 12 次，组织开展信访矛盾纠纷集中排查化解活动 7 次，排查化解信访矛盾纠纷 1028 件，发出重大信访事项预警通知 5 份，编发报送《信访信息》《要情呈报》《信访情况分析报告》57 期（篇）。

2019 年，市委、市政府信访局分析通报信访形势 12 次，组织开展矛盾纠纷集中排查化解活动 10 次，发出重大信访事项预警通知 5 份，编发《信访信息》《要情呈报》《信访情况分析报告》48 期（篇）。

2020 年，市信访局分析通报信访形势 12 次，向信访问题突出的单位发出信访工作建议 2 份，发出重大信访事项预警通知 5 份，编发《信访信息》《要情呈报》《信访形势分析研判报告》52 期（篇）。

2021 年，市信访局分析通报信访形势 12 次，发出重大信访事项预警通知 10 份，向崆峒区、静宁县、华亭市等部门发出信访工作建议 8 份，编发《信访信息》《要情呈报》《信访形势分析研判报告》96 期（篇）。

2022 年，市信访局分析通报信访形势 12 次，发出重大信访事项预警通知 4 份，编发报送《信访信息》《要情呈报》《信访形势研判报告》126 期（篇）。

第二节　非接待场所涉访人员劝返接领

一、非接待场所涉访及劝返接领

自 2003 年国家信访局设立临时分流场所后，对于到北京地区非接待场所涉访人员，北京警方接待后一律送至分流场所，由属地责任单位派人到北京进行劝返接领。平凉市各级党委、政府和相关责任单位，对到北京地区非接待场所涉访人员严格按照"属地管理"原则，及时指派工作人员进行劝返接领，并对到北京地区非接待场所涉访人员反映的问题，按照"三到位一处理"原则进行妥善处理。

二、2003 年以来全市到北京地区非接待场所涉访情况

2003 年，全市共发生到北京地区非接待场所涉访 9 人次。

2004 年，全市共发生到北京地区非接待场所涉访 13 人次。

2005 年，全市共发生到北京地区非接待场所涉访 7 人次。

2006 年，全市共发生到北京地区非接待场所涉访 29 人次，其中发生 2 次及以上的有：灵台县什字镇曹家老庄村曹某某 3 次到北京地区非接待场所涉访，反映其在灵台县法院申请执行民事判决时，被工作人员打伤并被判刑，要求给其平反赔偿并追究相关工作人员责任；庄浪县水洛街道办事处陈某某 5 次到北京地区非接待场所涉访，反映庄浪县在粮食购销企业改制中未给其落实伤残军人优抚政策，请求协调解决此问题；华亭县东华镇北大街陈某 5 次到北京地区非接待场所涉访，要求落实退休职工待遇。

2007 年，全市共发生到北京地区非接待场所涉访 16 人次，其中发生 2 次及以上的有：泾川县丰台乡刘某某 2 次到北京地区非接待场所涉访，反映不服法院对其子的刑事判决；崇信县柏树乡东风村秦某 4 次到北京地区非接待场所涉访，反映对 1991 年公安机关拘留其 30 日、拘留其子 8 日的裁定不服；庄浪县韩

店镇西门村苏某某2次到北京地区非接待场所涉访，反映当地拆迁补偿不到位；庄浪县柳梁乡徐家村徐某某2次到北京地区非接待场所涉访，反映其弟在内蒙古某煤矿打工时受伤，要求雇主解决善后事宜。

2008年，全市共发生到北京地区非接待场所涉访29人次，其中发生2次及以上的有：崆峒区南台巷马某某4次到北京地区非接待场所涉访，反映不服法院对其子的刑事判决；崆峒区安国镇黄某某3次到北京地区非接待场所涉访，反映其父被追认为革命烈士，要求解决其家人工作和住房问题；崆峒区花所乡陈某某2次到北京地区非接待场所涉访，反映其妻子、儿子被人拐骗，要求追究当事人责任，并赔偿经济损失；泾川县城关镇魏某某2次到北京地区非接待场所涉访，反映不服法院对其子犯抢劫罪的判决。

2009年，全市共发生到北京地区非接待场所涉访21人次，其中发生2次及以上的有：平凉工商银行解除劳动关系人员3次到北京地区非接待场所涉访，反映他们在2001年至2004年被工商银行解除劳动关系，要求恢复职工身份，补发生活费，给他们缴纳"三金"；崆峒区安国镇黄某某2次到北京地区非接待场所涉访，反映其父被追认为革命烈士，要求解决其家人工作和住房问题；华亭县东华镇杨某某、张某某2人3次到北京地区非接待场所涉访，反映华亭县北河塌陷区拆迁补偿不到位问题；泾川县窑店镇杨某某3次到北京地区非接待场所涉访，反映其不服法院对交通事故致其家人伤亡赔偿一案的判决。

2010年，全市共发生到北京地区非接待场所涉访14人次，其中发生2次及以上的有：庄浪县万泉镇田某某4次到北京地区非接待场所涉访，反映其妻子1998年在朱店医院手术后死亡，认为该事件属医疗事故，要求重新鉴定指纹并进行赔偿；庄浪县水洛镇杨某某3次到北京地区非接待场所涉访，反映庄浪县畜牧局引河水将其游泳池淹没导致其无法营业，要求赔偿其经济损失；庄浪县水洛镇杨某3次到北京地区非接待场所涉访，反映其不服法院对其1987年承包经营权一案的判决；静宁县新店乡张某2次到北京地区非接待场所涉访，反映其母亲及儿子被其妻子包某伙同他人杀害，静宁县公安机关未做出处理问题；崆峒区花所乡陈某某2次到北京地区非接待场所涉访，反映其妻子、儿子被人拐骗，要求追究当事人责任，并赔偿经济损失。

2011年，全市共发生到北京地区非接待场所涉访26人次，其中发生2次及以上的有：泾川县窑店镇杨某某3次到北京地区非接待场所涉访，反映其不服法院对交通事故致其家人伤亡赔偿一案的判决；崇信县柏树乡王某某2次到北京地区非接待场所涉访，反映不服法院对其子被伤害一案的判决；庄浪县水洛镇刘某某3次到北京地区非接待场所涉访，反映不服法院对庄浪县合作综合商店土地一案的判决；静宁县红寺乡王某某2次到北京地区非接待场所涉访，反映1998年乡上收取税费时强行拉走了他家粮食，要求赔偿；灵台县新开乡张某某2次到北京地区非接待场所涉访，反映其家庭困难，要求政府进行救助。

2012年，全市共发生到北京地区非接待场所涉访45人次，其中发生2次及以上的有：崆峒区大寨乡油坊村三社哈某某2次到北京地区非接待场所涉访，反映其在宁夏银川市金峰区良田镇的房屋被强拆，要求给予赔偿；泾川县窑店镇杨某某3次到北京地区非接待场所涉访，反映其不服法院对交通事故致其家人伤亡赔偿一案的判决；华亭县东华镇郭某某2次到北京地区非接待场所涉访，反映其父亲被错定成分，要求平反并赔偿被错定成分后的精神损失费。

2013年，全市共发生到北京地区非接待场所涉访75人次，其中发生2次及以上的有：崆峒区花所乡陈某某4次到北京地区非接待场所涉访，反映其妻子2008年9月在宁夏吴忠市发生交通事故死亡，此案当地交警已破案，要求给其进行经济赔偿；崇信县柏树乡王某某4次到北京地区非接待场所涉访，反映不服法院对其子被伤害一案的判决；泾川县高平镇任家寺村谢某某5次到北京地区非接待场所涉访，反映高平镇政府在庄基地复垦过程中致其母亲死亡，但赔偿金过低的问题；华亭县胡某某3次到北京地区非接待场所涉访，反映复员军官待遇未落实问题；崆峒区四十里铺镇涂某某4次到北京地区非接待场所涉访，反映其不服法院对其子交通事故死亡一案的判决；华亭县东华镇郭某某5次到北京地区非接待场所涉访，反映其父亲被错定成分，要求平反并赔偿被错定成分后的精神损失费。

2014年，全市共发生到北京地区非接待场所涉访55人次，其中发生2次及以上的有：泾川县丰台乡刘某某6次到北京地区非接待场所涉访，反映其不服法院以故意伤害罪判处其子有期徒刑四年的判决；华亭县胡某某7次到北京地区非接待场所涉访，反映复员军官待遇未落实问题；华亭县东华镇郭某某3次到北京地区非接待场所涉访，反映其父亲被错定成分，要求平反并赔偿被错定成分后的精神损失费；泾川县城关镇刘某某4次到北京地区非接待场所涉访，反映不服法院对交通事故一案的判决；华亭县东华镇张某某3次到北京地区非接待场所涉访，反映法院在办理其2007年承包土地纠纷一案时乱收费，要求上级进行处理；泾川县高平镇任家寺村谢某某4次到北京地区非接待场所涉访，反映高平镇政府在庄基地复垦过程中致其母亲死亡，但赔偿金过低的问题；崆峒区峡门回族乡李某某2次到北京地区非接待场所涉访，反映其与草峰镇张某某工资纠纷问题；灵台县上良乡杨某某2次到北京地区非接待场所涉访，反映不服法院对其岳父故意伤害本人及其父亲一案的判决；华亭县河西乡吴某某2次到北京地区非接待场所涉访，反映对其承包河西乡砖厂引起的纠纷，不服法院判决。

2015年，全市共发生到北京地区非接待场所涉访72人次，其中发生2次及以上的有：泾川县汭丰乡枣林村尹某某7次到北京地区非接待场所涉访，反映其子在崇信县木林乡中心中学上学时被老师打伤问题；崇信县柏树乡王某某5次到北京地区非接待场所涉访，反映不服法院对其子被伤害一案的判决；泾川县丰台乡刘某某4次到北京地区非接待场所涉访，反映其不服法院以故意伤害罪判处其子有期徒刑四年的刑事判决；华亭县胡某某3次到北京地区非接待场所涉访，反映复员军官待遇未落实问题。

2016年，全市共发生到北京地区非接待场所涉访47人次，其中发生2次及以上的有：静宁县曹务乡张珍湾村罗某某7次到北京地区非接待场所涉访，反映不服市、县法院对其反映的有关诉求的判决；泾川县丰台乡刘某某（女）6次到北京地区非接待场所涉访，反映不服法院以故意伤害罪判处其子王某某有期徒刑四年的刑事判决；华亭县东华街道办任某某（女）3次到北京地区非接待场所涉访，反映不服法院对其宅基地纠纷一案的判决。

2017年，全市共发生到北京地区非接待场所涉访72人次，其中发生2次及以上的有：灵台县什字镇曹家老庄村曹某某3次到北京地区非接待场所涉访，反映其在灵台县法院申请执行民事判决时，被工作人员打伤并被判刑，要求给其平反赔偿并追究相关工作人员责任；泾川县窑店镇胡某某5次到北京地区非接待场所涉访，反映因民间借贷纠纷一案，不服崆峒区法院作出的《执行裁定书》；崆峒区爱民巷高某某3次到北京地区非接待场所涉访，反映不服法院依法作出的房屋征收强制执行裁定。

2018年，全市共发生到北京地区非接待场所涉访40人次，其中发生2次及以上的有：静宁县曹务乡张珍湾村罗某某7次到北京地区非接待场所涉访，反映不服曹务乡政府对其放牧行为作出的处罚；崇信县柏树乡王某某2次到北京地区非接待场所涉访，反映不服法院对其子被伤害一案的判决；泾川县太平乡朱某某2次到北京地区非接待场所涉访，反映村支部书记侵占退耕还林款，贪污倒卖救灾物资，纪检监察部门未做处理问题。

2019年，全市共发生到北京地区非接待场所涉访28人次，其中发生2次及以上的有：静宁县曹务乡张珍湾村罗某某8次到北京地区非接待场所涉访，反映不服市、县法院对其反映的有关诉求的判决；灵台县什字镇曹家老庄村曹某某4次到北京地区非接待场所涉访，反映其不服法院判决及上访遭到打击报复问题；泾川县窑店镇胡某某 5 次到北京地区非接待场所涉访，反映因民间借贷纠纷一案，不服崆峒区法院作出的《执行裁定书》等问题；庄浪县柳梁乡徐某某 4 次到北京地区非接待场所涉访，反映其子为华亭煤业集团马蹄沟煤矿临时工，煤矿解除了与其子的劳动合同关系，要求华亭煤业集团将其子转为正式工。

2020 年，全市发生到北京地区非接待场所涉访 9 人次，其中发生 2 次及以上的有：华亭市河西镇牛某某 2 次到北京地区非接待场所涉访，反映其购买的华亭市东华镇修建的安置房漏水、断电，工程质量存在严重问题，请求协调解决；崆峒区新民北路棚户区改造房屋被拆迁户舍某某 2 次到北京地区非接待场所涉访，反映其位于新民北路片区的房屋被法院判决强制征收后，补偿标准过低，要求提高补偿标准。

2021 年，全市共发生到北京地区非接待场所涉访 65 人次，其中发生 2 次及以上的有：崆峒区新民北路棚户区改造房屋被拆迁户舍某某等 9 人 11 次到北京地区非接待场所涉访，反映他们位于新民北路片区的房屋被法院判决强制征收后，补偿标准过低，要求提高补偿标准；静宁县城关镇棚改户王某某等 10 人 2 次到北京地区非接待场所涉访，反映自 2019 年 3 月以来，静宁县在棚户区改造过程中存在补偿政策、补偿标准不明确、不公开、不公平等问题，在部分住户未签订拆迁协议情况下，有十多户村民的房屋被强拆，未得到妥善安置和补偿；村民代表认为存在补偿不合理、不公平及程序违规、强行注销村民户口等问题。

2022 年，全市无到北京地区非接待场所涉访人员。

表 2-6-1 全市到北京地区非接待场所涉访情况统计表

年度	涉访人次	年度	涉访人次
2003 年	9	2014 年	55
2004 年	13	2015 年	72
2005 年	7	2016 年	47
2006 年	29	2017 年	72
2007 年	16	2018 年	40
2008 年	29	2019 年	28
2009 年	21	2020 年	9
2010 年	14	2021 年	65
2011 年	26	2022 年	0
2012 年	45	合 计	672
2013 年	75		

第七章　典型案例

第一节　市直部门（单位）信访典型案例

案例一：私人财物被变卖　申诉多年终获赔

1959年2月，平凉邮电局职工曾某某被平凉县人民法院以攻击领导、破坏机器等罪名判刑4年，后经本人申诉，法院复查，于1963年3月改判为指出错误、无罪释放。曾某某被捕期间，平凉邮电局将其留在单位的部分财物退还给其家人，其余财物变价出售。曾某某被释放后向平凉邮电局提出赔偿财物损失要求，但由于平凉邮电局变价出售曾某某财物时未造册登记，双方各执一词，无法就赔偿问题达成一致意见。在与平凉邮电局协商无果的情况下，1969年开始，曾某某先后向中央、省委、地委连续写信申诉20余次，时间长达10年之久。

1979年1月，时任中共平凉地委书记张建纲看了曾某某的来信后，批示由平凉地委、地区革委会信访室、平凉地区中级人民法院组成工作组，协同平凉邮电局进行调查处理。后经工作组深入调查，与平凉邮电局及曾某某面对面商定，由平凉邮电局给曾某某赔偿财物损失760元。至此，曾某某反映10多年的信访问题得到彻底解决。

案例二：信访举报遭开除　重新调查还公正

1981年至1986年，原平凉地区七二〇一工程指挥部某建筑工程队职工景某某多次到国务院办公厅信访局上访，反映1979年平凉地区国家战备公路七二〇一工程结束后，剩余的物资被指挥部蒋某等人公开侵吞；其和职工张某向上级反映后，平凉地区纪委虽然于1980年9月进行了调查，也认为他们反映的问题部分属实，但最终调查报告明显偏袒蒋某，且对他们反映的问题没有全部查清，还因其在调查期间再次到省委上访对其进行了批评；其因上访受到打击报复，妻子受人教唆与其离婚并抢占了全部家产和住房，单位还将其3个月工资扣留作为给其前妻的生活费；1981年单位以其长期不上班为由停发了其工资；其进京上访后，单位又开除了其党籍和公职。

为彻底查清处理景某某反映的信访问题，1986年9月，国务院办公厅信访局专门派人到甘肃了解查处情况，省上有关部门成立专门工作组来到平凉，历时半个月对景某某信访问题做了重新调查，最终查明景某某反映的问题基本属实，个别问题虽有出入，但也事出有因，景某某上访是有道理的。之后，平凉地委根据省上工作组的建议，立即恢复了景某某的工作，并对其他问题进行了跟进处理，景某某反映的信访问题得到有效化解。

案例三：群众利益无小事　领导重视解民忧

2006年3月6日，崆峒区水务局家属院三庄坑住宅楼住户40余人到市政府集体上访，反映新世纪房地产开发公司在建设新湖花园住宅小区项目时加高市场门店和住宅楼地基，影响三庄坑住宅楼住户采光、排水和道路通行，要求市政府协调处理。

群众来访后，时任市政府副秘书长薛晓宏组织市、区信访、建设、国土及崆峒区水务局负责人开展联合接访，详细听取群众信访诉求，与上访群众实地走访涉事现场。之后，形成《信访信息》向市政府进行了专题汇报。时任市政府市长马学军对此非常重视，亲自召集市政府办公室、市信访局、市规划局召开会议，听取有关情况汇报，明确要求要把维护群众利益放在首位，确保新湖花园住宅小区建设不影响现住户的采光和道路通行，同时也要维护城市建设总体规划的严肃性，妥善处理好现住户和新湖花园住宅小区项目建设之间的纠纷，为城市建设发展创造良好环境。

按照马学军市长督办指示要求，市、区规划部门重新对新湖花园住宅小区建设现场进行了详细勘察丈量，绘制了地形和建筑物分布图，会同信访部门分别和三庄坑住宅楼住户、新世纪房地产公司进行座谈，提出了处理意见：一是对环行路东高西低的问题，在东侧市场急降坡消除高差后保持现住宅楼东西地面水平线一致，并由新世纪房地产开发公司负责建设排水总管道，将该处雨水和污水直接排放到总管道中，从根本上解决雨污排放问题；二是对市场地平与三庄坑现住宅楼防盗门地平水平线不一致的问题，由新世纪房地产开发公司对已修建的一层市场门店予以拆除，腾出足够空地，将三庄坑现住宅楼北面院子由110平方米扩展到800平方米，相关费用由新世纪房地产开发公司承担。

上述处理意见经汇报马学军市长同意后，2006年3月12日上午，市信访、规划、建设等部门及崆峒区政府负责人联合向上访群众代表进行了现场答复解释，上访群众对处理意见很满意，对市政府重视关心、快速解决他们的信访诉求表示感谢。

案例四：住宿受伤生纠纷　即接即办化矛盾

2008年6月30日19时30分左右，来平凉旅游的陕西省宝鸡市游客谢某携妻带女，怒气冲冲地到市委上访，反映当日7时许，其妻子在住宿宾馆洗澡时不慎在浴盆中滑倒，下意识抓毛巾架时将架竿拉断，头碰到墙壁上受伤，其以浴室内没有防滑设施和安全提示为由与宾馆工作人员交涉，要求将其妻子送往医院检查。但工作人员却以宾馆经理联系不上为由让他们自己处理。他们向公安机关报案后，宾馆经理才出面陪同他们前往医院检查，共花费检查费用300元。下午退房时，宾馆又因他们超时退房要加收房费，他们认为超时退房是因与宾馆协商处理检查费用事宜引起的，宾馆不应加收费用，但宾馆强行在其住宿押金中扣除了超时房费，导致他们与宾馆矛盾激化。谢某遂携妻带女到市委上访，要求面见市委领导，对自己来平凉后一连串的不幸遭遇作出公正处理：一是要求宾馆向他们道歉；二是宾馆要退回多收的60元超时房费；三是支付他们在医院的检查费300元（此前已与宾馆签订支付协议，钱款尚未支付）。

谢某一家来访后，市信访局接访人员耐心听取了他们的诉求，疏导他们缓和情绪后，按照简易信访事项办理有关规定，及时通知宾馆派工作人员和谢某一家进行了现场协商，最终双方达成和解协议，宾馆向谢某表达了歉意并退还了60元超时房费并当场支付了300元检查费，谢某一家人的"心结"打开，双方握手言和。

案例五：民生项目引担忧　宣传解惑赢支持

2009年9月，平凉市第二人民医院放疗中心项目建设选址及初期施工过程中，与该医院临近的市烟草公司职工和部分居民以医用直线加速器为强辐射医疗仪器，建成后会严重危害他们的身体健康为由阻挠施工，并多次到市、区集体上访，要求停止建设。

经调查，平凉市第二人民医院放疗中心是崆峒区2010年计划实施的重点民生建设项目之一，项目建成后，将填补平凉市及周边地区放疗诊疗领域的长期技术空白，对于促进全市医疗事业发展、保障人民群众生命健康具有重要意义。项目实施前期，经省卫生厅批准立项，平凉市第二人民医院于2008年3月出资购买了医用直线加速器及配套设备一套。2009年8月，经现场测试，省卫生厅作出评价报告，认定该项目符合放疗诊疗管理规定和电离辐射基本标准。同期，市发改委批复了平凉市第二人民医院医技放疗楼（3号楼）项目建设方案，其中放疗中心位于该楼一楼东北侧，距市烟草公司家属楼14米，距最近的居民区500米。

群众上访后，市信访局随即下发预警函，建议崆峒区政府和相关部门加强项目监管，严格规范程序，在未经环评审批前不得擅自开工建设，并切实做好宣传解释工作。平凉市第二人民医院也立即停止了设备安装。2009年11月至2010年1月，崆峒区政府两次邀请省环保厅专家组到项目现场勘查，召开项目环境评估座谈会，对群众提出的问题和疑惑，从国家法规、环保政策、技术标准等方面进行了全面论证，一致认为平凉市第二人民医院放疗中心设备安全性能符合国家标准，不会对周边环境和群众身体健康造成影响和伤害。其间，为减少周边群众忧虑，平凉市第二人民医院决定将放疗设备安装地点由地上改为地下。2010年3月，省环保厅核与辐射安全局委托市、区环保部门，深入到周边群众中，对平凉市第二人民医院放疗中心进行了项目环境评估公众调查及公示，调查满意率达到了84.6%。2010年4月20日，省环境评估中心正式下发《评估意见》，认为平凉市第二人民医院放疗中心从环保角度分析可行建设。

在平凉市第二人民医院落实环评报告各项措施，加快项目开工准备工作期间。2010年4月26日，上访群众又到项目建设现场聚集，引发了有关新闻媒体的关注。针对这些问题，时任市委常委、市政府常务副市长王奋彦主持召开专题协调会议，要求崆峒区政府和市、区相关部门认真研究，强化力量，采取措施积极做好群众工作，使群众了解项目建设意义，支持项目建设顺利进行。随后，市、区信访、卫生、环保、建设等部门抽调20余人成立5个工作组，对周边40户130余名群众进行了入户走访和宣传解释，并对项目建设批复文件和设备安全状况等以大型喷绘形式向群众进行了公开宣传；同时邀请省、市、区肿瘤放疗治疗专家制作PPT和宣传资料，开展专题讲座3场，现场为群众解疑释惑。通过连续1个多月的宣传解释和教育引导，大部分上访群众对相关放疗设备的安全性、环评的科学性有了客观正确的认识，对平凉市第二人民医院放疗中心项目建设由抵触对抗转为理解支持，该项目得以顺利完成。

案例六：私征房屋生纠纷　领导包案得化解

2012年至2016年，原平凉市种子管理站家属院住户曾某某等10人，先后与静宁亚泰公司签订了由该公司自制的《房屋拆迁协议书》《原种子公司房屋拆迁住户新旧楼房兑换协议书》《房屋拆迁置换协议书》，约定三年内完成房屋拆迁安置。之后，静宁亚泰公司因内部原因无力开发建设安置楼，也无资金向曾某某等 10 人按约定发放过渡安置费。

从 2016 年 10 月 24 日开始，曾某某等人先后多次到市赴省集体上访，向省、市党政主要领导写信，反映静宁亚泰公司与他们签订征收协议，承诺对他们原地安置并每户支付 5000 元/年过渡安置费，但静宁亚泰公司在收取他们的房证，并将他们的房屋部分设施拆除后，至今未动工修建安置楼，也未发放过渡安置费，要求督促静宁亚泰公司尽快交房，并以每月 1500 元标准向他们支付过渡费。在之后的上访过程中，曾某某等人又先后提出由静宁亚泰公司给他们增加过渡安置费，支付装修金、办证费，以现房安置或货币补偿，由住建部门与他们签订房屋恢复改造协议，将他们的房屋恢复原状或列入棚改安置等诉求。

对曾某某等人反映的信访问题，市住建局多次调查处理，组织有关部门、单位召开专题协调会议，与曾某某等人座谈协商，讨论研究解决方案，协调开发企业尽快解决曾某某等人的安置问题。但因涉事土地被静宁亚泰公司担保抵押给银行用于贷款，加之因历史原因涉事土地涉及多方债务等，静宁亚泰公司再无开发能力。为此，市住建局除积极引导曾某某等人通过诉讼途径解决，还无偿向曾某某等人提供法律援助，但因曾某某等人意见不统一，迟迟未向法院提起诉讼，该问题一直未能有效化解。2018 年 4 月 9 日，因静宁亚泰公司贷款逾期，甘肃银行平凉红旗街支行提起诉讼，平凉市中级人民法院判决甘肃银行平凉红旗街支行对静宁亚泰公司提供的抵押土地（含曾某某等人房屋所在地）折价或者拍卖、变卖所得价款享有优先受偿权。其间，市住建局及时提醒曾某某等人就补偿安置问题向法院递交了《案外人分配财产申请》。2018 年 12 月 10 日，平凉市中级人民法院对涉案土地进行了司法拍卖，在拍卖公告中明确规定"静宁亚泰公司取得该宗土地所有权时，与曾某某等 10 户签订有拆迁补偿协议，买受人需继续履行补偿协议"；并于次年 3 月 19 日作出执行裁定书，裁定由拍得土地的平凉华新公司负担曾某某等 10 户的相关安置问题。至此，曾某某等人的补偿安置问题才有了希望。但之后，平凉华新公司又以拍卖公告中没有公示需要安置的详情条件使其产生误解、存有异议为由，未积极履行法院裁定，经相关部门多次组织协商调解后，曾某某等人和平凉华新公司又未能达成一致的补偿安置意见，该问题被再次搁置，曾某某等人继续上访。

2021 年 10 月，省、市信访工作联席会议部署开展民生领域信访突出问题化解工作，省信访局将曾某某等人信访事项列入城乡建设领域重点积案，交由平凉市重新办理。时任市政府市长王旭作出批示，副市长杨恭包案督办，要求市住建局认真调查，提出意见，妥善化解。按照市领导批示要求，市住建局及时召开局长办公会议，抽组工作专班，制定化解方案，紧盯为群众办实事、以彻底化解历史遗留问题目标，连续多次组织平凉华新公司与曾某某等人协商谈判，最终促使双方达成一致意见，签订了房屋补偿安置协议，使这一长达 10 年的信访积案得到彻底化解。

案例七：命悬一线来求助　全力帮扶解危困

2016 年 4 月 28 日，时年 36 岁的崆峒区安国镇闫沟村村民张某某骑自行车行至平凉广成大酒店门口时，与李某驾驶的轿车发生碰撞，致张某某严重受伤。经司法鉴定，张某某身体受伤害程度为伤残六级，法院判决保险公司和李某应赔偿张某某医疗费等各种损失 782280.11 元。之后，保险公司全额赔偿 220000 元，李某在预付了 98843.10 元后因无力赔偿外出失联。

事故发生后，张某某在平凉市人民医院虽然进行颅骨修补等手术住院治疗 695 天，但其右下肢仍然瘫痪、左额头皮肤缺损并感染化脓、言语和意识模糊、生活完全不能自理，医院告知其家属若不及时进行二次手术，张某某将会有生命危险，而当时保险公司和李某预付的赔偿款早已用完，张某某及其家人再无任何经济来源支付治疗费用。万般无奈之下，2017年，张某某母亲用轮椅推着处于半昏迷状态的张某某到市委上访，请求政府救助，挽救张某某生命。

对张某某母亲反映的诉求，时任市委副秘书长、市信访局局长周晓宁高度重视，及时将相关情况向时任市委副书记王奋彦做了专题汇报，王奋彦副书记当即作出批示，要求市信访局协调相关部门全力开展帮扶救助，确保张某某生命安全。后经王奋彦副书记和周晓宁副秘书长亲自协调，张某某二次手术和康复费用由市、区法院及相关部门依据政策规定共同筹集解决，其中市法院申请司法救助4万元，市妇联在妇女救助资金中救助3万元，市残联在残疾人救助资金中救助3万元，崆峒区法院司法救助4万元，崆峒区农合局按政策规定在新型农村合作医疗资金中报销张某某两次住院医疗费8万元，崆峒区民政局在困难救助资金中救助1万元。救助资金筹措到位后，市信访局对张某某二次手术及帮扶救助工作作了进一步协调：由崆峒区法院与张某某家属联系衔接第二次手术具体事宜，并负责张某某医疗救助资金的管理和使用；由崆峒区农合局按政策规定及时报销张某某住院及二次手术费用；由崆峒区安国镇政府通过民政救助等方式尽最大努力解决张某某的基本生活问题。

2018年11月，在市、区相关部门的帮助下，张某某在西京医院进行了二次手术。术后张某某身体康复良好，在生活逐渐能够自理后，和其母亲专程到市信访局表达了她们母女对党和国家的感激之情，张某某感激地说："没有党和政府的关怀，就没有我的今天，是党和政府给了我第二次生命。"

案例八：购房纠纷引风波　市长包案依法解

2016年9月，由平凉东方房地产公司开发的某住宅小区，在房屋交付时临时告知群众所购房屋由商品房变更为限价商品房，且要收取272元/m²的配套费，引发购房群众强烈不满，部分购房群众先后多次到市委、市政府集体上访，并到相关单位滞留上访，反映开发商在售房过程中存在变更房屋性质、提高房价等6个方面问题，要求市政府及相关部门调查处理。

群众来访后，市信访局第一时间召集相关部门开展联合接访、会诊分析，将该信访事项确定为橙色B级重大信访事项，及时向平凉供电公司发出《重大信访事项风险预警函》，并以《要情呈报》向市委、市政府汇报了群众上访情况。时任市委副书记、市长王奋彦对此高度重视，亲自包案督办，先后3次召集信访、公安、住建、国土、规划、供电等部门和责任单位平凉东方房地产公司负责人开会，听取情况汇报，研究解决办法，明确提出"坚持直面存在问题不回避、坚持群众利益至上不动摇、坚持依法依规处理不手软"工作原则，安排3名分管副市长牵头成立了联合调查组、协调处理组、综治维稳组3个工作组，同步开展实地调查、拟定意见和依法处置工作。

经调查，此信访事项共涉及购房群众近千人，涉及资金高达数千万元。引发群众上访的根源主要是平凉东方房地产公司初期售房时把关不严，未严格按照主管部门批复的保障范围进行审查，导致原计划只供给内部职工的限价商品房大多数出售给了社会人员，进而导致限价商品房的保障范围发生变化而无法规范实施，后期又违背预售合同约定，将部分商品房全部变更为限价商品房，对购房群众权益造成一定影响。后经调查组认真研究并邀请有关专家、律师进行会商讨论后决定，由平凉东方房地产公司依法按政策申报主管部门批准并履行相关手续后，将房屋产权性质全部恢复为商品房并理顺合同关系，对购房群众提出的将房屋产权办理在实际购房人名下、依法认定房屋面积、严格按照合同约定价格交付房款、加强小区绿化及物业管理等合理诉求要全部解决到位。在此基础上，平凉东方房地产公司还主动承担了购房群众2016年冬季供暖费用，并表示在政策范围内最大限度让利于民。在处理此信访事项过程中，调查组按照"三到位一处理"要求，既保护购房群众的合法利益，又协调公安机关对个别上访群众的违法上访行为进行了依法处理，并对购房群众开展了一系列法治教育，引导购房群众依法、理性、有序反映诉求，从而避免了群体性信访事件发生，使这一信访事项在短短一月内得到圆满化解。

案例九：购房多年难办证　尊重历史解民愁

"办证难"一度成为诸多购房群众的忧心事和烦心事。平凉市以群众无过错为原则，由相关主管部门"背书"担责，为赵某某等38人容缺办理房屋产权证，是平凉市化解购房群众"办证难"问题的一个缩影，也是一次积极探索和创新实践。

事情还得从2013年说起，崆峒区居民赵某某等38人到市政府上访，反映他们2007年购买的由市农技推广站和市种子管理局联合开发的商住楼，至今无法办理商品房产权证，请求协调解决。

经调查，赵某某等人购买的商住楼不能办理商品房产权证的主要原因在于：该商住楼在规划建设和立项批复时并非商品房性质，而是职工集资房。但调查还发现，赵某某等人购买的商住楼实际是按市场价购买的，购房群众无过错，因此赵某某等人要求办理商品房产权证的诉求是合理的。就在赵某某等人上访反映这一问题的期间，全市反映国有土地上房屋权属登记遗留问题的信访事项较多，"办证难"已经成为当时诸多购房群众的忧心事和烦心事。于是，在有关部门深入调研基础上，市政府于2014年制定出台了《关于规范国有土地上房屋权属有关历史遗留问题的若干意见（暂行）》，为解决"办证难"问题提供了政策支持。

2015年，市农技推广站和市种子管理局根据上述《意见》规定，积极联系住建、国土等部门交纳了涉事商住楼建设国有土地使用出让金和建设契税，办理了国有土地出让使用证，完成房产测绘并形成了《建筑面积计算书》和《房屋产权登记表》。但之后由于不动产登记改革，部分补救工作因政策及资料不全等原因暂时无法完成，购房群众房屋产权证办理工作又处于停滞状态。

2019年2月9日，赵某某等人再次向省、市主要领导写信反映他们的房屋产权证仍未办理，市政府主要领导、分管领导分别作出批示，要求相关主管部门认真调研，依法依规提出办理意见，妥善解决群众的合理诉求。随即，由市自然资源局牵头，相关部门参加，再次对赵某某等人反映的信访问题及全市类似问题进行了深入调研。依据调研情况，相关部门认为，根据该商住楼建设销售和赵某某等人购房实际，该问题过错不在购房群众，政府应当从维护群众合法权益角度出发，尽快解决这一历史遗留问题。后经市自然资源局局长办公会议研究，并报市不动产登记领导小组同意，决定本着尊重历史、面对现实、便民利民原则，对该商住楼原立项批复等资料不再变更，由原开发单位对不动产登记过程中涉及的各项税费和个人契税作出补交说明和承担法律责任的承诺，经主管部门加注意见后，由购房群众持收款单据、购房合同及相关资料直接到不动产登记部门申请办理房屋产权证。

2021年，全省统一部署开展化解不动产历史遗留"登记难"问题工作后，平凉市把化解历史遗留"登记难"问题作为党史学习教育"我为群众办实事"实践活动的具体抓手，成立了以市委书记、市长为组长，市委、市政府有关负责同志为副组长，市纪委和发改委、财政、住建、税务、自然资源等部门为成员单位的领导小组，坚持以"群众无过错"为原则，制定实施方案，提出26条具体措施，拉网排查，分类施策，攻坚化解。其间，省委书记、省人大常委会主任尹弘亲自深入崆峒区博雅城住宅小区入户走访，现场调研平凉市化解"登记难"问题进展情况。市委、市政府主要领导带头接访下访、亲自督办化解"登记难"信访问题4批1500余人次。截至2022年11月30日，全市累计排查涉及"登记难"问题房屋48494套，化解登记48494套，提前完成了既定目标任务。同时，市自然资源局牵头制定出台《平凉市推进新建商品房"交房即交证"改革实施方案》，积极开展"交房即交证"试点工作，努力推动实现购房群众"一手领钥匙、一手领房证"，购房"登记难"问题逐渐成为历史。

案例十：承诺未兑无学上　专项扩招一次解

2020年9月13日至14日，平凉职业技术学院2017级学前教育专业和护理专业的部分学生家长累计60余人连续两天到市委、市政府集体上访，反映他们的孩子2017年入学之时，学校明确告知学生采用"2+3"模式入学（入学后先读两年中专，随后直接转段再读3年大专，毕业即可发给大专毕业证书），但今年该校又以政策变动为由，通知并组织学生参加了中职对口升学考试，虽然大部分学生被录取到省内外高职院校，但还有一部分学生未被录取或未参加考试，目前无学可上。

学生家长认为，他们的孩子当年初中毕业后选择入学就读平凉职业技术学院，一方面是考虑到学校距家较近，与孩子联系比较方便；另一方面是平凉职业技术学院的"2+3"模式有利于孩子将来更好地步入社会，但由于校方的原因，他们的孩子目前只在该校就读了3年就已无学可上，完全背离了当初学校的招生承诺，也与他们当初选择该校的初衷背离，为确保孩子有学可上，他们多次向平凉职业技术学院反映，但一直未能得到明确答复，请求市委、市政府领导及有关部门协调解决。

经调查，平凉职业技术学院2019年高职招生过程中，学前教育专业比较热门，学校面向全省普高和中职毕业生，提前通过综合评价录取，全额完成了高职招生计划，导致2017级中职学前教育专业学生通过"2+3"转段升学的承诺未兑现。学校计划于2020年将这批学生通过综合评价方式录取，但2020年全省高等职业教育考试招生制度有了重大改革，规定所有中职毕业生必须统一参加中职对口升学考试，按成绩录入省内外大专、本科院校。因此，平凉职业技术学院2017级中职学前教育和护理两个专业学生都要通过参加考试才能升学。针对招生政策的这一变化，平凉职业技术学院积极组织2017级中职学前教育和护理两个专业的学生开展集中辅导、报名和参加考试等工作。当年中职学前教育和护理两个专业共有毕业生493人，实际参加高职院校招生考试的考生432人，被省内外高职院校录取337人，录取率达到78%；未录取95人，未参加考试61人。这种结果，与平凉职业技术学院2017年中职招生时的承诺不符，引起学生家长不满，相互串联上访；部分被省内其他院校录取的学生家长，也以学费高、离家远为由，加入了上访之列，要求孩子在平凉职业技术学院上高职。

针对存在问题，市信访局及时以《信访信息》形式向市委、市政府进行了专题汇报。市委、市政府对此高度重视，迅速召集相关部门研判情况，采取一系列措施稳定家长情绪，安排由市教育局向省教育厅专题报告请示，请求省教育厅从两个方面给予政策性支持：一是建议省教育厅在高职扩招计划中解决未被平凉职业技术学院录取学生的招生问题；二是建议省教育厅对已录取的但不愿意去外地上学的90多名学生，特别是回族学生适当考虑生活不便和就近上学问题。省教育厅接到市教育局的请示后，根据平凉职业技术学院招生中存在的这一现实问题，按照国家关于高职院校扩招有关要求，及时与省发改委等6个部门制定印发了《2020年全省高等职业教育扩招专项工作实施方案》，从而使平凉职业技术学院 2017 级中职学前教育和护理两个专业招生中遗留的部分学生上高职院校问题从政策层面得到了彻底解决。

案例十一：小院下访听民声　群众旧居换新颜

始建于 1997 年的崆峒区恒联小区家属院，属原市交通局下属恒联公司职工家属区。2012 年 9 月，原恒联公司破产，资产清算组通过协议方式将恒联小区移交平凉巨星集团负责物业管理工作，并支付自来水、配电、取暖、排污等改造维修费用 610 万元。2019 年 7 月，平凉巨星集团因恒联小区物业费用收缴率低、经营困难，上报崆峒区西郊街道办事处和崆峒区住建局请求指导成立恒联小区业主委员会，由业主委员会按程序重新选聘物业公司开展物业服务或由业主委员会自管。后虽经多次协调，但因小区业主意见不一，未能成立业主委员会，小区物业长期形同虚设，设施设备未能得到及时维护，水、电、暖及物业服务问题引发小区业主信访投诉较多。

2018 年 6 月至 11 月，恒联小区除临街综合楼因占压天馨北路和崆峒大道道路红线未被列入老旧住宅楼棚户区改造项目外，其他 5 栋楼均列入当年市本级老旧住宅楼改造项目进行了改造，并于 2019 年 6 月通过验收。其间，临街综合楼因未纳入老旧住宅楼改造项目，业主遂多次到市委、市政府集体上访，并向时任市委书记郭承录写信，反映该楼给水、污水、供暖管道年久失修，跑冒滴漏现象严重，屋面渗漏，物业无人管理，住户居住安全存在隐患，要求进行改造。郭承录书记看到群众来信后非常重视，批示由市自然资源、住建等部门深入调研，提出解决意见，报市政府研究解决好群众的住房安全问题。后经相关部门多次现场调研、会商研究，并报市政府同意后，于 2020 年将恒联小区临街综合楼单独纳入旧楼改造项目进行了改造。至此，恒联小区 6 栋楼 228 户全部完成了旧楼改造，小区各类管网及墙面等公共设施换新，水、电、暖等问题从面上得到解决。

2019 年 3 月，恒联小区部分业主再次到市委、市政府集体上访，先后反映小区变压器多次烧毁无人维修、冰雹灾害导致部分楼栋改造后楼顶面渗水等问题，市信访局以《信访信息》报送市委、市政府后，时任甘肃省政协副主席、平凉市委书记郭承录作出批示，要求市信访局牵头对恒联小区信访问题进行全面摸排梳理，提出化解意见。市信访局随即组织相关部门对恒联小区业主信访问题进行了全面梳理和初步核查，查明问题共集中在四个方面：一是恒联小区变压器目前由物业管理，多次烧毁无人维修，经常断电；二是临街综合楼餐饮商户油污排入化粪池，经常导致污水外溢，气味非常难闻；三是旧楼改造项目实施后，部分楼顶有渗水现象；四是恒联公司破产小组支付给平凉巨星集团的 610 万元改造维修费使用情况不明，小区业主缴纳的 53 万元住宅维修基金未上交到崆峒区住建局维修基金专户，物业服务不到位，要求更换物业。相关情况及建议呈报郭承录书记后，郭承录书记随即决定将该问题作为自己开展党史学习教育"我为群众办实事"实践活动包抓的信访积案，亲自包案接访，彻底推动问题化解。

2019 年 4 月 16 日，郭承录书记召集崆峒区政府和市、区相关部门及物业管理企业主要负责人，深入恒联小区现场查看供电、供暖、排污、屋顶漏水等物业管理服务方面的问题，与信访群众面对面交流听取诉求，并在西郊街道办事处主持召开专题协调督办会，要求相关责任单位要高度重视群众合理诉求，依法、及时、妥善解决存在问题。按照郭承录书记下访督办要求，崆峒区政府负责，聘请第三方审计机构对恒联公司破产清算组支付给平凉巨星集团的 610 万元改造维修费用使用情况进行审计公示，督促平凉巨星集团向政府专户足额上交了已收取的 53 万元房屋维修基金、配合平凉供电公司完成了小区变压器增容和主供电线路更换工程、积极提升物业服务水平；市住建局负责，对恒联小区部分楼顶渗水问题进行了瓦屋面维修改造；由市市场监管局牵头，对临街综合楼餐饮服务单位负责人和餐厨废弃物回收公司负责人进行了约谈，对油污排水管网与居民楼共用化粪池导致经营性场所废水排放量大、化粪池经常溢水等问题进行了彻底整改。恒联小区群众居住条件和环境有了质的改善。

案例十二：来回奔波讨薪难　部门协作抓整治

2021年2月2日，来自陕西、宁夏、青海等地的50余名务工人员到市委集体上访，反映他们在崆峒区某建筑工地务工，施工单位拖欠他们工资100余万元不予支付，他们1月30日、2月1日连续两次到市政府集体上访后，经市信访局及相关部门协调，建设方和施工方曾2次承诺尽快支付，但都未按期支付，年关将至，他们为讨要工资已来回奔波10余天。上访务工人员情绪激动，要求必须现场协调解决问题。

务工人员来访后，市信访局及时接待了解情况，认真听取诉求，耐心疏导情绪，并启动应急预案，第一时间向市住建局和崆峒区通报相关情况，召集市、区住建部门和崆峒区劳动监察大队现场约谈项目建设方和施工方主要负责人，对项目建设及工程款、农民工工资支付等情况进行了解，指出存在问题，会商解决办法，商定由施工方尽快提供资料，申请启用农民工工资保证金，确保于2月3日前将上访务工人员工资支付到位；由建设方作出书面保证，确保启用农民工工资保证金后该项目涉及农民工工资问题妥善解决，如再有拖欠工资问题由建设方全权负责解决。同时，市信访局以这一信访事项为引，对当年1月1日以来农民工欠薪问题进行了全面梳理，共梳理出27批248人次农民工讨薪信访事项，并综合各方面情况起草了《要情呈报》，专题就涉农民工讨薪信访问题进行分析研判，提出存在问题、风险隐患及工作建议，经呈报市委、市政府主要领导批示后，市根治拖欠农民工工资工作领导小组据此部署开展了集中整治行动，推动一大批农民工讨薪信访问题得到了及时妥善化解，有力保障了农民工合法权益和社会大局和谐稳定。

案例十三：报销骤降看病贵　市长批示解难题

2021年9月17日，崆峒区某慢性病患者群体何某某等27人，先后两次到市政府集体上访，反映他们长期在平凉市第二人民医院住院进行透析治疗，以前透析费用能报销95%，但近期全市医疗保险结算系统升级后，透析费用报销比例降低至63.7%。上访群众认为，他们近年来缴纳的医保费用逐年上涨，国家医保政策也越来越好，但他们的治疗费用报销比例却不升反降，要求提高报销比例达到95%以上。

经市信访局及时组织相关部门联合接访并开展调查，上访群众反映问题属实。截至2021年9月时，崆峒区与何某某患同类病种的群众有113人，大多数患者每周需透析治疗2至3次。2021年8月26日，甘肃省医保局在全省范围内上线了全国统一的医疗保障信息平台，省、市相继出台了单病种报销政策，新的单病种报销政策个人自付费用明显高于原单病种报销政策个人自付费用，导致何某某等人在透析治疗后实际报销比例比以前降幅较大，费用负担较重。

在协调市、区医保部门和相关医院向上访群众作出"医保部门将尽快重新研究制定该患者群体透析治疗费用报销方案；由平凉市第二人民医院担保，透析治疗患者先缴纳10%的治疗费用进行透析治疗，报销方案明确后再进行结算"的同时，市信访局及时以《信访信息》将相关情况向市委、市政府进行专题汇报，建议医保部门坚持以人为本思想，充分考虑患者实际困难，坚持政策的稳定性和延续性，在医保政策范围内尽最大努力解决上访群众的治疗费用报销问题。时任市政府市长王旭在该期《信访信息》上批示："请市医保局牵头，医疗、医保、医院三医联动，提出意见，报市政府研究"。

按照王旭市长批示要求，市医保局主要负责同志牵头组成工作专班，在确保患者正常透析不受影响的同时，积极学习借鉴"兄弟"市州政策，组织市、区相关医院反复讨论，深入开展调研测算，最终形成政策调整意见，报省医保局批复后，于2021年10月26日下发了《关于调整基本医疗保险透析治疗门诊慢特病相关政策的通知》，将城乡居民和职工基本医疗保险透析治疗门诊慢特病政策范围内报销比例提高至90%，基本医保年度最高支付限额由60000元提高至80000元，有效减轻了参保患者费用负担。

案例十四：回迁安置久等无望　书记督办问题楼盘

2021年6月开始，崆峒区朝阳嘉苑住宅小区棚改回迁户、购房户60余人再次到市委集体上访，反映市直房产公司开发建设的朝阳嘉苑住宅小区已超期2年多仍未交房，导致他们无法回迁，家中适龄孩童也无法就近到市实验小学报名入学，他们多次上访反映至今未解决，请求督促开发企业尽快复工，保证在约定期限内交房，并协调解决因延迟交房导致孩子入学困难的问题。

经调查，朝阳嘉苑住宅小区建设项目属新生巷南片区棚户区改造项目，由市直房产公司开发建设，规划住宅楼4幢296户（其中回迁安置户139户）。楼盘从立项到群众上访，建设期限长达4年。2018年3月开工后，因资金、疫情等因素影响，整体建设进展缓慢，截至2022年3月整体工程虽已竣工，但部分附属工程和室内工程还未完成，延迟交房及适龄孩童无法就近入学的问题属实。

对上述问题，市信访局及时向市委、市政府主要领导做了专题汇报，时任市政府市长王旭批示要求市教育局提出具体意见，先妥善解决适龄儿童的入学问题，并要求市政府国资委、市住建局等部门加大协调力度，督促市直房产公司筹集资金推动项目建设。随后，市信访局跟进督办市直房产公司对该小区适龄儿童进行摸底并建立台账，市住建局提供购房群众网签合同名单，最后由市教育局按照特事特办原则审核后就近办理入学手续，符合条件的19名适龄儿童入学问题得到化解。但项目复工及交房问题因资金原因，经多次协调后仍未有明显进展，购房群众持续到市委、市政府集体上访。

为积极推动该问题早日化解，2022年8月30日，市委书记王旭亲自出面接待购房群众，深入项目现场查看施工进度和配套设施建设情况，并在市委信访接待大厅会商室主持召开专题协调督办会议，要求市政府国资委牵头负责，市住建局指导，崆峒区政府配合，紧抓国家"保交楼、稳民生"政策机遇，督促市直房产公司积极申请专项借款，加大与施工企业协商力度，督促施工企业全面复工，尽快完成水、电、气、暖及完善配套设施建设任务，确保9月底前达到交房标准。之后，相关部门进驻现场协调推动，市直房产公司抓紧时间申请专项借款，并与施工企业协商复工，使朝阳嘉苑住宅小区所有楼栋很快完成后续建设，向购房群众交付了房屋。

朝阳嘉苑住宅小区的顺利交楼，为全市化解其他已售未交楼楼盘问题提供了经验参考。2022年下半年，市、县（市、区）在对已售未按期交楼的建设项目进行全面清理的基础上，按照"一楼一策""一企一策"和"一个项目一个专班"要求，指导督促有关房地产开发企业积极争取政策支持，推动相关建设项目纷纷复工，为保障购房群众合法权益夯实了基础。此后，反映楼盘烂尾停工的信访问题逐渐减少。

第二节　县（市、区）信访典型案例

案例一：队干部乱支乱花　调查组严查严处

1975 年，静宁县李店公社王坪大队新院生产队社员王某某给周恩来总理写信，反映该新院生产队干部多吃多占、乱支乱用、挥霍浪费队里钱粮等问题，请求调查处理。该信件经逐级转送至静宁县委后，静宁县委及时派出调查组会同李店公社干部入驻新院生产队，走访社员 30 余名，对王某某反映的问题进行了详细调查，发现王某某反映的问题确实存在，具体表现在新院生产队财务管理不民主、制度不健全，财务收支手续和账目混乱，实物出入库数字虚假，有的根本没有账务，会计账、保管账和库存实物三不相符，比如，高粱：会计账 1341 斤，保管账 2130 斤，实际支出 2165 斤；谷子：会计账 1203 斤，保管账 1300 斤，实际支出 1750 斤。这样一来，群众有意见，干部说不清，漏洞很大，给干部搞挥霍浪费、多吃多占、乱支乱用开了方便之门。概括起来主要有三个方面的问题：一是干部随便出卖生产队粮食和农副产品，现金收支往来不记账，乱支乱花；二是干部借外出、开会的机会，多占集体粮钱；三是搞不合理补助，干部乘机多吃多占，浪费集体粮油。

对调查发现的这些问题，静宁县委对新院生产队干部作出了严肃处理，将该问题作为反面教材通报全县；通过组织干部群众认真学习无产阶级专政理论，教育帮助干部提高觉悟、认识错误，自觉抵制特权思想；结合分配搞好"小四清"，落实了各项政策；建立健全了全县各生产队的财务管理制度，调动了群众的积极性，推动了革命和生产向前发展。

案例二：实事求是论功过　离休安置度晚年

1943 年，贫农出身的崇信县黄寨乡黄某某追随张可夫同志（1938 年至 1946 年，在平庆地区负责开展抗日民族统战工作，1946 年 8 月调任中共华平工委书记兼武装大队政委）从事我党的地下工作，1946 年 6 月正式加入中国共产党，先后任平东工委交通队长、崇信县赤城地区地下党负责人，其间赴庆阳边区为我党传送情报、筹集经费，两次冒着生命危险收缴伪梁原、赤城乡公所枪支 10 余支，为党和革命工作做出了贡献。1949 年新中国成立后，黄某某任赤城区区长，在任期间经人介绍招赘了已故地主柳某某的妻子屈某某，被认为丧失阶级立场，属于变节行为，加之黄某某到屈某某家后出卖了一些土地和粮食，崇信县人民法院于 1952 年作出判决，将黄某某定为地主分子，按转移财产论罪判处有期徒刑四年，开除党籍和公职。1956 年黄某某刑满释放后，又因说落后话等问题，于 1958 年被再次以反水地主定案，判处有期徒刑五年。党的十一届三中全会召开后，平反冤假错案开始，崇信县人民法院对黄某某案件进行了复查，认为原定案不准，遂将黄某某地主分子改定为贫农出身，并宣告撤销 1958 年的错误判决，发放了赔偿金。之后，黄某某先后到省、地、县领导机关上访，要求恢复党籍，按离休处理，使其安度晚年。

1988 年 5 月，黄某某到崇信县委上访时，时任县委书记王旭、县委副书记孟沛然亲自接待了黄某某，安排县信访室牵头成立调查组查清情况，提出处理意见报县委研究解决。随后，经调查组认真调查，查明了黄某某反映问题的真实情况，并提请县委有关会议讨论研究。县委研究讨论后认为，黄某某早年从事党的地下工作，在艰苦条件下为党为革命做出了贡献，有据在案；新中国成立后黄某某招赘妻子时"土改"工作还未开始，黄某某也不知道屈某某家为地主，且组织上当时只是指出不许招赘（无婚姻法）；

黄某某招赘后未生育子女，屈某某也因病去世，黄某某孤身一人，生活无法维持，应该按政策规定解决黄某某反映的问题，因此，县委同意为黄某某办理离休安置并恢复党籍，让黄某某得以安度晚年。

案例三：部门联合跟进办　40年积案终化解

自1982年起，崆峒区中街街道办事处居民马某某多次越级到市赴省进京上访，反映在"土改"和"四清"运动期间，其祖母名下15间自留房被原平凉市城关镇（现中街街道办事处）搬运社占用，要求归还或给予赔偿。

多年来，马某某信访事项虽经有关领导和部门多次批示转办，但因问题发生时间跨度长，涉及情况复杂，相关档案资料缺失，一直未能查清，加之已过诉讼时效，马某某也无法通过司法诉讼途径维权，该信访事项一直久拖未决。

2020年10月，在中央信访工作联席会议部署的治理重复信访化解信访积案专项工作中，省信访工作联席会议办公室立案将马某某信访积案交由崆峒区人民政府调查处理。此后，省、市信访工作联席会议办公室督查组先后4次对此信访积案进行了实地督查、跟进督办。崆峒区委、区政府确定分管领导包案，成立由中街街道办事处及信访、住建、司法等部门组成的工作专班，坚持事要解决理念，转变工作思路方法，将要求马某某提供佐证资料转变为政府部门主动查找档案资料，想方设法走访取证，并邀请律师和第三方专业机构参与，最终形成了比较完整有效的证据链，并多次与马某某座谈协商，马某某也降低了过高诉求，双方很快达成了一致意见。后经崆峒区政府常务会议研究并积极筹措资金，于2022年1月22日，在司法部门的鉴证下，中街街道办事处与马某某签订了调解协议书，向马某某支付了补偿款，使这一长达40年的信访积案得到彻底化解。2022年6月16日，省、市信访工作联席会议办公室督查组在崆峒区回访马某某时，马某某感激地说："我上访40多年，反映的问题终于得到了处理，我和我的母亲确实很高兴！感谢党和政府一直记挂着我的问题。"

案例四：回城生活无着落　书记接访解民难

1983年至1986年，原平凉市城区居民舍某某多次到地委、行政公署上访，反映他们夫妻原在玉门建设兵团工作，1966年"文革"中他父亲被定为反革命分子迁到农村劳动改造，由于家中再无劳力，组织遂将他们叫回参加劳动，当时户口也被转到农村。1983年他们返城后无房居住，生活也无着落，要求组织解决。

1986年至1990年，时任中共平凉地委书记马良骥3次亲自接待舍某某，召集地区有关部门及原平凉市委负责同志开会，对舍某某反映的问题进行了研究。鉴于舍某某有小炉匠手艺，遂决定由原平凉市民政局给舍某某办理扶贫救济款作为购置生产工具的资金；由原平凉市工商局给舍某某办理营业执照，划定经营场地，扶持舍某某从事小铁器加工，以增加家庭收入；按政策规定给舍某某安排了2个孩子就业，给舍某某家救济了衣物，使舍某某上访4年反映的问题得到彻底解决。

案例五：户籍未转难生活　信访部门解危困

1987年5月4日，54岁的王某某带领其年仅5岁的女儿到华亭县信访办上访，反映其户籍原在华亭县河西乡新庄村，1962年因犯偷盗罪被判处有期徒刑十四年，1976年刑满释放后到青海省大通县桦岑乡西沟村落户，1979年与该村村民张某某结婚，1981年生育一女，同年11月其妻子张某某因病去世，1985年7月其同女儿返回河西乡新西村，与母亲及前妻所生儿子一起生活，但因其从青海返回时未将自己和女儿的户口迁回，村社不给他们父女两人划拨承包地，导致他们家中生活极度困难，也没有住房，其从4月份以来带着女儿以乞讨流浪为生；另外，为了转回户口一事，其曾多次向青海大通县桦岑乡西沟村发信，但一直未见回音，其想亲自去办理，但一无路费，二怕户口已被注销白跑一趟，因此，其带领女儿到县信访室寻求帮助，请求组织帮助解决其户口迁转及生活困难问题。

华亭县信访办工作人员热情接待王某某及其女儿后，依据王某某的上访诉求，立即对王某某反映的问题进行了初步核查，向有关部门咨询了政策规定，在确定刑满释放人员要求回原籍安置的诉求符合政策规定后，于1987年5月7日向青海省大通县信访办发函联系，请求帮助查询并迁转王某某及其女儿的户口。大通县信访办接到函件后，指派专人及时办理王某某及其女儿的户口迁转手续，于5月25日寄来了王某某父女的户口迁移证，华亭县信访办于当天协调县公安局将王某某及其女儿的户口迁入了原籍，并跟进协调县民政局与河西乡政府衔接，从6月份开始按月为王某某及其女儿供应救济口粮直至次年接上新粮，并为王某某筹集救助了建房款，协调河西乡政府对王某某及其女儿的生产生活做了妥善安排，划拨承包地6.5亩，帮助其建起了住房，解决了被褥、灶具、生产农具等生产生活急需用品，使王某某及其女儿重新过上了正常人的生活。

案例六：缠访闹访无休止　触犯刑律法不容

1991年4月，崇信县柏树乡东风村村民乔某某携其子女多次到崇信县人民法院上访，反映其儿子被崇信县柏树乡中心小学教师陈某打伤，他们将陈某起诉至法院要求追究其刑事责任，被法院裁定驳回后，要求重新判决。在上访过程中，乔某某及其子女在该院院长办公室辱骂工作人员，扰乱机关正常秩序，被崇信县公安局依法拘留。

2005年，在全省公安机关大接访活动中，乔某某又多次到省、市、县公安机关缠访、闹访，要求撤销1991年公安机关对其及其子女因扰乱机关秩序、公然侮辱他人的治安拘留处罚决定，并赔偿经济损失。2006年11月22日，省、市、县公安机关共同接访乔某，达成协议：对乔某某等3人治安处罚决定予以撤销，并给予一次性补助18000元，乔某某等3人不再到各级公安机关上访。2006年11月24日，崇信县公安局向乔某某等3人宣布了撤销治安处罚决定，乔某某表示不再上访公安机关。

2007年开始，乔某某又多次到市赴省进京上访，反映1994年崇信县柏树中学不让其子上学，导致其子失学，提出给予经济赔偿、为其儿子安排工作等要求。并扬言他的上访是"三步走"，现已将公安机关"告倒"，得到了赔偿，接着要将法院和教育部门全部"告倒"。按照《信访条例》有关规定，崇信县教育局、崇信县人民政府、平凉市人民政府信访事项复查复核委员会先后按程序对乔某某信访事项进行了调查答复和复查复核。2008年6月19日上午，平凉市信访局联合崇信县信访局、崇信县柏树乡司法所、崇信县柏树乡派出所到乔某某家中送达《复核答复意见书》时，乔某某因不认同复核意见，撕碎送达回执，并辱骂、用头顶撞工作人员。当工作人员准备离开时，乔某某捡起一块砖头，将停放在路边的公务车辆后挡风玻璃、车内杂物箱等砸坏，造成经济损失12060元，激起了当地群众的强烈反响。当天，崇信县公安局通过调查取证，对乔某某依法刑事拘留，并于同年6月23日将其依法逮捕。乔某某被刑事拘留后，其妻子、女儿、儿媳又多次到省、市、县采取堵门、呼喊、长时间滞留等过激行为闹访，要求释放乔某某。2008年9月28日，平凉市中级人民法院指定原华亭县人民法院对乔某某故意毁坏财物一案进行了公开审理，依法判处乔某某有期徒刑三年，并附带民事赔偿12060元。判决后，乔某某及其家人均未提出上诉。之后，乔某某再未缠访、闹访。

案例七：铁路器材频被盗 群众举报护平安

1994年3月，崇信县信访办接到群众反映宝中铁路铜城段铁路运输器材多次被盗，沿线村庄社会治安秩序混乱的信件后，及时将群众来信呈送县委领导阅示。县委领导阅后，对群众来信反映的问题十分重视，及时作出批示，要求县公安局组织警力严肃查处。

按照县委领导批示要求和群众来信提供的线索，县公安局立即与铁路公安部门开展联合调查取证，初步认定群众来信反映的问题基本属实，遂决定立案侦查。经过县公安局和铁路公安部门进一步调查取证，查实了23名不法分子大量盗窃国家铁路器材、破坏宝中铁路建设和扰乱社会治安秩序的违法犯罪事实，依法查封集体收购站1处、个体收购站3处。随后，公、检、法三机关依法对23名违法犯罪分子作出了刑事处罚，从而有力打击了不法分子的嚣张气焰，维护了社会治安秩序和国家财产安全，为宝中铁路建设顺利进行和如期通车运营营造了良好的社会治安环境。

案例八：心忧安置欲上访 一线下访解民忧

1995年7月，灵台县石沟煤矿资源枯竭即将关停，矿内职工担心下一步安置和生活出路问题，纷纷表示要上访维权，特别是煤矿雇佣的170名农民工更是忧心忡忡、情绪激动，私下串联准备到县委、县政府集体上访反映问题。

灵台县委、县政府得知这一情况后，立即抽调信访、人社、工会等相关部门主要负责人组成工作组，主动深入石沟煤矿开展调研下访，先后多次召开职工座谈会，到生产一线与200多名职工谈心交心，倾听意见，安抚情绪，共商解决办法，使职工情绪得到稳定，大家纷纷表示将安心生产，等待工作组调查处理。

根据工作组调研下访掌握的实际情况和职工普遍关注的焦点问题，时任县委、县政府主要领导及时主持召开专题会议，有针对性地研究提出了具体的处理意见：一是补发农民轮换工工资；二是一次性支付农民轮换工返乡费；三是给每人每年补发60元医疗费；四是对农民轮换工全部进行体检；五是支付农民轮换工伤残补助费；六是补发1975年进矿时的工资；七是解决农民轮换工住院费用；八是为4名伤残职工一次性发放安置费；九是为4名退休职工缴纳养老保险金。上述九条处理意见得到了石沟煤矿职工的一致同意。该矿关停后，职工和农民轮换工无一人上访。

案例九：种子不纯粮减产 县长批示护民利

1996年10月，灵台县达溪河沿岸的中台、百里、新集三个乡（镇）群众种植的高粱出现大面积减产，群众一致认为是种子出了问题，于是，一封封信件被送到了时任县长张立新的办公桌上。张立新县长看到群众来信后，对群众来信反映的问题高度重视，立即批示由县信访办牵头组织认真调查。

灵台县信访办及时召集县农牧局、县工商局、县技术监督局、县种子公司等部门（单位）成立联合调查组，实地走访乡村干部和农户200余人，全面查清了减产高粱分布区域、亩数、农户数和减产数，并组织农技人员对减产问题进行了综合分析，最终，联合调查组和农技人员一致认为，造成3个乡（镇）部分区域高粱减产的原因有四个方面：一是县种子公司在上年制种时受特大干旱天气影响，部分种子田因不育系杂株荫蔽，去杂不彻底，造成串粉，导致高粱种子纯度不高；二是今年前季旱象仍然严重，雨水不足，大田高粱出苗不齐，长势普遍较差，且后季出穗季节连续出现阴雨天气，诱发了高粱黑穗病，造成大面积减产；三是由于川道地地域原因，加之高粱灌浆成熟期间又遭遇连续阴雨天气，高粱光照不足，造成受粉不良，小穗和空穗增多；四是山区地生长力差异大，群众劳作粗放，有些地块麻子和高粱混种，作物密度大，土地脱肥严重，通风透光差，造成高粱贪青晚熟，穗小粒秕。

联合调查组将上述调查结论详细汇报后，张立新县长明确指出："自然因素固然有，但主要因素是种子不纯的问题，县种子公司就要主动承担起责任。民以食为天，我们不能让老百姓吃亏！"。随后，张立新县长主持召开县政府常务会议对此信访事项进行了专题研究，责成县种子公司就生产管理和销售把关等方面存在的问题向县委、县政府作出深刻书面检查；由县上主管部门对县种子公司及相关责任人予以经济处罚，并跟进督促县种子公司公开向群众道歉，向减产农户作出赔偿。之后，县委、县人大、县政府、县政协分管领导到3个乡（镇）主持召开群众座谈会，通报了种子事件查处情况，县种子公司公开向群众道歉，并给减产农户赔偿经济损失共计6.1万元。

案例十：无地耕种来上访　领导接访解民难

1962年，静宁县雷大乡谢吕村东湾社村民吕某某一家为了侍奉其年事已高、没有儿子的外祖母，遂搬到同村谢沟社其外婆家居住。吕某某一家离开东湾社后，东湾社将其承包地全部收回，划给他人耕种。1989年，吕某某外祖母去世，吕某某一家又搬回东湾社居住，但东湾社一直再未给吕某某家分地，吕某某只好租赁别人家的山地耕种。2003年退耕还林在静宁县实施后，吕某某租赁的山地又被退耕还林，再次无地耕种，遂到县、乡上访，请求给其划拨承包土地，但因国家土地调整政策和东湾社人多地少现状，吕某某的承包地问题一直未能解决。

2010年4月7日，吕某某再次到静宁县上访，县委主要领导亲自接待了吕某某，详细听取了吕某某反映的信访诉求，确定由当时分管农村工作的副县长包案，尽快解决吕某某的生产生活问题。4月8日，分管领导带领县信访、农牧等部门负责人深入吕某某所在村社下访调查，查明吕某某反映的问题属实后，现场召集乡、村两级研究，决定将东湾社机动地6.8亩、谢沟社机动地3.9亩暂时划分给吕某某耕种，待有土地政策调整时，再由村社向吕某某调整划分承包地。

案例十一：市场整顿引群访　现场听证化矛盾

2005年5月24日，崇信县新窑镇个体煤炭经销户33人驾车到县委集体上访，反映县上在煤炭市场整顿过程中，对煤炭经销户罚款标准不一，并强行要求他们迁入兴盛煤炭销售有限责任公司，但该公司收取相关费用过高，让他们现在就把煤炭转运到兴盛公司经济损失太大，要求县委、县政府领导出面协调他们在原地经营到年底。

在上访过程中，上访经销户情绪激动，扬言如果问题得不到解决，他们将组织人员到市赴省上访维权。针对这一情况，县信访局及时将上访经销户反映的诉求向县委、县政府做了汇报。时任县委副书记关斌，县委常委、政法委书记刘志仓共同出面接待了上访经销户，认真听取了他们的诉求，当场答复：

县委、县政府将安排有关部门尽快调查处理此信访事项。当日下午，县委副书记关斌召集煤炭、工商、土地、信访等部门负责人召开联席会议，决定在新窑矿区采取召开听证会的方式解决上访经销户反映的问题。5月26日，县上联合调查组在新窑矿区组织召开了上访经销户信访事项办理听证会。会上，各煤炭经销户陈述了自己的诉求、发表了自己的意见，相关部门根据参会经销户提出的诉求，有针对性地宣传了煤炭市场整顿的政策法规，并依据有关政策法规对经销户提出的诉求作了耐心细致的解释说明，明确答复：县上相关部门在对煤炭经销户处罚标准执行方面，以教育为主酌情进行了从轻处罚，处罚标准符合相关法律政策规定，不存在标准不一致、不公正的问题；兴盛煤炭销售有限公司为民营企业，煤炭经销户是自愿加入的，不存在强制加入的问题，收费标准是公司依据为经销户提供的场地和房屋等基础设施从实从紧核算的，未超出市场价格区间。针对经销户提出让他们在原场地经营到年底的问题，经现场协商并充分考虑各方面的实际情况，县上相关部门同意将经销户在原场地销售时间延期至11月底，如果超过11月底仍在原场地经营的将按照煤炭市场整顿有关规定处罚。上访经销户对听证会上相关部门答复的处理意见表示同意。从此，该信访问题得以有效化解，确保了后续煤炭市场整顿工作的顺利进行。

案例十二：集资建房屡生变 信访督办迁新居

从2006年开始，泾川县温泉开发区何家坪村村民何某等20人多次到县、市和省集体上访，反映何家坪村村民两次计划修建的小康屋项目因修路被终止，要求协调退还村民缴纳的集资建房款，并解决他们的住房问题。

经调查，1996年12月22日，经原泾川县国土局批复，泾川县温泉开发区何家坪村庙沟、庙咀两个村民小组在本村土地上开工修建小康屋。1999年，泾川县"一带两区"道路建设中，占用了两个村民小组建设的小康屋和土地，当时进行了补偿，并以土地置换的方式在泾川县温泉宾馆门口东面划拨2.04亩土地，用于两个村民小组修建小康屋综合楼。2000年8月，两个村民小组办理了建设工程规划许可证，与泾川县建筑公司签订了建设施工合同，并向相关村民收取集资建房款184600元，于2000年9月正式开工修建；当年10月，因规划的平定高速公路将途经此处，该项目被再次叫停。2006年，集资村民久等无望，开始上访要求退还集资款。2008年，平定高速公路线路最终确定不经过此地，两个村民小组的小康屋项目又可以续建，但因历时多年，加之建筑材料价格和费用涨幅很大，大多数集资村民不愿意再续建，要求退还集资款并弥补相应损失，解决他们的住房问题。因此信访积案涉及情况特殊复杂，故县上和温泉开发区一直未能有效化解。

2016年6月，甘肃省信访局将该信访积案列入重点信访积案向泾川县政府进行交办，要求泾川县政府限期化解。之后，省、市信访积案化解督查组赴泾川县对该信访积案化解工作进行了实地督查。按照省、市督查组反馈的意见，泾川县成立工作专班，重新对何某等村民集体上访反映的问题进行了认真调查，后经与村民反复协商，形成了如下处理意见：一是由县政府划拨专项资金，泾川温泉开发区管委会负责，于2016年6月底前将村民集资款和工程款退还支付到位；二是泾川县温泉开发区管委会要积极争取国家易地搬迁补助政策和省上基础设施配套资金，尽快将在山区居住的村民全部纳入易地扶贫搬迁项目予以搬迁安置。按照县上形成的处理意见，泾川县温泉开发区在按时退还支付村民集资款和工程款的基础上，积极争取项目支持，于同年申报审批了何家坪村易地搬迁安置楼建设项目。2017年全面完成了何家坪易地搬迁建设项目任务，包括上访村民在内的100多户村民全部搬进了新居，这件长达10年的信访积案得到彻底化解。

案例十三：违规乱建不听劝　依法执行保权益

2006年11月，崇信县农贸市场26户个体户多次到县委、县政府集体上访，反映市场承包人朱某未经批准，违反合同约定，擅自在市场内修建固定营业房，影响其他个体户正常经营，要求县委、县政府指派有关部门尽快查处。

按照县委、县政府领导批示要求，经有关部门调查，2004年10月1日，原崇信县市场建设服务中心与锦屏镇枣林村村民朱某签订《崇信县农贸市场租赁管理合同》，将刚建成的农贸市场（主体为遮阳大棚式）打包租赁给朱某经营管理。2006年10月19日，在未经相关部门批准的情况下，朱某与王某、梁某签订施工合同，在市场内私自动工改建营业房。在改建过程中，县建设局、环卫处、城建市容监察大队多次找朱某和施工人员王某、梁某协商解决有关问题，并发出了停工通知。但朱某拒绝出面协商解决问题，施工人员也声称他们只是受朱某委托施工，与政府主管部门没有关系，对主管部门下发的停工通知不予理睬，继续施工。无奈之下，县环卫处将朱某、王某、梁某3人诉至法院。之后，崇信县人民法院依法作出裁定，裁定王某、梁某停止施工，但王某、梁某仍未停工。

与此同时，朱某也多次到县委、县政府上访，反映县农贸市场是他垫资87万元修建的，他与原县市场建设服务中心签订了租赁管理合同，约定以租赁费抵顶工程款。但原县市场建设服务中心撤销后，农贸市场的主管单位变更为县环卫处，而县环卫处没有任何证件，导致他无法收费。加之县城建市容监察大队对在市场口处的经营点减半收费，致使他经营管理的农贸市场目前亏损。朱某还称，他在农贸市场修建营业房是为市场做好事。

为积极推动该信访事项有效化解，保障朱某及其他经营户的合法权益。2006年11月3日，时任崇信县委副书记姚步新，县委常委、副县长王智国主持召开农贸市场信访问题协调会议。会议决定：（1）朱某对市场内违规建筑要立即停工并自行拆除，朱某将违规建筑拆除完毕后，县建设局及时向法院提出撤诉申请；如果朱某拒不拆除违章建筑，继续由县法院依法判处。（2）成立"崇信县城农贸市场管理服务所"，为自收自支事业单位，直属县建设局，委托朱某在合同期限内负责农贸市场的经营管理。（3）县城建市容监察大队要加强县城市容管理，对于在市场外乱摆摊点等违反市容管理行为，严格执行有关规定，只罚款不收费。（4）县地税局在农贸市场重新办理相关手续前，按现有渠道继续供给票证，保证朱某依法实施市场经营管理收费。（5）市场内的垃圾由承包方负责，就近运送到垃圾清理点后由县环卫处统一清理。会后，朱某对协调会议决定的事项仍未落实。

在协调未果的情况下，2007年2月3日，崇信县人民法院依法作出判决：朱某等3人对在农贸市场遮阳大棚中修建的墙梯及门窗要予以拆除，恢复原状。该判决生效后，朱某等3人既未提起上诉，也未执行法院判决。同年3月7日，县法院又向朱某等3人发出强制执行通知，朱某等3人才于3月10日自行拆除了违规建筑，农贸市场恢复了正常经营。

此信访事项的依法处理，有力地维护了26户个体工商户的合法权益，县委、县政府也为朱某协调解决了农贸市场的经营收费问题，使农贸市场经营管理步入正轨，受到了广大群众和社会各界的好评。

案例十四：机构改革欠工资　书记接访解民忧

2008年7月26日，已70多岁的王某等11名退休职工到灵台县委、县政府集体上访，反映他们是灵台县县乡道路养护管理站的退休职工，从 2004 年开始，单位已累计拖欠他们的退休金 16 万余元，请求县上领导协调解决。

灵台县信访局工作人员接访后，立即对王某等 11 名退休职工反映的问题进行了初步核实。经调查核实，王某等 11 名退休职工反映问题属实。但导致王某等 11 名退休职工工资被拖欠的主要原因是：2004 年，全市县乡道路管理体制改革，原来由平凉市交通局直属管理的灵台县县乡道路养护管理站下划给县上，单位性质变成自收自支事业单位。之后，由于公路收费制度改革，该单位收不抵支，退休职工工资经常不能及时足额发放，属于体制改革遗留问题。

虽然王某等 11 名职工反映问题属实，诉求也合理，应当按时限要求将此信访事项得到办理，但单靠责任单位灵台县道管站无法按期办结，故县信访局将此信访事项及时向县委做了汇报。

是年 7 月 29 日下午，时任灵台县委书记苏克俭召集县政府分管领导及交通、人事、社保、财政等部门主要负责人，共同接待了王某等人，当场安排县交通局、县人事局、县社保局抽调人员组成工作组，务必于 7 月 30 日进驻县道管站，对 2004 年以来拖欠职工退休金情况进行全面清查。之后，由县财政局、交通局共同筹集资金，在 7 个工作日内将王某等 11 名退休职工的退休金全部发放到位。

是年 8 月 6 日，经过县财政局、县交通局及工作组的共同努力，王某等 11 名退休职工上访反映的问题得到彻底解决，王某等退休职工领到退休金后高兴地说："信访部门为我们帮了一个大忙，苏书记真是为老百姓着想的好领导。"

案例十五：司法终结又非访　寻衅滋事终获刑

2009 年 9 月至 2010 年 1 月，静宁县曹务镇张珍湾村罗某某违反当地禁令在宜林地放羊时，先后两次被曹务镇政府工作人员发现，分别受到罚款 300 元、罚款 4700 元的处罚，在第二次处罚过程中，因罗某某未能及时缴纳罚款，曹务镇政府将罗某某的 47 只羊予以扣留，后罗某某家属缴纳罚款将羊赶回家中。2014 年 5 月 22 日，罗某某向静宁县人民法院提起行政诉讼，要求撤销曹务镇政府的违法行政处罚决定，并以 2009 年 9 月 30 日其到曹务镇政府要求出具罚款收据和行政处罚决定时，曹务镇政府工作人员叫来曹务派出所民警给其戴上手铐并限制其人身自由三小时为由，要求判决曹务镇政府按照国家赔偿法规定对其给予赔偿。2014 年 8 月 1 日，静宁县人民法院作出行政判决，判决曹务镇政府对罗某某的两次行政处罚无效，曹务镇政府退还罗某某罚款 5000 元；同时，对罗某某提出的行政赔偿诉求，以罗某某将行政诉讼和行政赔偿一并起诉，所诉行政赔偿主体不适格且拒绝变更为由，作出行政裁定予以驳回。罗某某不服静宁县人民法院作出的行政判决和行政裁定，向平凉市中级人民法院提起上诉，反映一审法院驳回其赔偿请求是错误的，要求平凉市中级人民法院判决曹务镇政府赔偿因违法行政处罚导致其将被扣留的 47 只羊赶回家中后有 25 只死亡的经济损失共计 47860 元。2014 年 10 月 20 日，平凉市中级人民法院作出终审判决，认为罗某某并未在一审程序中提出羊只死亡赔偿问题，不存在原审判决驳回该项请求的问题，原判审定事实清楚、程序合法、适用法律正确，判决驳回罗某某上诉，维持原判；同时作出行政裁定，裁定驳回罗某某上诉，维持原裁定。罗某某不服，向平凉市人民检察院申请监督，平凉市人民检察院审查后于 2015 年 4 月 15 日、4 月 22 日分别作出决定，不支持罗某某的监督申请。其间，罗某某变更起诉对象后，于 2015 年 4 月 21 日重新向静宁县人民法院提起行政诉讼，要求确认静宁县公安局曹务派出所民警 2009 年 9 月 30 日非法限制其人身自由的行为违法，要求静宁县公安局赔偿给其造成的精神和经济损失 20

万元。后经平凉市中级人民法院指定由庄浪县人民法院审理。2015 年 8 月 10 日，庄浪县人民法院作出行政裁定，以罗某某起诉超过诉讼时效为由，驳回罗某某的诉讼请求。之后，罗某某先后向平凉市中级人民法院、甘肃省高级人民法院提起上诉和再审，平凉市中级人民法院、甘肃省高级人民法院先后于 2015 年 11 月 23 日、2016 年 4 月 27 日驳回罗某某上诉请求和再审申请，维持原裁定。同时，从 2015 年 3 月开始，罗某某开始到各级信访部门及北京地区非接待场所等地上访，要求对其不公正的法院判决予以平反或者给予 190 万元赔偿。截至 2019 年 7 月，罗某某先后到北京市朝阳区三里屯联合国开发署门前、北京市中南海周边等非接待场所非法上访 39 次，被北京市公安局西城分局行政拘留 1 次、训诫 23 次，被静宁县公安局行政拘留 4 次、训诫 4 次。

为解决罗某某实际问题，引导罗某某转变上访观念，回归正常生活，实现息诉罢访，静宁县委、县政府一直积极寻求化解途径，成立工作专班定期给罗某某开展谈心疏导和帮扶救助，多次动员其亲属、亲戚、邻居等人共同给罗某某做思想工作，指定 1 名律师专门为罗某某提供法律咨询和服务，并多次应其要求预借资金给其治病，给其安排了护林员公益性工作岗位、家庭低保、危房改造项目、扶贫贷款、农资救助、支持其发展养牛产业等政策性照顾资金共计 20 余万元，并协调其孙子在县城读书。在罗某某住院治病及逢年过节时，县、镇负责同志及村干部主动前往医院看望，并以个人名义对罗某某进行慰问，以期用感情感化罗某某。罗某某也曾于 2016 年 12 月 29 日、2017 年 5 月 16 日、2018 年 9 月 6 日三次签订息诉罢访承诺书，承诺不再上访，但每次承诺后又会反悔，且行为变本加厉。罗某某到北京非接待场所上访期间，曹务镇政府、静宁县公安局先后派出工作人员 80 余名，耗时 300 多个工作日，花费 20 多万元开展接领劝返；在接领劝返时，罗某某多次以"不给钱不返回静宁"为由向工作人员索要钱财 2 万余元。

在穷尽各种手段，各种合理合法诉求均已处理完毕后，罗某某仍借故生非继续到北京地区非接待场所非法上访，严重扰乱公共秩序和正常信访秩序。2019 年 8 月 15 日，经立案侦查并报检察机关批准，静宁县公安局以涉嫌犯寻衅滋事罪、敲诈勒索罪对罗某某依法逮捕，移交检察机关提起公诉。2019 年 11 月 27 日，静宁县人民法院对罗某某涉嫌犯寻衅滋事罪、敲诈勒索罪进行了公开庭审，于同年 12 月 27 日以犯寻衅滋事罪依法判处罗某某有期徒刑四年。

案例十六：交通事故致信访　帮扶救助了心结

2000 年 2 月 10 日，泾川县窑店镇某村村民杨某次子驾驶农用三轮车外出时，与一运输车相刮，造成包括杨某次子夫妻 2 人在内的 4 死 5 伤事故。事故发生后，经泾川县交警大队调解，由运输车方一次性赔偿杨某丧葬费、死亡补偿费、被抚养人生活费、家庭困难补助、医疗费、交通费等共计 137959.17 元。杨某同意此调解处理意见并领取了款项。2001 年 8 月，杨某对当初达成的调解协议反悔，向泾川县人民法院提起民事诉讼，要求运输车方再向他们赔偿人身损害费用 6 万多元，泾川县人民法院审理后驳回杨某诉求；杨某不服泾川县人民法院判决，先后提起上诉和再审申请，经逐级审理，2010 年 11 月 24 日，甘肃省高级人民法院批复审查终结杨某交通事故人身损害赔偿案件，该案诉讼程序终结。

由于杨某家庭情况特殊，其长子身体残疾，次子夫妻 2 人在事故中伤亡后留有一未成年男孩，全家再无劳力和收入来源，因而杨某内心觉得当初所得赔偿不够抚养孙子，遂自 2010 年 12 月至 2012 年 3 月期间，先后 5 次到北京地区非接待场所上访，反映法院判决不公，要求给予补偿。

为了积极推动杨某一案案结事了，2012 年 3 月 13 日，省、市信访部门联合对杨某反映的问题进行了专题调研，邀请法律工作者参与，对杨某诉求从法理情理方面进行了研讨，提出了指导意见。泾川县信访局、司法局和窑店镇政府联合成立化解专班，邀请律师参与，经过多次与杨某接触沟通，给杨某讲法理、讲事理、讲情理，劝解杨某息诉罢访，回归正常生活，并为杨某申请争取了部分困难救助资金，最终促使杨某解开了心结，签订了息诉罢访承诺书。

案例十七：进矿务工起纠纷　依法调解化矛盾

2010年7月3日至10日，来自宁夏、重庆、陕西等地的务工人员谭某等30余人，先后通过招聘以技术工人身份进入崇信县新周煤矿从事井下采煤工作。7月8日，谭某等人在井下作业过程中砸断了采煤工作面的电缆线。7月10日，谭某等人又将采煤工作面的支柱拉运到煤仓。据此，新周煤矿认为谭某等人业务能力太差，且违章作业、损坏设备，导致矿井停产，给煤矿造成较大经济损失，故通知谭某等人限期离矿。而谭某等人则要求离矿前必须将他们的工资付清，并支付回家路费。但新周煤矿认为谭某等人上班时间较短，领取的劳保用品和饭票折合金额已高于应发工资，不应该发放工资和补助。因此，双方发生矛盾纠纷，谭某等人遂于7月13日到市政府集体滞留上访，要求市上出面协调解决他们反映的问题。

谭某等人来访后，市政府信访接待大厅工作人员热情接待了来访人员，认真听取了他们诉求，并及时将接访情况向市政府办公室做了汇报。市政府办公室得知这一上访情况后认为，此信访事项有一定风险，如果不及时办理，有可能引发赴省进京集体上访，故在第一时间向崇信县通报了接访情况。崇信县委、县政府接到市政府办公室通报的情况后，随即安排信访、煤炭、社保等部门负责人连夜到市政府信访接待大厅开展现场接访，组织新周煤矿和上访务工人员面对面协商处理意见，引导双方从情、理、法各方面共同查找问题原因，寻求解决途径，最终，于7月14日上午双方达成一致意见，即新周煤矿与务工人员清算应发工资和各类账务，发放回家路费；务工人员将新周煤矿发放的工作服等劳保用品全部交回；新周煤矿负责对在工作中受伤的务工人员钱某送医院诊疗。7月14日下午，在双方约定事项全部落实后，新周煤矿给谭某等人结清了工资和回家路费，谭某等人自行返回。该问题得到有效化解。

案例十八：应得报酬无处讨　信访资金来解困

2008年8月，灵台县西屯乡白草坡村村民任某被一小客车撞伤，之后司机将任某送往灵台县人民医院接受治疗。由于任某单身一人，没有亲人，住院期间无人照料，灵台县交警大队在处理事故过程中，经与肇事司机和任某协商同意，遂雇用了任某同村村民孙某负责护理任某住院，护理费用由任某从法院领到判决执行款后支付给孙某。之后，在任某住院治疗的115天时间里，孙某起早贪黑，任劳任怨，悉心照顾，履行了对任某的照顾义务。2009年1月，灵台县人民法院对该起交通肇事案进行了审判，判决由肇事司机承担任某护理费6900元。但任某领到护理费后，未及时向孙某支付护理费。孙某多次向任某索要无果后，遂到县交警大队、县法院讨要自己的劳动报酬。县交警大队、县法院也曾多次进行了协调，但问题一直久拖未决。

2011年春节前，孙某在多方求助无果后，来到灵台县信访局上访，老人情绪非常激动，觉得自己的遭遇十分委屈，说着就潸然泪下。县信访局接访后，立即安排人员对孙某反映的问题进行了调查核实，并随即召开了有县法院、县交警大队、西屯乡政府等单位负责人参加的信访工作联席会议，对孙某反映的问题进行了专题研究，认为：任某单身生活多年，没有固定收入来源，家中一贫如洗，生活极度困难，且出院后还需继续服用药物，从法院领取的包括 6900 元护理费在内的案款早已花完，要让任某如数向孙某兑现护理费也没有可能性。县交警大队从人道主义出发，出面联系孙某照顾任某住院治疗是出于好意，但没有支付护理费的义务。孙某受县交警大队委托，照顾任某获取报酬理所当然，不能让孙某出了力还要流泪，孙某的诉求属于合理诉求，必须解决。最终，经过多方协商，为了切实维护孙某的合法权益，灵台县信访局按照有关规定，将孙某信访事项列入疑难复杂信访事项，从信访资金中为孙某申请支付了 6900 元护理任某的劳动报酬，使孙某反映的问题得到圆满化解。

案例十九：飞来横祸致伤残　多方联动解危难

2010 年 8 月 29 日，灵台县百里乡杨新庄村村民杨某途经同乡石塘村西庄路时，被石塘村村民曹某未做任何提示突然伐倒的杨树砸在身上当场昏迷，随即被送往灵台县医院辗转救治 40 余天，最终落下了终身残疾。

杨某受伤住院后，曹某只给杨某预付 3000 元医疗费后便外出不知去向。为了给杨某治病，杨某妻子靠变卖粮食和耕牛，向亲友借贷筹集医疗费用。2011 年，杨某多个亲友因孩子上学、结婚、修房等原因用钱，多次上门向杨某催要借款。由于债台高筑的杨某家里无力偿还亲友的借款，因而杨某觉得自己对不住亲友，成了家庭的拖累，便失去了活下去的勇气和信心，曾两次服毒自尽，幸亏家人发现后及时送医抢救才脱离了生命危险。在万般无奈的情况下，2011 年 7 月 29 日，杨某及其妻子冒雨到县政府上访，请求政府帮助解决他们的困难。

灵台县信访局信访工作人员接访后，及时将上访人杨某反映的困难向县委、县政府做了汇报。时任县委主要领导当即作出批示："请县委分管领导尽快研究处理。"时任县委分管领导按照县委主要领导批示要求，及时召集信访、法院、民政、残联、合管等部门及百里乡负责人开会，对杨某信访事项进行专题研究，要求各部门在法律政策范围内，尽快解决杨某家中的困难。之后，相关部门和百里乡政府按照县委主要领导和分管领导的要求立即行动，想方设法开展帮扶救助工作。县法院主动为杨某提供诉讼帮助，公开刊登公告，依法向曹某之妻告知了应诉事宜，并为杨某提前申请司法救助资金 5000 元；县合管局对杨某 2010 年的住院费用按照最高限额标准报销费用 3 万元；县残联为杨某申请办理了 5 万元残疾人贴息贷款；百里乡政府为杨某申报办理大病救助 8000 元，生活特困补助 500 元，并将杨某一家列为低保户。县信访局、百里乡政府主要负责人还到杨某家里看望慰问了杨某，鼓励杨某鼓起勇气、正视困难，对今后生活充满信心，相信党和政府会帮助杨某渡过难关。

同年 9 月，杨某振作精神，鼓起勇气，依法将曹某向灵台县人民法院提起民事诉讼。11 月 7 日，灵台县人民法院依法作出判决：由曹某赔偿杨某医疗等费用 259575.42 元，承担诉讼费 2391 元。但庭审时曹某全家外出下落不明，法院判决生效后，曹某也一直未履行法院判决。之后，该案转入执行程序，县法院依法冻结并划拨曹某银行存款 6400 元。由于曹某再无可供执行财产，该案执行一度处于停滞状态。为依法保障杨某的合法权益，县法院在加大执行力度的同时，再次为杨某申请司法救助资金 10000 元，并提请县公安局以涉嫌过失致人重伤罪将曹某通缉归案。县检察院依法对曹某提起公诉，促使其主动履行民事赔偿义务。经过多方努力，曹某被缉拿归案后，双方当事人面对面协商达成和解协议，由曹某再向杨某支付赔偿款 15 万元，杨某为曹某出具谅解书，请求法院对曹某从轻判处。最后，灵台县人民法院依法判处曹某有期徒刑六个月，缓期一年执行。至此，杨某上访反映的问题在相关部门共同帮助下，最终通过司法诉讼途径得以有效化解。

案例二十：转租土地惹风波　县长接访平事态

2011年2月5日，崇信县锦屏镇铜城村张某等24名村民到县政府集体上访，反映同村村民朱某于2010年2月租用村民土地60多亩计划建办养牛场，但在办理手续时，发现该地块建办养牛场会对水源地产生影响，朱某遂另外选址建场，并在未经原出租方（村民）同意的情况下，于2011年1月1日将60亩土地中的24亩租赁给新余仙湖煤灰公司堆放电厂炉灰，租期一年。1月4日，新余仙湖煤灰公司组织车辆将电厂炉灰拉运堆放到租赁地块时，涉及村民对拉运电厂炉灰的车辆进行了多次拦阻，并找朱某进行协商，但均未如愿，遂于2月3日将道路封堵，并扣押了朱某派来疏通道路的装载机。2月5日，邻县司机王某驾驶农用车路过铜城村时，被村民误认为是拉运炉灰的车辆，在阻拦时双方发生口角相互殴打，造成司机王某及堵路村民4人受伤。虽然公安机关已介入此案调查，但部分村民情绪激动，仍坚持到县政府集体上访，要求面见县上领导反映问题。

为了及时化解矛盾，平息事态，尽快协调处理上访村民反映的问题，时任崇信县政府县长崔仁杰于当日亲自接待了上访村民，认真听取了上访村民反映的问题和诉求，并立即安排信访、公安、环保等部门和锦屏镇政府抽调人员组成联合调查组，赴现场对村民反映的问题进行调查核实，要求联合调查组根据调查结果，依法依规提出明确处理意见，给村民一个满意的答复。随后，联合调查组深入实地，对村民反映的问题进行逐项核查，并围绕村民反映强烈的核心问题，先后两次组织当事人召开了调解会。经反复协商，上访村民与朱某达成了一致意见，即由朱某负责，对炉灰堆落实遮盖措施，同时定期对沿途道路及炉灰堆周边进行洒水处理。该问题通过协商调解方式妥善化解之后，村民再未上访。

案例二十一：上访方式走极端　违法闹访被拘留

2013年2月18日下午，灵台县某乡镇一老年妇女丁某乘车赶集回家途中发生车祸，被家属送往灵台县医院检查，经诊断丁某身体"多处软组织挫伤、左下肢肿痛"，同时还有冠心病等心血管疾病既往史。丁某在灵台县医院住院治疗20余天后，因突发脑栓塞遂转院至宝鸡市解放军第三医院治疗。在治疗过程中，丁某左脑大面积梗死导致病情危重后，其家属遂将丁某强行转回灵台县医院重症监护室，同时集体赴灵台县政府上访，称灵台县医院救治不力，导致丁某病情恶化，要求调查处理。

丁某家属上访后，灵台县委、县政府及时督促县医院成立专门治疗小组全力开展治疗，但丁某最终因病情恶化、抢救无效于2013年4月27日死亡。随后，丁某的儿子白某及其他家属以灵台县医院救治不力为由，不顾医务人员劝解，强行将冰棺抬进医院重症监护室，在住院部设置灵堂，焚香烧纸，辱骂、撕扯、殴打医务人员、保安和公安干警，导致两名干警受伤、住院部大楼秩序混乱、医护工作停滞、其他患者正常接受治疗受阻；一些家属还在医院大门前拉横幅聚众闹访，提出了必须将主治医生杨某以故意杀人罪予以逮捕，并救活死者丁某的无理要求。

为了尽快恢复医院正常医疗秩序，保证其他患者按时就医，维护社会大局稳定，在经过反复劝说无效的情况下，灵台县公安局迅速启动突发群体性事件应急处置预案，及时对违法闹访人员进行了强行带离，并依据有关法律法规规定，对白某等七人分别依法处以十至十五日的行政拘留。

案例二十二：弹头来源难查证　政府担责来买单

2018 年，崇信县新窑镇新窑村甘某某到市、县信访部门上访，反映 1974 年 11 月（当时甘某某约 3 岁），其在崇信县黄寨乡甘庄村老家玩耍时，头部曾被不明异物撞击，因当时医疗条件有限，未检查出异样。到 2007 年 12 月时，其因头痛、视力骤降等原因到医院检查，发现头颅内右眼眶下部附近有一子弹头，遂行手术取出，花费 5 万元，因其家庭困难，请求政府给予适当补偿。

对甘某某反映的问题，市、县信访部门高度重视，市信访局随即将该问题列入重点信访事项，立案交办至崇信县，崇信县委分管领导亲自跟进督办，安排崇信县公安局牵头成立调查组，尽快查清甘某某颅内子弹头来源，妥善作出处理。

调查组通过走访当事人及黄寨乡甘庄村部分村民、查阅有关档案资料、委托进行司法鉴定等方式，围绕甘某某颅内子弹头的来源进行了深入调查，经查明，崇信县在近 20 年并未发生过枪击案件，司法部门也未丢失过枪支弹药，后续司法鉴定结论也证实该子弹头为老式步枪弹头。同时，经查询有关历史资料，得知甘某某儿时生活的黄寨乡甘庄村老家附近正好有一民兵训练靶场，当时民兵训练时经常进行实弹射击训练，再结合甘某某陈述的受伤时间和经过，调查组推断该子弹头有可能是当时民兵训练时的流弹。

随后，崇信县信访局召集公安、民政、司法、残联、工会等部门召开联席会议，对甘某某反映的问题及初步调查情况进行讨论，大家一致认为甘某某头颅内出现的老式步枪子弹头，虽年代久远难以查证确切来源，但我国枪弹一直由国家严格管控，甘某某在医院手术取出其头颅内残留的子弹头，产生的费用政府应该予以补偿，以缓解其家庭困难，遂决定采取救助方式对甘某某给予帮扶，后经汇报县委分管领导同意，崇信县信访局多渠道筹集资金 9 万余元，对甘某某进行了帮扶救助，甘某某对处理结果非常满意。

案例二十三：违法上访受刑罚　身陷牢狱悔当初

2006 年 11 月，原籍华亭市马峡镇马峡村村民罗某某与该市东华镇北河村曹元社村民张某某再婚后，将户籍迁入东华镇北河村曹元社，2009 年两人生育一女，2014 年 12 月双方分居。2015 年 9 月 28 日，罗某某向华亭市人民法院提起诉讼，请求判决双方离婚并分割财产和债务。华亭市人民法院作出判决后，罗某某以原审对财产和债务分割不当为由，向平凉市中级人民法院提起上诉，平凉市中级人民法院于 2016 年 7 月 20 日作出终审判决，对罗某某主张的 4 套房产分割、孩子抚养费、夫妻债务分担、经济帮助费和精神抚慰金等四个方面诉求依法进行了审理并作出判决。法院在一审、二审判决中，对罗某某主张的北河安置房产权归属问题，均以该房屋房款出资人为张某某兄长，涉及案外人为由，告知罗某某可另案起诉。但罗某某此后再未就该问题提出诉讼主张，而是以对法院判决不服和离婚后无房居住、生活困难等为由，走上了进京上访之路。2016 年 12 月至 2020 年 10 月，罗某某隐瞒真相、歪曲事实，采取一信多投等方式，向党中央、国务院和省委、省政府领导写信 46 封，向国家信访局重复投诉 23 次，多次到北京、上海等地非接待场所上访，与境外人员联系提供编造虚假资料，被境外人员编辑后通过境外非法网站发布，造成恶劣影响。

罗某某上访以来，华亭市做了大量化解工作，于 2018 年为罗某某安排了水电厕齐全的保障房两间 36

平方米，帮助解决建房资金 4.5 万元，申请困难救助资金 2 万元，引导罗某某向镇村提出安置申请，缴纳安置房款，按程序申请安置房，并多次深入罗某某娘家与其父母亲及兄长座谈，共同给罗某某做思想工作。但罗某某不听劝解，既不愿住保障房，也不愿缴纳房款申请安置房，而是要求政府再无偿给其一套楼房。对华亭市的帮扶救助，罗某某也不用于正常的生产生活和女儿教育，而是带领其女儿常住北京寻机上访以向地方政府施压。在华亭市对其信访问题开展调查、座谈、答复、劝返过程中，罗某某故意刁难、撕扯工作人员，提出无理要求，并拍摄视频和照片断章取义外传炒作。

针对罗某某长期不按法律规定进行信访活动，多次到非接待场所违法上访，在上访过程中蓄意歪曲事实、隐瞒真相，捏造虚假信息在互联网散布并在境外传播，造成信访秩序和信息网络秩序严重混乱，影响恶劣的违法行为，华亭市公安局于 2019 年 10 月 16 日以涉嫌犯寻衅滋事罪对其予以刑事拘留，同年 10 月 30 日将其依法逮捕；2020 年 2 月 7 日，华亭市人民检察院提起公诉；同年 3 月 21 日，华亭市人民法院公开开庭审理，罗某某当场写下《悔过书》，表示认罪认罚；同年 6 月 3 日，华亭市人民法院作出刑事判决，以犯寻衅滋事罪，从轻判处罗某某有期徒刑一年六个月。罗某某因违法上访获刑，对华亭乃至全市个别以访为业，长期无理缠访、闹访，试图以访牟利的人员敲响了警钟，华亭市个别信访人员长期串联闹访的不良风气得到了遏制，信访秩序有了明显好转。

案例二十四：关停砖厂起风波　县长包案得化解

2016 年年底开始，根据《平凉市淘汰关闭实心黏土砖落后生产企业实施方案》等规定，庄浪县政府对全县 59 家黏土砖生产企业进行了摸底排查，发现 59 家黏土砖生产企业中，符合产业政策可申请继续经营的有 5 户、不符合产业政策或污染严重且治理无望需要关停的有 54 户。排查结束后，庄浪县按照淘汰关闭实心黏土砖落后生产企业工作程序，对全县所有黏土砖厂全部予以关停整治，并开始着手研究制定具体的淘汰关闭整治方案和实施细则，但因此项工作涉及面广、工作量较大，县上制定出台淘汰关闭整治方案和实施细则需要一定时间，因此未能及时向被关停企业作出明确答复。

2017 年 3 月开始，被关停的庄浪县 13 名乡镇黏土砖生产企业负责人先后到省、市、县集体上访，反映庄浪县政府强行关停了他们经营的黏土砖厂，且未明确关停和补偿标准，要求政府出台政策许可他们继续经营或者给予补偿。

为积极推动该信访事项有效化解，按照省、市信访部门督办要求，庄浪县成立了时任县政府县长宋树红包案负责，县委、县政府分管领导具体负责，信访、工信、财政、环保等相关部门共同参与的工作小组，依法按政策并结合本县实际制定出台了《庄浪县实心黏土砖厂淘汰关闭整治方案》（以下简称《方案》）和《庄浪县实心黏土砖厂淘汰关闭整治实施细则》（以下简称《细则》）。2017 年 10 月 11 日，依据《方案》和《细则》规定，庄浪县工信局向相关企业作出明确答复：轮窑 24 门以上符合国家产业政策可申请保留，继续经营；轮窑 24 门以下不符合国家产业政策的予以关停，由企业自行拆除后，按照《细则》规定标准申请领取奖励资金。截止到当年年底，庄浪县所有不符合国家产业政策的黏土砖厂全部关停拆除到位，补助资金全部兑付到位。

案例二十五：依法依规化矛盾　村民权益得维护

1997 年，原籍崆峒区四十里铺镇演武村村民冯某某，与柳湖乡土坝村村民柳某结婚，2002 年冯某某将其户口迁入柳湖乡土坝村柳某家,婚后育有2子。2015年冯某某与柳某因夫妻关系不好、感情不和经法院判决离婚,长子归柳某抚养,次子归冯某某抚养。2016年,冯某某和次子与前夫柳某办理了分户手续,户口仍落在柳湖乡土坝村郑家沟社。2019年,土坝村启动农村集体产权制度改革工作,出台《土坝村集体经济组织成员身份确认办法》(以下简称《办法》)。根据《办法》第三条第二款第一项:"本村男方离婚后,女方或随母子女户籍仍在本村,但在本村第二轮土地承包时没有承包地的村民,不能确认为本村集体经济组织成员身份"之规定,经村党员大会和村民代表会议表决,冯某某及其次子被认定为"不具有本村集体经济组织成员身份,不再享受集体经济收益分红"。随后,冯某某先后到区上、市上、省上上访,并向国家信访局反复投诉,要求上级协调土坝村恢复其农贸市场摊位分红、年终集体收益分红、代缴医疗保险。因此信访积案涉及情况复杂,双方争议较大,虽经市、区信访部门多次督办,但一直悬而未决。

2021年10月,中央信访工作联席会议部署启动集中治理重复信访、化解信访积案专项工作后,国家信访局将此信访积案列入专项工作,交由崆峒区政府推动化解。之后,崆峒区政府由1名县级领导包案负责,抽调民政、妇联、农经等部门及柳湖乡政府负责人成立工作专班,重新对冯某某信访积案进行了调查处理。经调查,该信访积案迟迟得不到化解,主要争议的焦点在于:冯某某是否具有土坝村集体经济组织成员资格和冯某某是否具有土坝村集体经济组织成员的资格由谁来认定两个问题。在以前各级组织调查处理过程中,关于冯某某是否具有该村集体经济组织成员资格的问题,柳湖乡土坝村认为:冯某某原籍为四十里铺镇演武村人,在演武村参与了二轮土地分配,且承包地一直未收回,其演武村集体经济组织成员的身份未消失;冯某某因婚迁入柳湖乡土坝村后,没有履行过任何村民义务,也不以土坝村集体经济组织土地作为其基本生活保障。同时,在2019年开展农村集体经济组织成员身份认定工作中,土坝村按照法定程序形成的《土坝村集体经济组织成员身份确认办法》明确规定"本村男方离婚后,女方或随母子女户籍仍在本村,但在本村第二轮土地承包时没有承包地的村民,不能确认为本村集体经济组织成员身份"。因此,冯某某不具备土坝村集体经济组织成员资格,也不能享受村集体收益分红。但冯某某认为,其婚后户籍已从四十里铺演武村迁出,长期在柳湖乡土坝村居住,在2019年之前一直参与集体分红,其离婚后突然取消其参与集体收益分红资格明显不合理。正因为双方各执一词,认识差距很大,所以区上成立的工作专班多次调解也未取得成效。虽然信访人冯某某的诉求有一定合理性,但因化解此信访积案涉及其他村民切身利益及村民自治规定,相关部门也不能贸然作出处理,加之冯某某不愿也不相信能够通过诉讼途径解决问题,从而使该信访积案化解工作一度陷入僵局,冯某某仍持续上访。

针对上述问题,区上成立的工作专班通过走访入户征求村民意见,认真研究相关法律法规和同类案例,在柳湖乡政府组织召开乡信访工作联席会议,面对面与冯某某谈心交流,邀请律师释疑解惑,对该信访积案化解提出指导意见,支持帮助冯某某通过诉讼途径确认其村民身份。经过工作专班工作人员和律师反复给冯某某做思想疏导工作,冯某某最终同意通过诉讼途径认定其身份。最终,法院依法作出如下判决:由土坝村按照其他经济组织成员交纳标准给冯某某及其次子缴纳医保费,并兑付集体收益分红。法院判决生效后,区上成立的工作专班第一时间跟进督办,土坝村严格按照法院判决,为冯某某及其次子落实了村集体经济组织成员一切待遇,使该信访积案得到圆满化解。

案例二十六:田地被淹房受损　上下联动化积案

2019年,华亭市马峡镇腰崖村张家山社群众张某某等人赴省上访,反映2014年王峡口水库水位上升后，造成张家山社通社道路被毁、11 户 39 名村民的部分农田被淹、房屋不同程度受损，要求调查处理给予赔偿。

经调查，群众反映问题基本属实，王峡口水库始建于 1977 年，位于腰崖村下游 1 公里处，2000 年完成除险加固，2005 年起由中电建华亭发电有限责任公司作为控股方，成立华亭市华电供水有限责任公司经营管理。2005 年 3 月，华亭市华电供水有限责任公司对王峡口水库启动扩容工程，将溢流坝高程增高 5 米，后因资金问题一直停工。同时在施工过程中由于未及时清淤泄洪，造成库底泥沙淤积库容减少、水位逐年上升，导致腰崖村部分农田、通社道路、排洪水渠先后多次被淹，给张家山社沟口 11 户群众生产生活带来了极大影响。问题发生后，华亭市马峡镇政府多次组织人员深入现场查看，与华亭市华电供水有限责任公司负责人沟通，但因该问题涉及责任主体多，形成原因复杂，赔偿标准难以界定，一直未能有效化解，马峡镇政府只能通过临时救助等方式帮助受影响群众解决生产生活困难。

2020 年至 2022 年，平凉市信访局将张某某等人信访事项列为重点信访积案，先后多次交办督办、实地督查、调度推动，并报请联系驻平央企的平凉市委常委、市政府副市长唐如海包案督办。按照唐如海副市长听取有关情况汇报时的督办指示要求，华亭市政府确定时任副市长、公安局局长刘贵明包抓负责，成立由马峡镇政府及华亭市信访局、水务局、自然资源局、农业农村局等单位为成员的工作专班，先后 6 次实地查勘、查阅资料、座谈交流，对张某某等人信访积案进行了调查。在查清问题原因和赔偿责任基础上，工作专班与中电建华亭发电有限责任公司召开信访工作联席会议，初步协商达成了由中电建华亭发电有限责任公司负责解决被毁耕地、苗木赔偿、道路砂化修复等问题的化解意见，但之后又因补偿资金来源及标准等问题导致化解意见未落实。

在主动做好张某某等人接访下访、疏导稳控的基础上，积极引导协助张某某等人通过诉讼途径确定赔偿标准，2021 年 3 月 15 日，华亭市向平凉市包案领导副市长唐如海汇报了该信访事项办理过程中存在的困难和问题，副市长唐如海对此高度重视，于 3 月 17 日亲自带领华亭市工作专班，赴兰州市与中电建甘肃能源公司（中电建华亭发电有限责任公司上级主管单位）负责人会谈协商，就化解意见、赔偿标准及金额达成了初步共识。之后，中电建甘肃能源公司积极担当，召开董事会履行相关程序后，于当年 5 月将商定的补偿资金拨付至中电建华亭发电有限责任公司。后经华亭市工作专班与华亭市人民法院、中电建华亭发电有限责任公司及张某某等人沟通协商，通过庭外调解方式，对 7 户群众受损房屋、98.23 亩被淹土地损失及复垦费用给予一次性赔偿，使这一历时 8 年的信访积案得到彻底化解，有力维护了受损群众的合法权益。

案例二十七：工程账款起争纷　引入诉讼依法解

2020 年 7 月 2 日，静宁县细巷镇米岔村村民米某以细巷镇米岔村 20 余名村民名义，向国家信访局网上投诉，反映 2010 年初，他们参与修建了细巷镇韩川村易地扶贫搬迁项目，2012 年年底交付使用，但细巷镇政府拖欠农民工工资 203.584 万元不予支付，要求协调解决。

同年 7 月 8 日，米某信访事项经国家、省、市信访部门交办督办后，静宁县政府确定县人社局牵头，重点围绕农民工工资拖欠问题，通过查阅档案资料，约见当事人，实地走访米某提供的工资结算清单所列农民工等方式，依法按程序对相关问题进行了认真调查。调查认为，米某反映细巷镇政府拖欠的 203.584 万元实际为未付工程款和借贷纠纷，依据是：一是韩川村易地扶贫搬迁项目中，细巷镇政府与米某结算资金共789.3508万元，已付638.62585万元，未付150.72495万元（农户自筹部分），未付原因为米某修建的部分住宅工程质量存在问题，群众不愿缴纳剩余款项；二是细巷镇政府与米某借贷纠纷44万元，其中包括2009年修建韩川小学未付工程款9万元、2012年米某向细巷镇政府出借现金35万元。但细巷镇政府对借贷关系和部分借款不予认可，双方之间存在争议；三是经与相关当事人谈话了解，米某提供的工资结算清单为2020年编制，拖欠数额、日均工资、施工天数等均与实际不符，提供的工资清单中所列农民工对拖欠工资一事有的不知情、有的说不清。据此，因当事双方对工程质量、欠款数额存在较大争议，且已经多次调解协商仍久拖未决，静宁县人社局依据调查情况和依法分类处理信访事项相关规定，于2020年8月19日向米某作出并送达书面处理意见，建议米某按照合同约定，通过司法诉讼途径依法确认双方争议内容，彻底解决双方纠纷。但因司法诉讼周期长、成本大等原因，米某不愿通过诉讼途径解决，执意通过信访渠道继续反映。

为积极推动这一久拖未决的信访事项能够彻底化解，根据依法分类处理信访事项有关规定和市信访局实地督查反馈意见，静宁县通过座谈交流、以案释法等方式，主动引导、积极配合米某做好诉讼准备工作。经反复引导，2020年9月8日，米某分别以施工合同纠纷、民间借贷纠纷为由，向静宁县人民法院提起民事诉讼，请求判决细巷镇政府支付其工程款和借款。2020年12月12日，经静宁县人民法院调查并两次公开开庭审理后作出判决，对双方争议内容依法进行了确认，判决细巷镇政府向原甘肃省静宁县城关建筑工程公司（米某修建韩川村易地扶贫搬迁项目时挂靠公司）给付未付工程款138.18495万元、支付米某借款35万元。之后，细巷镇政府积极履行法院判决，多方筹资支付了执行款，米某的问题通过诉讼途径彻底化解。

第八章 领导同志对信访工作的批示

第一节 省级及以上领导批示

一、宋平同志的批示

（宋平同志曾于 1972 年 7 月任中共甘肃省委书记，1977 年 6 月后改任中共甘肃省委第一书记，1981 年 1 月调离。）

平凉地区运输公司职工给宋平同志写信，反映他们单位去山东烟台的学习团去了山东，忽然又到了上海。实际是借参观之名，去游山玩水。工人大干，他们闲转，工人修旧利废，节约开支，他们却挥霍浪费。光公司派这样的参观团就有三批。参观团成员回来时还采购皮鞋、衣料等，他们拖欠公款，还要申请补助。对于去山东学习的经验不传达不学习。建议：按计划去烟台的费用应予报销，私自去其他地方的一切费用不予报销。所欠公款，应限期归还。带队同志要做检查。

1978 年 12 月 29 日，宋平同志阅后批示："建纲同志：平凉运输公司职工来信请阅，来信讲的很有道理。现在借参观学习游山玩水，挥霍国家资财的大有人在。今后全党工作重点转到搞建设，干什么都要节约，按章程办事。瑞典教育大臣出差花了点钱，受到撤职。我们是个穷国、穷省、穷地区，不是更应当节约，反对铺张浪费吗？如果他们不是出于工作需要和经过组织领导批准，是不应该随便由国家报销的。"

二、陈光毅同志的批示

（陈光毅同志曾于 1983 年 5 月至 1986 年 5 月任甘肃省省长。）

1984 年 2 月 9 日，省政府信访室编印的《信访情况·第 1 期·一个多年未解决的问题》。编报了平凉县柳湖公社柳湖大队 103 名出嫁姑娘给各级党政机关的信，要求解决她们的承包地及子女落户问题。

3 月 3 日，陈光毅同志阅后批示："家属在农村务农，应予支持鼓励，不能歧视。来信反映的问题请农村工作部研究。"

三、林铎同志的批示

（林铎同志曾于 2016 年 3 月至 2017 年 3 月任中共甘肃省委副书记，代省长、省长；2017 年 3 月至 2021 年 3 月任中共甘肃省委书记、省人大常委会主任。）

2016 年 8 月 8 日，平凉市崆峒区某企业负责人段某某致信林铎省长，提出自己对解决民营企业、微小企业融资难、发展难等方面的意见建议：一是在县、区选择一些前景好、有带动性、有影响力的微小企业，给予政策和资金支持；二是通过政府整合部分小企业下发债券来支持企业资金不足的问题。

林铎同志在致信上批示："望责成有关部门研究，采纳有关建议，推动区域发展。"

四、王耀东同志的批示

（王耀东同志曾于 2004 年 9 月至 2006 年 4 月任中共平凉市委书记，2006 年 4 月至 2012 年 8 月先后任国家信访局党组成员、副局长、中央信访联席办副主任、国家投诉管理中心主任。）

2004 年 10 月 23 日，时任平凉市委书记的王耀东同志在市信访局报送的《第三季度信访情况分析》简报上，就信访工作作了重要批示："各级领导、各部门负责同志要高度重视信访工作。要坚决按照省委、省政府关于信访工作的新要求，全力做好工作，认真抓好责任制落实，把问题解决在下层，解决在萌芽状态。从事信访工作的同志，要有敏锐性、预见性，发展动态和情况及时向主管领导报告。"

2012 年 6 月 18 日，庄浪县委书记陈铎在全省领导干部接访下访活动现场推进会天水主会场做了题为《干部接访零距离、解决问题面对面》的经验交流发言，经验交流材料被国家信访局转发。2012 年 7 月 6 日，时任国家信访局副局长王耀东同志在中央信访联席会议简报上批示："陈铎同志：感谢对信访工作的重视和对我工作的多年支持，庄浪在县委陈铎同志的带领下，社会更加和谐稳定，经济继续增速发展，人民更加安居乐业。"

五、苏度同志的批示

（苏度同志曾先后任中共甘肃省委办公厅副主任和中共甘肃省委副秘书长。）

1984 年 4 月 24 日，苏度同志看了平凉地委秘书处秘发〔1984〕11 号文件《关于 1983 年平凉地区信访工作情况汇报》后批示："平凉 7 个县（市）委，2 个党委 8 个信访办公室只有 15 名工作人员，难以适应信访工作的需要。今年上半年准备召开信访会议，这些情况应积累，并随时做好互通情报工作。"

第二节　地厅级领导批示

一、王平同志的批示

（王平同志曾于 1983 年 5 月至 1986 年 7 月任甘肃省政府秘书长。）

1986 年 4 月 15 日，省政府信访室编印了《信访情况·第 9 期·灵台县出现妇女外流现象》。4 月 22 日，王平同志阅后批示："信访室办理。请灵台县政府了解，采取措施，结果向省政府和国务院信访局报告。"

1986 年 6 月 21 日，灵台县委、县政府信访室向省政府信访室写了《关于我县妇女外流问题的调查报告》。王平同志阅后于 7 月 3 日批示："信访室阅。灵台县领导重视妇女外流问题，已研究采取措施，情况可反映给国务院信访局，并告县上认真落实抓好这方面的问题。"

二、徐尚和同志的批示

（徐尚和同志曾于 1984 年 3 月至 1988 年 11 月任中共平凉地委书记。）

1987 年 9 月 25 日，徐尚和同志在看了第 13 期（总 20 期）《平凉信访简报》后批示："这期刊登的两条来信及编者按语很好。应当朝这个方向努力，还应经常从大量的来信来访中综合分析、捕捉动向，掌握群众脉络，向领导机关提供指导工作的依据。"

三、马学军同志的批示

（马学军同志曾于 2000 年 2 月至 2002 年 9 月任中共平凉地委副书记，2002 年 9 月至 2006 年 11 月任中共平凉市委副书记、代市长、市长，2006年11月至2008年8月任中共平凉市委书记、市人大常委会主任。）

2006年6月4日，马学军同志在市信访联席会议办公室向市委、市政府上报的《关于开展"信访月"活动集中处理信访突出问题的总结报告》上作出重要批示："信访月活动成效明显，解决了一些突出问题，请向重视信访工作的领导同志和信访工作人员表示感谢和慰问。望再接再厉，坚持集中活动与经常性工作相结合，坚持领导包案与信访督查办理相结合等有效办法，不断促进信访工作上台阶、上水平。"

四、马世忠同志的批示

（马世忠同志曾于2009年1月至2011年7月任中共平凉市委书记、市人大常委会主任。）

2008年1月4日，马世忠同志在市委、市政府信访局向市委呈报的《2008年信访工作总结》（平市信发〔2008〕45号）上批示："2008年，市信访局出色完成了工作任务，为维护全市和谐稳定的大局做出了突出贡献，向同志们表示崇高敬意和衷心感谢。希望在新的一年继续努力，做出新的更大成绩。"

五、陈伟同志的批示

（陈伟同志曾于2006年11月至2011年8月任中共平凉市委副书记、代市长、市长；2011年8月至9月任中共平凉市委书记、市长；2011年9月至2016年1月任中共平凉市委书记；2016年1月至3月任省政协秘书长、党组成员，机关党组书记，中共平凉市委书记。）

2012年2月17日，陈伟同志对全市信访工作作出批示："2011年，全市各级信访部门紧贴中心、服务大局，扎实推进领导干部接访、信访积案化解和体制机制创新，积极畅通信访渠道，认真化解各类社会矛盾，为维护社会和谐稳定、促进经济社会发展发挥了积极作用。今年是推动全市经济社会转型跨越的重要一年，也是信访工作任务更加繁重的一年。全市各级信访部门要坚持以科学发展观为指导，以群众工作为统揽，牢记使命，务实苦干，认真履行为党分忧、为民解难的职责，把各项工作做细做实做到位，为迎接党的十八大、省第十二次党代会胜利召开和撤地设市十周年，为加快转型跨越、促进科学发展，建设小康和谐文明生态平凉营造和谐稳定的社会环境。各级党委政府要进一步加强组织领导，探索研究用群众工作统揽信访工作的新思路、新方法、新机制，为信访工作的扎实有效开展创造更加有利的条件。广大信访干部要继续发扬务实作风，增强服务群众的本领，积极疏导群众情绪，解决群众诉求，维护群众权益，在促进社会和谐稳定中做出新的贡献。"

2014年3月22日，陈伟同志作出批示："奋彦书记、巨胜部长：在这次征求意见过程中，张新民同志给我讲了程建民同志的事迹，并给我复印了他的怀念文章——《良操美德千秋在》。尽管我没有见过程建民同志，但他的事迹，深深地打动了我，我们的干部，特别是领导干部要像程建民同志那样，心中装着百姓，为百姓干事，为百姓解难，真正把百姓当亲人。请教育实践办公室拟一个通知，在市直部门开展向程建民同志学习。"

六、郭承录同志的批示

（郭承录同志曾于2017年5月至2018年1月任中共平凉市委书记；2018年1月至2021年7月任省政协副主席、中共平凉市委书记。）

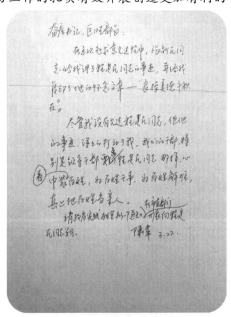

▲陈伟同志的批示

2018年8月19日，郭承录同志在市委、市政府信访局关于世纪花园B区住户信访事项办理进展情况汇报的《信访要情呈报》上批示："此事涉及民生、涉及众多人员，一定依法尽快予以解决，属政府部门的责任坚决纠正，属企业的问题坚决处置，属政策解释层面的问题依法向群众解释。"

2019年2月11日，郭承录同志在阅悉省信访工作联席会议办公室印发《关于2018年信访工作目标任务完成情况的通报》后作出批示："发扬成绩，再接再厉，继续做好2019年的信访工作，为维护社会稳定做出更大贡献，取得更好的成绩。"

2021年2月18日，郭承录同志在市信访局《关于市级党政领导包案督办信访积案化解进展情况的报告》上批示："对未化解的案件要盯住不放，包案领导亲自督办，力争早日化解，实现案结事了。"

七、周伟同志的批示

（周伟同志曾于2021年7月至2022年5月任中共平凉市委书记。）

2022年2月9日，周伟同志对全市信访工作作出批示："去年，面对各方面困难挑战和复杂信访形势，全市信访工作在化解信访积案、解决突出问题、信访安全保障、服务中心大局等方面卓有成效，全省考核我市排名第一，成绩值得充分肯定。新的一年，要深入学习贯彻习近平总书记对信访工作的重要指示精神和《信访工作条例》，站在政治和全局高度，更好地履行为民解难、为党分忧政治责任，推动全市信访工作再上新台阶。要牢牢抓住事要解决这个核心，敢于动真碰硬，依法按政策解决问题、化解矛盾。各级领导干部要履行好包案督办责任，主动接访下访、化解积案，把为民排忧解难的事情真正办实办好办彻底，切实保障群众合法权益、维护社会和谐稳定，为党的二十大胜利召开营造良好社会环境。"

八、王旭同志的批示

（王旭同志于2021年1月至2022年7月任中共平凉市委副书记、平凉市人民政府市长，2022年7月至今任中共平凉市委书记。）

2022年7月19日，王旭同志在某企业《关于请求市委市政府协调解决出让给我公司的建设用地十三年未能交付使用等有关问题的情况反映》来信上批示："请杨恭同志阅处，对历史遗留问题一定要全面摸清底细，依法依规来界定。"

2022年10月10日，王旭同志在省委办公厅《甘肃信息经验交流》（第1432期）《平凉市"三级四联"模式提升信访治理效能》上批示："要将'三级四联'模式在全市做实做深，不断提升治理效能。请晓军同志抓好落实。"

▲ 王旭同志的批示

九、臧秋华同志的批示

（臧秋华同志曾于2011年9月至2016年4月任中共平凉市委副书记、代市长、市长。）

2014年8月4日，臧秋华同志对信访工作作出批示："近年来，在市委、市政府的正确领导和各级各部门的大力支持下，通过全市信访战线广大干部职工的不懈努力，我市信访工作呈现出信访总量下降、集体上访下降、重复越级信访下降和信访秩序进一步好转的'三下降一好转'趋势，信访形势继续保持平稳、可控、向好的态势，为全市经济社会发展提供了有力的保障。各级各部门要继续总结和发扬信访工作中的好经验、好做法，不断创新群众工作方法，加大保障和改善民生力度，坚持科学决策和依法办事，努力从源头上预防和减少信访问题；要强化群众观念，坚持换位思考，带着感情做好信访工作，真正帮助信访群众解决实际困难和问题；要深入开展领导干部接访下访，扎实化解信访积案，下大力气解决到市赴省进京上访突出问题；要全面推行依法逐级走访，推动及时就地解决信访问题，强化依法治访，切实维护群众合法权益，维护正常的信访秩序，为加快转型跨越、促进科学发展，建设小康和谐文明生态平凉奠定坚实基础。"

十、王奋彦同志的批示

（王奋彦同志曾于 2006 年 11 月至 2010 年 2 月任中共平凉市委常委、组织部部长；2010 年 2 月至 2013 年 11 月任中共平凉市委常委、常务副市长；2013 年 11 月至 2016 年 1 月任中共平凉市委副书记；2016 年 1 月至 2016 年 4 月任中共平凉市委副书记、市第三届人大常委会主任；2016 年 4 月至 2021 年 1 月任中共平凉市委副书记、代市长、市长。）

2018 年 12 月 18 日，王奋彦同志在省信访联席办《关于贯彻落实省政府党组（扩大）会议精神和省委省政府领导讲话精神的通知》上批示："市信访联席会议各成员单位要认真学习省委省政府领导讲话精神，深入了解吃透信访群众的诉求，切实解决问题。"

十一、白振海同志的批示

（白振海同志于 2022 年 7 月至今任中共平凉市委副书记、平凉市人民政府市长。）

2022 年 8 月 16 日，白振海同志在省信访工作联席会议《关于进一步做好信访工作化解突出矛盾迎接党的二十大胜利召开的通知》上批示："要认真贯彻会议精神，压实工作责任，强化督导检查，确保'三个不发生'，交出满意答卷。"

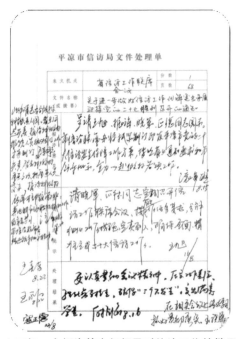

▲王旭、白振海等市级领导对信访工作的批示

十二、马晓峰同志的批示

（马晓峰同志曾于 2008 年 11 月至 2015 年 12 月任中共平凉市委常委、市委政法委书记。）

2014 年 11 月 21 日，马晓峰同志在省信访联席会议办公室《关于进一步加强依法逐级走访工作切实减少来省进京越级上访的通知》上批示："今年我市进京非访明显下降，赴省集体访上升，认真分析、研判，再抓督促，强化县区责任，再解决几个硬骨头，掌握工作的主动权。"

十三、杨军同志的批示

（杨军同志曾于 2010 年 10 月至 2016 年 11 月任平凉市人民政府副市长；2016 年 11 月至 2021 年 6 月任中共平凉市委常委、市委政法委书记。）

2017 年 10 月 23 日，杨军同志在《平凉市领导干部包案督办和接访下访重点信访事项办理情况报告单》上批示："请崆峒区按照'三到位一处理'原则，做好劝导和稳控工作。"

2019 年 8 月 12 日，杨军同志在市信访局关于宏达国盛商贸城业主李某等 120 余人到市政府集体上访情况的汇报上批示："请市区（园区）相关部门积极做好工作，妥善解决矛盾问题，保持社会稳定。"

十四、王晓军同志的批示

（王晓军同志于 2021 年 8 月至今任中共平凉市委常委、市委政法委书记。）

2022 年 1 月 30 日，王晓军同志批示："2021 年我市信访工作在全省考核中位居前列，受到通报表扬，广大信访干部付出了辛勤努力，值得充分肯定。今年，全市信访系统和有关部门要发扬成绩、再接再厉，以做好党的二十大信访稳定为主线，全力化解信访突出问题和历史积案，促进社会和谐稳定，推动全市信访工作高质量发展，以优异成绩迎接党的二十大和省第十四次党代会胜利召开。"

十五、李富君同志的批示

（李富君同志曾于 2012 年 12 月至 2018 年 6 月先后任平凉市人民政府副市长、中共平凉市委常委、市委宣传部部长）

2016 年 7 月 25 日，李富君同志在静宁县信访局上报的《关于静宁县临时代课教师集体上访情况的报告》上批示："临时代课教师问题比较敏感，要高度重视做好工作：一、请市教育局、市信访局及时掌握全市临时代课教师动态；二、请市教育局会同市人社局向上汇报反映，争取支持政策；三、请静宁县政府继续做好化解稳控工作，包抓到校到人，坚决防止再次赴省集体上访。"

十六、吴建忠同志的批示

（吴建忠同志曾于 2018 年 6 月至 2021 年 9 月任平凉市人民政府副市长。）

2019 年 3 月 12 日，吴建忠同志在省委办公厅《甘肃信息第 132 期及省委主要领导批示》上批示："请市信访局、市退役军人事务局、市公安局认真贯彻郭承录书记批示要求，坚决落实稳控措施，坚持'每日内研判一报告'制度，确保不添堵添乱。"

第三编 **03**

信访工作制度改革及联席会议机制

第一章　信访工作制度改革

第一节　全市信访工作制度改革简述

信访工作制度改革是中央全面深化改革、推进依法治国的重大决策部署之一。党的十八大报告提出"完善信访工作制度"。党的十八届三中全会通过的《中共中央关于全面深化改革若干重大问题的决定》指出"改革信访工作制度，实行网上受理信访制度，健全及时就地解决群众合理诉求机制。把涉法涉诉信访纳入法治轨道解决，建立涉法涉诉信访依法终结制度"。党的十八届四中全会从法治高度，提出信访工作制度改革的方向就是"把信访纳入法治化轨道，保障合理合法诉求依照法律规定和程序就能得到合理合法的结果"。党的十八届五中全会要求把"引导群众依法行使权利、表达诉求、解决纠纷""加强和改进信访和调解工作"等纳入加强和创新社会治理范畴。党的十九大为新时代信访工作改革发展指明方向，要求"加强预防和化解社会矛盾机制建设，正确处理人民内部矛盾"。

按照中央和省、市关于信访工作制度改革的一系列决策部署，从2013年开始，全市各级信访工作机构认真贯彻以人民为中心的发展思想，主动适应社会主要矛盾新变化，坚持立足实际，突出问题导向，完善制度措施，全面落实初信初访办理、源头预防治理、诉访分离、依法逐级走访、依法分类处理信访诉求等信访工作制度改革举措，积极探索建立以打造亲情信访、阳光信访、法治信访、责任信访、效率信访"五个信访"为主要内容的平凉信访工作模式，推动全市信访工作步入改革创新、依法规范、整体提升、平稳有序的新阶段。

第二节　初信初访办理

初信初访是指公民、法人或其他组织采用书信、网络、电话、走访等形式首次向国家机关及其工作部门反映情况，提出意见建议或投诉请求，依法应当由有关机关作出处理的活动。

2014年3月，国家信访局印发了《国家信访局关于进一步加强初信初访办理工作的办法》（以下简称《办法》）。《办法》要求各级各部门要严格规范初信初访办理工作流程，压实首办工作责任，提高办理质量和效率。

2021年10月，平凉市信访工作联席会议制定印发了《关于切实提高初信初访办理质量的通知》（以下简称《通知》）。《通知》内容突出"为民"和"依法"两个重点。"为民"主要强调首接首办责任，着力推动第一时间把群众的合理合法诉求解决到位，把初信初访问题及时解决在群众家门口和问题属地，减少群众的来回奔波，降低群众的信访成本，更好地维护人民群众的合法权益。"依法"主要强调运用法治思维，从制度机制上推动形成办事依法、遇事找法、解决问题用法、化解矛盾靠法的信访工作环境。《通知》全文共14条，主要包括四个方面内容：一是要求高度重视初信初访办理工作，切实把提高初信初访办理质量放在更加突出的位置，把加强初信初访办理作为了解民情、集中民智、维护民利、凝聚民心的重要基础性工作，进一步落实"民意必听、民情必问、有诉必应、接诉必办、办结必评"和"网上办、马上办、简易办、代理办、闭环办"的"五必五办"责任措施，依法及时就地解决信访问题，扎实推进让群众"最多访一次、最多访一地"，不断提升信访工作质效和公信力，为全市高质量发展打牢民心基础，营造良好环境。二是全面靠实首接首办工作责任，信访工作机构在初信初访办理工作中承担首接首审首交责任，严格按照信访法规和信访制度改革要求，认真审核把关，严格规范程序，及时转交督办；有权处理机关和责任单位在初信初访办理工作中承担首办责任，对本部门受理和信访部门转送交办的信访事项，不得推诿扯皮，要快速受理，依法按政策及时办理，一次性化解到位。三是严格规范初信初访办理措施，从规范受理录入、精准分类处理、全程闭环管理、限期高效办结、强化督查督办、主动回访接受群众评价等方面，对初信初访办理提出了具体明确的办理要求。四是加强初信初访办理质效考核，加大考核权重，将初信初访办理质量体现在及时受理率、按期答复率、群众满意率、一次性化解率及重复信访占比等主要考核指标中，重点用"重复信访率"检验"最多访一次"效果。对因首接首办责任落实不力，造成重复信访、越级上访的初次信访件，要进行"一案三查"。建立健全责任追究机制，加大初信初访事项办理督查力度。《通知》突出强调了解决初信初访问题、出具处理意见书的主体是有权处理机关，明确提出按照《信访条例》规定的程序、期限，有权处理机关负责受理、办理法定职权范围内的初信初访事项，并书面答复信访人，包括信访人首次向本机关提出的信访事项和本级或上级人民政府信访工作机构首次转送、交办的信访事项。同时，明确提出各级人民政府信访工作机构主要负责及时受理、转送、交办信访人提出的初信初访事项，协调、督促有权处理机关切实承担起化解法定职责范围内的初信初访事项，不能越俎代庖、替代包办。此《通知》下发后，全市各级各部门和信访工作机构高度重视，严格按照《通知》要求依法按政策规范办理初信初访事项，全市初信初访事项按期办结率明显提升，群众满意率达98.8%。

第三节　源头预防治理

源头预防治理，是做好信访工作的重要方法。2014年，中共平凉市委、平凉市人民政府出台了《关于创新群众工作方法解决信访突出问题的实施意见》（以下简称《意见》），《意见》要求大力保障和改善民生、提高科学民主决策水平、严格依法按政策办事、大力改进干部作风、切实从源头上预防和减少信访问题发生。按照《意见》要求，市信访局把源头预防治理作为抓实抓好信访工作的基础性工作，积极开展了一系列信访矛盾纠纷排查调处化解活动。一是抓排查，掌握矛盾底数。坚持属地原则，以乡镇、街道为主体，采取乡镇、街道排查和村、社区自查相结合的方式，全面开展各类矛盾纠纷、信访隐患及重点人员大排查大调处，基本做到了"村（社区）不漏户、户不漏人、人不漏事"。按照"边排查边化解、边化解边排查"的工作思路，一方面对原有问题解决情况再排查，加快调处工作进度，另一方面加大社会面排查力度，及时把各类新矛盾、新的信访问题纳入视线，逐件分析研判，找准深层次的原因，弄清问题的真正症结。同时，进一步加大人力、物力和财力投入，从根本上保证了矛盾纠纷和信访突出问题大排查大调处的顺利进行。二是抓化解，解决突出问题。对排查出的一般性矛盾纠纷和信访问题，依托县（市、区）、乡镇（街道）两级信访工作机构、法律服务中心、社会治安综合治理中心和矛盾纠纷综合调处服务中心，及时有效的在基层或属地予以调处化解。对法律和政策有明确规定，能够及时得到解决的，限期督办解决；对暂时不具备解决条件的，列出时间表，积极创造条件予以解决；对个别群众提出的不符合政策要求，依据法律法规进行说服教育，取得群众的理解。对省、市交办督办的重点信访案件，按照"包掌握情况、包问题化解、包思想转化、包息诉罢访"的要求，逐一落实县级领导干部包案责任，明确办理时限和要求，促进信访问题化解。三是抓稳控，理顺群众情绪。按照"区分情况、综合施策"的要求，对于多次调解无果的纠纷、依法终结的信访事项、法院判决不服的重点案件、长期缠访的重点信访人员，实行县级领导包案，一个重点人员一个专门小组，明确专人负责，经常与信访人面对面谈心，掌握思想动态，了解家庭状态，宣传解释法规政策，深入细致地做好思想工作，落实好帮扶教育措施，真正做到有问题的解决问题，有政策的落实政策，有困难的解决困难。对无理取闹等缠访人员和寻衅滋事影响社会稳定的重点人员，衔接公安机关及时固定证据，依法处理，切实维护社会秩序。四是抓督导，落实工作责任。按照"属地管理、分级负责""谁主管、谁负责"的原则，全面压实乡镇、街道、部门的"属地管理"责任和各级各部门主要负责人的主体责任。强化工作调度，建立了矛盾纠纷大排查大调处会商研判制度，每周星期一定期召开会议，对矛盾纠纷排查化解情况和影响全市社会稳定的突出信访问题进行分析研判，实行一周一通报，做到了"排查一起、登记一起、处结一起、销号一起"。严格落实责任追究制度，对因工作不细致，没有排查出矛盾纠纷和重大信访问题或已排查出但未及时化解，引发群众到市赴省集体上访和影响社会稳定的，全部实行责任查究。

第四节　诉访分离

涉法涉诉信访改革是中共中央 2013 年作出的一项重大决策。涉法涉诉信访改革的总体要求是，严格实行诉讼与信访分离，把涉法涉诉信访纳入法治轨道解决。信访部门对于能够通过诉讼、仲裁、行政复议等法定途径解决的问题，要引导信访人依照法定程序向有关政法机关提出，或及时将信访人反映的诉求转同级政法机关依法办理。2013 年 12 月，中共中央办公厅、国务院办公厅印发了《关于依法处理涉法涉诉信访问题的意见》（以下简称《意见》），《意见》强调要把涉及民事、行政、刑事等诉讼权利救济的信访事项从普通信访体制中分离出来，由政法机关依法处理。各级信访部门对到本部门上访的涉法涉诉信访群众，应当引导其到政法机关反映问题；对按规定受理的涉及公安机关、司法行政机关的涉法涉诉信访事项，收到的群众涉法涉诉信件，应当转同级政法机关依法处理。

诉访分离改革启动后，2013 年省信访局制定下发《甘肃省信访局依法分流涉法涉诉信访事项实施办法》，要求全省各级信访工作机构要配合政法机关做好"诉访分离"工作，不得干预政法机关依法处理涉法涉诉信访问题的过程和结论，要坚决维护司法权威。

一、市、县（市、区）信访部门处理涉法涉诉事项的职责

（一）涉及涉法涉诉的信访案件，在司法程序未启动或司法程序未终结时，信访部门的职责

1. 对涉法涉诉走访事项进行分流引导。信访部门对反映的涉法涉诉问题，要弄明白和分辩具体诉求是属于那个政法部门，并明确告知上访人到相关政法部门反映问题。

2. 对涉法涉诉信件向政法机关进行转交。对收到的群众涉法涉诉信件、函件或其他文字材料，转同

级政法机关依法处理。

（二）司法程序全部终结穷尽后，由政法机关正式移交给同级信访部门协调处理的信访案件，信访部门的职责

1. 坚持做到"五不"原则：不转办、不交办、不统计、不通报、不考核。

2. 维护司法权威，维护法律结论的严肃性，对涉法涉诉案件本身不调查、不分析、不翻腾。

3. 落实新转移的责任主体，明确责任人。根据上访人的户籍所在地或常住地（有的可能是涉事地），协调相关单位或基层组织落实教育、疏导和帮扶责任。

二、市、县（市、区）信访部门落实诉访分离改革的措施

（一）提高思想认识，积极协调疏导

从为民解难、为党分忧的高度，对同级政法机关移交的依法终结的案件及时接管，积极协调有关部门及基层组织落实教育帮扶、矛盾化解等工作措施，实现责任主体的转移，确保依法终结案件有序退出。对日常涉法涉诉信访，市、县（市、区）信访部门耐心接待上访人员，该引导的引导，该转办的转办，该协调的协调，给上访群众一个明确答复。

（二）正视困难问题，敢于攻坚克难

在司法程序全部终结后，凡是政法机关移交给信访部门的涉法涉诉信访案件，基本上全是"钉子案""骨头案"。这些案件的突出特点：一是面临的矛盾更加复杂，信访人与涉诉当事人的矛盾、与涉诉上访过程中工作人员的矛盾相互交织；二是诉求更加多元化，信访人由一个诉求变为多个诉求，甚至引起与原诉求无关的更多诉求；三是积怨叠加，信访人与政法机关、基层组织、亲戚邻里都产生积怨；四是期望值极高，通过长期上访，攀比的样板越来越多，诱发的期望值也越来越高，甚至把自己设定的标准当作应得，毫不退让，因而处理问题的难度更大。这一现实，既是对信访部门如何做好群众工作的一个严峻考验，也对信访干部做好群众工作能力提出了更高的要求。市、县（市、区）信访部门想方设法地做好诉访分离衔接工作，解决涉法涉诉信访群众涉及诉讼以外的生活困难，不厌其烦地做好涉法涉诉信访群众思想疏导工作，从而使绝大多数涉法涉诉信访群众息诉罢访。

（三）依靠党委政府，妥善解决问题

市、县（市、区）党委、政府主要领导和分管领导对依法终结的重大疑难信访案件亲自过问，亲自上手，亲自协调。充分发挥信访工作联席会议职能，协调相关部门通力合作，对依法终结的涉法涉诉信访案件当事人的合理诉求，依据政策规定解决到位；对不合情理、不符合政策规定的诉求，既没有乱扣帽子激化矛盾、息事宁人乱开口子，也没有花钱买平安，造成新的不公平，影响和带动其他人员效仿，形成更大范围的不稳定；对上访过程中的违法行为，协调公安机关依法进行处置，坚决予以打击。

（四）明确工作责任，积极帮扶教育

市、县（市、区）信访部门对涉法涉诉信访案件认真甄别，分类办理。对法律程序未走完或中央、省级政法机关未依法终结的，及时与同级政法机关衔接，从接访、受理、交办到办理、反馈，全部过程由政法机关按法定程序办理；对法律程序已穷尽并依法终结的信访案件，信访部门积极接手，遵循"属地管理、分级负责"和"谁主管、谁负责"的原则，逐件确定并落实新的责任主体，明确工作责任，督促相关责任单位认真做好思想疏导和帮扶救助工作，解决好当事人的生产生活困难，使上访人不再上访，回归社会，回归家庭，过上正常人的生活。

第五节　依法逐级走访

依法逐级走访是指信访人采用走访形式提出信访事项时，应当根据信访事项的性质和管理层级，到依法有权处理的本级机关设立或者指定的接待场所提出信访事项的行为。对跨越本级提出的信访事项，上级机关不予受理。

2014年4月，国家信访局印发《国家信访局关于进一步规范信访事项受理办理程序引导来访人依法逐级走访的办法》（以下简称《办法》）。《办法》明确要求要分级受理来访事项，即由有权处理信访事项的本级和上一级机关受理办理来访事项；各级信访工作机构及其他行政机关要依法分类处理信访诉求；对不按要求登记录入、应受理而未受理、未按规定期限和程序受理办理来访事项、不执行来访事项处理意见等，要提出改进工作建议、视情通报和启动责任追究；《办法》明确提出相关配套要求，包括加强法制宣传和教育引导、制定配套措施、社会团体和企业事业单位参照执行等。

2014年6月，甘肃省信访局印发《甘肃省信访局落实〈国家信访局关于进一步规范信访事项受理办理程序引导来访人依法逐级走访的办法〉的实施细则》（以下简称《细则》）。《细则》重申了《信访条例》确定的"属地管理、分级负责，谁主管、谁负责，依法、及时、就地解决问题与疏导教育相结合"的原则；《细则》强调要分级受理职责范围内的信访事项，并按规定的程序和期限办理；对逐级走访行为进行了界定，即走访应当到依法有权处理的本级或上一级机关设立或者指定的接待场所提出，对跨越本级和上一级机关提出的信访事项，上级机关不予受理，并引导信访人以书面或走访形式向依法有权处理的机关提出。《细则》还专门设计了"两图十书"并作为附件。

国家信访局《办法》和甘肃省信访局《细则》实施以来，平凉市狠抓"宣传培训、业务规范、事要解决、典型培育"四个方面工作落实。一是抓宣传教育，营造舆论氛围。采取专题讲座、发放资料、开设专栏、入户宣讲等形式，广泛开展《信访条例》和"一办法一细则"等信访法规宣传。市、县（市、区）信访部门在信访接待场所设置了依法逐级走访宣传牌，通过漫画、流程图等形式让来访群众对依法逐级走访规定有直观了解，内化于心，自觉遵守。2014年以来，市、县（市、区）信访部门累计发放各类宣传资料13万份，信访群众对信访法规的知晓率达90%以上。同时，对信访老户及重复到市赴省进京越级上访人员，采取上门宣传、案例宣传等方式，有针对性地开展法治宣传教育，矫正其违法违规上访行为。二是抓业务规范，严格工作程序。2014年以来，市信访局先后在全市部署开展了信访工作"规范化建设年""信访工作法治化建设年"和"信访工作制度改革推进年"活动，明确提出了信访工作"12个规范"和"8个推进"，紧盯重点乡（镇）、重点单位和重点信访事项狠抓督查指导，以信访业务的规范保证依法逐级走访工作的有序推进。狠抓网上办理，坚持"来访必登"工作原则，把初次来访事项全部录入信访信息系统，实行网上流转。严把关键环节，始终做到"三个坚持"，即坚持分级受理原则，引导来访人根据信访事项的性质和管辖层级到依法有权处理的机关或县（区）信访局反映诉求；坚持依据分类处理信访诉求相关规定，引导来访人寻找更有效的解决途径维护自身权益；坚持说服教育优先，对越级走访群众做耐心细致的思想工作，让其满意而归，明白而回。三是抓事要解决，就地化解问题。狠抓初信初访办理，压实信访事项首办责任，做到"四不三防"，即能说服教育的不激化矛盾，能在本级解决的不推给上级，能在法定时限内办理的不推诿延时，能一次性解决的不留"尾巴"；坚决防止把小问题拖成大问题、新问题拖成老问题、简单问题拖成复杂问题，努力减少信访上行。同时，利用甘肃网上信访信息系统"回执审批"功能，市、县（市、区）信访部门对群众初信初访的办理做到每件必审，对存在问题的信访件退回重办，切实提高初信初访办理质量和效率。2014年以来，群众重信重访现象逐年减少，到市上访量逐年下降。全市各级领导干部定期不定期到自己的联系点调研走访，面对面听取群众诉求，上门解决群众反映的信访问题，变群众"上访"为领导干部"下访"。四是抓典型培育，发挥示范作用。市信访局把培育推广典型作为推进依法逐级走访的"突破口"和"助推器"，确定工作基础好的县作为全市依法逐级走访示范县，以点带面，整体推进。市信访局安排班子成员和科级业务骨干经常深入示范县，面对面进行业务指导，帮助示范县信访工作人员解决工作中遇到的困难和问题，及时总结工作经验，为全市推行依法逐级走访工作树立起了"标杆"。同时，通过召开现场观摩会、编发《信访简报》、印发宣传彩页、利用新媒体报道、QQ在线交流等形式，广泛宣传全市依法逐级走访示范县的先进经验和做法，引导各级各部门学先进、争先进，不断规范信访事项受理办理程序，引导来访群众依法逐级走访。

第六节　依法分类处理信访诉求

依法分类处理信访诉求是指县级以上人民政府信访工作机构对收到的信访诉求，应当在网上信访信息系统中予以登记，甄别处理。对属于行政机关职责范围内依法分类处理的信访诉求，在15日内直接或者通过下级信访工作机构转送、交办至有权处理机关，并告知信访人转送、交办去向；对已经、正在或者依法应当通过诉讼、仲裁、行政复议解决的信访诉求，告知信访人依照有关法律、行政法规规定程序向有关机关提出。

2014年8月，依法分类处理信访诉求工作启动以来，国家信访局会同国务院法制办按照"系统抓、抓系统"的思路，牵头37个中央部委共同推进这项工作。按照"成熟一个、推出一个"的原则，国家有关部委组织力量对本领域信访事项进行了分类梳理，形成了本系统依法分类处理信访诉求清单。

2016年7月，国家信访局印发《依法分类处理信访诉求清单汇编》，主要包括国家发改委、教育部等37个部委（总局、系统、机关）制定的通过法定途径分类处理信访投诉请求清单。随后，甘肃省信访局印发了《分类处理信访投诉请求的主要法定途径及法律依据汇编》，内容包括发展改革领域、工信领域等33个领域的信访投诉请求法定办理途径及相关法律依据。两本《汇编》中所列的分类处理信访诉求清单，基本上涵盖了全部信访事项，为信访部门规范开展依法分类处理提供了依据。

2016年11月，市信访局结合工作实际，对依法分类处理信访诉求提出了具体贯彻落实意见。一是明确依法分类处理事项范围。法定途径处理事项主要是应由法院、检察院、公安机关通过刑事立案处理的事项，行政相对人不服行政复议决定的事项，当事人达成有效仲裁的事项，以及其他只能通过诉讼、仲裁、行政复议等法定途径处理的事项四类。对于一些信访诉求既能通过诉讼解决，也可通过行政程序解决，当事人具有选择权。行政机关可以在受理前告知诉讼权力及法定时效，引导信访人优先启动诉讼程序，如果属于行政机关法定职责信访人要求行政机关处理的，行政机关应依法履职，不能不予受理。二是明确依法分类处理事项职责。对属于分类处理范围的信访诉求，信访部门在15日内转送交办给有权处理机关，有权处理机关在收到诉求的15日内作出是否受理以及按何种程序处理的告知。信访部门是依法分类处理的入口，对各类投诉进行登记、甄别，在规定期限内转送到有权处理机关；对涉及多个诉求、多个途径、多个部门的疑难复杂信访诉求，信访部门负责协调并提出解决方案和责任分工。对应当受理而未受理、错误使用法定途径、未在规定期限内处理等情形，信访部门跟踪督办，提出改进工作的建议。

对历史遗留问题、法律法规没有明确规定的问题等无法导入其他法定途径或者按照依法履职处理的，信访部门负责兜底协调解决。三是明确依法分类处理事项责任。行政机关收到转送的或信访人直接提出的诉求，根据职责范围进行甄别是否有权处理，拟采用何种途径受理及法律依据都要明确告知信访人。如果有权处理机关认为转送的诉求不属于本机关职责范围，可以向转送机关提出异议，但需详细说明理由。如果确实是涉及多个行政机关或者涉及多个法定程序的重大、疑难、复杂诉求，信访工作机构组织有关行政机关协商合议，无法达成一致意见时，由信访机构会同法制工作机构提出方案后，报请本级政府决定。一旦出现行政机关不依法履职的情况，信访人可以依据行政诉讼法向法院提起诉讼。同时，信访工作机构根据相关规定进行督办。对于拖延扯皮造成严重后果的行政机关及工作人员，信访工作机构可根据《信访条例》等法规规定视情提出追责建议。

第七节　平凉信访工作模式

2013 年以来，平凉市信访局把深化信访制度改革作为联系群众、服务群众的重要举措，全力探索建立以"亲情信访、阳光信访、法治信访、责任信访、效率信访"为主要内容的信访工作新模式。

一、打造亲情信访

市、县（市、区）党委、政府和信访部门始终以党的群众路线为指引，推动初信初访"五必五办"（民意必听、民情必问、有诉必应、接诉必办、办结必评，马上办、网上办、简易办、代理办、闭环办），突出了解民情、集中民智、维护民利、凝聚民心，落实以人民为中心的发展思想，把信访群众当家人、把群众来信当家书、把信访事项当家事、把信访工作当家业，想方设法为群众排忧解难，力求把信访工作做到群众心坎上，真正使解决信访问题的过程成为践行党的群众路线、做好群众工作的过程。在具体工作中，就是要把群众信访看作是对党和政府的信任，看作是公民最基本的政治权利，着眼听民声、知民意、解民忧，带着责任和感情妥善处理群众来信来访事项。在办理群众来信上，严格落实办信工作规则、领导干部阅批群众来信相关制度，实行亲情化、标准化、绩效化"三化"办信。坚持传统信件、电子邮件同样对待，将处理群众来信分为 5 大类 15 个具体环节，建立群众来信登记录入、答复意见审核回退、办信情况每月通报等制度，做到来信拆阅"细"、登记录入"全"、分类受理"准"、转送交办"快"、办理答复"实"，使群众来信能够及时呈报党政领导阅批，党政领导阅批后交办的信件能够全部按期办结答复。在接待群众来访上，全面推行"三紧贴"（工作理念紧贴群众关切、工作重点紧贴发展实际、服务措施紧贴民生诉求）、"五不让"（不让工作差错在自己身上发生、不让不良风气在自己身上出现、不让群众合理合法诉求在信访工作环节耽误、不让单位工作因自己导致被动、不让信访队伍形象因自己受到影响）、服务群众"八个一"（一张笑脸相迎、一声问候让座、一腔热情接待、一身正气履职、一条流程受理、一套机制督办、一个满意答复、一句走好相送），倡导窗口服务单位全员接访、轮流接访，认真落实"6+5"来访接

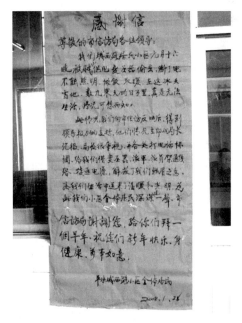

▲2008 年 1 月 28 日，信访群众为平凉市信访局送来感谢信

待处理机制（接访时落实初信初访办理、信访事项简易办理、依法逐级走访、联合接访、领导干部接访下访、重大信访事项风险评估预警六项制度规定，做到及时报送重要信访信息、及时评估预警重大信访风险、及时向党委政府报送《信访要情呈报》、及时约请党政分管领导接待重要信访群体、及时组织开展联合接访并协调处理信访事项"五个及时"）。在基层单位推广信访代理、民情下访、社情恳谈、流动调解、QQ接访、微信投诉等行之有效的机制措施，组织引导"两代表一委员"、法律工作者参与信访接待、实地调处矛盾，使惠民政策得到有效落实、民意诉求得到充分关注、信访问题得到及时解决。

二、打造阳光信访

将现代科技成果与既有制度机制深度融合，完善推行网上信访、领导接访、联合接访"三大便民服务平台"，构建全方位、多元化、信息化的社情民意反映"直通车"，真正让群众愿意信访、方便信访、满意信访，不断提高信访工作的透明度和公信力。在具体工作中，市、县（市、区）党委、政府和信访部门全面推行网上信访制度，加强网上信访信息系统拓展延伸和实践应用，实现工作范围、信访形式和工作程序的全覆盖。坚持"让数据多跑路、群众少跑腿"，贯彻落实《信访事项网上办理工作规程（试行）》，建立了"四衔接、一会办、两评价"网上信访办理机制，即信访部门收到网上投诉或网上转送交办信访事项后同责任单位衔接提醒、责任单位主管领导同承办人员衔接办理、承办人员同信访人衔接见面、信访部门视办理时限同责任单位衔接催办，对重大疑难复杂网访事项启动信访联席会议机制进行会商联办，由信访人对信访事项办理结果进行满意度评价，由信访部门对责任单位网上信访工作进行年度考核评价，形成"信访网上投、事项网上办、结果网上评、问题网上督、形势网上判"的"一网式"信访综合管理服务机制。同时，完善畅通12345综合便民服务热线，加强网民留言办理回复，开通平凉信访微信公众号，建立今日头条号矩阵，加快视频接访系统建设，构建多元化网上信访受理机制。持续推进市、县（市、区）、乡（镇）三级领导干部接访下访制度化、常态化，坚持市级党政领导每季度至少开展1次接访，县（市、区）和部门党政主要领导每月至少开展1次接访，乡镇、街道领导干部随时接待群众来访，并将扶贫帮扶与接访下访相结合，落实接访包案责任，建立"四单一记录"，集中行政资源解决重点难点信访问题。积极推行联合接访制度，市上设立两个人民来访接待大厅，制定印发了《联合接访方案》，协调安排信访量较大的部门、崆峒区信访局和法律工作者定期不定期进驻接访，实行动态管理，采取"统一登记受理，当场分类转送交办，跟踪督查督办，责任单位现场接访、受理、协调并限期办结，上报办理结果"的办法，确保群众初信初访事项及时受理、分类交办、按期办结。

三、打造法治信访

将信访法治化作为信访工作的"总方向"，严抓《信访工作条例》和中央、省、市相关规定及改革举措落实，全面推行访前依法引导、访中依法化解、违法依法处置"三步法"，用法治思维和法治方式化解矛盾、解决问题，下功夫推进信访工作行为和群众信访行为"双向规范"，促进形成依法、理性、有序的信访工作环境。在具体工作中，市、县（市、区）信访部门倡导依法行政、依法办事，明确了信访部门履行六项职责，即"了解社情民意、汇集意见建议、分析稳定风险、评估政策得失、排查矛盾纠纷、解决合理诉求"，推动各级职能部门理清并公示权责清单，向群众公开办事流程。组织开展信访法制宣传，通过日常接待、专题宣传和法制宣讲进村入户，向群众发放《依法信访十问十明白》《信访漫画口袋书》等宣传资料，推动依法逐级理性反映诉求成为"常态"。坚持依法分类处理信访诉求，建立诉求甄别、分流引导、协调联动、跟踪督查"四项机制"，即参照国家信访局和省信访局《依法分类处理信访诉求清单汇编》，区分"四种应当受理"和"八种不予（不再）受理"的情形，符合受理条件的事项纳入信访途径处理，其他事项分别导入司法诉讼、仲裁、行政复议等法定途径处理，不断规范和加强各级信访部门、行政部门、司法机关的分工协作，保证群众合理合法诉求能够依法按程序解决。严格落实《甘肃省信访事项复查复核办法》，对接收登记、甄别分类、受理告知、实地核查、作出意见、答复送达、网上录入、督导落实、案卷归档等9个环节提出规范化要求，聘请法律顾问全程进行咨询服务、法律解释和监督审查，确保复查复核制度规范落实。坚持诉求合理的解决问题到位、诉求无理的思想教育到位、生活困难的帮扶救助到位、行为违法的依法处理"三到位一处理"要求，依法治理北京重点地区涉访问题，建立并落实综治、维稳、信访、公安和责任单位协作配合的联动治理机制，对重点稳控对象坚决落实"五个一"工作措施（一个对象、一名领导、一套班子、一个方案、一抓到底）。紧盯重要敏感节点，实行24小时值班、信访信息"日报告"、重大紧急信息专题报告和应急预警机制，提前收集信息、掌握动态、防范化解。对接领劝返工作实行统一领导、统一指挥，每次接领劝返进京上访人员都按照1：2的比例配备公安干警，严格执行"两个一律"规定，及时安全地将进京上访人员劝返回当地。在合理合法诉求解决到位的情况下，协同公安机关依法处理信访过程中的违法行为，树立依法信访受保护、违法上访必严惩的导向。

四、打造责任信访

以《信访工作责任制实施办法》和《甘肃省信访工作责任制实施细则》为基本遵循，理清责任链条、落实责任主体、拧紧责任螺丝、提高履责效能，以担当负责的态度抓矛盾排查、问题解决和积案化解"事要解决"的实效检验抓"责任信访"的效果。在具体工作中，重点抓了市委、市政府《关于创新群众工作方法解决信访突出问题的实施意见》等规范性文件贯彻落实，推动建立了"1483"信访工作责任体系，即坚持"属地管理、分级负责，谁主管、谁负责"一个原则，从严落实各级党政机关的集体领导责任、领导班子主要负责人的"第一责任"、分管领导的直接责任、其他领导的"一岗双责"的"四个责任"，健全完善联席会议、集体研究、责任分解、情况报告、督查督办、提醒建议、考核评价、责任追究"八项机制"，切实担负起落实上级各项决策部署、保障人民群众合法权益、维护社会和谐稳定"三大任务"。制定出台《平凉市重点信访事项实地督查实施办法》，坚持日常督办与定期督查、网上评查与实地督查、联合督查与挂牌督办、综合督查与专项督查"四个结合"，紧盯重点乡（镇）、重点单位和重点信访事项抓督查督办，严格实行"五个不放过"（事实不查清不放过、合理合法诉求解决不到位不放过、教育疏导和困难救助不到位不放过、信访基础业务不规范问题及整改不到位不放过、对信访问题突出的责任单位问责不到位不放过），建立上下联动、规范有序、公开透明、务实高效的督查工作格局，通过逐级传导压力、督促职能部门履行法定职责，实现信访工作责任落实无例外、无断层、无死角。着眼减少信访"存量"，狠抓信访积案化解"清仓攻坚"行动，通过深入摸排、精准施策、强力督办，协调推动各级各部门化解信访积案。尤其是对梳理筛选的重点信访案件，分别报请党政领导包案督办，落实属地责任单位"四定三包"责任制，信访部门随时过问掌握办理进展、定期通报案件化解情况、规范网上录入审核，推动重点信访事项实现案结事了。严格落实信访矛盾纠纷排查化解制度，积极推行网格化管理模式，针对重点行业、重点领域、重点利益群体和重要敏感节点，定期不定期组织开展信访矛盾纠纷集中排查化解活动，力求做到排查走在预防前、预防走在调解前、调解走在激化前，使大量矛盾问题化解在当地，大量上访人员吸附稳控在当地。

五、打造效率信访

坚决贯彻全面从严治党要求，牢树"四个意识"，坚定"四个自信"，坚决做到"两个维护"，按照习近平总书记的嘱托和市委提出的"担当、创新、突破、提升"的要求，不断加强思想、能力、作风和党风廉政建设，持续提高工作效能和服务质量，努力建设一支对党忠诚可靠、恪守为民之责、善做群众工作的高素质信访干部队伍。在具体工作中，始终把思想政治建设放在首位，认真贯彻新形势下党内政治生活若干准则等党内规章，落实局中心组理论学习、党支部"三会一课"等党内生活制度，加强党章党规党纪、习近平总书记关于加强和改进人民信访工作的重要思想、习近平总书记系列重要讲话及治国理政新理念新思想新战略"信访篇"的学习，让信访部门党员干部真正树起道德"高线"、严守纪律"底线"、筑牢廉政"防线"。严格落实党支部建设"六项标准"，创新"六学联动""五讲"活动等党员教育载体，推行"四联四建"工作模式，落实构建新时代"党建+信访"工作体系"五强五化"任务措施，培育打造"信访为民、五心服务"党建品牌。开展"当好桥梁纽带、打造'五个信访'"主题实践活动，经常组织开展业务培训、岗位练兵、能力测试和廉政警示教育，建立并推行全员值班接访、廉政勤政承诺、"三考一评"（考学习、考纪律、考业绩和综合评定考核等次）等制度措施，加强对党员和干部职工的监督管理。始终坚持问题导向，以"班子作表率、队伍齐努力、工作争上游、业绩创一流"和"人按职责干、事按规矩办、落实无例外、执行不走样"为总体要求；以"三紧贴、五不让、服务群众八个一"为基本标准；以"人不出事、事不出错"为工作底线，引导党员干部时常开展自查自纠，反思整改自身存在的突出问题，形成风清、气正、劲足的干事创业氛围。持续深化效能建设，主动肩负起化解信访问题、服务发展大局的责任，探索总结"四个三"信访工作分析研判法，一是在信息收集上，通过接访、网访、下访"三个途径"收集汇总群众信访诉求和意见建议，依托网上信访信息系统进行大数据分析，掌握群众信访情况的区域分布、数量变化、诉求类型和特点规律；二是在信息沟通上，对群众信访诉求进行整理，提出协调处理的初步意见或建议，视问题类别和紧急程度分别以信访信息、要情呈报、专题报告"三种形式"，报送党委、政府或上级部门，并与责任单位互通信息；三是在预警通报上，实行信访情况月通报、季度分析通报、重要敏感事项一事一通报"三项制度"，及时向责任单位通报信访情况、指出存在问题、提出改进意见，督促做好信访问题协调化解工作。在后续工作上，发挥信访工作联席会议的联调联办作用，调动和整合各级各部门工作力量，全面做好矛盾纠纷化解、人员教育稳控、应急防范处置"三项工作"，从根本上避免极端行为和群体性事件的发生。与此同时，按照市委、市政府部署要求，信访部门积极担当精准扶贫帮扶责任，尽最大努力协调解决群众生产生活中的信访突出问题，以实际行动展现"为民解难、为党分忧"的形象。

第二章 信访工作联席会议机制

第一节 信访工作联席会议机制设立

1992年2月，经地委书记办公会议研究决定，成立平凉地区信访工作领导小组，地委副书记张新民任组长，行政公署副专员李文业、信访处处长王正华任副组长，领导小组成员有地纪委副书记李喆、地委组织部副部长何兴龙、地委统战部副部长贾少英、地委政法委副书记杜友梧、地区公安处副处长王世科、地区监察局副局长王越、地区经委副主任孔祥祖、地区交通处纪检组长关重伦、地区商业处副处长顾成栋、地区劳人处副处长樊瑛明、地区教育处副处长巩显纲、地区卫生处纪检组长曹世明。会议要求，以上成员工作如有变动，由所在单位分管信访工作的负责人递补。

2004年8月，中共中央按照2003年胡锦涛同志作出的"建立中央信访突出问题及群体性事件联席会议"的指示要求，建立了处理信访突出问题及涉访群体性事件联席会议制度，统一领导和协调解决信访突出问题和群体性事件。是年12月，中共甘肃省委、甘肃省人民政府联合印发《关于积极预防和妥善处置群体性事件的工作意见》（省委发〔2004〕59号），要求各级党委、政府要切实加强对预防和处置群体性事件工作的领导，建立健全处置信访突出问题及群体性事件联席会议机制，落实工作责任制，抓好督查检查。

2005年3月，中共平凉市委办公室、平凉市人民政府办公室联合印发《〈平凉市积极预防妥善处置群体性事件实施办法〉的通知》（市委办发〔2005〕14号），要求各级党委、政府要切实加强对预防和处置群体性事件工作的领导，建立健全处理信访突出问题及群体性事件联席会议机制，落实工作责任制，抓好督查检查。此规范性文件的印发，标志着市、县（区）、乡（镇）三级都将建立联席会议制度。

2007年6月，中共中央、国务院印发《关于进一步加强新时期信访工作的意见》，为信访工作联席会议制度发挥部门协调作用，提供了政策依据和制度依据，进一步强化了党委、政府对信访联席会议的统筹协调。

2008年6月，省委办公厅、省政府办公厅联合印发《关于调整省处理信访突出问题及涉访群体性事件联席会议工作机构和组成人员的通知》（省委办发〔2008〕54号），对工作机构和组成人员做出调整，联席会议召集人由省委、省人大、省政府分管领导担任，组成人员增加中央驻当地部门和企事业单位负责人，联席会议工作机构由办公室和农村土地问题工作小组、城镇房屋拆迁问题工作小组、涉法涉诉问题工作小组、国有企业改制问题工作小组、企业军转干部问题工作小组、复员退伍军人问题工作小组、非正常上访处置工作小组7个专项工作小组组成。是年9月，省委办公厅、省政府办公厅印发《关于加强市县两级处置信访突出问题及涉访群体性事件联席会议组织领导的通知》（省委办发〔2008〕83号），明确要求市（州）信访联席会议召集人由市（州）党委、政府主要领导或分管领导担任，组成人员增加中央、省属驻当地部门和企事业单位负责人。县（市、区）信访联席会议召集人由县（市、区）委书记担任，组成人员参照市（州）确定。

2009年3月，中共平凉市委办公室、平凉市人民政府办公室印发《关于调整市处理信访突出问题及涉访群体性事件联席会议工作机构和组成人员的通知》（市委办发〔2009〕12号），召集人由市委常委、政法委书记，市政府副市长、市公安局局长担任；成员为市委、市政府相关副秘书长，市纪委、市委组织部、市委政法委、市中级人民法院、市检察院等24个部门（单位）分管领导担任。

2015年1月，"中央处理信访突出问题及群体性事件联席会议"更名为"中央信访工作联席会议"，删除了"处理信访突出问题及群体性事件"，意味着国家逐步厘清信访工作联席会议制度的职责功能，将处理群体性事件的维稳功能从信访工作联席会议制度剥离。6月，国家信访局印发《关于进一步加强和规范联合接访工作的意见》第六条明确规定，将信访工作联席会议制度纳入联合会商制度，推动各职能部门的协调联动。8月，中共平凉市委办公室、平凉市人民政府办公室印发《关于平凉市集中处理信访突出问题及涉访群体性事件联席会议更名为平凉市信访工作联席会议的通知》（平办字〔2015〕32号）。

2021年4月，平凉市信访工作联席会议印发《平凉市信访工作联席会议2021年工作要点》的通知（平信联发〔2021〕4号），要求健全信访工作体制，完善信访工作联席会议制度，在乡镇（街道）设立信访工作联席会议，并将乡镇（街道）信访工作联席会议设立情况纳入《2021年各县（市、区）信访工作考核评分细则》。是年，全市111个乡镇（街道）均设立了信访工作联席会议。

2022年2月25日，中共中央、国务院印发《信访工作条例》。《信访工作条例》第二章第十一条明确规定，中央信访工作联席会议在党中央、国务院领导下，负责全国信访工作的统筹协调、整体推进、督促落实，履行下列职责：（一）研究分析全国信访形势，为中央决策提供参考；（二）督促落实党中央关于信访工作的方针政策和决策部署；（三）研究信访制度改革和信访法治化建设重大问题和事项；（四）研究部署重点工作任务，协调指导解决具有普遍性的信访突出问题；（五）领导组织信访工作责任制落实、督导考核等工作；（六）指导地方各级信访工作联席会议工作；（七）承担党中央、国务院交办的其他事项。中央信访工作联席会议由党中央、国务院领导同志以及有关部门负责同志担任召集人，各成员单位负责同志参加。中央信访工作联席会议办公室设在国家信访局，承担联席会议的日常工作，督促检查联席会议议定事项的落实。第十二条规定，中央信访工作联席会议根据工作需要召开全体会议或者工作会议。研究涉及信访工作改革发展的重大问题和重要信访事项的处理意见，应当及时向党中央、国务院请示报告。中央信访工作联席会议各成员单位应当落实联席会议确定的工作任务和议定事项，及时报送落实情况；及时将本领域重大敏感信访问题提请联席会议研究。第十三条规定，地方各级信访工作联席会议在本级党委和政府领导下，负责本地区信访工作的统筹协调、整体推进、督促落实，协调处理发生在本地区的重要信访问题，指导下级信访工作联席会议工作。联席会议召集人一般由党委和政府负责同志担任。地方党委和政府应当根据信访工作形势任务，及时调整成员单位，健全规章制度，建立健全信访信息分析研判、重大信访问题协调处理、联合督查等工作机制，提升联席会议工作的科学化、制度化、规范化水平。根据工作需要，乡镇党委和政府、街道党工委和办事处可以建立信访工作联席会议机制，或者明确党政联席会定期研究本地区信访工作，协调处理发生在本地区的重要信访问题。

第二节 信访工作联席会议职责

一、平凉市集中处理信访突出问题及涉访群体性事件联席会议职责

掌握、了解全市信访突出问题及涉访群体性事件的情况和动态；分析、研判社会稳定形势，针对信访突出问题及涉访群体性事件提出对策建议；组织部署开展信访工作专项活动，协调处理跨部门、跨行业、跨地区的信访突出问题及涉访群体性事件；承办上级机关交办的信访突出问题和重要信访案件；督促检查有关部门和地方处理信访突出问题及涉访群体性事件各项措施的落实情况。

二、平凉市信访工作联席会议职责

在市委、市政府的领导下，联席会议统筹全市信访工作；推动中央、省、市关于信访工作决策部署的贯彻落实；指导信访工作制度改革和信访法治化建设；了解掌握信访工作情况和动态，研究分析信访形势，指导解决和化解具有普遍性的信访突出问题；协调处理跨地区、跨部门、跨行业的疑难复杂信访事项；督导各县（市、区）、各部门完成重点信访工作任务。

第三节 信访工作联席会议工作简述

一、统筹指导全市信访工作

从 2005 年开始，市集中处理信访突出问题及涉访群体性事件联席会议汇报市委、市政府同意，将信访工作列入党委政府重要议事日程，纳入全市经济工作目标、社会治安综合治理、各级领导干部政绩考核内容，每年年初市委主要领导或市政府主要领导与 7 县（市、区）、平凉工业园区、市直重点部门签订信访工作目标管理责任书，每年年终通过严格考核后，对未完成信访工作目标任务的县（市、区）和部门实行"一票否决"或通报批评。先后报请市委常委会、市政府常务会专题研究信访工作 75 次，组织召开全市性信访工作会议 17 次，向市委、市政府汇报信访工作情况 140 余次，协调市委、市政府领导接待信访群众 200 余批 1500 余人次。

2019 年机构改革后，市信访工作联席会议汇报市委、市政府同意，将信访工作责任制落实情况纳入党委工作责任目标、平安平凉建设和市管领导班子及领导干部年度考核范畴。市信访工作联席会议先后向市委组织部、市委政法委报送信访工作年度考核评价结果 4 次，通报全市信访工作责任目标落实情况 4 次，建立了考核督、专项督、提级督、联合督、常态督"五督"信访工作督查机制，先后组织开展"五督"活动 67 次，协调解决信访突出问题 260 件。

二、全面推动信访制度改革

2005 年，市集中处理信访突出问题及涉访群体性事件联席会议设立后，围绕规范信访秩序、解决信访突出问题，先后研究制定印发了《平凉市人民政府关于维护信访秩序的通告》《平凉市积极预防妥善处置群众事件实施办法》《关于妥善处置来市集体上访、异常上访，维护市委、市政府机关正常工作秩序的工作方案》《平凉市信访突出问题定期通报和谈话制度》等文件，在全市范围内深入扎实开展处理信访突出问题及涉访群体性事件工作。

2008 年，市集中处理信访突出问题及涉访群体性事件联席会议建立了全市有关部门，特别是信访、维稳、综治部门共同协调重大、复杂、疑难信访问题的工作机制，对发生 30 人以上到市集体上访、15 人以上赴省集体上访、5人以上进京集体上访的情况，要求县（区）委书记或县（区）长亲自接访劝返、亲自协调处理。

2011年，市集中处理信访突出问题及涉访群体性事件联席会议认真贯彻落实"临沂会议"精神，对维护群众合法权益、领导接待来访群众、信访问题协调督办、依法规范信访秩序、处置群体性事件等8项工作机制进行重新修订，并在崆峒区、华亭县开展用群众工作统揽信访工作试点。

▲2015年8月20日，平凉市召开信访工作联席会议（扩大）视频会

2015年，市信访工作联席会议准确把握新时代信访工作发展目标要求，着力打造以亲情信访、阳光信访、法治信访、责任信访、效率信访"五个信访"为主要内容的平凉信访工作模式。

2020年，市信访工作联席会议制定出台《平凉市"十四五"时期信访工作高质量发展实施方案》，积极探索信访工作"标准化+"新模式，以压紧落实"首接首办责任"为抓手，制定出台《关于提高初信初访办理质量的通知》，推行初信初访民意必听、民情必问、有诉必应、接诉必办、办结必评和网上办、马上办、简易办、代理办、闭环办"五必五办"责任措施，协调推动大量信访矛盾问题在基层一线得到解决。

2021年，按照中央和省信访工作联席会议办公室要求，在全省率先推进市、县（市、区）、乡镇（街道）三级信访工作联席会议机制实体化运行，全市111个乡镇（街道）全部建立了信访工作联席会议，通过建立"三级四联"工作模式（三级：市、县、乡三级信访工作联席会议机制实体化运行。四联：机制联建，构建"大信访"格局；力量联合，建立"大化解"模式；工作联动，凸显"大治理"效应；成果联用，形成"大发展"态势），实现了信访工作联席会议全域覆盖、贯通运行，使大量信访矛盾问题依法及时得到就地化解。

▲2021年10月13日，平凉市信访工作联席会议召开2021年第二次全体（扩大）会议

2022年10月，平凉市"三级四联"工作经验做法被《甘肃信息（经验交流）》刊登，被甘肃卫视采编发布，在全省范围内进行推广宣传。

三、及时化解信访矛盾问题

2005年至2014年，市集中处理信访突出问题及涉访群体性事件联席会议先后在全市范围内组织开展"信访月"和"非正常上访"集中整治，"万名干部下基层集中排查调处矛盾纠纷""信访积案化解年""走进矛盾、化解纠纷"矛盾纠纷集中排查化解等活动，调动各方力量排查化解信访矛盾纠纷17500余件，集中解决信访突出问题5800余件，报请市委常委会、市政府常务会专题研究领导包案工作19次，协调市委、市政府领导包案督办信访积案400余件，相继协调解决了静宁县二建司改制、工商银行"协解"人员、灵台县邵寨煤田输电线路改线、庄浪县客运服务中心运营、崆峒区清真北大寺扩建用地、泾川县乡镇卫生院集体工工资等一大批疑难复杂信访积案。

2015年至2019年，市信访工作联席会议以推动实现信访积案"清仓见底"为目标，报请市级党政领导先后5轮包案督办重点信访案件300余件，汇报市委、市政府同意成立了由市政府副市长、市信访工作联席会议召集人任组长的全市信访矛盾化解攻坚战协调推进领导小组，协调解决了房地产、集资融资、"三农"等重点领域和代课人员、退伍军人、企业改制人员、不动产登记、社会保险办理、农村土地流转等重点问题1800余件。

2020年以来，市信访工作联席会议按照中央和省信访工作联席会议"治理重复信访、化解信访积案"专项工作要求，制定印发了《关于落实部门和地方责任解决当前信访突出问题的实施方案》《常态化治理重复信访工作规则》《平凉市开展治理重复信访集中攻坚行动实施方案》等文件，报请市委常委会、市政府常务会专题研究领导包案工作3次，协调市委、市政府主要领导开展预约接访和带案下访12次，协调解决宏达国盛建材市场和商贸城业主商铺返租、崆峒山大景区事业单位改革、平凉职业技术学院升学招生等一大批影响全市社会稳

▲2022年8月5日，平凉市信访工作联席会议专题研究推进信访突出问题化解工作

定的信访突出问题。市信访工作联席会议办公室将"常态化治理重复信访工作情况"列入年度考核内容，建立"重复信访事项""重点信访人员""两张清单"，分两批向责任单位交办重复信访事项665件，将中央、省信访工作联席会议办公室纳入"治重化积"专项工作向平凉市交办的265件信访积案全部由市、县两级领导干部包案督办，推动化解遗留10年以上信访积案55件、20年以上信访积案28件。

四、服务保障全市发展大局

2005年至2014年，市集中处理信访突出问题及涉访群体性事件联席会议按照工作职责，围绕中央和省、市重大决策部署，开展人民建议征集和信访信息综合分析研判，累计向市委、市政府报送信访要情呈报、信访形势研判报告等1200余份。实行市级指挥、县乡响应、群防群治，提前预警防范重大信访风险、制定信访保障预案，落实重点化解稳控、重要节点"一日三研判"、值班劝返、应急处置、依法处理等机制措施，圆满完成了每年国家和省、市重大节会活动信访安全保障任务。

2015年以来，市集中处理信访突出问题及涉访群体性事件联席会议更名后，市信访工作联席会议将服务保障全市发展大局作为工作的重中之重，紧紧围绕市委、市政府重大决策部署，加强社情民意收集和信访形势分析研判，先后报送信访要情呈报和信访信息300余份，及时核查和处置苗头性、倾向性、行动性信访问题200余件。针对全市重点领域信访突出问题，积极部署开展走访调研，形成专题调研报告36篇，为市委、市政府科学决策和处理重大信访问题提供了有益参考。督促指导全市各级各部门做好中央和省、市等重大节会和敏感节点信访保障工作，制定印发重大节会和敏感节点《信访安全保障工作方案》27份，坚持每年建立《全市涉稳重点信访人员（群体）清单台账》，向各县（市、区）和市直相关部门发出信访风险预警通知30份，交办重点信访事项300件、重点信访人员500余人，指导相关责任单位落实"五个一"（一个对象、一名领导、一套专班、一个方案、一抓到底）工作措施，最大限度地将涉访人员吸附稳控在当地。在重要敏感节点期间，及时制定领导干部值班接访工作方案，加强与政法、公安和属地责任单位之间的协调联动，落

实信访信息"零报告"、轮流值班、应急处置、稳控劝返等制度机制，组织相关责任单位接领劝返到市赴省进京上访人员 800 余人次，顺利完成党的十九大、二十大和建党百年庆典、新中国成立 70 周年庆典、北京奥运会及北京冬奥会和省、市重大节会活动信访保障任务。

▲2019 年 7 月 25 日，平凉市信访形势通报会暨信访基础业务规范化建设推进会在华亭召开

五、凝聚基层信访工作合力

2005 年至 2014 年，市集中处理信访突出问题及涉访群体性事件联席会议指导督促各县（区）进一步健全完善基层"四位一体"信访工作网络，在乡镇（街道）综治中心设立了信访接待室，在村组和社区配备了信访信息员，积极推广信访代理、导访、流动调解等行之有效的办法，综合运用多种手段和办法调处信访矛盾纠纷，将绝大多数信访问题排查化解在了当地。

2015 年以来，市信访工作联席会议按照"全国信访工作'三无'县"创评标准，督促指导各县（市、区）整合利用各级综治、政务、矛调"三大中心"资源，切实落实领导干部接访下访、联合接访、巡回接访、信访代理、民情下访、小区议事等措施，及时就地排查调处各类信访矛盾纠纷 1500 余件。2021 年 4 月，泾川县、灵台县、庄浪县、静宁县被国家信访局授予"全国信访工作'三无'县"称号。

2022 年，按照中央和省信访工作联席会议办公室要求，市信访工作联席会议组织全市 7 县（市、区）和全市 111 个乡镇（街道）积极开展"全国信访工作示范县"和"全市信访工作示范乡镇（街道）"创建活动，推动信访工作与基层党建和社会治理深度融合，着力构建在党委的统一领导下，信访、综治、司法等多位一体的"大信访"组织体系，进一步筑牢基层信访工作阵地、延伸信访工作触角，基本实现了群众诉求就近反映、信访矛盾就地排查、困难问题就地解决，从源头上化解矛盾、减少信访。

第四节　各时期联席会议组成人员

一、市处理突出信访问题及涉访群体性事件联席会议（2009 年）

召集人：马晓峰　市委常委、市委政法委书记

　　　　万治贵　市政府副市长、市公安局局长

成　员：李　诚　市委副秘书长

　　　　陈黎萍　市委副秘书长、市信访局局长

　　　　杨文杉　市政府副秘书长、办公室副主任

　　　　柳植林　市纪委副书记

　　　　李应学　市委组织部副部长

　　　　薛世尧　市委政法委副书记

　　　　罗存孝　市中级人民法院副院长

　　　　韩建荣　市检察院副检察长

吴志勤　市发展改革委员会副主任

王建儒　市教育局副局长

李长林　市公安局纪委书记

刘永奎　市民政局副局长

赵学谦　市财政局纪检组长

闫熙荣　市人事局副局长、编办主任

刘　刚　市劳动和社会保障局纪检组长

李永林　市国土资源局纪检组长

李富成　市环境保护局纪检组长

刘靖国　市建设局纪检组长

孙振宇　市交通局纪检组长

曹轶杰　市水务局纪检组长

李遵信　市农牧局纪检组长

杨　林　市经委党委副书记、纪委书记

蒙银奎　崆峒区委常委、区政法委书记

朱克贤　市信访局副局长

联席会议工作机构由办公室和七个专项工作小组组成。

（一）办公室

办公室设在市信访局，具体承担联席会议的日常工作，督促落实联席会议决定的事项。市委副秘书长、市信访局局长陈黎萍任办公室主任，市信访局副局长朱克贤任副主任。

（二）专项工作组织

1. 农村土地问题工作组，主要负责协调处理农村土地征用、矿产资源管理类信访突出问题。由市国土资源局牵头负责，卢福生同志任组长，李永林同志任副组长。

2. 城镇房屋拆迁问题工作组，主要负责协调处理城镇房屋拆迁类信访突出问题。由市建设局牵头负责，杨秉璋同志任组长，刘靖国同志任副组长。

3. 涉法涉诉问题工作组，主要负责协调处理涉法涉诉类信访突出问题。由市委政法委牵头负责，薛世尧同志任组长，李娴同志任副组长。

4. 国有企业改革问题工作小组，主要负责协调处理企业改制类信访突出问题。由市经委牵头负责，王国安同志任组长，杨林同志任副组长。

5. 企业军转干部问题工作小组，主要负责协调处理企业军转干部信访突出问题。由市人事局牵头负责，崔安平同志任组长，闫熙荣同志任副组长。

6. 复员退伍军人问题工作小组，主要负责协调处理复员退伍军人信访突出问题。由市民政局牵头负责，马忠福同志任组长，刘永奎同志任副组长。

7. 非正常上访处置工作小组，主要负责到市赴省进京非正常上访的依法处置。由市公安局牵头负责，代平奎同志任组长，李长林同志任副组长。

二、平凉市信访工作联席会议（2015年更名）

召集人：马晓峰　市委常委、市委政法委书记

徐恩毅　市委常委、市政府副市长

张立新　市人大常委会副主任、市总工会主席

成　员：市委、市人大、市政府、市政协相关副秘书长，市纪委常务副书记，市委组织部、市委宣传部、市委政法委常务副部长，市法院常务副院长，市检察院常务副检察长，市公安局常务副局长，市委外宣办、市维稳办、市发改委、市教育局、市工信委、市民政局、市人社局、市财政局、市国土资源局、市环保局、市住建局、市交通运输局、市水务局、市农牧局、市卫计委、市食药监局、市宗教局、市政府国资委、市政府法治办、平凉银监分局主要负责同志，市总工会常务副主席，崆峒区政府有关负责同志（共33个）。

联席会议办公室设在市信访局，联席会议办公室主任由市委副秘书长、市信访局局长周晓宁兼任，副主任由市政府副秘书长吴宗和市信访局各副局长兼任。

联席会议设联络员，由各成员单位确定相关信访业务科室负责同志担任。

三、平凉市信访工作联席会议（2019年机构改革）

召集人：杨　军　市委常委、市委政法委书记

冯宁平　市人大常委会副主任

吴建忠　副市长、市公安局局长

成　员：市委、市人大、市政府、市政协相关副秘书长，市纪委监委、市委组织部、市委宣传部、市委政法委、市委外宣办分管日常工作的负责人，市信访局、市发改委、市教育局、市工信局、市民族宗教事务委员会、市民政局、市司法局、市财政局、市人社局、市自然资源局、市生态环境局、市住建局、市交通局、市水务局、市农业农村局、市卫健委、市退役军人事务局、市应急管理局、市政府国资委、市市场监管局、市金融办、市医疗保障局、中国银保监会平凉监管分局主要负责同志，市总工会分管日常工作的负责人，市中级人民法院、市检察院、市公安局、崆峒区政府有关负责同志（共37个）。

联席会议办公室设在市信访局，市委副秘书长、市信访局局长周晓宁兼任办公室主任。

四、平凉市信访工作联席会议（2020年工作变化增加成员单位）

召集人：杨　军　市委常委、市委政法委书记

薛晓宏　市人大常委会副主任

吴建忠　副市长、市公安局局长

成　员：市委、市人大、市政府、市政协相关副秘书长，市纪委监委、市委组织部、市委宣传部、市委统战部、市委政法委分管日常工作的负责人，市委网信办、市委编办、市信访局、市发改委、市教育局、市工信局、市民族宗教事务委员会、市民政局、市司法局、市财政局、市人社局、市自然资源局、市生态环境局、市住建局、市交通局、市水务局、市农业农村局、市商务局、市文旅局、市卫健委、市退役军人事务局、市应急管理局、市政府国资委、市林草局、市市场监管局、市扶贫办、市金融办、市医疗保障局、中国银保监会平凉监管分局主要负责同志，市总工会分管日常工作的负责人，市妇联、市残联主要负责人，市中级人民法院、市检察院、市公安局、崆峒区政府有关负责同志（共45个）。

联席会议办公室设在市信访局，市委副秘书长、市信访局局长王怀义兼任办公室主任。

五、平凉市信访工作联席会议（2021年清理议事协调机构保留）

召集人：王晓军　市委常委、市委政法委书记

薛晓宏　市人大常委会副主任

寇正德　副市长、市公安局局长

成　员：市委、市人大、市政府、市政协相关副秘书长，市纪委常务副书记，市委组织部、市委宣传部、市委统战部分管日常工作的副部长，市委政法委分管日常工作的副书记，市委网信办、市委编办、市信访局、市委巡察办、市发改委、市教育局、市工信局、市民宗委、市民政局、市司法局、市财政局、市人社局、市自然资源局、市生态环境局、市住建局、市交通局、市水务局、市农业农村局、市商务局、市文旅局、市卫健委、市退役军人事务局、市应急管理局、市政府国资委、市林草局、市市场监管局、市乡村振兴局、市金融办、市医保局、市妇联、市残联、中国银保监会平凉监管分局主要负责同志，市总工会常务副主席，市中级人民法院、市检察院、市公安局、崆峒区政府有关负责同志（共46个）。

联席会议办公室设在市信访局，市委副秘书长、市信访局局长王怀义兼任办公室主任。

六、平凉市信访工作联席会议（2022年市信访工作联席会议召集人和市信访局主要领导调整）

召集人：王晓军　市委常委、市委政法委书记

张　弘　市人大常委会副主任

寇正德　副市长、市公安局局长

成　员：市委、市人大、市政府、市政协相关副秘书长，市纪委常务副书记，市委组织部、市委宣传部、市委统战部分管日常工作的副部长，市委政法委分管日常工作的副书记，市委网信办、市委编办、市信访局、市委巡察办、市发改委、市教育局、市工信局、市民宗委、市民政局、市司法局、市财政局、市人社局、市自然资源局、市生态环境局、市住建局、市交通局、市水务局、市农业农村局、市商务局、市文旅局、市卫健委、市退役军人事务局、市应急管理局、市政府国资委、市林草局、市市场监管局、市乡村振兴局、市金融办、市医保局、市妇联、市残联、中国银保监会平凉监管分局主要负责同志，市总工会常务副主席，市中级人民法院、市检察院、市公安局、崆峒区政府有关负责同志（46个）。

联席会议办公室设在市信访局，市委副秘书长、市信访局局长滚多雄兼任办公室主任。

第四编 **04**

| 典型经验及优秀论文 |

第一章 信访工作典型经验

第一节 市级典型经验

一、信访工作典型经验

落实"五抓五强"举措 推动信访工作高质量发展
平凉市信访工作联席会议

近年来，平凉市深入学习贯彻习近平总书记关于加强和改进人民信访工作的重要思想，坚决落实中央和省上关于信访工作的决策部署，强化使命担当，勠力攻坚突破，推动全市信访工作取得较好成效，为建党百年重大节会活动顺利举行和全市经济社会高质量发展营造了安全稳定的社会环境。我们的主要做法是：

一、抓"三级联动"，强化机制作用

始终把信访工作联席会议作为强化党的领导、实施高位推动的重要抓手，市、县、乡三级联动运行，聚力提升治理效能。一是市级统筹高位抓。市委、市政府多次研究信访工作，主要领导多次作出工作批示。市信访工作联席会议充实成员单位，集体研究工作和协调处理重大事项，开展专项督查，升级调查处理疑难信访问题。二是县级实施重点抓。靠实县（市、区）党政主要领导"第一召集人"和分管领导"日常召集人"责任，落实季度例会、形势研判、会商督办等工作制度，强化齐抓共管格局，使大多数矛盾问题在县内妥善化解。三是乡级延伸具体抓。全市 111 个乡镇（街道、城市社区）全部设立信访工作联席会议，整合各办所（中心）资源力量解决信访问题，做到了便民事项网格服务、常规事项人人抓办、重点事项联调联办。

二、抓"千人包案"，强化积案化解

把抓领导、领导抓作为"治重化积"关键举措，把"包案化解信访积案"列为全市党史学习教育规定动作，实施了市、县两级千名领导大包案大化解行动。一是"四定三包"明责。对中央和省、市交办的信访积案，全部实行定领导、定责任、定措施、定时限和包调查、包化解、包稳控"四定三包"责任制。二是"四个亲自"履责。各级包案领导亲自接待信访群众、亲自研究化解方案、亲自牵头协商会办、亲自督办责任落实，实施研、访、商、督、审、问"六步化解"，推动化解了一批积案。三是"严督实考"督责。市委将积案化解情况作为重点督查考核事项，主要领导亲自调度过问，联席会议定期督导通报，市委党史教育办和市信访联席办跟踪督办问效，中央和省、市第一批交办信访积案全部化解结案，全市第二批摸排交办重点信访事项已化解 80%。

三、抓"点面结合"，强化系统治理

坚持破解突出问题与系统化常态化解决问题有机结合，强化减存量、控增量、防变量的整体效果。一是突出疑难问题专班包抓化解。对中央信访联席办挂牌督办的 4 件信访突出问题，由市级领导包案、县（区）党政主要领导上手督办，成立工作专班，"一户一策、一人一策"抓化解，化解稳控成效良好，信访风险明显降低。二是民生领域问题系统集成化解。梳理 6 大领域 21 个方面信访突出问题，落实部门和地方责任，推进系统集成治理，协调化解城市建设管理、劳动社保等领域信访突出问题，以及房地产停工烂尾问题、改制国有企业职工群众生活保障遗留问题，取得显著效果，国有土地上已售城镇住宅历史遗留"登记难"问题首次登记化解率达到 92%。三是重复信访问题常态治理化解。制定常态化治理重复信访工作规则，建立清单台账，落实"四个一律"要求，实行月通报、季考核，动态排查治理重复信访事项，重复信访占比低于全省平均值。

四、抓"大事要事"，强化信访保障

把做好建党百年信访稳定工作作为头等大事，全力做好信访安全保障工作。一是提前研判防风险。强化信访信息综合分析和形势研判，坚持要情呈报、信访形势研判报告制度，做到早发现、早处理，把可能的风险降低到最低程度。二是提前摸排抓稳控。按节点制定工作预案，建立健全《全市信访重点人员重点群体化解稳控台账》，摸排掌握重点信访人员及重点群体动态，逐人逐件落实了"五个一"化解稳控措施。三是提前调度保稳定。强化政法、信访、公安和属地部门之间的协作联动，落实日常调度和重要节点"一日三研判"、领导坐班接访、信访信息"零报告"、值班劝返、应急处置、依法处理等制度机制，顺利完成了全国"两会"、建党百年庆典、党的十九届六中全会等重大节会活动信访安全保障任务。

五、抓"嵌入融合"，强化基层基础

把信访工作嵌入基层社会治理之中，与基层党建工作深度融合，不断夯实基层基础。一是践行新时代"枫桥经验"。结合市域社会治理现代化试点工作和创建"全国信访工作示范县"，推进各级矛调中心建设，落实联合接访、巡回接访、信访代理、民情下访、小区议事等有效措施，及时排查调处各类矛盾纠纷。二是推行初信初访"五必五办"。推行民意必听、民情必问、有诉必应、接诉必办、办结必评和马上办、网上办、简易办、代理办、闭环办"五必五办"责任措施，切实提高初信初访办理质量，推动一次性解决信访问题。三是构建"党建+信访"工作体系。落实基层党建与信访工作融合发展"五强五化"措施，全面提升了信访工作质效。平凉市信访局通过抓党建、强队伍，锻造了一支忠诚为民、担当实干、能打硬仗的信访工作队伍，为信访工作高质量发展提供了有力保证。

新一年的工作已经开始，我们将深入学习贯彻习近平总书记等中央领导的重要指示批示精神和《信访工作条例》，以强烈的政治自觉贯彻落实中央和省上部署要求，狠抓"治重化积"、越级走访治理等重点任务落实，坚决打好党的二十大等重大活动信访安全保障硬仗，推动全市信访工作高质量发展迈上新台阶。

（该文系"省信访工作联席会议 2022 年第一次全体（扩大）会议"交流发言材料。刊登于 2022 年 4 月第 2 期《甘肃信访》杂志）

为民担当促和谐

—— 平凉市信访局探索推进"党建+信访"工作模式

新甘肃·甘肃经济日报记者　段睿珺

"2006 年以来，平凉市信访工作连续 16 年在省上目标责任考核中受到表彰，2021 年考核位列全省第一名。"这一优异成绩的背后，是平凉市信访局自觉担当全面从严治党主体责任，坚定履行"服务中心、建设队伍"职责，大力推行"党建+信访"模式，融合推进党支部建设标准化和党建统领"一强三创"行动，推进党建工作与信访工作融合开展、全面进步，把党建优势真正转化为为民解难、为党分忧的工作实效。

▲2022 年 1 月 26 日，平凉市信访局党支部召开 2021 年度组织生活会暨民主评议党员大会

信访工作事关群众切身利益与社会和谐稳定。围绕做好信访工作，平凉市信访局坚持以人民为中心，以牢记初心担使命、秉持匠心优服务、满怀热心解民难、执守公心顾大局、坚定恒心树形象为主要内容，精心培育创建"信访为民、五心服务"党建品牌。

担当履责是机关党建工作的生命线。通过实行班子集体负责、书记牵头抓总、班子成员和支部委员各负其责、党员干部全员落实的推进机制，将机关党建工作与信访工作紧密结合、统筹谋划、同步推进，将履行抓党建职责情况列为党员干部考核考评的重点内容。同时，还研究提出"3561"党建工作思路，通过资源共享、阵地共建、难题共解、学习互促、工作互帮、经验互鉴，全面提升了党建工作质量，开启党建与信访工作融合开展的新格局。

把信访问题化解在最基层。平凉信访局还把机关党建阵地拓展到市级信访接待大厅，配套便民服务展板及引导服务措施，推行领导带班和全员轮流接访制度，设立"党员示范岗"，亮出"党员公示牌"，全体党员干部在接访一线亮身份、亮职责、亮规范、亮承诺、亮服务，践行党的群众路线和让群众"最多访一地、最多访一次"要求，用心、用情、用力打造"人民满意窗口"。

同时，该局通过在市、县两级信访部门和基层单位落实"民意必听、民情必问、有诉必应、接诉必办、办结必评"的"五必"责任制，推行"网上办、马上办、简易办、代理办、闭环办"的"五办"便民措施，落实巡回接访、民情下访、联合接访等制度机制，使群众合理诉求得到及时受理、办理，信访工作质效大幅提升。

平凉市信访局把服务中心工作、保障重大活动作为抓党建、带队伍的"试金石"和"练兵场"，引导党员干部在疫情防控、乡村振兴、来访接待、值班劝返、督查督办、急难险重"六个一线"锤炼党性、改进作风、提能增效，周密细致排查防范信访风险并落实化解稳控措施，为帮扶村办实事、办好事，充分展示了信访部门党员干部忠诚担当、为民实干的良好形象。

近年来，平凉市信访局通过抓党建、带队伍、促落实，推动在平凉市建立党政重视、齐抓共管的"大信访"工作格局，全面深化信访工作制度改革和信访法治化建设，持续推进重复信访治理和信访积案化解工作，开展实地督查、网上督办和业务抽查 395 次，累计协调化解各类信访积案和突出问题 3000 余件，圆满完成各类重大节会活动信访保障任务。

数据显示，2021 年 1 月至 12 月，平凉市县两级共受理群众来信来访和网上投诉 11446 件（批）17662 人次。其中到市集体上访 156 批 2439 人次；平凉市网上信访及时受理率和按期办结率均达到 100%，网上信访主要考核数据指标位居全省前列。

担当履职党旗艳。紧紧围绕服务绿色、开放兴业、安宁幸福新平凉建设，以推动信访工作改革发展的实效体现抓机关党建的效果，平凉市信访局正着力提升"信访为民、五心服务"党建品牌的示范引领效应。

（该文刊登于 2022 年 5 月 10 日《甘肃经济日报》）

平凉市大力推行"五事工作法"　努力推动新时代信访工作高质量发展

平凉市信访局　平凉市委政研室

近年来，平凉市把抓好信访工作作为市域社会治理现代化试点的重要内容，探索形成"五事工作法"，推动信访形势长期保持平稳可控向好态势，全市信访工作连续 16 年受到省上年度考核表彰，市信访局今年被人社部和国家信访局表彰为"全国信访系统先进集体"。

一、坚持人民至上，畅通渠道"说事"

始终把信访工作作为了解社情民意的重要窗口，走好新时代党的群众路线，全区域、全方位、全天候畅通信访渠道。一是建立"有事随时说"的服务平台。构建网、信、访、电、视频"五位一体"信访服务平台，市、县、乡三级设立群众来访接访大厅，联通网上信访信息系统，公开信访受理方式，提供远程视频接访。市便民服务热线"7×24 小时"全天候人工服务，年均受理有效事项 2 万余件。自市、县门户网站"领导信箱"接入信访信息系统以来，已受理事项 352 件。二是坚持"有话好好说"的方式方法。实行各级党政领导干部按规定频次接访下访和坐班接访、入户走访，面对面拉家常、聊问题、听民意、察民情，近年来市、县两级党政领导接访下访群众信访事项 1540 件（次），一些难题在"见到领导"后迎刃而解。三是推行"说了不白说"的回应机制。出台《平凉市门户网站"领导信箱"办理办法（试行）》《平凉市 12345 政务服务便民热线运行管理办法（试行）》《平凉市网上信访事项办理规则》等制度规定，落实服务承诺制、限时办结制、一次性告知制，所有信访事项纳入网上流转办理，全程可查询、可跟踪、可评价，全市信访事项及时受理率和按期答复率达到 100%。

二、注重源头治理，一心为民"办事"

深入践行以人民为中心的发展思想，强化源头预防和前端治理，用心用情用力解决了群众最关心、最直接、最现实的利益诉求。一是积极措办民生实事。市、县（市、区）两级紧盯民意诉求和信访反映较为集中的方面，每年拿出 80% 以上的财政支出用于保障改善民生。建立统筹城乡、覆盖全民的社会保障体系，居民养老、医疗保险实现应保尽保，临时救助困难群众 81.64 万人次。抓实巩固脱贫攻坚成果同乡村振兴有效衔接，"两不愁三保障"目标全面实现。二是坚持依法民主办事。完善党委、政府议事决策规则，建立调查研究、民情通报、专家咨询等制度，推进党务政务财务公开，健全事前、事中、事后监督体系。落实社会稳定风险评估制度，强化对 39 个重点部门 162 个风险管控点的重点监管，评估重大事项 4563 件，征求群众意见 24654 条，实施的已评事项未引发一起群体性事件。三是不断提高办事质效。纵深推进"放管服"改革，出台《平凉市人民政府关于加快推进政务服务标准化规范化便利化的实施意见》，市区政务服务中心进驻事项实现"一门式、一窗式、一网式"集成服务，全市政务服务事项办理承诺时限平均提速 45%，申报材料精简 35%，即办件比例提升至 45%，平均跑动次数减少到 0.8 次。

三、推进齐抓共治，多元参与"理事"

始终把信访工作作为民心工程、系统工程来抓，以强化党对信访工作的全面领导来调动各方资源力量、推进共建共治共享。一是联席会议统筹"理大事"。在全省率先落实乡镇（街道）信访工作联席会议机制全覆盖，推动市、县、乡三级联席会议实体化运行，形成了党委统一领导、政府组织落实、联席会议协调、信访部门推动、各方齐抓共管的信访工作格局。市信访工作联席会议统筹协调重大事项 46 次，各县（市、区）联调联处重点信访事项 584 件。二是整合信访资源"理急事"。推进综治中心、矛盾调解、法律服务"三大中心"建设，打造集人民调解、司法调解、信访调解、法律援助等于一体的综合"理事调处"平台，完善"中心吹哨、部门报到"和常设常驻、派驻轮驻、联合接访等机制，实现群众信访事项"一条龙"接待受理、"一揽子"调处化解。三是社会力量参与"理难事"。市、县两级职能部门和乡镇（街道）专人受理群众信访事项、全员参与调解处理，村、社区确定 3683 名信访调解员到一线"理事"，排查调处各类矛盾纠纷 26412 件，做到了"小事不出村、大事不出镇、矛盾不上交"。基层党组织发挥组织引领和服务群众作用，组建 4200 多支志愿服务队伍开展公益活动；引导老党员、老教师、老干部、老军人、老模范等参与信访工作，通过以德示人、以情感人、以理服人、以规律人、以志激人，春风化雨解决了群众的"难肠事"。

四、聚焦事要解决，精准施策"了事"

始终把解决群众信访问题、维护群众合法权益作为信访工作的关键所在，以"事要解决"的实效提升了群众的获得感、安全感和幸福感。一是抓基层基础促初次信访一次性化解。市信访工作联席会议制定印发《关于切实提高初信初访办理质量的通知》，全面推行民意必听、民情必问、有诉必应、接诉必办、办结必评和马上办、网上办、简易办、代理办、闭环办"五必五办"责任措施，推动让群众最多访一次、最多访一地，一次性解决初次信访问题 22763 件。二是抓"治重化积"促重点信访事项攻坚化解。落实领导干部包案督办信访积案"四定三包"（定领导、定措施、定时限、定责任，包调查、包处理、包稳定）责任制，市委、市政府主要领导批示督办小微企业扶持解困等信访件 857 件，市级党政领导包案化解住宅小区物业管理服务等疑难信访积案 86 件。对重点信访事项实行升级调查处理，市级提级办案 75 件，推动化解中省两批交办信访积案 256 件，整体化解率 96.6%。制定《重复信访治理工作规则》，常态化摸排治理重复信访事项 1557 件，重复信访占比下降 20%。三是抓系统治理促信访突出问题批量化解。针对信访集中的 6 大领域 21 个方面，实行地方和部门联动系统治理，化解城市建设管理、劳动社保、企业改制等突出问题 215 件。研究制定《平凉市推进新建商品房"交房即交证"改革实施方案》，排查化解国有土地上已售城镇住宅历史遗留"登记难"问题房屋 4.9 万套，首次登记化解率达到 100%。

五、严格督查落实，跟踪问效"考事"

始终把信访工作作为接受群众监督、改进工作作风的重要途径，强化严督实考和绩效评价，使信访工作取得了让群众看得见、摸得着、有实惠、得好评的实绩。一是树立"大考核"导向。把信访工作作为党委工作责任目标、平安平凉建设、市管领导班子及领导干部年度考核的重要内容，纳入党委书记抓党建述职考核，发挥了信访考核的"风向标"和"指挥棒"作用。二是落实"大督查"机制。建立考核督、专项督、提级督、联合督、常态督"五督"机制，市信访工作联席会议至少每季度通报一次全市信访工作情况，开展专项督查 11 次、联合督查 17 次、个案实地督查 398 次，向包案领导和责任单位发出提醒督办函 214 份。三是强化"大落实"效果。建立纪检、组织、巡察、督查、信访等部门联动机制，强化对"三项建议权"的实践运用，针对信访督查考核中发现的问题发出信访工作建议 46 份，在干部选拔任用及职级晋升、评优选先、巡视巡察、入党审查时征求信访部门意见。建立查程序、查实体、查责任"一案三查"机制，对所有交办和重复信访事项进行案件评查和绩效评价，确保了责任落实到底、问题整改见底、矛盾化解彻底。

（该文刊登于 2022 年 9 月 16 日第 48 期《平凉改革信息》和 2022 年 12 月第 6 期《甘肃信访》杂志）

平凉市"三级四联"模式提升信访治理效能

平凉市信访局

平凉市深入学习贯彻习近平总书记关于加强和改进人民信访工作的重要思想，认真落实中央和省委部署要求及《信访工作条例》，不断强化党对信访工作的全面领导，坚持市、县、乡三级信访工作联席会议机制实体化运行，推动信访工作提质增效，以高质量信访工作服务保障全市高质量发展。2022 年 5 月，市信访局被人社部、国家信访局授予"全国信访系统先进集体"荣誉称号。

一、机制联建，构建"大信访"格局

市级统筹推进。把信访工作作为党委工作责任目标、平安建设、市管领导班子及领导干部年度考核的重要内容，市委市政府研究信访工作 33 次，制定全市《关于创新群众工作方法解决信访突出问题的实施意见》《"十四五"时期信访工作高质量发展实施方案》《重点信访事项实地督查实施办法》等文件。市信访工作联席会议统筹协调重大事项 46 次，开展专项督查 11 次。县级承上启下。压实县（市、区）党政主要负责同志"第一召集人"责任，完善县级联席会议运行规则，落实季度例会、形势研判、会商督办、报告报批等制度机制，建立联席会议成员单位职责清单，坚持工作联抓、问题联解、责任联督，全面推行县级党政干部"周上街""月下访"制度，调动各方力量会商联办重点信访事项 584 件。乡级延伸落实。全市 111 个乡镇（街道、城市社区）全部建立联席会议，针对重要事项和具体信访问题抓协调、督落实、促化解。确定 3683 名基层信访调解员，随机深入一线察民情、听民意、解民忧，打通信访工作"最后一公里"，信访工作联席会议机制全域覆盖、贯通运行。

▲2022 年 5 月 19 日，平凉市信访联席办到崆峒区带案下访督办信访积案化解工作

二、力量联合，建立"大化解"模式

领导包抓聚合力。对治理重复信访、化解信访积案专项任务，坚持三级联席会议第一召集人面对面交办认领，严格落实信访积案"四定三包"（定领导、定措施、定时间、定责任，包调查、包处理、包稳定）责任制。市委市政府主要负责同志批示督办小微企业扶持解困、社区基础设施配套、环境整治等信访件 857 件，市级党政领导包案化解住宅小区物业管理服务等疑难信访积案 86 件，带动形成县级干部"千人包案"、乡科级干部"万人办案"的强大合力。搭台调度添动力。建立联席会议统筹、信访部门牵头、相关单位参与的升级办理模式，市

级提级办案 75 件，推动宏达国盛家居建材市场 457 户商铺返租、荣盛超市 53 家供货商被拖欠货款等一批复杂问题妥善化解。向县（市、区）党委主要领导和包案领导发出提醒督办函 71 份、约谈 5 人次，265 件中央和省里交办的信访积案化解 256 件，整体化解率达到 96.6%。系统治理增效力。针对信访集中的城乡建设、农业农村、自然资源等 6 大领域 21 个方面，强化成员单位、行业部门责任和协调联动，系统治理化解城市建设管理、劳动社保、企业改制等信访突出问题 215 件。综合分析信访形势，研究制定全市《推进新建商品房"交房即交证"改革实施方案》，推动化解国有土地上已售城镇住宅历史遗留"登记难"问题，已化解 197 个小区涉及房屋 48494 套，首次登记化解率达到 100%，完成转移登记 44857 套，总体登记率达到 92.5%。

三、工作联动，凸显"大治理"效应

抓实源头防治。着力打造"枫桥经验"平凉信访版名片，深入开展"全国信访工作示范县""全市信访工作示范乡镇（街道）"创建活动，整合利用各级综治、政务、矛调"三大中心"资源，认真抓好领导干部接访下访、联合接访、信访代理、民情下访，及时就地排查调处各类矛盾纠纷 26412 件，市委市政府主要负责同志接访下访 35 次，重病患者要求提高医保报销比例、拖欠农民工工资等一批民生问题得到及时妥善解决。畅通服务渠道。全面构建网、信、访、电、视频"五位一体"信访平台，大力推广社区"逢四说事"（每周星期四社区居民集中协商解决问题）、基层政协协商议事等做法，全面开展"行万里路、进万家门、解万件事"巡回接访服务，加强群众建议征集和信访信息综合分析研判，累计形成要情呈报、信访形势研判报告等 6000 多份。强化信访保障。建立全市重点信访人员和重点信访群体动态管控台账，实行"一人一策""一案一策"，彻底化解 26 件上访 20 多年的"老大难"问题，依法处置 5 件违法信访行为，规范信访秩序。坚持市级指挥、县乡响应、上下联动、群防群治，提前制定信访保障预案，评估预警重大信访风险 31 件（次），落实重要节点"一日三研判"、值班劝返、舆情监测、应急处置等措施，顺利完成重大活动信访安全保障任务。

四、成果联用，形成"大发展"态势

巩固重点治理成果。研究制定常态化治理重复信访、提高初信初访办理质量的规范性文件，推行民意必听、民情必问、有诉必应、接诉必办、办结必评和马上办、网上办、简易办、代理办、闭环办"五必五办"责任措施，做到让群众最多访一次、最多访一地，一次性解决初次信访问题 22763 件，常态化摸排治理重复信访事项 557 件，重复信访占比下降 20%。严格督考提质增效。建立考核督、提级督、联合督、常态督"四督"机制，运用"三项建议权"和查程序、查实体、查责任"一案三查"措施，市县信访工作联席会议向责任单位发出督办函和工作建议 214 份，倒逼责任单位履行工作职责、规范基础业务、解决信访问题，全市信访事项及时受理率和按期办结率均达 100%。党建引领融合发展。全面落实市县乡村"四级党组织书记"抓信访责任，积极构建"党建+信访"工作体系，大力推进"五强五化"（强政治、责任一体化，强组织、服务便民化，强机制、治理法治化，强保障、手段信息化，强效能、履职科学化）建设，推动信访工作步入法治化、规范化、科学化发展"快车道"。

（该文刊登于 2022 年 10 月第 1432 期省委办公厅《甘肃信息经验交流》）

甘肃平凉：信访工作打通基层治理"最后一公里"

记者　崔翰超

近日，记者从甘肃省信访局了解到，甘肃省平凉市持续把抓好信访工作作为市域社会治理现代化试点的重要内容，推动信访工作提质增效，平凉市信访局今年被表彰为"全国信访系统先进集体"。

▲2016年12月4日，信访群众给市信访局送来感谢锦旗

据介绍，近年来，平凉市通过推行"五事工作法"，运用"三级四联"模式提升信访治理效能。平凉市在深入践行以人民为中心的发展思想过程中，建立"有事随时说"的多元服务平台，实现便民服务热线"7×24小时"全天候人工服务，年均受理有效事项2万余件；坚持"有话好好说"，市、县两级党政领导接访下访群众信访事项1540件（次）；推行"说了不白说"，落实所有信访事项纳入网上流转办理，全程可查询、可跟踪、可评价，信访事项及时受理率和按期答复率均达100%。

同时，平凉市统筹各方力量，紧盯民意诉求和信访反映较为集中的方面，建立统筹城乡、覆盖全民的社会保障体系的同时落实社会稳定风险评估制度，评估重大事项4563件，征求群众意见24654条，统筹各级职能部门，实现专人受理群众信访事项、全员参与调解处理，村、社区确定3683名信访调解员到一线"理事"，排查调处各类矛盾纠纷26412件，做到了"小事不出村、大事不出镇、矛盾不上交"。

（该文发表于2022年11月《新华社》客户端）

多措并举促信访　奏响亲民和谐曲
——甘肃省平凉市人大常委会信访工作侧记
田芳林　豆景辉

多年来，甘肃省平凉市人大常委会把人大信访工作纳入"统一领导、统筹兼顾、标本兼治、各负其责、齐抓共管"的"大信访"格局中，与全市7县（区）人大常委会等各方力量密切配合、左右协调、上下联动，解决了一些信访问题，促进了信访形势好转，减少了不和谐因素，对维护社会稳定，建设和谐社会做出了努力。

平凉市：坚持"六项制度"力促信访工作上台阶

坚持完善信访工作制度。为了不断推进信访工作迈上新台阶，平凉市人大常委会积极探索适应当前人大信访形势要求的新方法、新路子，根据信访工作的不同时期、不同情况，先后制定了《市人大常委会与"一府两院"协同处理人民群众来信来访办法》《市人大常委会办公室转办、交办信访事项办法》《市人大常委会办公室信访工作通报制度》以及信访科工作职责和办公室信访法律咨询员工作职责等，规范了信访程序。

坚持分管领导阅批制度。在日常工作中，平凉市人大常委会对事关群众切身利益，有可能影响社会稳定的重大信访案件，坚持由常委会分管领导亲自阅批，分管信访工作的秘书长亲自接访、衔接督办，并采取有效措施抓好落实，形成了来访有人接、事事有人办、件件有着落的工作格局。

坚持信访汇报制度。分管信访工作的常委会领导高度重视群众信访件"来"和"去"的问题，十分关心群众来信反映了什么问题，以及反映的问题有没有得到落实。为此，市人大常委会要求对重大信访件每月听取一次信访工作汇报，讨论研究重大信访问题。

坚持重点案件督办制度。为了提高信访办理质量，对群众反映强烈、带有普遍性、倾向性、容易引发群体性事件的热点、难点问题，市人大常委会采取限期办结、逾期通报、电话催办等各项措施以提高信访办理质量。三年来，市人大常委会机关共处理各类信访案件628件，其中38件信访案件得到了重点督办，基本做到了"事事有着落，件件有回音"，维护了信访人的合法权益，促进了和谐社会的建设。

坚持信访分析制度。市人大常委会十分注重对信访工作进行调查研究，从信访信息综合分析入手，定期选取关系改革发展稳定大局和人民群众反映强烈的热点难点问题等，认真搞好调查研究，写出有情况、有问题、有建议的综合分析报告，及时为常委会决策提供参考、为常委会监督工作提供服务。通过对信访信息的综合分析，使常委会开展调查检查和视察更具针对性，加大了督办力度，促使一些重大信访问题得到了及时有效的解决。

坚持信访奖励制度。为了有力推动信访工作，增强信访工作者的工作积极性，市人大常委会每年都召开一次全市人大信访工作会议，总结成绩，寻找差距，部署工作，交流7县（区）人大信访工作经验，表彰全市人大系统信访工作先进集体，研究新时期人大信访工作如何为更好地构建和谐社会发挥作用。

崆峒区：一抓到底，直到解决问题

为了给办理信访工作提供稳定而有力的组织保障，崆峒区人大常委会设立了正科级信访室，配备专职信访人员，实行了分管领导主要抓，信访室具体抓，各委室领导配合抓的信访工作责任制。并将信访工作与调查视察相结合，对群众集中反映的焦点、热点、难点问题，深入调查，归类梳理，积极解决。

为了规范依法信访的工作机制，区人大常委会制定了《区人大常委会信访工作制度》《信访工作职责》《信访员守则》等。要求信访人员热情接访，做到"四个一"：一张笑脸、一杯热茶、一张椅子、一席诚恳的话语平息来访者的激动情绪；"三无"：与来访者无争吵，无训斥，无粗话；"三有"：询问有应声，表扬有谢声，处理问题有回声；"三耐心"：对群众的困难耐心帮助，对情绪激烈人员耐心说服，对不明白的问题耐心解释指导。

为了构筑齐抓共管的合力机制，区人大常委会加强与上下级人大信访部门的联系，形成纵向联络体系，及时办理全国、省、市人大常委会转办的案件，协调和指导乡镇人大督办案件。同时，加强与"一府两院"的联系和沟通，形成了横向联络体系，参与全区信访工作的指导与协调，从而加强了人大常委会机关内部的配合与协调，让各委室的职能作用得以充分发挥。

为了不断强化信访督办机制，区人大常委会对一些重大、典型信访案件和上级人大交办信件，采用发函、会议交办等形式，督促承办单位认真办理，一抓到底，直到解决问题。2009年12月，原市轻工机械厂职工唐某夫妻来访反映，因唐某及其妻子均身有残疾，1999年企业改制下岗后，两人无力维持家庭生计，要求按照特殊工种政策提前为唐某办理退休手续，享受养老金待遇。接访后，经常委会分管领导批示，交社保局办理使唐某2010年1月起每月可以领到956.51元的养老金。

泾川县：完善机构、强化督办、健全机制、畅通渠道

为了从组织上保证人大信访工作顺利开展，泾川县人大常委会设置了人大信访工作办公室，配备了专职信访工作干事，并确定由一名常委会副主任分管人大信访工作。常委会主任定期听取信访工作汇报，亲自批阅信件，接待来访群众，及时研究和协调、督办重要信访案件，努力把群众所反映的问题督办到位。

为了使信访件反映的问题得到较好解决，县人大常委会制定了《泾川县人大信访工作实施办法》等制度，将重信重访、涉法涉诉信访件和群众反映的热点、难点问题作为督办重点，认真督促落实。

与此同时，县人大常委会注重落实人大信访件的办理，通过采用电话、函件、与信访当事人交谈等方式，加强对交办件的跟踪督办，推动了人大信访案件的办理落到实处，有效维护了当事人的合法权益。2008年5月，泾川县荔堡镇一妇女到人大反映，因其丈夫去世，本人又患有慢性胆囊炎、腰椎管狭窄，居住在窑洞内，并养育两个孩子，生活十分困难。了解了情况后，工作人员及时向常委会分管信访工作领导做了汇报，常委会领导极为关注，一方面积极核实情况，另一方面协调联系荔堡镇政府为其办理了低保和大病救助。

针对人大常委会不能直接处理信访件的问题，县人大常委会积极加强与"一府两院"的联系、沟通，以减少重复信访、无理缠访的现象。

华亭县：实现认识、人员、职责、接待、办理"五到位"

领导重视，认识到位。华亭县人大常委会领导高度重视信访工作，把群众来信来访作为人大监督的一种重要形式和主要渠道，采取亲自接待来访群众，亲自阅批来访信件，亲自分析问题，亲自协调督办信访件的制度落实，本着年初有安排部署，年终有检查考核的宗旨，为搞好人大信访工作奠定了坚实的基础。

机构落实，人员到位。为了加强信访工作，县人大常委会专门设立了人大信访室，作为常委会信访工作的常设办事机构，使信访室成为人大信访工作的主要渠道和窗口，为方便群众信访接待、信访办理、信访答复、信访咨询等起到了十分重要的作用。

健全制度，职责到位。为了明确划分工作责任，县人大常委会还专门制定了《县人大常委会信访首问制和领导接待制度》《人大机关信访工作制度》《人大信访室工作制度》以及信访归档制度等。

热情耐心，接待到位。在接待群众来信来访工作过程中，县人大常委会要求机关干部，特别是信访室所有工作人员要做到"四心"和"四必"，即接待热心、听访耐心、登记细心、办理诚心，有访必接、有事必记、有问必答、有信必转。

加强督查，办理到位。在办理信访件的过程中，县人大常委会坚持做到必详细登记在案，必送领导批阅，必转涉访单位办理和跟踪督办，必上报办理情况及结果，必答复来信来访群众。策底镇薛树强等4人反映，1996年在策底镇水泥厂工作期间，由于当时企业经营困难无法交电费，面临停产，他们4人受企业领导动员和委托，以个人名义在当地信用社贷款15000元，解决了企业困难。但后来由于企业停产关闭，这些贷款未能归还，信用社便扣除他们4人的退耕还林和粮食补贴顶还贷款，以至于对他们的生产生活造成严重影响。收到信件后，县人大常委会立即转策底镇要求尽快办理，该镇党委、政府多方筹措资金，归还了贷款，使这一多年的问题得到圆满解决。

灵台县：规范工作程序 注重心理疏导

灵台县人大常委会始终把信访工作纳入人大常委会整体工作中，从转变信访观念入手，牢固树立为民意识，对群众的来信来访热情接待、耐心提问、认真办理，务求取得实效。

为了规范工作程序，凡是县人大常委会信访室受理的事项，都经过接待、咨询、登记等8个环节。处理信访事项中，都明确承办责任，限定办理期限，推行重点信访个案交办，使一批老大难问题得到了较好的解决。

为了加强对信访人的心理疏导，信访室工作人员在充分了解信访者的诉求后，切实加强与职能部门的协调联络，做好回复和息诉罢访工作。2008年，独店镇瓦玉村村民柳某在信访件中表示，不服法院对其子在一起故意伤害案中致被害人亡故的一审、二审和再审判决，请求通过信访渠道申诉。对此，县人大常委会领导高度重视，两次召开主任会议研究解决办法，成立了分管领导任组长的专案组。在深入了解事实的情况下，做了细致入微的心理安抚工作，使信访人接受了判决结果，打消了重复信访的念头。

为了注重突出"事要解决"，切实维护群众合法权益，县人大常委会进一步完善重点信访案件督办机制，认真对每一个信访案件进行分类交办，坚持把涉及面广、影响较大的信访件，确定为重点信访案件，进行重点办理，务求使反映属实、诉求合法的问题得到解决。2010年2月，该县梁原乡一位村民来信举报某执法部门违规收费500元，县人大常委会接到信访件后，通过深入调查，为信访人挽回了经济损失。

崇信县：以"大信访"格局增强督办实效

为了充分发挥信访职能，崇信县人大常委会确立了由常委会主任负总责，一名副主任具体分管信访工作的工作制度。同时，出台了《关于加强人大信访工作的实施意见》，由主任会议定期研究信访工作。

同时，县人大常委会还进一步完善了《人大信访工作制度》，制定了《常委会领导接待信访群众办法》，为信访工作的顺利开展打好了基础。

网吧管理一直是社会关注的热点问题，群众也比较集中。为此，县人大常委会把网吧管理列入工作计划，进行了调研和审议，督促县里出台了《管理办法》，促进了全县网吧管理的规范化。

为了加强督办实效，县人大常委会加强与"一府两院"的联系，共同分析复杂疑难信访案件，促进信访事项的落实，形成了"大信访"格局。2008年，原崇信县黄板纸厂厂长王伟魁曾向县人大常委会反映，1990年至1992年，他在崇信县黄板纸厂任厂长兼党委书记，1992年厂子被承包后，由于未给他安排工作，致使其生活陷入困境，请求县人大常委会督促有关部门给予一次性安置，办理医疗保险以及补发1992年5月以来的生活费、福利费和各项补贴。县人大常委会信访办对该信访案件高度重视，经调查确定该问题属实后，汇报主任会议，决定立案交办。办理期间，常委会分管领导大力协调，多次召集专门会议，与县乡企局、人事劳动和社保局、经贸局等单位一起研究解决办法，并多次与人协商，经过不懈努力，按照《崇信县黄板纸厂改制方案》，帮人协调解决缴纳"两金"共计17140.06元，一次性支付信访人身份置换补偿费2万元。

庄浪县：下大力气抓好重点督办案件

庄浪县人大常委会把涉及严重违法引起社会广泛关注的问题、人民群众反映强烈的问题、经核查事实清楚久拖不决的问题、各级人大转交的问题以及上级指示的信访件等列为重点督办案件，下大力气抓好督办落实，力求事事有着落、件件有回音，让群众满意、代表满意、社会满意。

近年来，庄浪县人大常委会结合群体访、越级访增多的实际，把重要时期和重大活动期间的信访工作作为重点，抽组人员，深入到信访问题较多、可能发生越级、异常的地区和部门进行督办。

与此同时，对没有按期上报或上报结果不满意的问题，庄浪县人大常委会坚持提交主任会议讨论后，组织人员到受案单位实地催办。当事人张某良信访反映，2006年1月其与李满某、李新某车辆肇事一案经法院判决后，李新某理赔款执行未果。按照分管领导批示，县人大常委会信访办及时转交法院办理，经多次电话督办，分管领导与法院沟通协调，法院执行庭多方努力，使信访当事人被拖欠的理赔款30000多元得以认领落实。

静宁县：实现信访与监督的有机结合

多年来，静宁县人大常委会高度重视信访工作，建立健全了领导接访制度。常委会主要领导和分管领导经常和信访室的工作人员一起研究信访案件，亲自接待信访人，对信访件办理提出意见和要求，并亲自督办重要信访案件，使一些"老大难"信访案件得到有效解决。2009年，在接到细巷乡村民孙某关于其夫抚恤执行问题案后，县人大常委会主要领导、分管领导作出批示，要求信访室及相关委、室对事实真相进行调查并亲自带队深入现场察看，详细掌握了被执行人的财产情况及执行能力，随后三次组织法院负责人及有关人员召开督办会，督促法院于 10 月底将 5 万多元的执行标的及 1.4 万余元的两倍迟延期间债务利息一次执行到位，较好地保护了弱势群体利益，得到了社会及群众好评。

2009 年，县人大常委会修订了《静宁县人大常委会信访工作制度》，明确规定了常委会受理信访事项的范围、处理办法、处理程序等。同时，加强了人大信访工作的机构建设，2006 年初设立了信访办公室，为正科级建制，配备了信访工作人员，为常委会开展信访工作提供了组织保证。

在热情接待、耐心解释、切实做好疏导化解工作的基础上，对于一些难点、重点信访件，县人大常委会采取发催办函等方式，直到群众所反映问题得到圆满解决，群众满意为止。同时，加强与承办单位的沟通和协调，及时了解办理情况，对办理不力的，积极协同相关委办督促落实。

在做好日常工作的同时，县人大常委会把信访工作与贯彻实施《监督法》有机结合起来，注重加强对来信来访的综合分析，在大量的信访信息中，认真筛选，深入分析，作为常委会确定听取和审议专项工作报告、执法检查议题的途径之一。

（作者田芳林时任平凉市人大常委会原信访科科长；豆景辉时任平凉市人大常委会督查信访科干部。该文刊登于 2010 年 6 月 1 日第 33 期四版《人民之声报》）

表 4-1-1　市级部分典型经验文章统计

刊物	标题	作者
2014 年 10 月第 5 期《甘肃信访》	用群众工作方法解决信访问题	陈伟（时任中共平凉市委书记）
2015 年《平凉市信访工作材料及文件选编》	落实信访改革举措 全力打造"五个信访"	平凉市信访工作联席会议办公室、中共平凉市委市政府信访局
2017 年 2 月第 1 期《甘肃信访》	复查复核工作需做好九个环节	梁涛（时任平凉市政府信访事项复查复核委员会办公室副主任）
2017 年 6 月第 3 期《甘肃信访》	突出"四字"抓信访 化解矛盾促和谐	梁涛（时任平凉市政府信访事项复查复核委员会办公室副主任）
2017 年 8 月第 4 期《甘肃信访》	切实依法规范 力促信访改革	梁涛（时任平凉市政府信访事项复查复核委员会办公室副主任）
2019 年 8 月第 4 期《甘肃信访》和 2019 年 11 月第 4 期《平凉日报》	牢记初心使命 抓好信访工作	郭承录（时任中共平凉市委书记）
2020 年 6 月第 3 期《甘肃信访》	恪守为民之责 当好"五种角色"——平凉市信访局"不忘初心、牢记使命"主题教育取得明显成效	平凉市信访局
2020 年 12 月第 25 期《平凉日报》	上访不再东奔西走 网上信访为民解忧 平凉不断拓宽和畅通网上信访渠道	平凉市信访局
2021 年 6 月第 3 期《甘肃信访》	抓领导实施高位推动 领导抓力促案结事了——平凉市千名领导干部包案推动信访积案化解	平凉市信访局
2021 年 8 月第 4 期《甘肃信访》	领导示范带动 提升办信质效	平凉市信访局
2021 年 12 月第 6 期《平凉日报》	做好新时代信访工作 助力经济社会高质量发展	周伟（时任中共平凉市委书记）
2021 年 12 月第 6 期《平凉日报》	信访接待 以"理"为要	单鑫玮（时任平凉市信访局接访科科长）

刊物	标题	作者
2021 年 12 月第 6 期《甘肃信访》	办理群众来信"六字工作法"	杜培林（时任平凉市信访局复查复核科科长）
2022 年 6 月第 3 期《甘肃信访》	平凉市的"四三二一"网上信访工作法	马华（时任平凉市信访局网信科副科长）

二、信访工作先进个人事迹

良操美德千秋在

——怀念信访干部程建民

张新民

原甘肃省平凉地委信访处副处长程建民同志刚刚走完他 71 岁的人生历程。2012 年 9 月 13 日，因心脏病突发医治无效，溘然长逝。听到这个消息，我感到十分震惊和悲痛。我参加了他的遗体告别仪式，在灵前思绪万千……

程建民同志 1941 年出生于泾川县玉都镇的一个贫苦农家，从小失去双亲，在国家和亲友的帮助下长大成人。从平凉农校毕业后，在农科所农场当过技术员，后在地委当过伙食管理员。1980 年，他调到地委信访处工作，直至 2002 年在信访处岗位上退休。可以说，他把半数工作时间奉献给了党的信访事业。

我是 1985 年调到平凉地委分管信访工作的，和程建民同志一起工作过 10 多年，从相识到相知。他由于出身贫苦，饱经磨难，加之长期接受党的教育，同人民群众结下了深厚的感情。在工作上，他亲民爱民，诚心实意为民办事，处理过许多疑难的信访案件。他从没向组织提出过调动、提职或其他非分的要求。他曾被评为"全省信访工作先进个人"，受到表彰。在我和他共事的 10 多年中，有几件事给我留下了深刻印象。

20 世纪 90 年代初，静宁县威戎镇两个农民因修房之事大打出手。当时镇里和村委会进行了调解处理，但一方不服，跑到地委信访处上访。为了解实情，程建民同志专门乘车去威戎镇调查此事。经其调查认为，当时镇政府与村委会处理是妥当的。后来，这个人又来上访，程建民又苦口婆心地开导。说话间，他发现上访者的头发长了，就用自己的理发工具，给这位上访者理了发，自己又掏钱，给了他回家的路费。这个人深受感动，从此息诉罢访。像这样的事，他做过很多。他还被过激的上访群众骂过打过，他都一笑置之，非常大度。

原平凉市新民路辖区，有个姓马的回族群众，是刑满释放人员。20 世纪 80 年代初，从新疆回到平凉，后娶妻生子。他本人没有工作，生活比较困难，是个上访老户。当时，程建民同市民族宗教处和社区帮助解决过一些零星困难。但他既没房住，又没挣钱门路，无法彻底解困。后经程建民同原平凉市的有关领导反复协商，在泾河滩新区划拨了二分地，并补助 5000 元，让他盖起了新房。后来，新世纪集团还招收他中学毕业的大女儿工作。

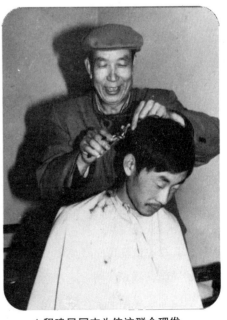

▲程建民同志为信访群众理发

从此，家庭生活好转。

1994年，原平凉市残疾人于振东，拄着拐杖，来地委上访，程建民接待了他，后又领到我的办公室。于振东说他带着十几个残疾人，在峡门沟租的破窑洞里办起了铝制品厂，效益不错，现有条件已不能满足厂子发展，要求政府给他解决厂址问题。第二天，我就和程建民到峡门沟了解情况。回来后，程建民向市相关领导做了反映，领导对此事非常重视，在七里店给于振东划出七亩地。后由于市场原因，铝制品厂停产了，但于振东利用厂址，又发展其他产业，取得了较好效益，被评为"残疾人先进个人"，当选为人大代表。

1995年，原平凉市为解决初中英语老师缺乏的问题，在市电大举办了英语班，招了26名学生，学业一年。学生毕业后，因没有编制无法安排上岗，这个班学生集体前来上访。记得在一个下雨天，我和程建民一起去电大，找到校长，看了招生简章，证明学生反映的情况是属实的。由于当时平凉市英语教师确实不足，程建民和原地区教育处的负责同志到省教育厅作了汇报。不久，教育厅和有关部门下达了指标，解决了26名学生的就业问题。

好人有好报，好人就有好名声。程建民去世后，遗体只在家里停放了一天，就收到750多人送来的挽幛和花圈等，有200多人自发来参加他的遗体告别仪式。

有些人认为，信访部门是个无职无权、看门挡人的清水衙门。实际上，党的信访事业，是联系人民群众的重要渠道。如果我们每个公职人员都像程建民那样，真心为上访群众办事，群众是不会忘记他的。市政协副主席、信访局局长陈黎萍在程建民同志的遗体告别仪式上，讲了一段很质朴的话，可以说是对他一生的总结和评价，"程建民同志亲民为民，淡泊名利，不事张扬，乐于助人，维护群众的合法权益，得到他帮助的人不计其数！"在此，我赋诗一首，以表对建民同志的怀念之情：

良操美德千秋在，一片赤诚为民生。

莫道信访无大事，一枝一叶总关情。

（作者时任中共平凉地委副书记、平凉地区人大工委主任。该文刊登于2012年第11期《人民信访》杂志。程建民同志事迹在党的群众路线教育实践活动期间被中共平凉市委确定为全市学习典型）

竭力架设连心桥　尽心谱写和谐曲
——记2007年"全国信访先进个人"时任平凉市委市政府信访局局长陈黎萍同志先进事迹
平凉市信访局

2002年5月，陈黎萍同志调任市信访局局长。

五年来，她紧紧围绕市委、市政府总体部署和要求，坚持把群众利益放在首位，团结带领一班人，迎难而上、开拓进取、扎实工作，开创了全市信访工作新局面，整体工作走在了全省前列。

安于清贫、勇挑重担，力推全市信访工作上水平

有人形容信访局坐的是"清水衙门"，干的活是"机关第一难"，在组织决定调陈黎萍任信访局局长时，她却愉快接受。面对当时信访工作人员不足、经费紧缺、办公条件差的状况和企业改革改制、城市拆迁、农村土地征用问题集中、社会矛盾突出、信访总量居高不下、政治压力不断增大、工作任务十分繁重的局面，陈黎萍同志迎难而上。

围绕加强对信访工作的领导，她先后组织起草了《平凉市信访工作责任制》《关于进一步加强和改进信访工作的意见》等12个文件，建立了信访工作责任追究制度、信访问题突出地区定期通报和谈话制

度，促进了信访工作领导责任制、目标管理责任制等工作制度的落实，形成了各级各部门对信访工作齐抓共管的大格局。

围绕推进依法办事，组织起草了《关于维护信访秩序的通告》，制定了《预防处置群体性事件实施办法》，建立了处理信访突出问题及涉访群体性事件联席会议制度，在市信访局全面实行党务政务公开和律师参与接访制度等。先后在全市组织开展了重复上访案件专项治理、信访突出问题及涉访群体性事件集中处理、"信访月"专项整治等活动。结合贯彻落实《信访条例》，积极宣传教育和引导群众依法有序上访，进一步规范和完善了信访工作程序，推进了信访工作法治化进程。

围绕强化基层信访工作，坚持与七县（区）及市直部门签订信访目标管理责任书，并积极争取，大幅提高了奖励标准和奖励名额，强化了激励机制，进一步夯实了基层信访工作基础。

近年来，全市信访工作面貌发生了显著变化，信访工作的地位和影响进一步提升，信访形势呈现出信访总量、个人上访、集体上访下降，信访秩序明显好转的良好态势，突出发挥了信访工作保障全市经济建设、促进社会和谐稳定的积极作用。

情系群众、敢于负责，把党的温暖体现在为民服务中

在一些人眼中，信访局一无权、二无钱，解决不了根本问题。陈黎萍同志不这样看，她认为"信访部门与百姓站得最近、贴得最紧，搞信访工作，就要理直气壮地为大家排忧解难，把党的温暖带给人民群众"。她上任后，组织力量对全市信访案件进行了认真清理、分类排队，采取不同对策积极予以受理。对有政策依据的，想方设法督促有关单位设法解决；对缺乏政策依据的，耐心细致地做好说服工作，用诚心争取群众的理解；对一些"老大难"案件，主动向有关领导汇报，积极和有关部门联系协调，力求妥善解决。

2004年，市政府门前发生一起抬着伤残人集体上访事件，陈黎萍同志及时赶到现场，认真了解情况，召集有关部门和上访人员召开会议，果断提出处理意见，亲自做重点上访人思想工作，有效控制事态。在陈黎萍任局长的五年间，对发生到市委、市政府机关的集体上访，她都坚持第一时间到现场，冷静、果敢地靠前指挥，控制事态、化解矛盾、妥善解决问题。

陈黎萍最常说的两句话就是"我是信访局局长""你们反映的问题我尽快协调解决，请大家相信我"。担任信访局局长以来，她共接待上访群众12000多人次，主持召开各类协调处理信访问题的会议260多次，解决群众生产生活中的实际困难和重大信访问题130多件（次）。她以自己的行动，赢得了群众的理解和信任。

模范带头、从严带队，打造一支过得硬的战斗集体

"信访工作要与时俱进，第一要务是练内功树形象。"陈黎萍同志把加强学习、提高做好群众工作的能力，作为适应形势、搞好工作的首要任务来对待，特别注重加强法律法规、心理伦理知识的学习、积累，先后做学习笔记30多万字，还撰写和发表了一些信访工作理论研讨、工作交流文章。在她的影响下，全局干部抓学习蔚然成风，政治理论素质不断提高，政策水平和业务能力显著提升。

为了带出好作风，她坚持不懈地抓思想建设和制度建设。坚持开展组织生活，不断提高全体干部职工的政治思想素质。结合创建"四型"机关，主持制定和完善了局机关19项规章制度，增强了全体人员的争先创优意识。

为了加强信访系统建设，她主动向市委、市政府汇报情况、提出建议，把事关全市信访工作创新与发展的问题及时提上领导议事日程。七县（区）全部成立了信访局，局长兼任县（区）委办公室副主任，

▲2007年3月27日至28日，第六次全国信访工作会议在北京举行。时任中共平凉市委副秘书长，市委、市政府信访局局长陈黎萍（左三）被授予"全国信访先进个人"。图为部分与会代表合影

强化了工作协调能力。全市信访系统在机构设置、人员配备、经费投入、信息化建设等方面都发生了显著改观。

领导干部的人格魅力是组织和影响群众、增强感召力、创造性开展工作的无形力量。陈黎萍同志顾大局、讲团结，坚持严以律己、宽以待人。在工作中，要求大家做到的，自己带头做到，不搞特殊化；在生活上，对同志们关心入微，尽力帮助解决实际困难和问题；在政治上，积极关心每个同志的进步，着力营造团结和谐、顺心舒畅、散发活力的工作环境，深受大家尊重。她多次被市委市政府评为优秀思想政治工作者和先进工作者。

信访"老黄牛" 百姓"贴心人"

——记"全国人民满意的公务员"时任平凉市信访局网信科科长黄沿钧先进事迹

平凉市信访局

▲2022年9月7日，平凉市信访局召开学习"全国人民满意的公务员"黄沿钧同志先进事迹报告会

黄沿钧，男，汉族，1972年5月出生，中共党员，现任甘肃省平凉市信访局网信科科长。2017年7月被人力资源和社会保障部、国家信访局授予"全国信访系统先进工作者"荣誉称号；2019年7月被中共平凉市委组织部记个人三等功。

长期以来，他怀着一颗对党无限忠诚、对事业无比热爱、对人民高度负责的公仆情怀，始终坚守在信访工作一线接访窗口，先后接待来访群众8565批49560余人次，协调解决群众集体上访563批7890余人次，用实际行动践行着一名信访工作者的初心使命，用敬业和奉献诠释了公务员的价值追求。

心系百姓送温暖 为民办事"贴心人"

"群众来向我反映问题和诉求，是对我最大的信任，能为他们排忧解难、办好实事是我最大的幸福。" 15年来，面对一张张忧愁的脸庞，一双双期盼的眼睛，一道道未解的难题，黄沿钧始终牢记为民解难、为党分忧的职责使命，扑下身子、真心实意为群众解难事、办实事、做好事，架起了党和政府联系服务群众的"连心桥"。

平凉明发欧洲城项目部因拖欠农民工工资，引发百余名农民工持续到市政府集体上访。在处理过程中，该小区200余名购房业主闻讯要求退房。那些天，黄沿钧冒着零下18度的严寒天气，8次到工地和售楼部接访，在上访群众中听诉求、讲政策、做工作，督促开发商很快筹措4000余万元，兑付了11个劳务公司1000余名农民工的拖欠工资。平凉市绿捷出租车公司50多名驾驶员因经营权纠纷问题持续到市政

府上访。为了弄清事情原委，他多次往返于交通、运管部门和出租车公司查案情，深入驾驶员之间详细了解他们的诉求，给他们解释政策，疏导思想，奔波协调，按政策法规解决问题，维护了驾驶员的合法权益。平凉市崆峒区保丰安置区 30 多户居民上访反映停水问题，因附近农户不同意自来水管道铺设临时用地补偿方案，导致供水管道无法顺利铺设，他第一时间协调属地单位到达现场，主动到农户家中协商解决问题，当天晚上恢复了供水。

恪尽职守扬正气　弱势群体"护卫者"

黄沿钧常说要把上访群众当亲人、把信访事项当家事，把信访工作当事业，要有一身浩然正气为弱势群众排忧解难，做到件件有着落，事事有回音。

岁末年初是群众信访的多发期，黄沿钧总是坚守在信访接待大厅，一件一件地聆听群众诉求，协调处理他们的急难愁盼。对部分情绪激动的群众，他总是耐心细致地做好安抚工作，及时召集相关部门负责人现场联合接访，做到事不过夜、案无积卷。

几年前，40 余名四川彝族农民工，因劳务纠纷到市政府集体上访。他耐心倾听大家的诉求，连夜为他们协调解决问题，直到次日凌晨 2 点，看着用工企业将务工费发放到农民工手中，才拖着疲惫的身躯下班回家。2019 年春天，原城区工程队解除劳动关系人员武某生等 13 人到市政府集体上访，反映他们的养老保险长达五年未得到解决。他利用节假日和双休日对 13 人逐户进行了走访，了解他们家庭生活状况，及时汇报市上有关领导，并协调企业捐赠 30 万元，使问题在当年得到妥善解决。崆峒区白水镇"上访老户"赵某琴反映丈夫患病死亡，女儿车祸死亡，家庭生活极度困难，希望得到政府帮助。他受理后，当即送给她两套过冬棉衣，还自掏腰包给她 50 元路费。随后，他与赵某琴户籍地政府和有关部门衔接，为其落实临时救助 1000 元，办理了低保，安排了一份打扫街道卫生的工作，彻底解决了赵某琴生活无着落的难题。崆峒区北塬农民王某义反映孙子意外受伤纠纷问题，他 5 次家访慰问，到涉事单位了解案情，3 次联系召开协调会议协商，最终问题妥善解决，该案例在《人民信访》刊发。15 年来，他走访困难群众 305 户，帮助解决诉求 389 件，自费救助困难信访群众 165 人次。

廉洁从政守清贫　永不生锈"螺丝钉"

"耐不住清贫，守不住寂寞，就不配做信访干部。"黄沿钧同志是这么说的，也是这么做的。他严格遵守"八项规定"，清廉从政，清白做人，始终保持一身正气、两袖清风的清廉本色。

2020 年春节前夕，平凉振兴龙泽湾项目部四川包工头张某洋为尽快拿到木工班组务工费多次上访，因开发商资金困难无法按时支付，3 次邀请他吃饭被拒。2021 年元旦前，平凉市新生巷朝阳嘉苑项目部钢筋班组包工头王某强在上访期间承诺如果当天能拿到农民工工资，给其 10% 的辛苦费，被他严词拒绝。四十里铺镇 40 余名民间投资权益人因集资人死亡，企业临近破产，投资权益人找到黄沿钧，请求通过信访渠道解决他们的诉求，并送一箱酒和两条烟，黄沿钧拒收后释法明理，并对其进行了严肃批评教育。类似问题时有发生，但都被他一次一次拒收。因为身处接访一线，他要第一时间协调处理重要信访事项，无法正常下班，无法到医院陪护生病住院的家人，无法在瘫痪在床的老人床前尽孝，但他从没有怨言，一如既往坚守在岗位上，做好一颗永不生锈的"螺丝钉"。多年来，因工作需要，他先后担任信访事项复查复核办公室副主任、信访科科长、网信科科长，负责全市来信来访办理及市委、市政府信访大厅接待、网上信访工作和科室业务工作，模范践行"人民信访为人民"的工作要求，有力促进了信访工作科学规范有效开展，既收获了群众的好评，也得到了组织的肯定。

"落红不是无情物，化作春泥更护花。"正是黄沿钧同志这种甘做"老黄牛"的工作态度，为民办实事、做好事的工作作风，化解了万千矛盾，温暖了万户千家。

第二节　县（市、区）典型经验

一、信访工作典型经验

崆峒区持续深化改革破解信访难题

崆峒区信访局

崆峒区紧紧围绕服务改革发展稳定大局，找准突破口，打好主动仗，改革破难题，有力促进信访工作在数量上突破、质量上提升、机制上创新。

一、改革背景

近年来，随着崆峒区经济社会发展、利益结构格局调整及阶段性政策变动，各种深层次社会矛盾不断凸现，信访群众利益诉求范围不断拓宽，呈现多元高发态势。市委、市政府地处崆峒区，部分群众就近到市上访，拉高了全区越级上访量。征地拆迁、旧城改造、农民工讨薪、退役军人安置、医疗纠纷等问题引发集体上访趋势明显，过激行为时有发生。全区信访总量虽然逐年下降，人数不断减少，但仍呈高位运行态势。面对严峻信访形势，崆峒区深入贯彻习近平总书记关于加强和改进人民信访工作重要思想，认真落实诉访分离、逐级走访、简易办理等信访制度改革措施，以学习借鉴新时代"枫桥经验"为切入点，全面深化信访工作制度改革，压实信访工作责任，全力化解矛盾纠纷，打造崆峒信访新模式。

二、主要做法

（一）变"上访"为"下访"，打好问题化解"阵地战"

按照"属地管理、分级负责"的原则，采取"自下而上、上下结合"的方式，加强信访形势研判和矛盾纠纷排查化解。针对城市供暖、农民工工资、拆迁安置等涉及群众切身利益的信访问题，由县级领导牵头、相关部门协同，成立信访问题专案工作组，带案下访、登门家访，主动约见信访群众，认真分析问题症结，妥善化解突出问题，真正做到变"群众上访"为"干部下访"、变"被动受理"为"主动化解"，确保信访问题就地解决不上交。完善区、乡（镇）、村、社四级信访工作网络，及时受理和解决群众信访诉求，做到意愿"有人听"，诉求"有人应"。加快网上信访办理，做到第一时间查看受理、第一时间办结回复。督促有关单位和人员提前介入、全程负责、抓早抓小，有效提高信访问题化解率，及时消除苗头性、倾向性问题。2021年以来，成立信访问题专案调查组6个，开展带案下访64次，成功化解信访问题61件，网上信访受理率达100%，切实将问题线索掌握在基层、矛盾纠纷化解在基层、干群关系密切在基层。

（二）变"独立"为"联合"，打好积案销号"攻坚战"

紧盯信访积案化解攻坚，认真梳理久而不化、化而不久的信访"钉子案""骨头案"，成立多部门联合"参战"的信访问题化解队伍，逐事项建立工作台账，逐问题制定化解方案，明确责任主体、承办人员、办结时限，按照"三到位一处理"要求集中攻坚、逐一化解。对难以化解的疑难信访问题，采取召开信访联席会、多部门联合会办的方式，集思广益，群策群力，协力化解。同时，综合运用电话督办、实地督办、定期通报等方式，加大疑难信访问题的化解督办力度，对具备化解条件、化解政策、化解依据的信访问题，及时督促责任单位和责任人全力以赴抓好化解落实，并严肃追究因工作不力、裹步不前导致信访问题变大加温、矛盾激化升级的相关责任单位和人员责任。近年来，发放督办通知 53 次，化解疑难信访积案 15 件，攻克赴省进京上访案件 1 起，信访积案化解率达 82%。

（三）变"治标"为"治本"，打好秩序转变"持久战"

始终把访要减少、事要解决作为信访工作的落脚点，大力推行简易快办、分类化解、诉访分离、依法治访"四项机制"，提倡"源头防控"，少做"病发寻医"。对事实清楚、责任明确、争议不大、

▲2020 年 6 月 30 日，崆峒区信访联席办到区检察院家属院实地查看信访事项办理进展情况

易于解决的问题，涉及群众日常生产生活、时效性强的问题，最大限度地简化程序、缩短时限，快捷受理、快速办结；对诉求合理、无政策依据的问题，或者一时难以解决且信访人员生活确有困难的问题，采取先通过救济救助解决生活困难再寻求化解办法的方式进行解决；对涉法涉诉类信访问题，严格按照"先登记、再分流、后告知"的原则，告知信访人员到司法机关反映诉求，通过司法途径解决问题，引导群众从"信访"向"信法"转变；对无法确定责任单位的"无头案"，缺乏政策法律依据但信访人长期上访且生活困难的"钉子案"，特殊历史遗留问题引发的"骨头案"等，在查明问题症结的前提下，严格规范使用特殊疑难信访专项资金予以化解；对借上访之名寻衅滋事、制造影响、"以闹求决""以访牟利"等非法信访行为，依法进行打击，促进信访秩序的合理化、有序化、规范化。

（四）变"经验"为"制度"，打好机制完善"保障战"

全面落实中央和省、市深入推进信访工作制度改革和信访法治化建设决策部署，不断总结信访工作制度改革工作中的先进经验和优秀做法，相继出台了《崆峒区妥善处理处置非正常上访行为办法》《崆峒区信访工作责任追究实施细则》《崆峒区完善矛盾纠纷多元化解机制实施意见》等规范性文件，扎实做好信访基础业务规范建设、信访突出问题大排查大化解、"四个重点"信访矛盾化解攻坚、"最多访一次"等重点工作，积极开展"人民满意信访窗口"创建、"我在基层做信访"及"阳光信访"宣传月等活动，一批影响社会和谐稳定的矛盾纠纷和信访积案得到妥善化解，全区信访秩序井然，信访形势明显好转。2019 年以来，崆峒区共受理信访问题 206 件 627 人次，同上一年相比批次下降 46.9%，人次下降 39.5%，未发生赴省集体访和到北京非接待场所上访。

三、改革成效

（一）大信访工作格局更加稳固

区委、区政府不断加强对信访工作的领导，主要负责同志经常听取信访工作汇报，亲自阅批群众来信，亲自接案接访，主动带案下访。定期召开专题会议研究信访工作，协调解决信访工作中遇到的困难和问题。2021 年以来，区委、区政府领导阅批群众来信 9 件，5 次召开专题会议研究信访工作，县级领导接待上访群众 7 批 150 余人次，带案下访 3 次。健全完善了信访工作联席会议制度，充分发挥联席会议办公室统筹协调、牵头抓总作用，组织信访工作联席会议成员单位开展实地督查督办。各级党委（党组）都能把信访工作责任扛在肩上、抓在手上，落实到具体行动中，形成了工作合力，巩固了大信访工作格局，推动形成了信访问题共治局面。

（二）信访形势分析研判机制健全

信访形势分析研判、重要敏感信访信息通报、应急处置等制度健全，重要敏感节点安全维稳和接领

劝返工作预案完备，各项防范处置工作措施、人员力量到位，矛盾风险监测、研判、评估机制灵敏高效。严格实行重要节会和敏感时段信访值班和每日"零报告"制度，重大紧急信访信息报送和预警做到急事急报、特事特报、大事快报。

（三）矛盾纠纷排查化解不断深入

把源头和基层作为信访工作的着力点和工作重心，加强风险研判，强化源头治理，努力将矛盾纠纷化解在基层、化解在萌芽状态。至目前，全区已集中开展矛盾纠纷排查化解活动 3 次，梳理出各类信访问题 49 件，全部实行县级领导包案化解稳控，压实主体责任和领导责任，促进案结事了，确保苗头问题早消化、重点对象早转化、敏感问题早防范、矛盾纠纷早化解。截至目前，已结案 40 件，其余正在积极化解。

（四）重点信访问题妥善化解

始终坚持以信访积案"清仓见底"为目标，不断完善信访问题化解机制，严格落实"五包"责任，切实做到"三到位一处理"，最大限度减少信访存量。截至目前，国家、省信访局立案交办重点信访事项 4 件，已全部办结。市、区主要领导批示信访件 26 件，已办结 19 件。区信访联席办牵头协调化解重点信访事项 21 件，对 58 名重点人员落实稳控措施。规范使用专项资金 12 万元，彻底解决了 4 件特殊疑难信访个案。重点信访群体和人员得到了有效稳控，齐抓共管局面形成，信访存量稳步减少。

（五）信访工作制度改革持续推进

用法治思维明晰信访工作职责，用法治方式解决矛盾和问题，用法治意识引导群众表达诉求，把信访纳入法治化轨道，推动形成办事依法、遇事找法、解决问题用法、化解矛盾靠法的社会共识。扎实开展"阳光信访"宣传，积极引导群众通过网上信访的方式表达诉求，进一步提高广大群众对"网上信访"的知晓率和认可度，实现"数据多跑路、群众少跑腿"，努力把网上信访打造成"网上察民意、网下解民忧"的群众之家。综合运用法律、政策、经济、行政等多种手段和教育、调解、疏导等多种方法，引导 34 件涉法涉诉问题信访人到政法机关反映问题，引导 58 名越级信访人到有权处理机关反映问题，适用简易办理程序解决信访事项 14 件，运用网上信访信息系统转送、交办信访事项 423 件（次），及时受理率为 100%，按期办结 268 件，办结率为 98%。

（该文刊登于《甘肃改革》）

坚持四措并举　全面依法治访
中共华亭县委　华亭县人民政府

近年来，华亭县把推进信访法治化建设作为信访工作的努力方向，通过抓信访工作行为和群众信访行为"双向规范"，依法维护群众合法权益和信访秩序，取得了"四个改变"的工作效果，使全县信访形势保持了平稳可控的态势。主要做法有：

一、依法定责，改变"治标不治本"

依法明确责任、严格落实责任，是做好信访工作的基础。近年来，县委、县政府始终坚持把信访工作作为"和谐华亭"建设的重点来抓，强化责任担当，建立健全县委县政府主要领导为"第一召集人"、分管领导为"召集人"的信访工作联席会议制度，每季度召开 1 次专题会议，听取信访工作汇报，研究解决信访突出问题。坚持"法无授权不可为、法定职责必须为"，依法厘清信访部门与职能部门各自的法定职责，督促各乡（镇）、街道（社区）履行属地管理责任，各职能部门履行化解职责范围内信访问题的主体责任。县上制订出台了《华亭县信访工作五项制度》等文件，设立县政府信访事项复查复核委员会办公室并配齐编制、配备专职人员，建立情况通报、黄牌警告、"一票否决"、责任追究等制度，通过严把关口、绩效问责，推动责任落实和问题解决。县委主要领导亲自挂帅带头接访、包乡县级领导亲自督办、包案化解，全县各级各部门领导干部带案下访、上门回访，对群众反映的问题做到了随访随接、随接随办，有效扭转了一些乡（镇）和部门以往能堵就堵、能捂就捂、能压就压的现象，群众集体上访、越级上访和非正常上访数量大幅下降，全县信访工作实现了由"堵"向"疏"，由"被动"向"主动"，由"治标"向"治本"的根本转变。

二、依法治访，改变"信访不信法"

在乡（镇）推行信访、综治、司法、民调"四位一体"工作机制，实行乡（镇）、街道群众信访问题"导访"和"代理"制度，初访一律由责任单位直接办理，责任单位办不了的，由责任单位负责带领、引导群众到上级有关部门办理，形成了"你信访、我跑路"的工作机制。通过"代理"的过程，将属于司法机关受理范围的信访问题，引导信访人通过司法途径解决，对于普通信访事项则由信访部门转交有权处理单位办理，并监督问题的最终解决。近年来，推行代理制，使90%以上的初信初访在基层得到解决，避免了

▲2022 年 5 月 16 日，华亭市信访联席办到华亭市西华镇青林村现场协调督办信访事项

群众不按法定渠道反映诉求、多头上访等现象。及时制订出台《华亭县涉法涉诉信访改革实施意见》，全力支持司法机关工作，杜绝以行政手段推动信访工作的开展，避免了一封上访信、一个领导批示就随意受理启动法律程序的做法和"边打官司边上访""弃法转访""以访压法"等现象，将信访问题的解决回归到法治轨道上来，维护司法的权威。对华亭一中门面房、富迪传销、豫华劳务用工、成秤公司养老金接续等21件应当通过法定途径解决的信访事项积极引导其依照规定程序向有权管辖机关提出，有力维护了信访人的合法权益。同时，对7名涉法涉诉信访事项已经省市法院依法终结移交的信访人，建立教育、救助和稳控制度，以切实有效的工作促其息诉罢访。

三、依法引导，改变"信上不信下"

严格按照依法逐级走访"一办法一细则"规定，规范办信接访工作流程，依法按政策处理信访事项，引导群众依法逐级走访，通过引导信访人正确认识哪种上访行为合法、到什么地方上访合法、哪些上访行为不合法、违法信访将承担哪些责任，使群众的信访行为回归法治化、常态化。2016年以来，全县各级部门共发放《程序性受理告知书》169 份，对34 件不属于信访部门受理的信访事项给予了《不予受理告知书》。同时，依法开展信访听证、复查复核和三级终结报备，对多次进京非访的信访人胡某筹备召开了信访事项听证会，对赵某、张某、杨某等14 件信访事项依规进行了复查，将张某、杨某等2 项信访事项导入了"三级终结"程序，并报上级信访机关备案。全面推行网上信访制度，县、乡（镇）两级及重点职能部门全部接入甘肃省网上信访信息系统，确定专人规范操作运用，引导信访人到县信访接待大厅或乡镇便民服务中心集中接待，充分运用"信、访、网、电"四位一体的信访受理平台，为信访群众提供高效优质服务。对日常接访受理的一般信访问题，以分散转办方式，及时转责任乡镇和有权处理部门，在规定时间内负责及时办理并录入信访信息系统。对重点信访问题，采取集中交办的方式转交有关乡

（镇）、部门办理，推动各责任单位履行主体责任，促其在规定时限内，进行有效办理，书面答复信访人，办理结果上报信访部门。近年来，全县通过推行网上信访，提高信访事项办理质量和效率，及时妥善解决群众合理诉求，预防和减少了重信重访、缠访、闹访现象发生，促进了信访秩序好转。

四、依法处置，改变"以访牟利"

信访是群众维护自身合法权益的有效形式，但在信访过程中必须遵循法律规定。为此，县上注重强化信访法制宣传，在县电视台开设了《信访条例》宣传专栏，从信访制度改革、依法逐级走访、信访事项复查复核等方面进行了滚动宣传。积极组织编写《信访知识漫画（口袋书）》，采用漫画形式将《信访条例》用图文并茂、通俗易懂的方式展现给广大群众，使群众明白"非访"不是信访问题，而是违法行为。牢固树立运用法治思维和法治方式化解信访问题的理念，坚持"三到位一处理"原则，推动信访问题解决。健全综治、维稳、信访、公安协作配合的联动处理机制，出台《华亭县越级上访人员劝返工作办法》，建立非正常上访会商制度，打造"基层盯死、县内稳控、沿途劝导、在京劝返"四道防线，特别对堵门、堵路、堵工地，闹访、闹丧、闹医、闹学校、闹机关"三堵五闹"行为，由公安机关依法依规处置。对缠访、闹访、组织煽动上访的人员和进京非访的无理人员，由公安机关加强法制教育，通过思想上疏导、行为上规范，有效减少了违法上访现象。胡某在合理诉求，甚至一些无理要求都已解决的情况下，仍借部队"复员干部"身份，以索取更多经济利益为目的，2006年以来进京非访达17次。针对其进京非访违法行为，县公安机关依法对其给予了3次分别为期10天的行政拘留处罚。2014年"8·2"抬棺闹访事件涉及秦某（少数民族）等100多人，县公安机关果断依法处置，依法刑事拘留10人、行政拘留19人。县电视台于8月6日对该事件依法处置情况进行曝光后，一大批社会人士表示该事件依法处理到位，树立了司法权威。据统计，2014年以来，县公安机关依法行政拘留进京非访人员5人，依法训诫非访、缠访、闹访人员174人次，依法追究法律责任42人次，有力地维护了正常信访秩序。

（本文曾在全省信访工作制度改革暨网上信访工作平凉交流推进会召开时做书面交流）

"五变"助推信访改革

中共泾川县委　泾川县人民政府

近年来，泾川县因石油勘探开发、棚户区改造、招商引资和项目建设等工作深入推进，社会矛盾叠加，信访问题凸显。县委、县政府把做好新形势下群众信访工作摆上重要议事日程，着眼大局抓信访，紧盯重点破难题，积极推进信访工作制度改革，以"五变"求突破，依法及时就地解决信访问题，有效维护了改革发展稳定大局和人民群众合法权益。

一、变"小信访"为"大格局"

矛盾上交、信访重复、问题积累的主要原因是"小信访"意识依然存在，一些单位和部门片面地认为信访工作就是信访部门的事情，造成信访部门工作超职权、超负荷运转。为了扭转被动局面，县委、县政府积极健全信访工作网络，强化组织领导，靠实工作责任，着力构建"大信访"格局。一是加强组织领导。县上先后3次调整充实信访工作联席会议组成人员，县委、县政府主要领导积极担负"第一召集人"职责，分管领导认真履行"召集人"职责，其他县级领导承担起了"一岗双责"责任。各乡（镇）、各部门成立以党政"一把手"为组长的信访工作领导小组54个，坚持主要领导牵头抓总、分管领导直接负责、相关单位和人员具体落实，建立了立体化的责任体系。二是充实工作力量。按照省、市《关于进一步加强信访干部队伍建设的意见》要求，选好配强了县信访局领导班子，确定了乡（镇）、部门分管领导和专（兼）职信访干部。乡（镇）整合信访、综治、司法、民调等方面工作力量，完善了"四位一体"工作机制；县直大口部门至少配备 2 名专（兼）职信访干部，其他部门至少确定 1 名信访业务人员，真正做到了信访工作有人管、信访事项有人办。三是延伸工作触角。坚持"属地管理、分级负责，谁主管、谁负责"的工作原则，不断完善矛盾纠纷联合调处、"三调联动"和重点预防、定期排查、集中化解、包案调处、情况通报等制度机制，实现了乡（镇）、村（社）人民调解全覆盖，建立行业性调委会 12 个，配备信息员和调解员 1109 人。

二、变"传统办"为"网上转"

变封闭办理、单向回复的传统办理模式为便捷、高效、公开、透明的网上信访工作模式，是信访工作制度改革的首要工程。县上依托全省信访信息系统，将 14 个乡（镇）和 42 个重点部门接入系统，按照"网上流转、网下办理"的工作要求，将今年群众来信、来访、网上投诉等 138 件信访事项及时录入系统，纳入网上管理，公开接受监督，有效提高了信访事项办理的时效性和透明度。同时，把网民留言办理作为回应社会关切、做好群众信访工作的重要方式，严把"登记关、分析关、审核关"等三个关口，办理回复网民留言 817 件，办理回复率达到 99.7%。

三、变"粗放化"为"规范化"

工作不规范、粗放化是群众对基层信访工作最不满意的地方。为了改变这种现状，县上严格落实市信访局提出的"12 个规范"，完善细化办信、接访、网上投诉、督查督办等业务规则，全面推进信访工作规范化建设。一是以加强培训促规范。举办依法治访和信访工作规范化建设主题培训班 2 期，培训乡（镇）和县直部门分管领导及信访工作人员 185 人次。县信访局通过电话预约邀请、上门现场示范操作等方式，对乡（镇）和县直部门 108 名网上信访业务人员进行了一对一、面对面的培训指导，

▲2022 年 5 月 30 日，泾川县信访联席办到泾川县荔堡镇刘山村回访信访群众

提高了网上信访信息系统应用水平和网上信访事项办理质量。二是以明确职责促规范。信访部门负责程序性受理，承担转交办信访事项、协调处理、督查督办重要信访事项等职责；有权处理单位负责实体性受理，承担信访事项调查、制定化解措施、作出处理意见、书面答复信访人、落实处理结果等职责。三是以及时办理促规范。以网上流转和网下办理同步规范为重点，狠抓信访事项受理办理关键环节的规范，在工作中做到了"五及时、四到位、三不准、两确保、一必须"。"五及时"，即来信来访接待处理及时、重大信访事项报告及时、重要信访件阅批及时、向有权处理单位转交办及时、问题调查处理及时；"四到位"，即信访案件分析研究到位、工作责任落实到位、问题化解措施到位、处理结果落实到位；"三不准"，即信访案件不准积压、不准推诿扯皮、不准无故拖延；"两确保"，即确保"案结事了"、确保书面告知答复；"一必须"，即信访事项受理办理各种书面文书必须严格履行送达签收手续。四是以分类处理促规范。按照"分类处理、依法分流"的原则，对涉法涉诉信访案件严格甄别把关，对不应受理的信访事项，坚持做到不介入、不插手，对 5 件已经省高院依法终结和 8 件应当通过法定途径解决的信访问题，信访部门在解释疏导的基础上，向信访人出具《不予受理告知书》，引导信访人依法向司法机关提起诉讼，通过法定渠道解决。

四、变"单打一"为"聚合力"

通过变"单一部门调查、单一力量化解、单一方式解决"为"多部门联合调查、多方面集中化解、多举措推动解决",有效推动了信访问题的及时就地解决。一是领导接访聚合力。结合开展党的群众路线教育实践活动和"三严三实"专题教育,坚持县级领导带头、全县科级干部全部参与,以接访、下访、约访和包案为抓手,深入开展领导干部接访下访活动,搭建了解决问题、化解矛盾、联系群众、促进和谐的平台。2015年以来,县级领导按照"一岗双责"要求,开展接访下访64次,调处化解矛盾纠纷57件;乡(镇)、部门领导开展接访373批(次),化解各类矛盾纠纷和信访问题500余件。二是包案督办化积案。2015年,对排查梳理的37件信访积案,由县委、县政府主要领导亲自把关,安排由14名县级领导包案督办,建立工作台账,实行挂牌督办、逐案销号。23个乡(镇)和部门主要负责人主动承担化解信访问题的主体责任,全力解决问题,使县级领导包案案件全部化解到位。三是联合接访解难题。积极整合行政资源,对政策性、法规性、专业性强和涉及面广、成因复杂、矛盾交织的重大信访问题,实行多部门互动、联合接访调处,先后组织人社、住建、工信、卫生等15个部门开展联合接访9次,化解征地拆迁、拖欠农民工工资、棚户区改造、医患纠纷等重点领域的重大信访问题23件(次)。四是绩效问责增实效。县上采取分片包干、责任到人的方式,建立健全县级领导和信访部门领导定点联系、包片抓办的工作机制,经常性开展重点信访问题化解的协调指导和督查督办。对因工作不主动、不及时、不到位引发信访问题的单位,严格按照绩效问责"五项制度"规定进行问责处理,形成了及时就地解决信访问题的倒逼机制。

五、变"软措施"为"硬手段"

对进京非正常上访、缠访、闹访和违法上访人员,由原来疏导教育的"软措施"向依法处置的"硬手段"转变。严格按照公安部《关于公安机关处置信访活动中违法犯罪行为适用法律的指导意见》,建立综治部门牵头,公安、维稳、信访、责任单位协调联动的依法处理信访问题机制,由公安机关先后对上访老户刘某等4名进京非访人员依法进行多次训诫,对徐某等5名违法上访人员进行了行政拘留,及时打消了一些上访人"以访牟利、以闹求决"的不良倾向,使全县信访秩序明显好转。

(该文收录于2015年《平凉市信访工作材料及文件选编》)

立足稳定抓信访 抓好信访促经济

中共灵台县委 灵台县人民政府

党的十三届六中全会以后,特别是近年来,我们紧紧围绕"改革、发展、稳定"这一主题,在集中精力抓好经济建设的同时,始终坚持把信访工作作为维护社会稳定,密切党群、干群关系,促进全县经济发展的大事,不断地加强领导、改进作风、强化责任、夯实基础、加大力度、狠抓落实,取得了明显成效。目前,全县信访工作初步形成了网络制度健全,上下渠道畅通,运作程序规范,层层齐抓共管的良好局面。

近五年,全县共受理群众来信来访18960件(次),其中县信访室受理491件(次),立案113件,来信来访领导阅批率、一次办结率、立案案件结案率、信访老户终止率、各种案件按期办结率均达到100%。同1990年相比,全县信访总量下降了55.4%,重信重访量下降了50%,越级上访量下降了28.6%,无理上访量下降了64.8%,无来信来访的乡镇占比上升了12.6%,建设性来信来访上升了12.9%。全县连续九年无赴地、赴省、赴京集体上访,先后多次被省、地评为"信访工作先进集体",县信访室主任王仁贵同志 1995 年被中办、国办树立为全国信访系统先进工作者，1996 年被地委、行政公署和县委、县政府分别授予全区、全县"十佳文明公仆"，1997 年又被省政府树立为全省"十佳公务员"。信访工作的加强，进一步密切了党群、干群关系，维护了全县社会政治稳定，保证和促进了改革开放和经济建设的顺利进行。我们的主要做法是"六抓六促六到位"。

一、抓领导，促工作职责到位

实践使我们深刻地认识到，抓任何工作，干任何事情，能否真正取得实效，关键在认识、在领导职责是否履行到位。特别是作为被人们普遍认为最淘神、最难搞、处于党群、干群矛盾尖锐点上的基层信访工作更是如此。对此，历届县委、县政府始终坚持"信访工作无小事"的信条，树立了"抓经济不抓稳定不行，抓稳定不抓信访工作不行"的思想，把信访工作作为倾听群众呼声、为民排忧解难、了解社情民意、接受群众监督、密切党群干群关系、实现对经济工作有效领导的重要信息渠道和工作手段，列入各级党委、政府的重要议事日程和各级领导的职责范围，坚持领导抓、抓领导，促落实、求实效，推动全县信访工作不断上台阶、上水平。

一是明确了工作思路。为了使全县信访工作更好地适应改革、发展和稳定的大局，在两个文明建设中发挥更为有效的作用，我们在调查研究的基础上，结合县情实际，总结提出：信访工作必须坚持群众观点，必须与思想政治工作结合，与加强党风廉政建设结合，与改进工作方法结合，必须为维护稳定服务，为民主决策服务，为经济建设服务，即必须做到"一个坚持、三个结合、三个服务"，从而使全县上下抓信访工作的思路进一步清晰。

二是纳入了全县重点工作计划。从 1990 年起，历届县委、县政府都坚持把信访工作放在与经济工作同等重要的位置，每年都要纳入全县整体工作计划，真正做到了与经济工作同部署、同安排、同研究、同检查、同考核。1998 年在制定全县"98"计划、《党建工作手册》和党建工作计划表时，共列入重点和突破性信访工作六项，常规性工作二十四项，并且项项有目标，有要求。1998 年初召开的三干会、党代会和政治工作会都有信访工作内容。

三是全面落实了领导责任制。要求信访工作由各级、各部门、各单位一把手负总责、亲自抓，分管领导具体抓，其他领导配合抓，并把信访工作的好坏作为考核各级、各部门领导干部政绩的重要内容之一，逐级签订责任书，实行目标管理，使全县信访工作级级有人抓，层层有人管，形成了一级对一级负责，上下齐抓共管的局面。

四是建立健全了检查考核机制。县上坚持每年召开一次全县信访工作会议，结合工作总结和部署安排，考核兑现责任书。对责任书完成好、考核优秀和良好的乡镇班子进行奖励，对责任书完成较差、考核达不到目标要求的乡镇和部门通报批评或出示黄牌警告；每半年开展一次全县信访工作大检查，督促指导并通报评比信访工作落实情况；每季度召开一次信访工作领导小组会，对群众来信来访进行综合分析，研究解决一些相互扯皮的老大难问题。

五是建立并坚持了领导批阅来信、接待来访、亲自处理信访案件制度。县上坚持把每月的初一、十一、二十一定为群众来信来访接待日，由县委常委和政府各县长轮流值班，亲自接待群众来信来访，进行现场办公，解决反映的具体问题。五年来，仅县委、县政府领导接待和受理群众来信来访 442 件（次），其中县委书记、县长亲自受理 354 件（次）。历任县委书记李铁成、陈全福、何兴荣同志都十分重视信访工作。现任书记张立新同志对信访工作更是高看一层，来灵台仅两年时间，就亲自受理群众来信来访 126 件（次），凡群众写给他的信，他都及时做出详细认真的批示，并经常过问，协调处理解决一些具体问题。对落实难度较大的问题，及时召开有关会议研究协调，当场拍板定案，并责成有关部门，限期落实，回复结果。对一些关系群众生产生活的重大问题，常常亲自出马，下访实情，慎重解决。县长杨成堂同志对信访工作更是常抓不懈，来灵台不到一年时间，就受理群众来信来访43件（次），并通过信访渠道为群众解决了一些困难，办了一些实事。在书记、县长的带动下，县委、县政府分管领导坚持以身作则，发挥表率作用，抓信访工作做到了"五个亲自"：牵涉面大的问题，亲自处理；顶拖不办的问题，亲自处理；疑难问题，亲自处理；影响大的问题，亲自处理；资金困难的问题，亲自处理。与此同时，各乡镇、各部门也都建立了"一把手"亲自抓信访、班子定期研究信访工作的制度，主要领导及分管领导坚持经常深入基层、深入实际，了解社情民意，倾听群众呼声，协调解决各类矛盾和问题，把不稳定因素消灭在萌芽状态，把矛盾化解在基层。

二、抓法制，促依法治访到位

为了正确引导群众依法依规反映问题，提供建议，教育干部正确受理群众来信来访，我们以落实《信访条例》为重点，突出抓了依法治访工作。

▲2022年5月11日，灵台县信访局开展《信访工作条例》进社区宣传活动

一是加强对《信访条例》等信访法规的宣传学习，提高干部群众依法上访、依法受访的自觉性。国务院《信访条例》颁布实施以后，我们及时翻印2000册，发到各乡村和部门，并印刷张贴《甘肃省人民群众逐级上访暂行办法》《平凉地区人民群众逐级上访接待处理实施细则》各2000多张。同时，录制信访专题片6盘，在县广播电台、电视台进行反复宣传，引导群众正确行使自己的民主权利。各乡镇、各部门也充分利用一切宣传阵地和宣传媒介，组织开展了各种形式的专题宣传。共发放宣传材料2801份，张贴大小标语1357条，广播宣讲201次，办板报96期，专栏184期，集日现场咨询180场（次）。经过广泛宣传教育，广大群众的信访法制意识明显增强，依照《条例》履行义务和维护自身合法权益的自觉性不断提高，遇事找法、逐级反映已逐渐成为群众的自觉行动，各级领导干部和信访部门依法处理信访问题的水平也有了很大提高。

二是积极探索依法治访工作的新途径。为了使信访工作和法制工作紧密结合，提高依法治访水平。我们要求，凡设法律事务所的乡镇，信访室与法律事务所合署办公，没有法律事务所的乡镇，由信访、组织、司法、民政、土管、计生、青年、妇女干事组成联合办公室，依法处理信访问题。从而保证了信访工作在基层合规合法地开展。

三是抓典型，促落实。根据《信访条例》的贯彻情况，及时总结推广了邵寨乡依法治访的先进典型经验，下发了《邵寨乡群众逐级上访试点经验》材料，要求各乡镇学习借鉴。对造成越级上访的乡镇和单位，及时通报批评，并采取向下发《越级上访通知单》的办法，限期处理并上报结果。同时完善和修订了一系列规范信访程序的规章制度，要求并坚持填写《群众逐级上访处理意见卡》，推动依法治访工作顺利开展。随着依法治访工作的加强，全县各级信访渠道更加畅通，出现了"三无四降两上升"的良好局面。全县目前无上访老户，无积案，无集体上访；与1990年相比，信访总量下降，重信重访量下降，越级上访量下降，要求解决个人问题的来信来访量下降；从全局利益出发出主意、想办法、提建议的来信来访上升，案件办结率上升。涌现了"四无"乡镇 13 个，行政村 196 个，县直部门 62 个，科级事业单位 9 个，分别占总数的 81%、86%、96.8%、80%。

三、抓基层，促基础工作到位

基层是信访问题的矛盾集中点，也是信访工作第一道防线。因此，我们始终把工作的着力点放在基层，以网络建设为突破口，狠抓各项基础工作，从而保证了全县信访工作"小事不出村，一般事不出乡，大事不出县"。

首先，建立健全了信访网络，形成层层有人抓的工作格局。全县 16 个乡镇全部成立了信访工作领导小组，下设信访办公室。县委发文任命了信访办公室主任，组织部、劳动人事局选派了信访干事；对 227 个村的信访民调委员会每年进行一次调整、充实和整顿，1456 个合作社，每个社都确定了信调员；县直部门成立信访领导小组 64 个，确定分管领导 64 名，兼职信访干部 58 名；部分企事业单位也调整充实了信访组织。实现了领导、机构、人员、制度、工作、信息"六落实"，形成了以县委、县政府信访办为中心，上接地区，下连乡村，横联部门、企事业单位，相互联系，上下贯通，反映迅速的信访工作网络。

其次，完善规章制度，规范信访工作程序。针对长期以来群众上访的"无序性"、基层信访工作的"不定性"、处理信访问题的"随意性"和领导认识的"起伏性"，我们结合贯彻《信访条例》，通过探索和总结，共制定了三方面十三项工作制度，即《信访工作制度》《信访工作任务》《群众逐级上访制度》《信访工作例会制度》《领导包干承办信访制度》《分管领导及信访领导小组成员职责》《信访干部职责》《信访档案专项记载管理制度》《村规民约》《信访调解委员会工作规则》《信访民调工作任务》《村民逐级上访制度》《灵台县基层信访工作暂行办法》。各乡村党政组织还结合本地实际制定了相应的信访规则，做到了督促有依据，考核有尺度，检查有指标，评比有标准。

最后，强化培训，努力提高信访工作人员的业务素质。一是"借台唱戏"。每年利用全县举办的党务、纪检、文秘人员学习班，对乡镇党委副书记和文书讲解信访知识、接待办法和处理来信来访案件程序等。二是以会代训。利用县党校举办农村党员干部培训班和召开其他会议之机，举办信访工作基础知识讲座。三是通过信访部门检查督促、巡回指导办案的办法，帮助提高基层信访干部的办案能力。四是定期不定期召开信访干部会议，组织学习文件，传达会议精神，总结交流经验。全县各级仅 1997 年，就举办各类信访、调解、治保培训班 286 场（次），参与培训人员 13156 名，从而使全县信访干部整体素质有了较大提高，有力地推动了全县信访工作的健康发展。

四、抓案件，促查处落实到位

我们始终坚持把认真查处各类信访案件和协调处理好每一个信访问题作为密切党群、干群关系，树立党和政府在群众中良好形象的关键措施和信访工作的核心任务来抓。近五年时间共受理群众各类来信来访 491 件（次），协调查处率达到了 67% 以上，连续多年在全市处于较好位次。

一是高度重视，认真对待并协调查处每一个信访问题。对群众的来信来访，不论是大事还是小事，是公事还是私事，是合理的还是不合理的，我们都要求信访部门详细登记，认真查办，当时能够答复的，决不推到第二天，一时解决不了的，限时给予答复，并及时通报结果。对领导批办的信访案件，普遍实行回复制度。尤其是对群众反映的生产生活问题，只要要求合理，都要想方设法，及时圆满落实，使群众感到满意。不合理的，也要说明原因。对枉状告人的，及时批评教育，维护了信访工作的公正性和严肃性。做到了有信必查，来访必接，件件有着落，事事有回音。

二是突出难点，妥善解决上访老户问题。上访老户所反映的问题一般都比较棘手，好多问题都是久拖难决和决而难果的，尽管数量不多，但影响较大，只有把这些问题查办好，才能从根本上减少重复上访和越级上访。为此，我们对全县信访老户进行了调查摸底，根据问题难易程度，逐一排队，采取召开有县委、县政府领导亲自参与的各种联席会、协调会和与上访老户个别谈话等办法，坚持感情投入、思想教育与解决问题相结合，一户一户地"啃硬骨头"，打"攻坚战"，灵活变通，妥善处理。经过上上下下的不懈努力，最终使梁某某、王某等8个上访难缠户的问题全部得到解决，8个人全部停诉息访罢诉。

三是超前工作，及时化解集体上访。一方面，充分发挥基层信访网络的监控作用，对群众集体上访的苗头性问题，坚持早发现、早分析，做到人动我知、超前防范，把矛盾消除化解在萌芽状态；另一方面，对已经发生的群众集体上访，由领导亲自出面，做解释，做思想政治工作，稳定情绪，并当场召开会议研究，果断处理，做到领导到场、政策到位、工作到家，把问题解决在基层，把上访群众稳定在当地，防止事态扩大和越级上访。1995年4月，县石沟煤矿因矿井1125水平以下的资源枯竭，服务年限到位，而创办的后续项目又无着落，下马工期将近，职工担心企业下马后就业安置问题落实不好，怕找不到生活出路，人心很不稳定，部分职工情绪激动，想法偏激，选派代表来县上访，并缠闹矿长，要求立即解决返乡费、医疗费、伤残人员安置费偏低等问题，一起集体上访发生在即。县上知晓此情后，立即组织四大家领导深入矿区，调查了解，做思想政治工作，并及时召开了联席会议，依据有关政策规定，很快拿出了处理意见：由石沟煤矿筹资96.6万元，解决236名职工待遇偏低等问题。从而使这一起苗头性集体上访问题及时得到化解，维护了正常的撤矿秩序。这一问题的解决使我们进一步认识到，解决群众集体上访必须胆大心细，心诚意切，既要相信群众，理解群众，又要按政策规定行事，依据具体事实灵活处理，只有这样，才能减少集体上访。

四是关心群众疾苦，倾听群众呼声，认真解决事关群众贴身利益的具体困难和问题。自1996年以来，全县通过信访渠道共为群众解决具体困难186件，协调落实各种资金达26万元；解决处理群众反映的重大"热点"问题89个。1997年，中台、梁原两乡镇部分回族群众写信反映回民地区有关经济发展、科技教育、支柱产业等方面的问题，我们及时调查研究，并以县委名义制定下发了《关于鼓励支持少数民族地区发展经济的若干政策规定》，对推动少数民族地区经济发展起到了较好的作用。

五、抓保障，促投入支持到位

信访部门是县委、县政府抓全县信访工作的职能部门，信访工作听人诉苦，替人挨骂，虽则淘气劳神，但关系重大；信访干部为群众解难，为领导分忧，工作光荣而艰苦。因此，县委、县政府对信访部门和信访干部总是高看一眼，厚爱一份。除在工作上支持、政治上培养、生活上关心外，在县财政十分困难的情况下，突出加强了投入上的支持，为信访部门创造了较为宽松的工作环境，使信访部门的同志有职、有权、有钱，较好地保证了信访工作的顺利开展。近年来，我们先后给县信访室安装了程控电话；划拨专款3万元，维修了办公设施，批准创办了《灵台信访工作简报》；落实了工作人员每月40元岗位津贴；解决信访宣传经费15000元。凡信访室用车，两办都及时给予落实。同时，县委、县政府还授予信访室交办权、督办权、协调权、通报权、追究责任提名权等十一项职权。为了提高信访部门的工作效能，在信访干部的选配方面，我们坚持从严要求，坚持标准，认真培养筛选。明确要求，信访干部既要年富力强，又要有较高的政策水平、较高的文化素质、较强的工作责任心、较丰富的群众工作经验。按以上要求为信访部门选配了一名副主任、一名副科级信访员和一名文书。现有的四名工作人员，大专和高中文化程度的各2名，30岁以下的2名，30岁至50岁以上的2名，文化程度和年龄结构基本合理，从而使信访办的力量得到了进一步加强，有力地促进了全县信访工作顺利开展。

六、抓信息，促服务功能到位

向领导及领导机关提供高质量的信访信息服务是新形势和新任务向信访工作提出的新要求。对此，我们十分重视，中办、国办、国家信访局《信访信息工作暂行办法》下发后，县委、县政府及时把信息工作纳入了信访工作责任考核范围，并由县委、县政府信访办负责，建立了县乡信访信息网络，制定了信访信息逐级报告、联系、通报、保密、检查制度，全县共建立乡镇信访信息联系点 16 个，县直部门信访信息联系点 32 个，聘任专兼职信息员 48 名，从而保证了信访信息工作的正常运转。自信息工作开展以来，全县各级通过信息渠道向县委、县政府提供了大量反映信访重点、难点、热点问题和群众意见、建议、要求的信息，为领导了解情况、科学决策和指导工作提供了较好的服务。1996 年以来，全县共收集整理编发信访信息 256 条，其中地、县采用 178 条，上报量和采用率均在全区处于较好位次。县信访室精心筛选加工编印《灵台信访简报》《信访情况反映》86 期，精选呈阅要信摘登 296 件，综合分析 28 篇，专题报告 76 篇，实现了数量和质量的双增长。对群众反映上来的好建议、好做法、好经验，县委、县政府总是虚心听取，合理的积极采纳推广。一名"整村推进"干部从基层一线就乡镇烤烟生产、经销向县委、县政府写信提了几点建议。县委、县政府主要领导非常重视，及时带领有关部门负责人深入 12 个乡镇 24 个村 600 多个农户进行现场查访座谈，实地勘查分析论证，最后研究制定了四条种植及管理措施，以《灵台工作简报》印发各乡镇，推动了全县烤烟生产的健康发展。一名民主人士给县委主要领导来信，就土地管理、增收节支、计划生育、住房改革诸方面的问题提了一些建设性的意见，县委领导及时会同有关部门交换了意见，对合理性建议责成有关部门限期落实。民主人士见自己的建议发挥了效应，感慨地说"共产党和民主党派真诚相见，肝胆相照，国将大兴也"。县委、县政府对信访信息的重视，激发了群众进言献策的积极性，群众更乐意说心里话，昔日来信来访中枉状告人、无理要求者减少了 50%，建设性的意见增长了 40%。

（该文系 1998 年 9 月"全省基层信访工作会议"典型经验交流材料）

"一厅联五网"零距离为民解难

崇信县信访局

"没想到我这次在移动接访现场反映的问题，一个星期就解决了，这样的处理结果真让我心服口服。" 2022 年 8 月，崇信县锦屏镇关村村群众李会明在移动接访现场反映，关村村辖区内原有灌溉渠被遗弃，七八年过去了，每逢雨季山水和路面积水汇聚，时常会冲毁渠道，导致路面以下的 10 多亩庄稼地多次被淹，10 多户群众切身利益连年受损。

"这类信访案件相对比较复杂，牵扯部门多，相关各部门间工作不好协调，有些部门也不够重视。" 崇信县信访局干部李自强说。

县委书记、县信访工作联席会议召集人得知此事后，随即带领水务、交通、公路、民政、信访、锦屏镇等部门、乡镇负责人到现场勘察，并在关村村委会组织召开专题联席会，督办解决群众信访诉求，一周后，冲毁的渠道被修复了，切实维护了群众利益。

这只是崇信县信访工作联席会议机制运行以来，协调解决群众困难问题的一个缩影。

今年以来，崇信县积极践行新时代"枫桥经验"，不断深化信访工作联席会议机制作用，强化信访源头治理，在县乡村三级设立移动接访厅，联合平安法治乡村治理网格、城市社区单元网格、新时代文明

▲2021年3月23日，崇信县信访局到西街社区现场调解物业服务信访问题

实践中心网格、社会治安综合治理网格、巩固脱贫攻坚成果与乡村振兴有效衔接责任制网格，大力开展"行万里路、进万家门、解万件事"移动接访活动，实现了县、乡、村三级联动，走出了一条崇信版"枫桥经验"为民服务之路。

"一厅联五网"机制一经推出便受到群众热烈欢迎。截至目前，全县79个行政村及城市社区开展移动接访活动1750场（次），集中商议群体问题53件，为民代访3300余件，提交乡（镇）、社区办理2800余件，充分发挥了基层网格的功能作用，把矛盾化解在早、化解在小、化解在基层，让基层成为信访的终点站、问题的终结地。

"在移动接访厅机制运行中，崇信县始终坚持'重点工作推进到哪里，服务保障跟进到哪里'的原则，全力打通服务群众的'神经末梢'。"县信访工作联席会议办公室主任文诚勇说。

"这猪棚实在太小了，刚出生的猪仔经常会被大猪压死，再不搞扩建，我这损失可就大了，审批手续到底什么时候才能下来。"柏树镇张湾村村民田虎仁急得嘴上起了一圈水泡，无奈之下到镇政府反映，寻求帮助。

接此信访反映后，柏树镇信访工作联席会议办公室立即安排镇村两级工作人员现场核查，确认田虎仁反映的问题属实，将有关情况立即提交县信访工作联席会议办公室。为了快速有效解决该信访问题，县信访工作联席会议办公室召集多方人员共同参加，采用集体会商的办法，现场分析研判，随后，县、乡、村三级联合相关部门上门服务，就地帮他解决了问题。

2022年以来，崇信县突出信访源头治理，把村、社区作为打通服务群众"最后一公里"的主阵地，不断创新信访服务渠道，从实际出发，不断涌现出"小区议事厅""五老说事""红苹果手环"等社会治理新模式，以村、社区为单元，主动收集群众意见建议和困难问题，就地解决群众问题，快速回应群众所需，变"群众跑"为"干部跑"，把服务群众"最后一公里"变为服务群众"零距离"。

（该文刊登于2022年11月11日《甘肃经济日报》）

活动搭平台　真情解民忧
——庄浪县干部带案"下访"解决突出信访问题
庄浪县信访局

庄浪县在党的群众路线教育实践活动中，把认真解决信访问题、有效化解社会矛盾作为着力点，动员和组织各级干部深入基层一线，集中解决群众信访反映的问题，先后受理各类信访问题240件，当场解决210件，协调解决30件，赢得了广大群众的好评，全县信访形势呈现出了"五下降一提高"（信访总量、来县集体上访量、来县重复上访量、进京非正常上访量、到市赴省越级上访量下降，群众满意度提高）的良好势头。

一、深入基层察民情，带案下访赢民心

全体县级领导干部率先垂范，深入各自联系点，采取看现场、搞座谈、深谈心、结对子等方式，主动上门解决群众反映的矛盾纠纷和热点难点问题，共下访 70 多次，接待来访群众 210 多人次，解决信访问题 65 件，为活动的开展带好了头、树立了标杆。各乡镇、各单位按照"横向到边、纵向到底，全覆盖、无疏漏"的要求，对信访积案、不稳定因素和各种可能引发信访的苗头性、倾向性问题，进行全方位、拉网式排查，特别是对有信访倾向的人员和赴省进京上访的重点对象，逐人建立台账，做到了情况清、底子明。

二、制定办法畅渠道，现场接访转作风

制定《庄浪县领导干部接待群众来访办法》，对群众反映的热点难点问题，由县级领导和乡镇、部门主要领导采取现场接访、预约接访、联合接访和带案下访等方式，公开日期接待群众来访，做到了有访必接、有问必答、有难必解。各乡镇、各单位负责同志在解决信访问题上严格做到了"六个亲自、六个不能"，即对上访群众亲自接待、当面答复，对反映问题能当场解决的当场解决，不能当场解决的说明情况、限期解决，绝不推给副职；对县上交办的信访积案和信件，亲自研究解决方案，绝不"一转了之"或"压着不办"；亲自带队排查化解矛盾纠纷和不稳定因素，绝不推诿积压；对突发的重大信访问题，及时深入现场亲自协调解决，并以正式文件上报县委办、政府办、政法委和信访局，绝不瞒报迟报；对信访群众的不合理诉求和偏激行为，亲自做好说服教育和稳控工作，绝不激化矛盾；对群众的来访亲自登记接访过程和处理情况，绝不推给工作人员。

三、领导包案重督办，健全机制化积案

县上对摸排掌握的 16 件重点信访案件，按照县级领导分管工作和所包乡镇全部实行领导包案督办。对一些疑难信访积案和"下访"中遇到的一些当场解决不了的重大信访案件，县上多次召开信访联席会议和案件调度会，研究解决方案，强化工作措施，靠实工作责任，使信访积案得到有效解决。一是严格实行"五定"责任制，确定责任单位、责任领导、责任人、责任要求和办结时限，并立卷建档；二是建立跟踪问效机制，由信访联席会议领导小组负责，对"五定"责任制落实情况进行跟踪问效，做到责任不落实不放过，责任领导、责任人和信访人不见面不放过，信访问题不解决不放过；三是建立工作汇报制度，定期或不定期召开责任单位领导汇报会，了解掌握信访案件落实进度，促进问题解决；四是实行责任考评，把领导包案责任落实情况作为责任单位及领导年度绩效考评的重要内容，作为领导述职和评先选优的重要内容，促进了解决信访问题的经常化、制度化和规范化。通过领导包案督办，目前 16 件重点信访案件全部得到妥善化解。

四、情系群众听呼声，分类化求实效

各级干部在带案下访过程中坚持情系群众，面对面倾听群众诉求，耐心细致地为群众解释有关政策法规，站在群众的角度换位思考，按照"四个一批"的原则认真办信接访。即对群众反映的合情、合理、合法应该解决而且能够解决的，当场解决一批；对一些合情但不合理或政策不允许的，宣传政

▲2022 年 9 月 29 日，庄浪县信访局在南湖镇汪家村开展"行万里路、进万家门、解万家事"巡回接访活动

策，讲清道理，解释疏导一批；对一些涉及政策性的问题，如土地征用、社会保障等，带回来研究一批；对一些无理上访户，给予明确定性，进行严肃的批评教育，使之息诉罢访一批。通过干部下访、分类化

解，既有效预防了一些小矛盾积成大事端、小问题托成大上访、民事案件转化为刑事案件的发生，又实打实解决了一些群众的实际困难和问题。

（该文刊登于 2014 年 7 月第 13 期省信访联席会议办公室《简报》）

静宁县"四抓四增强"化解信访积案

静宁县信访局

"治重化积"专项工作开展以来，静宁县坚决贯彻中央和省、市部署要求，结合县域实际，科学谋划，周密部署，精心组织，坚持"四抓四增强"，落实各项工作任务，信访积案化解取得明显成效。

一、突出"早"字抓部署，增强积案化解工作的主动性

县上将积案化解作为信访工作的重点，加大信访工作责任目标管理考核分值，突出积案化解工作重要性，县委主要领导与各乡（镇）、县直及省市驻静各单位签订信访工作目标管理责任书，层层压实压牢工作责任。结合实际制定治理重复信访化解信访积案专项工作方案，召开专题会议进行安排部署，提出工作要求，全县各乡镇、各部门结合各自工作实际，研究制定工作方案，召开不同层次会议传达会议精神，安排部署本单位积案化解工作，有力保障了积案化解工作顺利推进。2022 年以来，先后 3 次召开信访积案工作推进会议，4 次召开重点信访问题调度会，逐案分析研究，精准施策化解。截至目前，上级交办的第一批信访积案，已实现化解清零目标，第三批信访积案正在有序推进化解。

二、突出"细"字抓梳理，增强积案化解工作的针对性

摸清底子是搞好积案化解工作的前提和基础。在化解积案前，对近年来土地征用、城镇拆迁、企业改制、拖欠工资、劳动社保、医患纠纷、涉法涉诉等方面的信访问题，坚持"信访问题不查清不放过、问题不解决不放过、信访人不息诉罢访不放过、群众不满意不放过"的原则，全面进行"回头看"，对各类未办结、案结事未了和重复投诉的信访问题进行认真梳理，梳理的信访积案分门别类建立积案台账，进一步逐案甄别、分析根源、查找症结，做到统一安排部署，统一建立台账，统一办理标准，统一检查考评，为彻底化解信访问题奠定基础。

三、突出"实"字抓化解，增强积案化解工作的实效性

▲2022 年 2 月 17 日，静宁县信访局在阿阳产投公司接待南关商贸城信访群众

始终把化解矛盾、解决问题、维护稳定作为检验积案化解成效的标尺，坚持分类梳理、分层化解，在全县上下形成了整体联动化解信访积案的工作格局。对上级交办和摸排梳理的信访积案，全部实行县级领导包案，督促责任单位严格履行一把手职责，因案施策，一案一策，集中精力化解问题，确保专项治理工作有进展，问题有突破。在化解信访积案过程中，坚持做到：沟通过程"宜细不宜粗"，以宣讲政策、说服教育为主，防止简单粗暴；对待历史遗留问题"宜活不宜死"，本着实事求是的原则，坚持原则性与灵活性相结合；对待信访老户"宜化不宜激"，摸准情况，吃透政策，全面疏导。特别对

情理之中、法度之外的事情给予人性关怀，用真情感化，用真心帮助，赢得信任，化解积怨。同时，对个别特殊疑难信访问题，另辟蹊径，多角度、多渠道开拓路子，以案结事了、息诉罢访为目标，不留后患、彻底解决信访积案。如田某反映其叔父无法享受退伍补助的"三跨三分离"信访事项、米某反映镇政府拖欠工程款和王某反映县城棚户区改造方面问题等一大批"骨头案"和"钉子案"得到了妥善化解，受到了信访群众的一致好评。

四、突出"严"字抓督查，增强积案化解工作的长效性

建立积案化解工作定期督查通报制度，对各类信访积案，在明确包案领导、责任单位和责任人的基础上，严格落实跟踪问效、定期督办、定期通报、定期检查等制度，确保积案化解工作取得实实在在的效果。县信联办成立4个督查组，先后5次深入责任单位指导、督促开展专项治理工作，每季度对各单位积案化解情况进行专项督查，及时通报工作中存在的突出问题。同时，3次组织培训积案承办单位信访专兼职干部，对规范办理积案业务进行强化。对上报的结案材料，安排专人审核，结案要件不齐全的，退回责任单位重新办理，直至要件齐全，材料规范，保证了办理质量，使积案化解工作逐步走上了规范化轨道。

（该文刊登于2022年2月第1期《甘肃信访》杂志）

表 4-1-2　县（市、区）部分典型经验文章统计

刊物	标题	作者
2013年10月第5期《甘肃信访》	华亭县大力化解采矿塌陷区群众信访问题	叶红锋（时任华亭县委、县政府信访局信访督查专员）
2013年10月第14期省信访联席办《简报》	突出"六字"抓化解 真心实意解民难——庄浪县信访突出问题集中化解工作成效显著	中共庄浪县委、县政府信访局
2014年4月5日《平凉日报》	干部带案"下访"解民忧	王德志（时任中共庄浪县委、县政府信访局副局长）
2014年10月第5期《甘肃信访》	落实责任聚合力 解决问题促和谐	崔仁杰（时任中共崇信县委副书记、县人民政府县长）
2014年10月第5期《甘肃信访》	"五抓"联动促信访工作创新发展	宋树红（时任中共庄浪县委副书记、县政府县长）
2014年10月第5期《甘肃信访》	夯实基层基础 强化源头治理 努力提高信访工作能力和水平	徐毅（时任中共静宁县委副书记、县政府县长）
2017年2月第1期《甘肃信访》	坚持用法治思维和法治方式解决信访问题	赵小林（时任中共崆峒区委副书记、区政府区长）
2017年2月第1期《甘肃信访》	在第一线服务群众 在最基层化解矛盾	张宏生（时任中共华亭县委常委、政法委书记）
2017年2月第1期《甘肃信访》	牢固树立"四种思维"努力实现"四个转变"	刘凯（时任中共灵台县委书记）
2019年8月第4期《甘肃信访》	真心暖民心 亲情解民忧	华亭市信访局
2019年8月第4期《甘肃信访》	坚持事要解决 力促案结事了	静宁县信访局
2019年8月第4期《甘肃信访》	站位全局抓信访 担当履职促和谐	灵台县信访局
2019年8月第4期《甘肃信访》	推动"四个转变"提升工作效能	崇信县信访局

续表

刊物	标题	作者
2019年10月第5期《甘肃信访》	规范网访办理 打造"阳光信访"	崇信县信访局
2019年12月第6期《甘肃信访》	以"四抓四提升"推动信访工作高质量发展	丁贵龙（泾川县信访局干部）
2021年12月第6期《甘肃信访》	崆峒区选派干部到信访部门实践锻炼实现常态化	崆峒区信访局
2021年12月第6期《甘肃信访》	紧盯"事心双解"发力 增强"事要解决"实效	华亭市信访局
2021年12月第6期《甘肃信访》	坚持"五抓五突破"及时就地解决信访问题	李铭（时任中共庄浪县委常委、政法委书记）

二、信访工作先进个人事迹

县委书记的信访情怀

——记原中共灵台县委书记何兴荣同志先进事迹（节选）

李怀荣

如何对待信访工作，可谓是党政领导政治素养、工作作风、领导艺术的集中体现。被群众冠之为"何青天"之称的中共灵台县委书记何兴荣，把坚持亲自处理来信来访，关心人民疾苦，作为自己联系群众通晓民事的好途径。他情注信访，笃意为民做表率，使灵台——这块古文化发祥地的信访工作走上了制度化、系列化、规范化的轨道。

抓信访要弓弦紧绷

夏日灵台，温高逼人。1994年秋，何兴荣肩负重担调任灵台县县长，刚到这个拥有22万人口，辖管着16个乡（镇）的县，工作千头万绪。他在"驾驭全局，抓宏观，抓大事"的过程中，怀着对党和人民事业的强烈责任心和紧迫感，不停歇地深入了解情况，为科学决策寻找依据。

在抓全县信访工作上，他走的第一步棋是理思路，定制度，健全全县信访工作体系。

数年来，灵台县各级干部最头痛的事是来信来访，最棘手的事是上访老户的缠访。

何兴荣同志一上任，新老上访者一下子挤了过来。联名告状者有之，反映揭发问题者有之，喊冤叫屈，迫切要求落实政策者亦有之，短短半年，他就直接接待处理群众来信来访131件（次）。

虽然他事必躬亲，对症下药，解了一些燃眉之急，但信访量、重信重访率、越级上访率也未因此而下降。整个肌体——全县信访工作，如何引起各层重视，如何迅速扭转这种状况，工作之余，夜深人静之时，引起了他的深思。在他看来，群众来信来访与改革开放，推进四化建设的壮举相比，虽不那么显赫，但它毕竟是社情民意的索引，振聋发聩的信息，校正决策的依据。他反复告诫基层和身边工作人员，要用以心换心的态度真诚地对待群众来信来访，尽力帮他们解决难题。言传身教的举措，雷厉风行的作风，潜移默化地把信访工作列入了各级党政机关的议事日程。嗣后，他带领有关部门，入乡村，去厂矿，下县直单位，进上访户家门和他们促膝长谈，融化深情，探讨处在党的政策与基层工作结合部上的县级党委，如何开展群众来信来访工作。经过反复的调查研究，他大胆地提出了信访工作必须遵循"坚持一个观点，搞好四个服务，做到三个结合"的基本思路，即信访工作必须以坚持群众观点，做到与思想政治工作结合，与加强廉政建设结合，与改进工作方法结合；为经济建设服务，为社会政治稳定服务，为民主决策服务，为人民服务。为使各级党政组织对群众来信来访工作做到思想上有位置，组织上有保证，工作上有措施，他倡导制定了全县来信来访接待，县委常委、政府县长定期接待，领导分工负责，分级归口管理，包案承包处理意见落实等制度，下发了《灵台县党政机关信访工作暂行办法》，进一步明确了各级党政组织处理信访问题的任务、范围和要求。同时，县上确定由一名副书记和一名副县长主抓信访工作。并给县委、县政府信访室配备了4名专职信访干部。其中，科级干部2名，信访员2名。全县16个乡镇全部成立了5~7人的信访领导小组，227个行政村，村村建立了信访民调小组。乡村两级组建信访工作人员841名，县直部门、企事业单位专（兼）职信访工作人员36名。从而，在全县初步形成了一个级级有机构、层层有人抓、上下贯通、左右相连的信访工作网络。全县信访工作开始出现了上有人管、下有人抓、层层都为人民群众负责的可喜局面。

广纳群言　取信于民

何兴荣同志在灵台县思想政治工作会议上讲了这样一段话："领导纳言首要的是认识问题，认识端正了，不仅听得进明言直语，而且还能在群众的平凡语言中发现闪光点，同时更能在群众的刺耳声中找到安邦治国的良方。只有这样，我们才能有效地焕发群众参政议政的积极性，把党的路线、方针、政策变成人民群众的自觉行动，带领群众奔小康"。他言出有行，1996年5月，一位干部从"整村推进"一线写信给何书记，对乡镇烤烟生产、经销提了几点建议。对此，何书记非常重视，几次带领有关部门负责同志深入到10多个乡镇和50多个村、600多农户家中进行查访座谈，经过实地勘查分析论证，制定了四条种植、管理措施，并亲自加按语刊登《灵台工作简报》，印发各乡镇、村社指导工作。这一纳言举措，推动了全县烤烟发展建设，培植了县乡财源，带领一大批农民走上了脱贫致富之路。

1995年，一位民主人士给他来信，就土地管理、增收节支、计划生育、住房改革诸多方面的问题，提了一些建设性的意见，他看后对有益的立即责成有关部门限期落实。嗣后，他又多次亲自督查落实，这位民主人士见自己的建议发挥了效应，感慨地说"共产党和民主党派真诚相见，肝胆相照，国将大兴也。"各族、各界人士看到各级党政机关和领导干部善于采纳群言，积极为民办事的诚心之后，更乐意说心里话，昔日来信来访中嘲弄、挖苦、讥讽、无理要求者减少了，坦诚、真挚、建设性的意见、建议增多了。全县出现了历史上少有的两降两增的喜人局面，即来信来访量下降了，1996年比1995年下降18.6%，围绕个人小圈子的来信来访下降了；无来信来访的乡镇增多了，由1994年的3个乡增加到1996年的13个乡。积极为全县诸项事业振兴、发展献计献策的多了，1996年比1995年上升了87.3%。

群众的事决不能耽搁

何兴荣同志常说："我是人民的儿子，就应该时刻把人民的冷暖记在心上。""为民解愁，民始得安，才可休养生息，富民富县。""群众来信来访的大事小事，是对党委、政府的信任，如果将他们拒之门外，岂不冷了他们的心。群众写给我们的信，是有了难处才写的，寄出后，无时不在等待答复，盼望结果。事关民心向背，决不能耽搁。"他是这样说的，也是这样做的。

1996年8月21日，北沟乡罗家庄村南头社村民郭兴红给何书记来信反映，本社10余户社员审批的庄基，因各种因素迟迟落实不了，近半百口人仍栖身破窑洞中，且危及安全。接到来信后，他带领县信访办、土管局的同志利用星期天对来信反映的问题进行了调查。北沟乡政府1990年曾给该社审批庄基14处，1993年已在庄基规划区内划修4处，因第一排已划满；欲在规划区内第二排划址，却遭到第一排住户阻挡及地兑不通等原因，致使郭文科等10户社员审批的庄基地迟迟难以落实，目前只好仍在破窑洞中安身，生产、生活困难是小，确实事关安全。原规划区内第二排地内已于1994年埋设了通讯电缆，看来划庄基也不可能。面对此况，何书记与乡村干部及群众代表，现场进行座谈，并当即给 3 户社员划了庄基，其他户年内落实，从而使这件事关群众安危的信访问题，及时得以解决。

1996 年 11 月 2 日，县糖酒公司 22 名职工分别写信给何书记，称他们 22 人无班可上，生活难以维持。收到来信后，何书记当即批示督办，问题很快得到了解决，当事人激动地说："当初我们只是想给何书记反映一下情况，没想到他这么重视，办得这么快，这么好，我们老百姓喜欢这样的官。"许多工人纷纷表示："县领导这样关心我们，今后一定要好好工作，争取早日使糖酒公司扭亏为盈，不再让领导操心。"

可贵的"五不"精神

灵台县委、县政府和信访办公室的同志们都说，何兴荣书记对信访工作最值得令人敬服的是他的"五不"精神。即凡是要面见他的群众从不阻拦怠慢；凡是他自己接到或信访室呈报的信件，从不拖延；凡是县上书记、县长的接待日，他从不迟到；凡是他着手处理的信访问题，都要处理结果，从不敷衍；凡是重大、热点问题的查处，他从不推诿，都指挥在第一线。为确保这"五不"落到实处，他备有专用的群众来信来访登记簿。不管工作多忙，不管在家里，在办公室，还是在上下班的路上，只要有群众上访于他，他都出面接待。"让问题早一天解决，让来信来访人早一天满意"，这是何兴荣同志对全县 16 个乡镇、64 个县直机关、227 个村委会和信访部门提出的要求，也是他自己几年来处理群众来信来访所恪守的信条。

1995 年 2 月 10 日，县石沟煤矿因矿井 1125 水平以下的资源全部划归崇信县煤矿，致使石沟煤矿资源枯竭，服务年限到位，无再生能力，造成政策性下马。下马期将近，创办的后续项目无着落，部分干部、职工思想情绪普遍动荡不定，担心就业、安置等问题是否会落实，一些农民合同工情绪激烈，行为偏激。236 名职工，举荐史向东等 5 人为代表来到县信访办，后来发展到 30 多人住在煤矿宾馆集体上访，时间长达两月。10 月，刚到任的何兴荣同志，问清情况后，第一，立即组成了一个调解小组进驻煤矿调查处理；第二，安排劳动人事部门寻找依据；第三，召开专题会议研究。尽快解决了这件事，使 236 名职工脸上绽开了笑颜。

一幅横匾寄深情

憨厚朴实的西北人是善于记人恩德传人恩德的，你为他做了一件好事，他能记一辈子。

灵台北沟乡水晶村小学 12 岁的小学生曹玉龙写信给何兴荣，其父患多种疾病，其姐又双目失明，一家 3 口人现居一破窑洞，家里无大牲畜，生活十分困难，本人有失学可能。何书记看了这封信后，即刻批示信访办和北沟乡研究予以解决。很快，500 元钱，200 斤救济粮送到了曹玉龙家里。其父曹拴玉热泪盈眶，激动万分，为了感谢党的恩情，第二天他领着儿子曹玉龙从 65 公里外赶到了县委，给何兴荣同志送了一幅匾，上书"感谢县委领导的深情关怀。"

1996 年 5 月 6 日，何兴荣同志到梁原乡下去检查工作时，一位老人反映该乡粮管所将混装有从外地购进的议价小麦 14751 斤供给全乡 16 个村 1525 户群众，内有小石子、小土块、细砂子等。他听后，当即召开专题会议，安排查处工作。当群众拿到乡政府、县粮食局逐户上门送来的 2% 的损失赔偿，听到当事人冯某的深刻检查，看到县上对其的处罚免职决定后，奔走相告"还是党好、政府好"。一封封赞扬何兴荣"全心全意为人民，关心爱护群众、维护群众利益，无私无畏的人民公仆"的信寄到了他的手里。

（作者时任平凉市信访局干部）

润物细无声

——记原灵台县信访局局长王仁贵

蒲振刚

初次见面，是在初夏的一天下午。清癯的面庞、朴素的衣着，让人很难把他同亲手解决的一起起棘手事联系起来。然而，就是他，在信访部门工作的 12 年内，忠于职守，秉持公正，扶危济困，化解矛盾，以他无怨无悔的工作赢得了人民群众的赞誉。他，就是灵台县信访局局长王仁贵。

1993 年 10 月，已在县委组织部工作 10 年的王仁贵被调往县信访办。当时，一些亲朋好友都不理解：从组织部出来咋不找个好单位，整天跟那些哭天抹泪的人打交道，能干出个啥名堂？可王仁贵却认为，信访工作是沟通党群、干群关系的重要桥梁，群众正是出于对党和政府的信任才来上访，如果对他们的冤屈事都不理睬，就愧对人民政府的称号。于是，在上任伊始，他就暗暗下定决心，一定要通过自己的工作化解矛盾，树立党和政府在群众间的崇高威信。

信访接待涉及社会生活各个方面，是一项政策性很强的工作。为此，王仁贵给自己订了个学习计划：每天晚上坚持自学两小时。就这样，在最初的 3 年里，他挤时间精读了一批政治理论书籍，自学了《刑法》《民事诉讼法》《土地法》等法律法规和有关政策、信访知识，写下了数十万字的读书笔记。正是由于他的勤奋学习和刻苦钻研，每逢遇到信访问题时，无论是经济纠纷、民事纠纷还是群众反映的"难缠事"，他都能依据政策和法律迅速做出判断，给上访者一个合情合理的答复。

事关群众利益的问题经常萦绕在王仁贵的心头。1994 年，上良乡蒋家沟村的一名妇女因计划生育手术造成右腿肌肉萎缩。在多次反映无效的情况下，她和丈夫到县政府上访。当时，王仁贵正患病住院，得知此事后马上要求出院了解事情原委。医生和家人都劝他输完液再去。他说："事情解决不了，我躺在医院里也会憋出病来。"他提前出院后，多次到有关部门协商，将各种情况及时进行汇总分析，最终给这对夫妇解决了医疗费并补助 2.3 万元，终于使这一久拖不决的问题得到解决。

1996 年 8 月，某制种企业给百里等乡镇供应的种子质量不好，造成大面积粮食减产，群众纷纷来信来访，要求补偿经济损失。接到县领导的批示后，王仁贵立即带领有关人员，进村社、访农户、查实情，一去就是 10 多天。为了调查取证，他翻山越岭 40 多里，竟在大山中迷失了方向，天黑后只好拔些干草，在羊肠小道上睡了一觉。就这样，他连续奔波 30 多个村寨，走访了 130 多家农户，终于为遭受损失的群众获得 6.1 万元的补偿，保护了农民的利益。

正是凭着对党的事业的忠贞和对人民群众的挚爱，王仁贵年复一年地坚守在信访岗位上，用一颗滚烫的赤子之心、爱民之情，愈合了一个个滴血的伤口，挽救了一出出绝望的危局。尤其令人感动的是，王仁贵不仅按政策耐心细致地接待上访者，而且遇上特殊情况时，他还从自己并不宽裕的工资中慷慨解囊，对残疾人、特困户和下岗职工予以资助。

寒来暑往，唠叨家常的炕头灶房，促膝谈心的田间地头，信访接待工作就是这样烦琐。然而，王仁贵却从来没有懈怠和厌倦。

12 年来，他亲自接待来访 1350 人次，处理来信 1165 件，查办各类信访案件 886 件，调解民事纠纷 287 件，解决涉及群众生产生活的问题 323 件，落实各类资金 196 万元，使无数上访者的烦心事得到了圆满的解决。

王仁贵为百姓解决了无数的困难，却从未利用职权谋过一次私利，他的妻子至今仍是一个农民；儿女读书期间，一家三代五口人就靠着他每月五六百元的工资过日子。至今，他家还欠着两万多元的外债。一些好心人曾对他的境遇表示同情和惋惜。这位年过半百的老局长坦然地说，他是一个农民的儿子，经历过各种艰难困苦的考验，能干到今天这一步已经很不错了！他最大的心愿就是希望群众都过上富裕舒心的日子。多年来，他用朴实无华的奉献，诠释着自己的理想和信念。各级政府对王仁贵的工作给予了很高的评价：1995年，他被评为"全国信访系统先进工作者"，受到党和国家领导人的接见。近年来，他多次被评为省、市、县"十佳公仆""十佳公务员""信访先进工作者"等光荣称号。

短评：把群众的冷暖记在心上

　　一位普通的信访干部，多年来坚守在自己的岗位上，悉心倾听群众的反映和呼声，往返于山寨村舍，奔波在田间矿山，通过自己"磨破嘴皮跑烂鞋"的辛勤工作，化解了一个个矛盾，避免了一出出悲剧的发生。事实证明，构建和谐社会需要一大批像王仁贵这样的热心肠。

　　构建和谐社会不是一句空洞的口号，需要做的工作很复杂、很具体，有些问题处理起来还很棘手。这就要求我们各级信访部门在进行体制和机制创新的同时，牢固树立以人为本的思想，把群众的冷暖安危记在心上，通过畅通信访渠道，更好地密切党和政府与人民群众的血肉联系；不断强化工作责任，促进各类问题的妥善解决；加强民主法制建设，维护正常的信访秩序和社会稳定。理顺情绪，化解矛盾需要一大批信访干部付出艰辛的劳动，上访群众从他们的形象、他们的态度和工作效率方面感知党和政府的关怀。因此，只有认真搞好信访工作，才能密切党和群众的关系，调动群众同心同德干事业的积极性。

　　（作者系《甘肃日报》社记者。该文刊登于2005年6月8日《甘肃日报》头版头条）

第二章 表彰奖励

第一节 信访工作先进集体

一、国家部委表彰的信访工作先进集体名录

表 4-2-1 国家部委表彰的信访工作先进集体名录

受表彰单位	表彰名称	表彰机关	表彰时间
平凉市信访局	全国信访系统先进集体	人力资源和社会保障部、国家信访局	2022 年 5 月

二、最高人民法院、最高人民检察院表彰的信访工作先进集体名录

表 4-2-2 最高人民法院、最高人民检察院表彰的信访工作先进集体名录

受表彰单位	表彰名称	表彰机关	表彰时间
平凉市中级人民法院立案庭	全国法院涉诉信访工作先进集体	最高人民法院	2007 年 11 月
平凉市中级人民法院信访督查室	全国先进集体	最高人民法院	2013 年 12 月
甘肃省人民检察院平凉分院控申科	全国检察机关"文明接待室"	最高人民检察院	1996 年
平凉市人民检察院	文明接待示范窗口单位	最高人民检察院	1998 年
	全国检察机关"不起诉案件专项复查活动"先进单位	最高人民检察院政治部	2005 年 3 月
平凉市人民检察院控申接待窗口	文明接待示范窗口	最高人民检察院政治部	2012 年
平凉市人民检察院	全国检察机关"文明接待室"	最高人民检察院	2022 年
	第十届全国检察机关"文明接待室"		

三、中共甘肃省委办公厅、甘肃省人民政府办公厅、甘肃省信访工作联席会议及省直部门表彰的信访工作先进集体名录

表 4-2-3 中共甘肃省委办公厅、甘肃省人民政府办公厅、甘肃省信访工作联席会议及省直部门表彰的信访工作先进集体名录

受表彰单位	表彰名称	表彰机关	表彰时间
平凉地委、行政公署信访处	全省信访工作先进单位	省委办公厅、省政府办公厅	1985 年 4 月

受表彰单位	表彰名称	表彰机关	表彰时间
平凉地委、行政公署信访处	1985 年全省信访工作先进单位	省委办公厅、省政府办公厅	1986 年 3 月
平凉地委、行政公署信访处	全省信访工作先进集体	省委办公厅、省政府办公厅	1998 年 8 月
平凉市	信访工作先进市	省信访联席会议	2007 年 12 月—2022 年 12 月连续 16 年
平凉市信访局	2019 年度信访工作目标管理考核全面达标地区	省信访工作联席会议	2020 年 3 月
灵台县委、县政府信访室	全省信访工作先进单位	省委办公厅、省政府办公厅	1985 年 4 月
灵台县委、县政府信访室	全省信访工作先进集体	省委办公厅、省政府办公厅	1992 年 4 月
			1998 年 8 月
			2004 年 3 月
灵台县信访局	全省信访工作先进集体	省人社厅、省信访局	2017 年 8 月
庄浪县信访局			
平凉市人民检察院	全省信访工作先进单位	省委办公厅、省政府办公厅	2004 年
平凉市中级人民法院	全省涉诉信访工作先进集体	省委政法委	2011 年 7 月
平凉市公安局	2006 年度全省公安信访工作先进集体	省公安厅	2007 年 3 月
	2007 年度全省公安信访工作先进集体		2008 年 3 月

四、甘肃省高级人民法院、甘肃省人民检察院表彰的信访工作先进集体名录

表 4-2-4　甘肃省高级人民法院、甘肃省人民检察院表彰的信访工作先进集体名录

受表彰单位	表彰名称	表彰机关	表彰时间
平凉市中级人民法院信访督查室	全省法院先进集体	省高级人民法院	2013 年 12 月
平凉市人民检察院控告申诉科	全省检察机关"文明接待室"	省人民检察院	2000 年 2 月

五、中共平凉市委（地委）、市政府（行政公署）表彰的信访工作先进集体名录

表 4-2-5　中共平凉市委（地委）、市政府（行政公署）表彰的信访工作先进集体名录

受表彰单位	表彰名称	表彰机关	表彰时间
平凉地委、行政公署信访处	全区信访工作先进集体	地委、行政公署	1996 年 3 月
华亭县	1986 年全区信访工作先进县	地委、行政公署	1987 年 3 月
	2007 年信访工作目标管理综合考核全市第三名	市委	2007 年 3 月
泾川县王村乡	信访工作先进单位	地委、行政公署	1986 年 3 月

受表彰单位	表彰名称	表彰机关	表彰时间
泾川县	全区信访工作目标管理责任书考核第二名	地委、行政公署	1996 年 12 月
	全区 2000 年度信访工作目标管理责任书考核二等奖		2001 年 3 月
	全区 2001 年度信访工作目标管理责任书考核二等奖		2002 年 3 月
	全市 2006 年度信访工作目标管理责任书考核第二名	市委、市政府	2007 年 3 月
灵台县	全区信访目标管理责任书考核第一名	地委、行政公署	1996 年 12 月
	全区信访目标管理责任书考核一等奖		1997 年 12 月
	1998 年度全区信访工作目标管理责任书考核一等奖		1999 年 4 月
	全区信访工作目标管理责任书考核一等奖		2000 年 3 月
	全区 2000 年度信访工作目标管理责任书考核一等奖		2001 年 3 月
	全区 2001 年度信访工作目标管理责任书考核一等奖		2002 年 3 月
	全市 2003 年度信访工作目标管理责任书考核一等奖	市委、市政府	2004 年 3 月
	全市 2004 年度信访工作目标管理责任书考核二等奖		2005 年 3 月
	全市 2005 年度信访工作目标管理责任书考核一等奖		2006 年 3 月
	全市 2006 年度信访工作目标管理责任书考核第一名		2007 年 3 月
崇信县	全区信访工作先进县	地委、行政公署	1986 年 3 月
	全区 1997 年度信访工作目标管理责任书考核二等奖		1998 年 2 月
	全区 2000 年度信访工作目标管理责任书考核二等奖		2001 年 1 月
	全市 2002 年度信访工作目标管理责任书考核二等奖	市委、市政府	2003 年 3 月
	全市 2005 年度信访工作目标管理责任书考核三等奖		2006 年 2 月
	全市 2006 年度信访工作目标管理责任书考核第三名		2007 年 3 月
	全市 2007 年度信访工作目标管理责任书考核第三名		2008 年 3 月
庄浪县	全区 1997 年信访工作目标管理责任书考核二等奖	地委、行政公署	1998 年 2 月
	全区 1998 年信访工作目标管理责任书考核二等奖		1999 年 4 月
	全区 1999 年信访工作目标管理责任书考核二等奖		2000 年 4 月
	全区 2000 年度信访工作目标管理责任书考核一等奖		2001 年 4 月
	全区 2001 年度信访工作目标管理责任书考核二等奖		2002 年 3 月
	全市 2002 年度信访工作目标管理责任书考核一等奖	市委、市政府	2003 年 3 月
	全市 2005 年度信访工作目标管理责任书考核三等奖		2006 年 2 月
静宁县	全区 1996 年度信访工作责任书考核三等奖	地委、行政公署	1997 年 1 月
	全区 2001 年度信访工作目标管理责任书考核二等奖	地委、行政公署	2002 年 3 月
	全市 2005 年度信访工作目标管理责任书考核第二名	市委、市政府	2006 年 2 月
平凉市人民检察院	全区信访工作文明接待先进单位	地委、行政公署	1996 年、1997 年、1998 年、1999 年

第二节　信访工作先进个人

一、国家部委表彰的信访工作先进个人名录

表4-2-6　国家部委表彰的信访工作先进个人名录

姓名	工作单位及职务	表彰名称	表彰机关	表彰时间
王仁贵	灵台县信访办主任	全国信访系统先进工作者	中央办公厅、国务院办公厅、国家人事部	1995年10月
陈黎萍	平凉市委副秘书长，市委、市政府信访局局长	全国信访先进个人	人社部、国家信访局	2007年5月
黄沿钧	平凉市信访局网信科科长	全国信访系统先进工作者	人社部、国家信访局	2017年7月
		全国"人民满意的公务员"	中共中央、国务院	2022年8月

二、中共甘肃省委办公厅、甘肃省人民政府办公厅及省直部门表彰的信访工作先进个人名录

表4-2-7　中共甘肃省委办公厅、甘肃省人民政府办公厅及省直部门表彰的信访工作先进个人名录

姓名	工作单位及职务	表彰名称	表彰机关	表彰时间
张林奎	地委、行政公署信访处信访科副科长	全省信访工作先进个人	省委办公厅、省政府办公厅	1985年4月
何兰香	平凉县信访局干部	全省信访工作先进个人	省委办公厅、省政府办公厅	1985年4月
		1985年全省信访先进工作者	省委办公厅、省政府办公厅	1986年3月
郭玉兴	崇信县委、县政府信访办公室干部	全省信访工作先进个人	省委办公厅、省政府办公厅	1985年4月
蒙俊清	庄浪县委信访室副主任	全省信访工作先进个人	省委办公厅、省政府办公厅	1985年4月
李铁成	灵台县委书记	全省信访工作先进个人	省委办公厅、省政府办公厅	1992年4月
王仁贵	灵台县委、县政府信访室主任	全省信访工作先进个人	省委办公厅、省政府办公厅	1998年8月
史福林	泾川县委、县政府信访室主任			
柳治元	平凉市委、市政府信访室主任			
程建民	平凉地委、行政公署信访处副处长			

续表

姓名	工作单位及职务	表彰名称	表彰机关	表彰时间
杨甲震	平凉市公安局信访办公室主任	全省重点信访案件集中查办、统一查办先进个人	省公安厅	2003 年 1 月
荆世雄	市委市政府信访局信访科科长	全省信访工作先进个人	省委办公厅、省政府办公厅	2004 年 7 月
魏登林	平凉市公安局信访办公室主任	2006 年度全省公安信访工作先进个人	省公安厅	2007 年 3 月
袁炜	平凉市公安局信访办公室主任	2006 年度全省公安信访工作先进个人	省公安厅	2007 年 3 月
		全省公安信访大走访积案大化解专项治理活动先进个人	省公安厅政治部	2010 年 3 月
杨帆	平凉市公安局三级警督	全省涉法涉诉信访工作先进个人	省委政法委	2011 年 7 月
韩建荣	平凉市中级人民法院副院长			
陈丽萍	崇信县信访局信访督查专员	全省信访工作先进个人	省人社厅、省信访局	2017 年 8 月
周睿	平凉市人社局事业单位管理科科长			
刘东升	平凉市信访局督查科科长			
单鑫玮	平凉市信访局接访科科长	全省信访工作先进个人	省人社厅、省信访局	2020 年 12 月
王雯雯	华亭市信访局干部			
刘芸	泾川县信访接待中心副主任			
王有武	静宁县信访局二级主任科员			

三、甘肃省人民检察院表彰的信访工作先进个人名录

表 4-2-8　甘肃省人民检察院表彰的信访工作先进个人名录

姓名	工作单位及职务	表彰名称	表彰机关	表彰时间
史学军	平凉市人民检察院控告申诉处副处长	全省优秀接待员	省人民检察院	2007 年

四、平凉市信访局及其他市直部门（市信访工作联席会议）表彰的信访工作先进个人名录

表4-2-9 平凉市信访局及其他市直部门（市信访工作联席会议）表彰的信访工作先进个人名录

姓名	工作单位及职务	表彰名称	表彰机关	表彰时间
白树基	华亭县信访办公室主任	信访工作先进个人	地委秘书处、地区行政公署办公室	1985年、1992年
		信访工作先进个人	地委、行政公署信访处	1995年
		全区先进信访工作者	地委、行政公署信访处	1996年3月
景福贵	泾川县王村乡政府信访干部	全区信访工作先进个人	地委、行政公署信访处	1986年9月
徐崇	华亭县经委信访兼职干部	1986年全区信访工作先进个人	地委秘书处、行政公署办公室	1987年3月
章启科	崇信县委、县政府信访办公室主任	全区信访工作先进个人	地委、行政公署信访处	1992年6月
		全区先进信访工作者		1996年3月
孟春贤	华亭县信访办公室干部	1993年度优秀信访工作宣传员	地委、行政公署信访处	1994年3月
		1994年度优秀信访工作宣传员		1994年12月
		全区优秀信访工作宣传员		1996年3月
柳治元	平凉市信访室副主任	全区先进信访工作者	地委、行政公署信访处	1996年3月
陈淑萍	平凉市信访室副科级信访员	全区优秀信访工作宣传员		
王仁贵	灵台县信访室主任	全区先进信访工作者		
巩志刚	灵台县信访室干部	全区优秀信访工作宣传员		
薛俊璋	泾川县信访室干部	全区先进信访工作者	地委、行政公署信访处	1996年3月
李国军	静宁县信访室副主任			
李耀德	庄浪县信访室干部			
李世奇	平凉地委委员、原平凉市委书记			
刘玉学	平凉地区文化处人秘科科长			
赵咸一	平凉地区经委纪检组长			
于学军	平凉地区公安处办公室信访干部			
陈殿元	平凉地区劳人处秘书科干部			
史福林	泾川县信访办公室主任	先进信访工作者	地委、行政公署信访处	1998年2月
谯恒民	崇信县委办公室副主任、县委县政府信访局局长	全市信访系统2012年度先进工作者	市委、市政府信访局	2013年3月
陈丽萍	崇信县委、县政府信访局信访督查专员	全市信访系统2012年度优秀接访员	市委、市政府信访局	2013年3月
田新民	崇信县信访局干部	全市信访系统2012年度优秀接访员	市委、市政府信访局	2013年3月

第三节　其他表彰奖励

一、信访工作"三无"县名录

表 4-2-10　信访工作"三无"县名录

受表彰单位	表彰名称	表彰机关	表彰时间
泾川县、灵台县 庄浪县、静宁县	信访工作"三无"县	国家信访局	2021 年 4 月

二、国家部委表彰的先进集体名录

表 4-2-11　国家部委表彰的先进集体名录

受表彰单位	表彰名称	表彰机关	表彰时间
平凉市信访局 华亭市信访局 庄浪县信访局	节约型机关	国家机关事务管理局、中直管理局、 国家发改委、财政部	2021 年 8 月

三、中共甘肃省委表彰的先进集体名录

表 4-2-12　中共甘肃省委表彰的先进集体名录

受表彰单位	表彰名称	表彰机关	表彰时间
平凉市信访局	甘肃省先进基层党组织	省委	2021 年 6 月

四、省直部门表彰的信访工作先进集体名录

表 4-2-13　省直部门表彰的信访工作先进集体名录

受表彰单位	表彰名称	表彰机关	表彰时间
平凉市公安局	全省百名局长包案化解疑难信访案件 专项行动中予以通令嘉奖	省公安厅	2021 年 7 月

五、中共平凉市委（地委）、平凉市人民政府（行政公署）表彰的先进集体名录

表 4-2-14　中共平凉市委（地委）、平凉市人民政府（行政公署）表彰的先进集体名录

受表彰单位	表彰名称	表彰机关	表彰时间
平凉地委、行政公署信访处	全区"三五"普法先进集体	地委、行政公署	2001 年 7 月

续表

受表彰单位	表彰名称	表彰机关	表彰时间
平凉市信访局	先进基层党组织	市委	2016 年 7 月
	2016 年度全市综治（平安建设）工作先进单位	市委、市政府	2017 年 2 月
	2017 年度全市综治（平安建设）工作先进单位		2018 年 3 月
	2018 年度全市维护稳定工作先进单位		2019 年 3 月
	2018 年度全市综治（平凉建设）工作先进成员单位		2019 年 3 月
	2019 年度平安平凉建设优秀单位		2020 年 7 月

六、平凉市信访局及其他市直部门（市信访工作联席会议）表彰的集体荣誉名录

表 4-2-15　平凉市信访局及其他市直部门（市信访工作联席会议）表彰的集体荣誉名录

受表彰单位	表彰名称	表彰机关	表彰时间
平凉市信访局	先进基层党组织	市直机关工委	2010 年 6 月
			2012 年 6 月
	劳动先锋号	市总工会	2016 年 4 月
	2018 年度党委系统信息和应急服务工作先进单位	市委办公室	2019 年 3 月
	市直机关先进基层党组织	市直机关工委	2019 年 6 月
	平凉市退役军人思想政治工作先进单位	市委退役军人事务工作领导小组办公室、市委宣传部、市退役军人事务局	2019 年 7 月
	2019 年度全市党委信息和应急服务工作先进单位	市委办公室	2020 年 5 月
华亭县委、县政府信访局	十佳综治维稳成员单位	市委政法委、市社会治安综合治理委员会、市维护稳定工作领导小组	2015 年 11 月
灵台县人民来访接待大厅	平凉市优秀妇女儿童维权岗	市妇联、市综治办、市司法局	2016 年 3 月
静宁县信访局	十佳综治维稳成员单位	市委政法委、市社会治安综合治理委员会、市维护稳定工作领导小组	2015 年 11 月
华亭市信访局	全市信访系统"学党史、强能力、开新局"知识竞赛第一名	市信访局	2021 年 9 月
灵台县信访局	全市信访系统"学党史、强能力、开新局"知识竞赛第二名		
崆峒区信访局	全市信访系统"学党史、强能力、开新局"知识竞赛第三名		

七、信访干部获奖作品名录

表 4-2-16　信访干部获奖作品名录

姓名	工作单位及职务	表彰名称	表彰机关	表彰时间
李怀荣	平凉地委行政公署信访处干部	报告文学《深山里一个信访干部的脚印》获全国信访系统征文二等奖	国家信访局	2001 年 5 月
叶红锋	华亭县委、县政府信访局干部	《何迎喜和他的"留守打工队"》（通讯）被评为"2006 年度平凉市新闻奖"（报纸类）三等奖	市委宣传部、市环境保护局、市新闻工作者协会	2007 年 11 月
滚多雄	平凉市委副秘书长、市信访局局长	论文《有效破解"两张皮"问题，推进党建与业务全面深度融合》获全市首届"机关党组织书记论坛"二等奖	市委组织部、市直机关工委	2022 年 9 月

第四节　个人荣誉

一、获得中共中央办公厅、国务院办公厅和国家信访局颁发从事信访工作 25 年以上证书人员名录

表 4-2-17　获得中共中央办公厅、国务院办公厅和国家信访局颁发从事信访工作 25 年以上证书人员名录

姓名	工作单位及职务	颁证机关	颁证时间
张士言	庄浪县委信访室主任	中共中央办公厅、国务院办公厅	1995 年 10 月
程建民	平凉地委、行政公署信访处副处长	国家信访局	2001 年 9 月
付小江	平凉市纪委监委第六派驻纪检监察组副组长		2017 年 7 月
尚筱竤	泾川县信访局干部		2017 年 10 月
薛俊璋	泾川县信访局干部		
马小丽	平凉市信访局职工		2022 年 5 月
牛国平	灵台县信访局四级调研员		
豆景辉	平凉市人大办督查信访科干部		

二、获得中共甘肃省委表彰的先进个人名录

表 4-2-18　获得中共甘肃省委表彰的先进个人名录

姓名	工作单位及职务	表彰名称	表彰机关	表彰时间
王仁贵	灵台县信访办公室主任	全省优秀共产党员	省委	2001 年 6 月

三、获得中共甘肃省委办公厅、甘肃省人民政府办公厅及省直部门表彰的先进个人名录

表4-2-19 获得中共甘肃省委办公厅、甘肃省人民政府办公厅及省直部门表彰的先进个人名录

姓名	工作单位及职务	表彰名称	表彰机关	表彰时间
王仁贵	灵台县信访办公室主任	全省十佳公务员	省人事厅	1997年9月
	灵台县委、县政府信访办公室主任	甘肃省最佳公务员	省人事厅	1998年1月
牛国平	灵台县信访办公室干部	全省优秀农业普查员	省农业普查办公室	1997年11月
王彩菊	华亭县委、县政府信访局局长	2013—2016年度全省维护稳定工作先进工作者	省人社厅、省维护稳定工作领导小组办公室	2017年1月
郭国定	静宁县信访局局长			
李良军	平凉市信访局副局长	2020年度全省脱贫攻坚帮扶先进个人	省脱贫攻坚领导小组	2021年3月
李映文	崇信县信访局一级主任科员	全省党的二十大维稳安保工作先进个人	平安甘肃建设领导小组办公室、省政法委	2022年11月

四、获得省信访工作联席会议办公室、省信访局全省"最美信访干部"荣誉个人名录

表4-2-20 获得省信访工作联席会议办公室、省信访局全省"最美信访干部"荣誉个人名录

姓名	工作单位及职务	表彰名称	表彰机关	表彰时间
牛国平	灵台县信访局四级调研员	全省"最美信访干部"	省信访工作联席会议办公室、省信访局	2021年7月

五、获得中共平凉市委（地委）、平凉市人民政府（行政公署）表彰的先进个人名录

表4-2-21 获得中共平凉市委（地委）、平凉市人民政府（行政公署）表彰的先进个人名录

姓名	工作单位及职务	表彰名称	表彰机关	表彰时间
王仁贵	灵台县信访办主任	廉洁奉公好干部	市委	2003年7月
		平凉市优秀思想政治工作者		2006年9月
王勇	平凉市信访局干部	2008年全国乡镇企业中小企业东西合作经贸洽谈会筹办工作先进个人	市委、市政府	2008年9月

六、获得平凉市信访局及其他市直部门（市信访工作联席会议）表彰的先进个人名录

表4-2-22 获得平凉市信访局及其他市直部门（市信访工作联席会议）表彰的先进个人名录

姓名	工作单位及职务	表彰名称	表彰机关	表彰时间
黄沿钧	平凉市委、市政府信访局信访科科长	第二期"平凉好人"	市委宣传部、市文明办、平凉日报社、平凉广播电视台	2015年1月

姓名	工作单位及职务	表彰名称	表彰机关	表彰时间
刘东升	平凉市委、市政府信访局干部	优秀共产党员	市委机关总支	2005年6月
	平凉市委、市政府信访局督查科科长	2014年度全市党委系统督促检查工作先进个人	市委办公室	2015年3月
	平凉市信访局四级调研员	第三届"平凉最美退役军人"	市委宣传部、市退役军人事务局	2021年11月
牛国平	灵台县信访局局长	全市政法系统"十佳爱民调解标兵"	市委政法委、综治委、维稳工作领导小组	2015年11月
王有武	静宁县信访局副局长	全市"十佳基层干部"	市委组织部等12个部门	2017年12月
王勇	平凉市委、市政府信访局办公室主任	2017年度"十佳优秀党务干部"	市直机关工委	2018年3月
李军	平凉市信访局信访科副科长	2018年度党委系统信息和应急服务工作先进个人	市委办公室	2019年3月
单鑫玮	平凉市信访局接访科科长	2019年度全市党委系统信息工作先进个人	市委办公室	2020年5月
		2022年平凉市"五一"劳动奖章	市总工会	2022年4月
王斌	华亭市信访局信访督查专员	优秀选手	市信访局	2021年9月
曹文浩	灵台县信访局四级主任科员			
高小钟	崆峒区信访局热线受理中心主任			
陈亚娟	崇信县信访局职工			
刘芸	泾川县信访局信访接待服务中心副主任			
高双喜	静宁县信访局干部			
梁艳君	庄浪县信访局干部			
丁贵龙	泾川县信访局干部			
谢丽娟	庄浪县信访局干部	优秀接访员	市信访局	2021年9月
王雯雯	华亭市信访局干部			
王伟	崆峒区信访局干部			
王具仓	静宁县信访局干部			
史新强	灵台县信访局干部			
李自强	崇信县信访局干部			
杜培林	平凉市信访局复查复核科科长	全市"学习强国"先进学习个人	市委宣传部	2022年2月
梁涛	平凉市信访局办公室主任	市直机关优秀党务工作者	市直机关工委	2022年6月

七、获得市信访工作联席会议"最美信访干部"荣誉个人名录

表 4-2-23　获得市信访工作联席会议"最美信访干部"荣誉个人名录

姓名	工作单位及职务	表彰名称	表彰机关	表彰时间
杜文哲	市纪委监委信访室四级主任科员	第一届"全市最美信访干部"	市信访工作联席会议	2022年2月
侯荣让	市教育局安全科副科级干部、 市教育考试中心招生科副科长			
杨帆	市公安局信访办主任、二级警长			
陈贵平	市民政局社会救助科科长			
杨涛	市人社局妇委会主任、四级调研员			
高淑霞	市生态环境保护综合行政执法队 环境信访投诉受理中心主任			
吕双科	市交通运输局农村公路建管处处长			
程鸣	市退役军人事务局权益维护科副科长			
杨志军	市政府国资委监督稽查科科长、四级调研员			
李勇刚	崆峒区信访局四级主任科员			
叶天金	崆峒区四十里铺镇人民政府干部			
张金勇	崆峒区柳湖镇人民政府干部			
高婧	崆峒区崆峒镇人民政府干部			
马润生	华亭市人社局劳动监察大队四级主任科员			
王宏军	华亭市信访局干部			
马婷霞	华亭市东华镇人民政府干部			
陈荣伟	泾川县信访局副局长			
薛金柱	泾川县城关镇人民政府信访办主任			
薛玉瑞	泾川县公安局警务督察大队副大队长、三级警长			
朱祺	灵台县什字镇党委副书记、镇长			
杨俊锋	灵台县交通局副局长、二级主任科员			
史新强	灵台县信访局干部			
李自强	崇信县信访局干部			
孟晓荣	崇信县锦屏镇人民政府干部			
陈建宏	庄浪县杨河乡党委书记			
史涛	庄浪县信访局副局长			
刘鸿彦	庄浪县公用事业管理局副局长			
李旭斌	庄浪县郑河乡人民政府干部			
王奇	静宁县公安局警务督察大队副大队长、三级警长			
王具仓	静宁县信访局网上信访办理中心干部			
张国定	静宁县城关镇人民政府干部			
胡亚丽	静宁县余湾乡人民政府干部			

第三章　优秀论文

优秀论文包括全市信访干部在省级及以上、市级刊物发表的优秀论文等。

表 4-3-1　省级及以上刊物发表论文

作者	时任单位及职务	文章	刊物
陈全福	中共灵台县委书记	《做好县级信访工作的入手点》	1994 年 10 月《平凉报》和《甘肃政报》
杨俊虎	中共灵台县委副书记	《对做好新时期信访工作的深层次思考》	1998 年 10 月《平凉报》《省委办公厅工作》
郭国定	中共静宁县委办公室副主任、信访局局长	《妥善预防和处置集体上访的思考》	2013 年 10 月第 5 期《甘肃信访》
周晓宁	中共平凉市委副秘书长、信访局局长	《对领导干部接访工作的思考》	2014 年 10 月第 5 期《甘肃信访》
		《以改革创新精神探索平凉信访工作模式》	2017 年 2 月第 1 期《甘肃信访》
		《深化信访工作制度改革 打造平凉信访工作模式》	2018 年 8 月第 4 期《甘肃信访》
		《运用好强大思想武器 全方位化解信访问题》	2019 年 8 月第 4 期《甘肃信访》
刘　凯	中共灵台县委书记	《牢固树立"四种思维"努力实现"四个转变"——对新形势下基层信访工作的实践与思考》	2016 年 9 月《甘肃信访》
单鑫玮	平凉市信访局接访科科长	《平凉市涉不动产登记证办理信访突出问题成因分析及对策建议》	2021 年第 5 期《人民信访》
王怀义	中共平凉市委副秘书长、平凉市信访局局长	《高位推动 分类施策 标本兼治 努力推进"治重化积"专项工作抓实见效》	2021 年 12 月第 6 期《甘肃信访》
		《突出"六个坚持"奋力推进新时代信访工作高质量发展》	2022 年 2 月第 1 期《甘肃信访》

表 4-3-2　市级报刊发表论文

作者	时任单位及职务	文章	刊物
马文科	中共灵台县委副书记	《推行逐级上访 保持大局稳定》	1995 年 8 月《平凉报》
牛国平	灵台县信访办公室副主任	《做好信访工作 营造"三个环境"》	2002 年平凉地委机关刊物《发展与研究》
滚多雄	中共平凉市委副秘书长、平凉市信访局局长	《有效破解"两张皮"问题 推进党建与业务全面深度融合》	《喜迎党的二十大·党建领航促发展，全市首届"机关党组织书记论坛"优秀论文集》

第五编 05

党的建设

第一章 信访系统党的建设

第一节 市信访局党建工作

1987年9月23日，中共平凉地区直属机关委员会印发《关于成立平凉地委平凉行政公署信访处党支部报告的批复》（直党字〔1987〕86号），同意："经地直机关党委一九八七年九月二十二日会议研究，同意成立地委、行政公署信访处党支部。支委会由范凤林、冯生鼎、程建民三名同志组成，范凤林同志任党支部书记。"

1996年9月3日，中共平凉地委机关总支委员会印发《关于老干部处等党支部改选报告的批复》（总支发〔1996〕13号），同意："经地委机关总支委员会一九九六年六月三日会议讨论并报地直机关党委同意：信访处机关党支部委员会改选后由范凤林、程建民、荆世雄三名同志组成，范凤林同志任党支部书记。"

2004年5月28日，中共平凉市委机关总支委员会印发《关于市委宣传部等五个党支部改选的通知》（党总支发〔2004〕9号），"按平市直党工委字〔2004〕36号文件批复：信访局党支部委员会改选后由朱克贤、荆世雄、曹百芳三名同志组成，朱克贤任党支部书记。"

2005年7月18日，市委、市政府信访局《关于聘请党务公开工作监督员的通知》，"为了认真搞好局机关党务公开工作，经征求各方面意见，决定聘请李多才等三名同志（李多才同志为市纪委信访室主任，董侃亮同志为市中级人民法院立案庭庭长，田芳林同志为市人大常委会办公室信访科科长）为机关党务公开工作监督员。"

2008年4月24日，市信访局党支部召开党员大会，推选副局长朱克贤同志为局党支部委员、书记，办公室主任史维君同志为组织委员，督查科副科长刘东升同志为宣传委员。

2014年4月9日，市直机关工委印发《关于市信访局党支部改选的批复》（平直委字〔2014〕27号），同意：市信访局党支部改选后由李卫东、王勇、刘东升三名同志组成，李卫东同志任党支部书记，王勇同志任组织委员，刘东升同志任宣传委员。

2020年7月2日，市信访局召开党员大会和支委会，补选王怀义同志为局党支部委员，同意免去周晓宁同志局党支部委员职务；选举王怀义同志为局党支部书记，同意免去周晓宁同志局党支部书记职务。

2021年8月27日，市直机关工委印发《关于市信访局党支部换届选举结果的批复》（平直委字〔2021〕124号），同意：市信访局党支部委员会由王怀义、王永红、梁涛、杜培林、马华等5名同志组成，王怀义同志任党支部书记，王永红同志任党支部副书记。

2022 年 3 月 14 日，市信访局召开党员大会和支委会，补选滚多雄同志为局党支部委员，同意免去王怀义同志局党支部委员职务；选举滚多雄同志为局党支部书记，同意免去王怀义同志局党支部书记职务。

截至 2022 年 12 月，市信访局党支部共有党员 24 名，其中在职党员 16 名、退休党员 5 名、挂职党员 3 名；支部班子成员 5 名。

市信访局党支部始终坚持围绕中心、建设队伍、服务群众，构建新时代"党建+信访"工作体系，培育打造"信访为民、五心服务"党建品牌（以人民为中心，牢记初心担使命、秉持匠心优服务、满怀热心解民难、执守公心顾大局、坚定恒心树形象），推动党建工作与信访工作深度融合、全面过硬，使党组织战斗堡垒在为民服务窗口筑牢、党员先锋模范作用在为民服务一线发挥，把党建优势真正转化为为民解难、为党分忧的工作实效。围绕创建"让党中央放心、让人民群众满意的模范机关"，落实"三会一课"等党内组织生活制度，带头深学细悟笃行习近平新时

▲2022 年 7 月 1 日，平凉市信访局党支部在平凉市博物馆开展主题党日活动

代中国特色社会主义思想及习近平总书记关于加强和改进人民信访工作的重要思想，定期开展集中学习及研讨交流、举办"五讲"活动（县级干部讲党课、中层骨干讲业务、专家学者讲政策、共建单位讲经验、机关党员讲心得），使党员干部锤炼了政治忠诚、增强了政治能力。带头落实党建工作责任制，建立机关党建"三项清单"和支部书记"五个一"责任清单，将党建和业务"一岗双责"履行情况一并纳入党员干部平时考核和年度考核，形成了围绕中心抓党建、全员履责抓党建、全面融合抓党建的工作局面。对标党支部建设标准化 6 大标准 27 项规范，明确"五有"党建工作目标，党建活动 100% 按时上传"甘肃党建"信息化平台。把党支部建设标准化理念办法运用到业务工作之中，制定基础业务规范化建设方面制度文件 19 项，信访事项及时受理率和按期答复率均达到 100%。把党建阵地拓展到群众来访接待场所，配备候访接访、谈心交流、会商座谈、网上查询、法律援助、爱心便民等服务设施，设立"党员示

范岗""党员公示牌"，推行亮身份、亮职责、亮规范、亮承诺、亮服务"五亮"措施，安排党员干部到接访窗口轮流坐班、全员接访，以全流程优质服务打造"群众工作之家"。巩固深化党史学习教育"我为群众办实事"成效，协调推进市、县、乡、村"四级党组织书记"抓信访，以党建引领提升信访工作治理效能，协调化解大量信访矛盾问题，圆满完成党的二十大等全国、省、市重大活动信访安全保障任务。实施支部联结共建、领导联系抓建、委员联络帮建、党员联手创建"四联四建"，全员签订廉政勤政、作风建设、厉行节约、保密安全、不插手司法活动等"五项承诺书"，教育引导党员干

▲2020 年 9 月 26 日，平凉市信访局和崆峒区信访局联合举办"同庆双节、携手共创、齐心逐梦"市区信访干部职工运动会

部践行"人民信访为人民"理念，比忠诚重担当、争当为民解难标兵，比学习重能力、争当信访业务能手，比创新重业绩、争当提质增效骨干，比作风重形象、争当廉洁自律模范，展示了信访部门忠诚干净担当的良好形象。局党支部先后被市委和市委直属机关工委表彰为先进基层党组织，4名党员干部受到省级以上表彰奖励。2021年，局党支部被省委表彰为全省先进基层党组织。

▲2022年4月1日，平凉市信访局机关党员领导干部深入联系帮扶村崆峒区西阳乡中营村调研对接帮扶工作任务措施。图为观摩中营村千头肉牛养殖小区建设点

▲2021年5月，平凉市信访局机关党员干部到创城包抓共建社区开展志愿服务活动

第二节　县（市、区）信访局党建工作

一、崆峒区信访局党建工作

2005年，成立中共崆峒区委崆峒区人民政府信访局党支部。

2019年3月，因机构改革，更名为平凉市崆峒区信访局，选举产生了中共平凉市崆峒区信访局党支部委员会。

截至2022年12月底，崆峒区信访局党支部共有党员14名，支部设组织委员、宣传委员、纪检委员3名。女性党员3名，大学学历9人，大专学历4人。

崆峒区信访局党支部认真学习贯彻新时代党的建设总要求和习近平总书记关于信访工作的重要指示批示精神，全面落实党支部建设标准化和党建统领"一强三创"行动及信访工作各项部署要求，牢记"为民解难、为党分忧"职责使命，坚持以党建

▲2019年11月5日，崆峒区信访局党员干部赴静宁界石铺红军长征纪念馆参观学习

为魂、业务为根，探索实施"党建+信访"工作模式，推动党建与信访工作深度融合、渗透贯通、协同推进，党支部建设不断加强，战斗堡垒作用更加凸显，党员干部队伍坚强有力，大量信访问题妥善化解，信访工作质效显著提升，全区信访形势平稳可控、持续向好。

二、华亭市信访局党建工作

▲2021年10月27日，华亭市信访局党员干部在莲湖路开展疫情防控知识宣传志愿服务活动

1962年华亭县和平凉市分设之后，县委、县政府分设信访室，信访部门党建工作在县委办公室党支部的统一领导下开展。

1988年，县委、县政府两个信访室合并为中共华亭县委县人民政府信访办公室，随后经县直机关工委批准，设立华亭县委县人民政府信访办公室党支部，2005年更名为华亭县委华亭县人民政府信访局党支部。

2018年12月至2019年1月，因华亭撤县设市和全市机构改革，"中共华亭县委华亭县人民政府信访局"先后更名为"中共华亭市委华亭市人民政府信访局""华亭市信访局"。

2019年2月，根据《中共华亭市直属机关工作委员会关于基层各党组织设置的通知》（华机关工委发〔2019〕15号），"中国共产党华亭市委华亭市人民政府信访局支部委员会"更名为"中国共产党华亭市信访局支部委员会"。

截至2022年12月底，华亭市信访局党支部共有党员13名，其中男性党员9名，女性党员4名，大学以上学历党员7名，共有支部委员3名。

华亭市信访局党支部坚持"围绕业务抓党建，抓好党建促业务"的工作思路，在"结合""渗透""贯穿"上下功夫，以模范机关创建为抓手，以"信访为民"党建品牌为统领，建立"夯实基层基础、做好结合文章、强化督导检查、全面规范提升、打造亮点特色"五位一体的融合推进模式，最终实现"两加强三提升"的创建目标，即思想政治建设进一步加强、党员干部队伍建设进一步加强，党支部建设标准化水平全面提升、信访工作质量水平全面提升、信访部门担当为民形象整体提升。

2021年，被华亭市委直属机关工委确定为党建示范点以来，不断推行"党建+信访"模式，以党建工作促进业务工作提升，以信访业务丰富党建工作内涵，从服务环境"优"、接访态度"好"、业务技能"强"、纪律作风"严"、办事效率"高"5个方面，深入开展"比学习、看能力，比业务、看规范，比作风、看担当"和"人民满意窗口"创建活动，

增加了党支部的战斗力和凝聚力，提升了党员干部服务群众的能力和水平，取得明显成效。

三、泾川县信访局党建工作

1957年至2019年，泾川县信访部门党建工作在县委办公室党支部的统一领导下开展。

2019年5月，中共泾川县委、泾川县人民政府信访局更名为泾川县信访局，设立中共泾川县信访局支部委员会，由局长任党支部书记。

截至2022年12月底，泾川县党支部共有党员8名，支部委员3名。

▲2022年6月23日，泾川县信访局党员干部深入社区开展创城志愿服务活动

泾川县信访局党支部认真学习贯彻习近平总书记关于加强和改进人民信访工作的重要思想，坚持和发展新时代"枫桥经验"，以推进支部建设标准化为抓手，坚守人民情怀，牢记为民解难、为党分忧的政治责任，自觉用习近平新时代中国特色社会主义思想武装头脑、指导实践、推动工作，着力推动"党建+信访"的深度融合，为推进新时代全县信访工作高质量发展做出了有益探索。泾川县信访局 2016 年至 2020 年连续 5 年被市信访工作联席会议评为"先进单位"，泾川县 2021 年被国家信访局授予信访工作"三无"县荣誉称号。

四、灵台县信访局党建工作

2008 年 11 月成立中共灵台县委、灵台县人民政府信访局党支部。

2019 年 2 月更名为中共灵台县信访局支部委员会，隶属于灵台县委机关第二党总支，设党支部书记 1 名，组织委员、宣传委员各 1 名。

▲2021 年 7 月，灵台县信访局党员干部深入什字镇青岗铺村走访入户

截至 2022 年 12 月底，灵台县信访局党支部共有党员 14 名，其中在职党员 13 名，退休党员 1 名。

灵台县信访局党支部坚持党建统领、围绕中心、建强队伍、服务群众，深入贯彻习近平总书记关于加强和改进人民信访工作的重要思想及批示指示精神，推进党支部建设标准化，全面推行"党建+信访"模式，大力开展创建模范机关、"作风大转变、能力大提升""大督查大接访大调研"等活动，推进党建工作与信访工作深度融合、全面进步。灵台县信访局党支部多次被县委机关党总支评为"优秀党支部"，2021 年被县委授予先进基层党组织荣誉称号，15 名干部被县上评为"优秀工作者""优秀共产党员"。

五、崇信县信访局党建工作

2014 年 2 月 11 日，成立中共崇信县委崇信县人民政府信访局党支部。

2019 年，中共崇信县委县人民政府信访局支部委员会更名为中共崇信县信访局支部委员会（机关工委发〔2019〕2 号）。

截至 2022 年 12 月底，崇信县信访局党支部共有党员 10 名，其中男性党员 9 名，女性党员 1 名，大学以上学历党员 9 名。共有支部委员 3 名。

崇信县信访局党支部深入学习习近平新时代中国特色社会主义思想，扎实推进党支部建设标准化，积极探索"党建+信访"工作体系，设立党员先锋

▲2022 年 7 月 1 日，崇信县信访局全体党员干部到保至善纪念馆开展主题党日活动

岗，发挥党员先锋作用，以党建工作促进业务工作提升，以信访业务丰富党建工作内涵，从服务环境优、接访态度好、业务技能强、纪律作风严、办事效率高 5 个方面，深入开展"比学习、看能力，比业务、看规范，比作风、看担当"和"人民满意窗口"创建活动，增加了党支部的战斗力和凝聚力，提升了党

员干部服务群众的能力和水平。

六、庄浪县信访局党建工作

1949 年至 1982 年，庄浪县信访工作由县委、县政府办公室兼办，党建工作在县委办和政府办党支部的统一领导下开展。

1984 年至 2002 年，庄浪县信访部门党建工作在县委办公室党支部的统一领导下开展。

2002 年，经县直机关工委批准，设立庄浪县委信访办公室党支部。

2005 年，庄浪县信访室更名为庄浪县信访局，随后庄浪县委信访办公室党支部又更名为庄浪县信访局党支部。

▲2021 年 5 月 29 日，庄浪县信访局党员干部在庄浪县南湖镇汪家村入户走访

截至 2022 年 12 月底，庄浪县信访局党支部共有党员 8 名，其中男性党员 5 名，女性党员 3 名，支部委员 3 名。

庄浪县信访局党支部坚持以习近平新时代中国特色社会主义思想为指导，深入贯彻落实新时代党的建设总要求及习近平总书记关于加强和改进人民信访工作的重要思想，充分发挥信访部门党组织战斗堡垒作用和党员先锋模范作用，建立健全新时代"党建+信访"工作体系，打造"党建引领解民忧"党建品牌，提出"1245"工作思路，全面落实从严治党要求，以党建工作的创新聚力，推动信访工作的平稳向好发展，切实维护好群众的合法权益和经济社会的和谐稳定。

七、静宁县信访局党建工作

1957 年至 2002 年，静宁县信访部门党建工作在县委办公室党支部的统一领导下开展。

2006 年 3 月 10 日，经县直机关工委批准，设立中共静宁县信访局支部委员会，由局长任党支部书记。

截至 2022 年 12 月底，静宁县信访局党支部共有党员 10 名，其中男性党员 9 名，女性党员 1 名，全部为大学以上学历。共有支部委员 3 名。

静宁县信访局深入贯彻落实新时代党的建设总要求，认真履行"为民解难、为党分忧"政治责任，坚持"四化"举措，积极打造"四化促四新、党心聚民心"党建品牌，推动党建工作和信访业务全面发展、全面过硬。以"标准化"建设为抓手，努力提高机关党建工作质量；以"品牌化"创建为载体，着力推进支部共建纵深发展；以"融合化"发展为支撑，合力推动信访工作任务落实；以"专业化"培育为目标，全力提升信访干部队伍能力。2020 年，县信访局党支部被静宁县委直属机关工委授予"基层先进党支部"荣誉称号。

▲2022 年 3 月 28 日，静宁县信访局党员干部开展义务植树活动

第二章 信访系统党的建设先进典型

党的建设先进典型包括全市信访系统党建先进集体（见表5-2-1）和先进个人（见表5-2-2）。

表 5-2-1　全市信访系统党建先进集体名录

受表彰单位	表彰名称	表彰机关	表彰时间
平凉市信访局	先进基层党组织	平凉市直机关工委	2010 年 6 月
	先进基层党组织	平凉市直机关工委	2012 年 6 月
	先进基层党组织	中共平凉市委	2016 年 7 月
	市直机关先进基层党组织	平凉市委直属机关工委	2019 年 6 月
	甘肃省先进基层党组织	中共甘肃省委	2021 年 6 月

表 5-2-2　全市信访系统党建先进个人名录

姓名	工作单位及职务	表彰名称	表彰机关	表彰时间
范凤林	原平凉市信访局局长	光荣在党 50 年	中共中央组织部	2021 年 7 月
王冠帅	原崆峒区信访局干部			2021 年 7 月
薛俊璋	原泾川县信访局干部			2022 年 7 月
王仁贵	灵台县信访办公室主任	全省优秀共产党员	中共甘肃省委	2001 年 6 月
刘东升	平凉市委、市政府信访局干部	优秀共产党员	平凉市委机关总支	2005 年 6 月
王　勇	平凉市委、市政府信访局办公室主任	2017 年度"十佳优秀党务干部"	平凉市直机关工委	2018 年 3 月
梁　涛	平凉市信访局办公室主任	市直机关优秀党务工作者	平凉市委直属机关工委	2022 年 6 月

第六编 **06**

| 信访艺苑 |

第一章　文学作品

念念不忘　必有回响

单鑫玮

立冬不久，天气却已渐趋寒冷。看着满街飘零的黄叶，才感觉不知不觉又到了岁末。

和往常一样，我8点准时到市政府信访接待大厅，开始了一天的接访工作。由于天气转冷，城区已进入采暖期，大大小小的工程都已停工。每年这个时间段，都是信访问题的高发期。回想自己从事了近十年的信访工作，每天身处信访接待一线，接触形形色色的上访群众，听他们倾诉，与他们交流，替他们分忧，帮他们解难已经成为我生活的一部分。然而，在接待、衔接、协调、处理群众信访事项的过程中，在充满了"烟火气"的信访接待大厅里，随着时间的推移，从一开始接触信访工作时"为党分忧、为民解难"的信心十足，到后来渐渐适应了面对信访问题无法及时得到解决后上访群众满脸沮丧的表情，甚至对于一些语出无状、诉求无理的上访群众心生厌烦。久而久之，初事信访工作时的激情已日趋平淡，对于每天接待处理的信访事项都是"公式化"运行，心态较以前大有不同。

正在我陷入沉思时，接待大厅进来了一对中年夫妇，一见我，他们就连连鞠躬道谢，并从包里掏出一封感谢信让我收下。他们的感谢让我不知所措，我连忙制止了他们的道谢，问他们所为何故。他们说由于我的帮助，他们拿到了拖欠已久的工程款，即将返回家乡，离别之际，特来向我表示感激之情，并送上感谢信一封，以表心意。我这才想起，他们是之前来过的上访群众，由于这几天接踵而至的民工欠薪、冬季供暖等群众集体上访让我应接不暇，之前衔接过的事情早已忘却，没想到他们的问题已经圆满解决，我也替他们感到高兴，更为自己当初的做法感到庆幸。

这对夫妇是外地人，他们在本地承包了一项工程，竣工后建设单位因他们不是本地人，遂以各种理由拖欠其工程款不予支付，夫妻二人借款垫付了工人工资后，每日上门向建设单位索要欠款，屡屡没有结果。之后，他们到劳动监察部门反映，被告知工程欠款不属于劳动监察部门职权范围；他们又前往住建部门，被告知工程欠款属合同履约问题，应依法通过诉讼渠道解决。夫妇二人经咨询律师后得知，一旦进入诉讼渠道，不仅需要支付较大数额的诉讼费用，且耗时日久，不利于问题快速解决。其间，夫妻二人为发放工人工资东筹西借，在本地日常生活本就异常拮据，根本无力提起诉讼，万般无奈之下到政府上访，希望能帮助他们讨要工程款。当时听完他们诉求后，我立即在网上信访信息系统进行了登记，并向责任单位进行转办，最后向他们书面告知，请他们择期到责任单位查看办理情况。在他们出门离开的那一刻，我看到他们一脸的沮丧和充满了失望的眼神，不禁又叫住了他们。我想到之前在处理一起信访事项时和住建部门质监站一位负责人有过接触，抱着试试看的心态，我给这位负责人打了一个电话，把这对夫妇的问题做了陈述，请求他和建设单位协调，以期问题能尽快得到解决，对方表示同意协调。随后，我便让这对夫妇直接去质监站协调解决。令我没想到的是，问题解决得如此顺利。

看着这对上访夫妇满脸的喜悦和饱含感激的眼神，目送他们离开的身影，我不由得为自己日益"公式化"的工作方式愧疚不安。对于上访群众来说，每一位信访工作者都是他们盼望的"晴天"和困境中的担当；对于所有的信访工作者而言，我们在不经意间一个心怀善意的举动，都会让上访群众感念不已，并上升到对党和政府信任的高度。

作为一名信访工作者，只有心怀人民群众，对人民群众念念不忘，用情怀和担当化解信访问题，把群众呼声作为第一信号，把群众需求作为第一选择，把群众利益放在第一位置，把群众满意作为第一标准，才能真正践行为民服务的工作宗旨。正所谓：不忘初心，方得始终；念念不忘，必有回响！

（作者时任平凉市委、市政府信访局信访接待室副主任，现任平凉市信访局接访科科长。该文刊登于 2017 年 2 月第 1 期《甘肃信访》杂志）

老刘的事儿

黄沿钧

老王到单位签到后，急匆匆地骑上自行车赶往城东老刘家。

老刘的信访事项本来马上办结，可就在前几天，市信访局收到省委书记的信访批示件，要求"妥善处理"，这让老王压力很大，心想老刘这事儿还得办得稳妥些。

老刘上访的起因是孙子的受伤。一天，老刘的孙子放学后进入拆迁场地玩耍，不小心划伤踝关节。老刘背着孙子到市医院，医生说伤情无大碍，按时消炎换药就行了。老刘花了 393 元检查治疗费，生活拮据的他为此很生气。为了省钱，后来几天老刘带孙子在离家不远的私人诊所消炎换药。

其间，老刘到拆迁公司讨说法，拆迁公司以拆迁现场早已封闭没有赔偿责任为由予以拒绝。老刘吃了"闭门羹"不甘心，又先后到市区住建局、棚改中心上访，因提供的正规医疗票据金额只有 393 元，其他收据、诊所证明、处方未被采信，三次协商双方均没达成赔偿协议。拆迁公司让老刘到法院起诉，法院判多少就赔多少。

老刘哪里有钱去法院，一封信就投到了市信访局。市信访局将此信访案件安排给经验丰富、办事稳妥的老王办理。老王在信访局算是"老江湖"了，基本没有他化解不了的矛盾。

老王从市区住建局、棚改中心初步了解了老刘信访事项的办理情况后，到拆迁现场进行了查看，调阅了拆迁招标协议。老王心里琢磨，拆迁现场是围上了围栏挡板，但有的地方有空隙，部分砖围墙高度也不够高，墙外未悬挂安全警示标志，拆迁公司应负有主要责任；住建局和棚改中心与拆迁公司签的协议，约定安全责任全部由拆迁公司承担，但住建局和棚改中心没有加强对拆迁现场的监督管理，对安全隐患因素未及时督促拆迁公司整改排除，应当负监管责任；老刘平时安全教育不够，监护人责任没履行到位，也应负相应的责任。老刘这事儿，三方都有责任，通过协商应当能够解决。

次日，老王骑车赶到老刘家里。正在院子里修三轮车的老刘见有人来家里，急忙放下手里的活计，招呼老王进屋坐。得知老王是市信访局工作人员后，正在倒水的老刘掉下了眼泪。他说本不想到信访局反映他的事情，但拆迁公司人员态度蛮横，拒不承担责任，如果再协商不通，他将赴省进京上访，直到问题得到解决。

　　老刘还说，他们是北塬农民，儿子、儿媳都在外地打工，他和老伴来城里卖菜谋生，租住在 21 号院照看孙子上学。他今年 59 岁了，身体不好，患有多种疾病，每月要花四五百元买药。老王听着，心里五味杂陈，寻思老刘孙子受伤的问题要解决，他家的困难也要考虑。

　　回到局里，老王反复看了老刘的诉求材料，主要症结在小诊所没有出具正规发票上。老刘要求解决 3000 元医疗费和 7000 元误工费、精神损失费的诉求太高，证据不足，拆迁公司不予认可，有关部门也无法主张他的权利。这件事看似虽小但还得下硬功夫！

　　3 天后，老王和同事小张再次来到老刘家里。老刘听说要做调查笔录心里有些不高兴，大声嚷着你们连 1 万元的事情都办不了，还能为老百姓做主吗？老王递给老刘一支烟，跟他解释，不是钱多钱少的问题，作为信访部门协调处理问题要有原则性，有理有据、依法按政策来办，"今天除了向你询问一些情况外，我们还要到拆迁公司、学校、医院、诊所以及拆迁现场调查一些情况，都是为了尽快解决你的问题，希望你能配合我们的工作"。老刘一听老王说的有道理，感到信访局工作人员办事严谨、细致、负责，表示只要能解决问题一定配合。

　　从老刘家做完笔录出来后，老王和小张又先后到拆迁公司、学校、医院、诊所，就老刘孙子受伤后上学、请假、治疗及费用、处方、购药情况进行了详细调查，并复印了有关资料，还顺路到拆迁现场察看了情况。老王仔细分析几份笔录和有关资料，发现老刘反映的问题中有些部分不属实，6 张诊所费用证明与处方不符、5 盒消炎药票据单价明显高于市场价格、老刘孙子 3 天未上学在诊所治疗情况不属实。

　　老王将调查情况写成报告连同笔录、复印资料一并送到市区住建局、棚改中心，经"一事一议"会议分析、核实计算，老刘合理支出总计 1985 元。考虑其家庭困难情况，会议采纳了老王的建议，同意再额外给予老刘 1000 元困难救助。

　　老王带着信访事项答复意见书和安全事故赔偿协议书，和主管部门工作人员来到老刘家里。一路上老王琢磨着，老刘反映的问题通过这次调查核实和会商，有理部分解决到位，又给予了救助，只要思想工作做到位，老刘应该能同意。

　　老刘听了老王的解释和答复后不作声，蹲在墙角使劲抽烟，还时不时地用手背擦眼泪。能言善辩的老王也不知道该说啥才好，安慰了老刘几句后返回局里。临走时老刘没吭一声，也没送老王。

　　老王回到局里，心里却放不下老刘的事儿，这个信访事项受理快一个月时间了，如果老刘不同意处理意见，只能在办理期限内由主管部门给老刘出具书面答复意见书，他可以申请复查复核，或到法院起诉。可是老刘年龄大，体弱多病，生活困难，哪有时间和精力申请复查复核，哪经得起打官司折腾？老刘给孙子看病治疗花了不到 2000 元却要求赔偿 1 万元，确实不合理，但老刘要求赔偿误工费也有合理部分，应该考虑。老王把票据再次核对后，又按当地人均月收入标准核算了老刘的误工费，全部费用接近 5000 元。

　　老王准备好有关资料，向局领导汇报时，领导拿出一封省委书记的批示件——批的正是老刘的信访问题。市信访局对此非常重视，专门召开了局务会，把之前老王的调查情况、处理建议和主管部门的答复意见反复进行了研究，把医疗费、营养费、误工费、救助费等各项费用再次逐一核算，认为接近 5000元的核算金额是准确合理的，决定让老王与主管部门沟通后再向老刘答复一次。

　　老王和主管部门工作人员来到老刘家，把新的处理意见告诉他，又从该事故发生的责任方面给老刘做了分析和解释。老刘深深地吸了两口烟说："我同意这次的处理意见。"过会儿又低声说道："还有件事有点儿对不住了，前几天我给省委书记写信反映了情况，你们就全当没这事儿，我保证以后不再上访了。"老刘扔掉烟头在信访事项答复意见书和安全事故赔偿协议书上签了字。

老王和主管部门工作人员从老刘家出来，路边柳树上传来一阵鸟鸣声，老王抬头一看，两只喜鹊正在枝头穿梭，树间斑斓的阳光洒在他脸上，他紧锁的眉头终于舒展开了。

（作者时任平凉市信访局网信科科长，现任平凉市信访局副局长。该文刊登于2019年第9期《人民信访》杂志）

依火弟弟的烦心事
黄沿钧

辛丑冬月，陇东已是最寒冷的时节了，道路两边多处积雪久久未能融化，部分积雪因行人踩踏和车轮碾压结晶成冰溜子，一片一片的、一道一道的，大小不一，高低相异，在晨曦照耀下变得晶莹剔透、斑斓耀眼。老黄打扫完市政府信访接待大厅卫生，正按照疫情期间"六步工作法，八项措施要求"对接待场所内外进行全面消杀，此时7名戴着口罩、背着行李背包的年轻人急匆匆走进了信访接待大厅。

老黄急忙放下手中的消毒喷壶，招呼他们先在候访室等待，在逐人扫码验码、测量体温、检查核酸报告、填写疫情防控登记表后，给每人泡上一杯热茶，让其中一人到接访室反映诉求。

来访者说他叫依火弟弟（化名），随访人员是他的堂兄表弟，他们全部来自四川省凉山彝族自治州的贫困山区。11月，经朋友介绍，他们来到平凉市崆峒区峡门乡，在分散式风电项目35KV集成D线项目部务工，项目部拖欠10万元务工费拒不支付，现在吃饭住宿的钱都没有了，要求面见市长反映诉求解决问题。

群众利益无小事，农民工工资不能拖欠。入冬以来，省上先后4次召开了全省"清欠工作"视频会议，每次会议结束后，市委市政府领导都要作出重要部署，并提出春节前全部"清零"的总目标。市信访局主要领导也多次在局务会上提出认真接访、扎实协调、快速办理、勤查督办、确保"清零"目标如期实现的具体要求。信访部门虽然不是信访事项责任主体单位和有权处理职能部门，但在接访过程中协调、督查、催办责任单位和有权处理职能部门解决群众合理诉求是职责所系。前几天老黄刚刚协调市、区劳动监察部门和住建部门解决了5个商住楼开发企业和施工企业拖欠农民工1500万元工资问题，刚准备缓口气，今天又是一批因欠薪到市集体上访，且全是外来务工人员！老黄身感压力倍增，责任重大！

为尽快掌握拖欠工资问题和有关情况，老黄先后拨通了工程驻地乡政府、总包施工企业、劳务公司电话，了解项目有关情况和拖欠工资情况。原来，市政府为落实中央、省"双碳"要求，招商引资了一个大型分散式风力发电项目。11月中旬，依火弟弟与劳务公司签订了该项目劳务分包施工协议，承包了风力发电机塔基础工程。之后依火弟弟带领他的堂兄表弟等12人来到施工现场。没想到，刚进场就被项目部告知：因他们"无资质、无保险"，这活儿不能让他们干，拒绝他们施工。依火弟弟以劳务公司违约为由，要求支付12人10天误工费、生活费、交通费、住宿费共计10万元。劳务公司认为依火弟弟未施工，索要10万元涉嫌"工程碰瓷""工程欺诈"。

依火弟弟带着家族成员出来务工时，两个堂叔已生病住院急需用钱，全家族也都指望着年底前拿到工钱准备年货，现在活儿干不成、钱挣不了，无法给父老乡亲及堂兄表弟们交代，急得焦头烂额。

老黄了解了详细情况后，进行了认真分析，这不是一起简单的拖欠农民工工资问题，而是一起典型的合同违约纠纷案件，理应通过法律诉讼程序解决。但是，依火弟弟的上访诉求有一定的合理性，走司法程序周期长，不可能在年底前解决他们的问题，他们等不住、耗不起，但可以通过简易的行政调解程序给予解决。考虑到彝族兄弟的实际困难，老黄在做好他们的思想工作和情绪疏导工作后，立即召集乡政府、施工总包企业、劳务公司负责人，准备现场当面给予协调解决。

老黄在召开协调会议前分别与各单位负责人交换了意见。起初，乡政府负责人同意通过行政协商解决纠纷，但两个企业的负责人都认为合同纠纷应该通过诉讼程序解决，法院判多少他们支付多少，拒不配合协商解决。老黄一时陷入了两难境地。

老黄心里琢磨，群众利益无小事，该问题往小处说，拖欠工资数额不大，只要诉求合理通过协商一定能解决。往大处说，涉及民族团结、社会和谐问题，必须想办法解决！再一方面，依火弟弟等12人千里迢迢来务工，一分钱没挣着，还花了路费，沿途做核酸，住宿吃饭开支也不小，应给予适当补偿。劳务公司签订劳务分包协议事前考察不细，未对施工人员资质进行严格审查，仓促签订劳动分包合同有错在先；施工总包企业在劳动关系受法律保护的情况下紧急叫停工程，存在单方违约问题。

作为身经百战的信访工作人员，老黄还是第一次遇到这样的情况，乙方一天活儿没干要工钱，甲方终止合同违约不愿承担责任！这事还需要下身法、想办法才能解决。当务之急要先做通企业负责人的思想工作。理清思路后，老黄再次单独会谈总包企业负责人和劳务公司负责人，反复释法明理、晓之利害，动之以情、晓之以理，引导企业负责人主动承担社会责任、坚守契约精神、关注弱势群众、解决现实问题，时至中午饭点终于做通工作，他们同意通过协商解决问题。

谢绝了企业责任人和劳务公司负责人中饭邀请后，老黄顾不上下班吃饭，进入了紧张的会议准备之中。

一切准备停当后，协调会议及时在市政府信访接待大厅会商室召开。

会上，总包企业和劳务公司对依火弟弟等12人的误工费按行业施工日工资80%的标准、对路费按火车硬座票标准、食宿费按当地消费标准核算，共计3.6万元。这与依火弟弟核算的10万元相差甚远，3个小时过去了，会商还在互相争论中！主要争论的焦点是日工资标准、伙食标准、来回路途开支，且分歧较大。

老黄有些体力不支，走出会商室点上一支烟陷入了沉思，并对自己坚信行政调解也可以解决该问题的决定产生了怀疑，如果一开始就引导上访人员通过司法程序解决，也许不会这么麻烦，也不会自寻烦恼！如果今天不能达成调解协议，多拖一天，依火弟弟的诉求就会更大一些，企业的损失就会多一些，解决的难度就会更大一些，最后的结果肯定是小事拖大，大事拖炸！开弓没有回头箭，既然箭在弦上，那就要有的放矢，一箭击中靶心。老黄深吸两口烟，杵灭烟头，又一头扎进了会商室。

老黄又采取了逐个击破的方法，再次分别与两个企业负责人和依火弟弟单独谈话，深入掌握三方心理期望和底线，寻找最恰当的折中解决方案。按理说，企业愿意给予适当补偿也算是尽到了约定责任和义务，如果依火弟弟能做出一定让步，问题就能得到解决。老黄把思想工作的主攻方向放在了依火弟弟及他的堂兄表弟身上。经长达2个小时的逐个促膝谈心，因势利导，帮助他们权衡利弊，依火弟弟等12人思想上有了松动，表示只要企业能支付6万元，他们就此作罢，不再为该问题纠缠和上访了，并保证连夜离开往回赶。得到确切表态后，老黄窃喜，有眉目了！老黄趁热打铁，又分别与工程总包负责人、劳务公司负责人进行了单独商谈，最终双方同意5万元彻底解决问题。傍晚19时，双方在调解协议上签字画押，依火弟弟的烦心事顺利解决。

华灯初上，依火弟弟一行12人背上行装赶往火车站。望着他们赶路的背影，疲惫的老黄心里暖暖的。

（作者时任平凉市信访局网信科科长，现任平凉市信访局副局长。该文刊登于2022年6月第3期《甘肃信访》杂志）

四篮橘子

马 华

"真是太谢谢你们了，俺也没什么好拿的，这四篮橘子是俺自家种的，你们一定要收下。""大娘，您的心意我们领了，但橘子我们不能要……"这一情景，让我的心情久久不能平静，眼前又浮现出大娘上访时的那一幕。

2018年10月中旬的一天，恰逢我轮班到市政府信访接待大厅接访，还没走到大厅门口，便看到两名妇女跪在市政府门前号啕大哭。几番询问，得知大娘一家是从陕西前来为儿子讨说法的。大娘的儿子陈某现年31岁，在崆峒区某建筑工地打了半年工，不久前从宿舍出去买雨衣时不慎摔倒，送到医院后抢救无效身亡，但用工企业负责人迟迟不愿和她们见面商量怎么赔偿的事。了解情况后，我和同事耐心安抚大娘的情绪，及时通过项目工程发包单位和主管单位核实情况，并汇报局领导协调公安机关对陈某的死因进行调查。经调查，陈某生前曾患有脑梗死，他的死亡不是他杀，而是意外死亡。

鉴于这样的调查结论，我们及时邀请法律顾问对大娘一家和用工企业就陈某死亡赔偿事宜进行调解。调解过程中，大娘一家和用工企业对基本事实及死亡原因并无异议，但在死亡赔偿金、丧葬费等赔偿数额上却存在较大分歧。大娘一家认为，陈某属工伤致死，用工企业应承担全部赔偿责任，且她就这么一个儿子，儿子的死对她打击非常大，她今后的生活再无着落，故要求赔偿百万余元。但用工企业却认为陈某是因病意外死亡，不是工伤，只愿意赔偿大娘一家2万元。双方一度争执不下，调解陷入僵局。

为迅速妥善化解信访事项，切实解决大娘一家面临的困难，我们多次与公安、住建、人社等相关部门协商，听取法律顾问意见，研究具体化解措施，寻求解决问题的突破口。最终商定，一方面，由大娘一家积极向人社部门申请工伤认定，另一方面继续做纠纷双方的思想工作。考虑到大娘年龄大、行动不便、人生地不熟，我们从情理、法理等不同角度多次对用工企业和项目发包单位负责人进行劝解，并引导由项目发包单位代替大娘一家向人社部门申请工伤认定。功夫不负有心人。最终，工伤认定成功，一次性赔偿给大娘一家65万元，一场随时可能激化的"三跨三分离"矛盾问题得到了圆满解决。

我们常说，信访干部的初心和使命就是为民解难、为党分忧，当群众遇到难处时信访干部必须挺身在前、主动作为。大娘送来的那四篮橘子既是对我们工作的肯定和鼓励，也是一种沉甸甸的鞭策和警示。今后的工作中，我会把这个故事深深地记在心里，坚守初心、不负使命，继续用心、用情、用法解决群众反映的每一个问题、每一项诉求，用实际行动把党和政府的温暖传递给千家万户。

（作者时任平凉市信访局网信科副科长，现任平凉市信访局网信科科长。该文刊登于2019年第4期《甘肃信访》杂志）

解结破冰化难题　农民住上安心房

马 华

"姑娘，房子拆了我们住哪里，这事你们管不管，我要见市上的领导……"脑海中又浮现出我和同事接访老冯和老张的画面。经过多次询问，才搞清楚事情的来龙去脉，原来，老冯和老张是崆峒区东大门道路实施改扩建工程中的拆迁安置户，当时，他俩在按规定签订了安置补偿协议后，拆迁安置补偿款和过渡费，以货币补偿形式一次性进行了补偿，他俩也领取了补偿款。为保证其将来享受安置楼的权利，相关单位在安置协议中为其预留了资格，但在房屋交付过程中，他俩因资金困难等个人原因，未按期限办理安置购房相关手续，从而导致失去安置资格。后来，老冯和老张又要求对其进行安置，经过多次协调，老张和老冯向安置楼开发商缴纳了认购金，根据相关规定享受了价格优惠和减免，并签订了《房屋认购书》，但因个人原因，未缴纳购房尾款，并就安置问题多次向各级法院提出诉讼，但法院驳回了其诉讼请求。多年来，这事成了老冯和老张的心结，自此走上漫漫上访路。老冯他们找过多个主管单位，但总是遭遇"踢皮球"。

了解到事情的经过后，我和同事与上访人"拉家常"，耐心安抚上访人波动的情绪，及时向主管单位核实情况，并第一时间向单位领导做了汇报。

"请你们放心，这事我们管了。"在听取了老冯和老张的诉说及相关单位的政策解释后，局主要领导给出了这样的承诺。

在分析清老冯和老张信访积案的成因和症结后，平凉市信访局充分考虑老冯和老张的家庭实际困难和现有政策实际，努力在"情、理、法"之间寻求平衡，并召开信访积案协调会。经过一个下午的协商，与会各方一致认为，老冯和老张虽然领取了安置补偿款，因自身原因未按期限办理安置购房相关手续，但其自拆迁后至今，未住上安置房是既定的事实，且这两户无固定收入，家庭成员身患疾病，家庭负担沉重，老冯和老张的诉求合理，应妥善予以安置解决。

为彻底化解该信访事项，切实解决老冯和老张的生活困难，平凉市信访局将该积案纳入市级领导包案化解工作范围，积极听取法律顾问的意见，研究具体化解措施，寻求解决问题的突破口。同时要求主管单位抽调专班人员，以对党和群众负责，为群众排忧解难办实事的服务态度，综合手续办理、处理领取款项遗留事项、打开信访人员心结同步推进，全力以赴推动信访积案化解。各相关单位主动担责配合办理相关手续，泓源公司安排专人专车帮助办理相关业务及手续，其工作人员为了让群众少跑路，先后4次前往四十里铺镇和崆峒区法院，对接人民司法调解协议的起草与确认，协议确定后又接送群众前往四十里铺镇签订协议。为确保调解协议得到确认尽快生效，相关工作人员在法院蹲守替群众办理立案及司法确认，在完成司法确认办理后，连夜加班为群众办理了房屋认购合同；四十里铺镇安排司法部门专门进行再次调解，崆峒区法院完善了相关法律程序资料，督促各方签订并出具了人民调解协议确认书。

经过持续10多天耐心给老张和老冯做思想工作，终于打开了他俩的心结，在工作人员的坚持不懈下，老冯和老张签订了补偿协议，并签订了调解协议，领取了补偿金，如愿缴清拖欠房款，并拿到了安置房钥匙，同时自愿签订了《息诉罢访协议》，并给我们送来了一封感谢信。

"我们一家人终于住上安置楼了，感谢市委市政府关注我们的诉求，感谢信访局为民代言，搭建沟通协调的平台，解决了我们的揪心事……"老冯和老张激动的话语依然回响在耳边，我的心里感到沉甸甸的，信访无小事，那里，承载着初心和使命，装满了责任和奉献。

（作者时任平凉市信访局网信科副科长，现任平凉市信访局网信科科长。该文刊登于2021年第5期《甘肃信访》杂志）

送自己一点微笑

刘 芸

我喜欢看人微笑，也喜欢给人微笑，因为那浅浅淡淡的笑容里带着温暖。

我在信访局工作，是专门接待上访群众来访的，办公室里总是人来人往，有时每天接待五六起信访事项十多人，遇到大规模的集体上访，就更难做工作了。

　　有次，在和老公交谈中，他说：你的心态真好，信访工作是最难做的，每天面对不同素质、不同诉求的人去做解释疏导工作，有吵的、有骂的，从没见你发过火、生过气，脸上总是带着微笑，让人感觉像一汪春水般平静。有时我听着那吵闹声就烦，更不用说去调解了。我微笑着回答：有什么可生气的，信访工作有它的特殊性，必须有好的态度才行，如果憋着一股气，那还不得天天和群众吵架？老公笑着点了点头。其实干我们这一行，不管来访群众有多大的事情难以解决，我们都要面带微笑地去给他们解释。他们往往一进门就生着气、冒着火，心平气和用微笑去面对他们是最好的药剂，渐渐地他们会平静下来，听解释、劝告，听政策法规，最终问题得到化解。

　　人有时候就是活一种心情，在社会生活中，总会遇到各种各样的喜怒哀乐，无论物质上有多么富有，没有一份好心情，也无法开心地享受。巨石都无法压弯的身躯，有时却会被叹息、不好的心情拧弯。

　　在日常生活中，我们要学会微笑。高兴时，用微笑让自己保持清醒的头脑；悲伤时，用微笑为自己稀释伤痛；失意时，用微笑给自己撑起蔚蓝；生气时，用微笑为自己平复心情。微笑是心灵的清洁工，能拂去浮躁，扫清阴霾，荡涤风尘，绽放璀璨。这样，在不管遇到什么境况时，心灵都会飞得更高。

　　人与人相处，最讲究谦让与和善，提倡一笑泯恩仇。微笑，是人与人之间沟通的桥梁，表达善意的门楣，不是说送人玫瑰，手有余香吗？送人微笑，亦如此。

　　在这个文明的社会里，繁忙的生活让我们没有了微笑的心境，利益的算计让我们失去了微笑的理由，微笑变得稀少，变得弥足珍贵。给自己一个微笑，让心情更舒畅，让心胸更宽广，让生活更美好，让生命更阳光。

　　只要人人都多一点微笑，少一点争吵，我们的社会何愁不美满、不和谐呢？为何我们不能在忙碌的生活中送自己一点微笑呢？

　　今天，你微笑了吗？

　　（作者时任泾川县信访局干部，现任泾川县信访局信访接待服务中心副主任。该文刊登于2014年10月第5期《甘肃信访》杂志）

洋槐花香
李　涛

　　母亲节到了，周末我回了一趟老家。一下车，就看见浩瀚的田野里毛茸茸的麦浪一浪推一浪，甚是壮观。不远处，田埂边一树树洋槐花也乘着夏日的凉风，欣欣然绽放着。一眼望去，层层叠叠，犹如翻滚的雪浪，散发出阵阵幽香，被那沁人的香牵着鼻子，我径直朝那片槐树林走去。

　　走进树林，看着满树繁花似锦，玉树琼枝，甜甜的幽香扑面而来，那种惬意，真把我迷醉了。我抬头打量着绿叶丛中的洋槐花，朵朵洁白如玉，犹如少女含羞若婉，偷偷地露出脸庞，简直美极了。

　　我迷恋洋槐花，因为它承载着我童年的欢乐。小时候，每年五月阳光明媚的天，母亲便带着我和哥哥姐姐拎着篮子去摘洋槐花。儿时的我们那么调皮，在洋槐树下阳光斑驳的草地里滚爬着、打闹着、嬉笑着。母亲一边照看着，怕我们打架，一边麻利地摘着洋槐花。一会儿工夫，母亲就摘满一篮子，篮子里聚拢的洋槐花就像白玉，青青翠翠的，我们用手抓着吃，那种甜蜜让我至今难忘。母亲把摘好的洋槐花淘洗干净，拌上面粉，放进蒸笼，一袋烟的工夫，一笼槐花麦饭就熟了。我和哥哥姐姐们争先恐后地呼唤父亲吃饭，然后又一溜烟地挤向锅台，母亲盛好后一人一碗，甜滋滋地吃着笑着……

记得每年洋槐花开,都有一群说话叽里呱啦像外国人一样的养蜂客寻觅着洋槐花的清香纷纷涌来,在路边或树丛中搭起帐篷,将大大黑黑的木箱子挪到洋槐树下,把一片片槐树林变成孩子们玩耍的"禁区",成千上万的蜜蜂在林间飞舞,哼唱着欢快的歌谣,一头扎进槐花瓣里美美地吮吸着,用辛勤的劳动为人们酿造香甜的蜂蜜。

我正细细品味着眼前勾起我思绪的洋槐花,母亲看到洋槐树下的我,也走了过来,免不了一阵嘘寒问暖。我提起当年洋槐树林里的快乐时光,母亲脸上露出慈祥的笑,她看我吃洋槐花,便说:"当时家里穷,就摘些洋槐花回家拌麦饭贴补口粮,等把你们拉扯大,日子也富裕了,这片洋槐树林自然成蜜蜂的天堂了。"聊了一会儿,母亲怕我在林荫里着凉,便拉着我朝家里走。她顺手摸摸路边一棵很粗的洋槐树笑着说:"这是你外公去世的前一年栽的一棵树,现在都长成参天大树了,我不老也不行啊……"

谁说不是呢,如今我也是孩子的爸爸了,看着母亲斑白的双鬓和岁月镌刻在她脸上的皱纹,回想母亲当年麻利地摘着洋槐花,我的心绪犹如潮涌……的确,洋槐树越长越高大,槐花香依然悠长,但这香凝结了母亲的青春和情感,我顿感能与母亲相偎是一种莫大的幸福,这幸福犹如洋槐花香一样回味无穷,我爱洋槐花香,我更爱我的母亲。想到这里,我忍住泪水使劲儿地往紧里攥了攥母亲的胳膊,享受着此刻能够依偎母亲的那份快乐和幸福……

光阴似箭,岁月无情,愿这洋槐花香一年更比一年香!愿天下所有的母亲身体安康,永远快乐!

(作者时任灵台县信访局干部,现任灵台县蒲窝镇党委副书记。该文刊登于 2013 年第 3 期《甘肃信访》杂志)

家门口的信访工作

王春雨

夏日炎炎,顶着烈日,抱着儿子,怀着喜悦的心情,我坐上了通往娘家的班车。在信访部门已经工作三年有余,这次借休产假之机,可以回娘家好好陪陪父母,心中满是高兴。

谁能料到,回家第二天就接待了一位特殊的"上访者"。那日黄昏,我抱着刚刚睡醒的儿子准备出门,不想与多年未见的马叔撞了个满怀。

"春雨,听说你现在在县信访局上班?"马叔满脸通红,进门就说明来意。

原来,他这几年一直在平凉搞室内装修,工作不太累,但包工头一直拖欠工资。这次回家夏收,因没有拿到工资而十分恼火。

"春雨,以你在信访局工作的经验,你说叔到平凉上访一回,这事能解决不?""叔,你这事不是单纯靠上访就能解决的。"

在接下来的交谈中我了解了事情的具体情况。于是,我给他认真讲解了信访部门的工作职责,工作流程,以及一些常用的信访法律法规。同时,也给他讲了我在工作期间参与解决的一些拖欠农民工工资的案例。交谈中,见马叔情绪渐渐稳定,我又慢慢了解了他目前的实际情况,建议他通过司法途径解决,他本人也逐渐打消了到平凉上访的念头。本来想从我这里得到一些上访路上的捷径,却有了另外一份收获。

马叔如获至宝般走后,我想了很多,我为这次特殊"接访"而倍感欣慰。为邻里乡亲排忧解难后的满足感,更加坚定了我在信访战线一直走下去的信念。

(作者时任灵台县信访局干部,现任灵台县煤电化工循环园经贸发展科科长。该文刊登于 2013 年 10 月第 5 期《甘肃信访》杂志)

小窗口大情怀

朱丽莉

我进信访局之前在一家私企工作，对于信访工作也没有太多的了解，自己也没信访过，最初的印象便是《人民的名义》中"光明区信访局"那个让来访群众站也不是坐也不是的接访窗口。一年多的时间，我逐渐融入了这个大家庭，在这个小窗口中，我学到了许多东西。这里浓缩了社会的方方面面，群众诉求千头万绪，不管是话长理短，还是怨恨愤怒，同事们都热心接待、耐心听取，直到老百姓满意后离去。

记得一个微风和煦的下午，一个大约四十来岁的中年男子，背着一包看起来挺重的东西，进门就放到了柜台上，还没等我询问要反映什么问题，他便从包里掏出来几根饱满新鲜的玉米棒子，一边往我手里塞，一边说："今年玉米长得好，实在没啥表示，就背了一大包玉米棒子，想着让你们尝尝。"原来他是之前反映过问题的群众，由于庄基的事情和邻居闹得不可开交，后来经过我们协调，不仅问题很快得到了解决，僵持多年的邻居关系也缓和多了。"帮您解决问题是我们分内之事，这些玉米我们可不能要，您的心意我们心领了。""真的很感谢你们，就几个玉米棒子，不要嫌弃。"他说着又将玉米棒硬塞到工作人员的手里。"大哥，我们有纪律的，您反映的问题能解决就好，玉米您还是拿回去吧……"我们坚决不要，他便装回了包里，感叹着说"那算了，你们有你们的纪律，也就不为难了，真的十分感谢你们！"他走后，我们几个默默地相视一笑，心里满是欣慰和自豪。

久而久之，我慢慢地感觉到这个"小窗口"里有大作为，他给迷失的群众指引方向，为困难的群众化解难题。这里有为民解难、为党分忧的"大情怀"，群众一个满意的微笑就是给的我们最宝贵的礼物。

不忘初心，牢记使命。源于一次次的感动，我会坚守这小小的接待窗口，只为老百姓多一份微笑。

（作者为灵台县信访局干部。该文刊登于 2019 年 10 月第 5 期《甘肃信访》杂志）

庄浪信访"四字歌"

张嘉庆

（一）

贫困之县，信访事难，

百姓诉求，小到吃穿；

化解矛盾，刻不容缓，

为民解忧，维稳平安。

（二）

初访接办，至为关键，

开门办公，不敢怠慢，

让座倒茶，人心温暖；

问清事由，交流意见，

抓早抓小，立马就办，

重视源头，长治久安。

（三）

疑难积案，全力攻坚，

领导真抓，单位真管，

跟踪督查，问责从严；

民计民生，补齐短板，

违法上访，处置果断，

清仓见底，罢访结案。

（四）

平台拓展，人心所盼，

网络信访，快捷方便，

数据跑路，群众安闲；

互联互通，答复在线，

监督评议，维护民权，

阳光公信，赢得点赞。

（五）

注重实践，总结经验，

党委重视，齐抓共管，

政府给力，排忧解难；

领导下访，服务一线，

追责问效，奖惩兑现，

强化队伍，创优争先。

（六）

信访事难，任重道远，

适应常态，持续作战；

履职作为，乐于奉献，

巩固成果，谱写新篇。

（作者时任庄浪县信访局局长，现任庄浪县文联主席。该文刊登于 2017 年 2 月第 1 期《甘肃信访》）

信访工作八字诀

王德志

仔细阅读群众来信，热情接待群众来访；

耐心倾听群众意愿，当面解决合理诉求；

预约接访心系群众，带案下访赢得民心；

联合接访群策群力，联办牵头协调解决；

进村入户排查矛盾，源头预防隐患纠纷；

领导包案化解积案，真情真心为民解难；

亲自填写办理情况，及时反馈处理意见；

吸纳听取各方建议，时时畅通信访渠道；

学习宣传法规政策，依法做好解释答复；

有效遏制非法上访，规范群众信访行为；

夯实基础健全机构，明确职责细化分工；

完善制度创新机制，挂职锻炼提高效能；

维护群众合法权益，构建社会和谐稳定！

（作者时任庄浪县信访局副局长，现任庄浪县信访局二级主任科员。该文刊登于 2013 年第 4 期《甘肃信访》）

第二章　书法作品

（作者：吴仁全，时任泾川县信访局二级主任科员，现任泾川县信访局一级主任科员。中国书法家协会会员）

第三章　美术作品

【陇原早春图】

【崆峒夏翠】

（作者：王珺，现任华亭市委常委、统战部部长，曾于 2014 年 7 月至 2015 年 1 月挂职任平凉市信访局信访督查专员）

【山居图】

【云山图】

（作者：黄瑞荣，现任崇信县委副书记。曾于 2014 年 1 月至 6 月挂职任平凉市信访局信访督查专员）

第四章 摄影作品

◀《雪落崆峒》

《陇上瓷镇的沧桑》▶

（作者：滚多雄，现任中共平凉市委副秘书长、市信访局局长。中国民俗摄影协会会士、甘肃省摄影家协会会员、平凉市摄影家协会会员）

◀《结伴而行》

（作者：付小江，时任平凉市委市政府信访局党组成员、纪检组长，现任平凉市纪委监委派驻市委宣传部纪检监察组副组长）

大事记

（1949 年—2022 年）

1949 年

7月，平凉解放，中共平凉地委、平凉分区行政督察专员公署相继宣告成立。

自8月开始，人民群众来信来访由地委秘书处和专署秘书室受理接待。

1950 年

8月，中共平凉地委秘书处、平凉分区行政督察专员公署秘书室指定工作人员兼职办理人民群众来信来访业务。

1951 年

4月，中共平凉地委秘书处、甘肃省人民政府平凉区专员公署秘书室指定专人办理人民群众来信来访业务。

6月，平凉地区直属党政部门和公安、检察、司法、监察机关设立"检举箱""控告箱"，并指定专人办理信访业务，公开受理接待人民群众来信来访。

1952 年

7月25日，政务院发布《关于劳动就业问题的决定》后，全区失业人员要求恢复工作的信访件明显增多。

12月10日，中共甘肃省委办公厅转发《省委秘书处一九五二年七月至九月处理群众来信的总结报告》，要求各地、县（市）和省直部门对省委交办的信访案件必须在3个月内上报查处结果。中共平凉地委、甘肃省人民政府平凉区专员公署建立了地委书记、行政公署专员亲自批阅重大信访案件和专日接待人民群众来访制度。

1953 年

1月，中共平凉地委、甘肃省人民政府平凉区专员公署在不断总结全区信访工作经验的基础上，结合平凉信访工作实际，提出了做好信访受理接待和处理信访问题的措施。甘肃省人民政府平凉区专员公署秘书室下设人民来信来访接待室，编制1人，专门负责人民来信来访接待、协调和处理工作。

1954 年

是年，信访工作得到加强。人民群众来信经地委书记、专署专员批办的信件占全年受理来信总数的三分之一以上，地、县（市）配齐了专（兼）职信访干部。

1955 年

是年，甘肃省人民政府平凉地区专员公署秘书室更名为办公室，人民群众来信来访工作由办公室兼办。

3月，各县（市）人民政府改称人民委员会，信访工作业务由县（市）人委办公室指定专人办理。

7月，中共平凉地委、甘肃省人民政府平凉地区专员公署按照中共甘肃省委批转的省委办公室关于《甘肃省一九五四年人民来信来访工作报告》，把信访工作列入重要的经常性工作，地委、专署领导不但要坚持阅批人民群众来信和专日接待人民群众来访，还应带案下访，亲自调查处理人民群众反映的问题。

1956 年

11月，中共甘肃省委办公厅草拟《省市有关单位处理人民来信来访工作联席会议试行办法》，地、县（市）对信访积案进行了清理，采取联合办公或召开联席会议的方式，解决了一些久拖未决的信访疑难问题。

11月6日，中共平凉地委、甘肃省人民政府平凉区专员公署主要领导、分管领导在《全省信访工作情况通报》上作出批示，有关部门对全区信访工作中存在的突出问题进行专题研究，提出了加强和改进人民来信来访工作的具体意见。

1957 年

11月，平凉区派员参加全省第一次信访工作会议。随后，在地委、专署机关全体党员干部大会上传达全省会议精神。地委秘书处和专署办公室主持召开全区信访工作会议，与会人员讨论通过地委、专署拟定的处理人民来信和接待人民来访两个实施细则（草案）。会议历时5天，地委副书记刘文正和专署专员崔世俊分别作了讲话。

1958 年

3月31日，中共甘肃省委办公厅转发《平凉地区传达贯彻全省第一次信访工作会议情况的报告》。

4月9日，中共平凉地委、平凉专员公署按照中共甘肃省委办公厅转发的办公厅人民接待室《适应新形势，采取新措施，力争人民来信来访大跃进的总结报告》和《一九五八年信访工作计划》提出了贯彻落实意见。

8月11日至14日，平凉地区派员参加中共甘肃省委办公厅和甘肃省人委办公厅联合在临洮召开的信访工作现场评比会。

9月，总结通报了自临洮现场会议后全省实现"三无"（无延误、无差错、无积案）的情况。按照省上要求，中共平凉地委、平凉专员公署和各县（市）党委、人委狠抓中共甘肃省委办公厅《人民来信来访情况简报》精神贯彻落实，全区基本实现了信访工作"三无"目标，改变了以往处理人民群众来信来访工作中存在的拖拉积压现象。

1959 年

是年，由于"大跃进"给工农业生产和人民生活带来许多严重问题，平凉一些地方出现粮荒，全区信访量急剧上升，人民群众通过信访渠道反映粮食问题的来信尤为突出。

7月，平凉地委、专员公署按照全省第二次信访工作会议的统一部署和省委要求，高度重视群众来信来访反映的粮荒问题，及时采取一系列补救措施，使灾情得到了有效控制，粮荒暂时得到缓解。

1960 年

12月上旬，西北局会议在兰州召开，认真总结甘肃工作。这次会议是扭转甘肃严重局势的关键，是甘肃整个工作的转折点，信访工作也随之走上正轨（注：《甘肃信访志 1949—1989》之《信访工作年表简编》之 1960 年）。全区各项工作开始步入正轨，信访工作也随之正常开展。

1961 年

1月，中央有关部门、西北局、中共甘肃省委指派到平凉的工作组，在指导抢救人命和检查纠正平凉工作中存在的错误的同时，还纠正了平凉信访工作中存在的问题。

8月，中共平凉地委秘书处、平凉地区专员公署办公室分别设立信访接待室，编制 2 人，专门负责人民群众来信来访受理接待工作和信访事项交办督办工作。

12月20日至27日，平凉地委派员参加全省第三次信访工作会议。

1962 年

是年，平凉地区以《中共甘肃省委和甘肃省人民委员会关于印发甘肃省人民来信来访工作条例（草案）的通知》为遵循和依据，加强和改进了全区信访工作。

1963 年

5月11日，中共甘肃省委批转《华亭县委关于曹良贵逼死人命一案处理经过》。随后，地委组织公、检、法人员进行了查证落实，将曹良贵批捕法办，并对原处理不公及有意泄露调查情况的两名干部给予党内严重警告处分。

1964 年

4月25日，中共甘肃省委人民来信来访工作室印发《关于按期上报中共中央、国务院、西北局要查处结果信件的通知》，要求各地抓紧上报中共中央、国务院和西北局要查处结果的案件，省委信访室主任苏度亲自到平凉抓催办落实工作。

5月28日，平凉专区派员参加中共甘肃省委在张掖召开的全省信访工作现场会。

1965 年

2月8日至13日，中共平凉地委召开全区秘书工作会议，对人民来信来访工作作出具体安排。

3月1日，中共平凉地委印发《平凉专区一九六四年处理人民来信来访情况和一九六五年任务的报告》，对地、县两级加强和改进信访工作起到了促进作用。

11月，平凉地委副书记遇生智亲自负责，抽调31名干部组成工作组，先后到各县及有关单位清查1963年至1965年的信访积案。经过一个多月的工作，共查处信访积案481件，占历年信访积案总数的82%。

12月24日，省委办公厅副主任、信访室副主任原宪文对平凉地区信访工作进行督查调研，并将督查调研情况向平凉地委书记鲁践作了反馈。

1966 年

3月12日，中共甘肃省委人民来信来访工作室印发《推广平凉地区人民来信来访工作基本实现"两不欠账"经验的意见》。

5月以后，"文革"开始，平凉信访工作受到严重干扰和影响，地、县信访工作机构处于瘫痪或半瘫痪状态，信访工作艰难开展。

1967 年

4月，中国人民解放军驻平部队和平凉军分区奉命"支左"。人民群众来信来访工作由"支左"办公室指定军队干部或地方干部负责办理，主要工作任务是接待部分造反群众和一些串联的红卫兵。

1968 年

2月，平凉专区革命委员会成立。信访工作由平凉专区革命委员会办公室秘书组兼办，人民群众来信来访工作业务逐步由军队干部与地方干部共同负责办理或转交地方干部办理。

1969 年

2月，平凉专区革委会办公室确定专职信访干部接待受理人民群众来信来访、办理信访工作相关业务。

10月，平凉专区革命委员会更名为平凉地区革命委员会，信访工作业务由平凉地区革命委员办公室确定专职信访干部办理。

1970 年

是年，平凉地区革委会办公室下设信访组，编制4人，专门负责人民群众来信来访受理接待和信访事项交办督办工作。

1972 年

9 月，"支左"办公室撤销，军队干部陆续归队。

12 月，中共中央转发《关于加强信访工作和维持首都治安的报告》（中发〔1972〕45 号）。根据文件要求，地委加强了对信访工作的领导，建立健全了各县信访工作机构。

1973 年

9 月，中共平凉地委召开全区信访工作会议。会后，中共平凉地委印发《关于认真贯彻中央 45 号文件进一步加强信访工作的通知》，地委信访工作业务由地委办公室秘书科确定专人办理。地区革委会办公室下设信访接待室。地、县两级确定了分管副书记，恢复和建立了领导干部定期接待来访群众制度。

1974 年

是年，平凉地区认真贯彻中共甘肃省委办公厅印发的《关于当前信访工作情况及进一步加强信访工作的意见》，进一步加强和改进了信访工作。

1975 年

是年，平凉地区革委会办公室信访接待室更名为信访室，正式编制 3 人。

10 月 15 日，中共甘肃省委、甘肃省革委会信访室印发《信访简报》（第三十三期），刊登了《静宁县委调查组关于新院生产队干部挥霍浪费问题的调查报告》。

1976 年

是年，粉碎"江青集团"后各级党委领导开始重视信访工作。加强领导，恢复机构，配备人员，建立完善了一些信访工作制度。中共平凉地委成立秘书处信访室。

1977 年

12 月 8 日至 14 日，平凉地委信访室及 7 县信访部门负责人参加中共甘肃省委在兰州召开的全省信访工作会议。随后，将会议精神向地、县委领导作了汇报，地、县两级相继召开信访工作会议，认真传达了全省信访工作会议精神和省委书记宋平在全省信访工作会议上的讲话精神，讨论提出了今后做好信访工作的意见和措施。

1978 年

是年，中共平凉地委成立信访室，专门负责人民群众来信来访受理接待和信访事项协调办理工作。

3 月 22 日，中共平凉地委秘书处印发《关于处理来信来访中注意的几个问题的通知》（地委秘发〔1978〕5 号）。

10 月 10 日，中共平凉地委秘书处印发《关于地委负责同志接待群众来访工作的意见》（地委秘发〔1978〕13 号）。

11月1日至4日，中共平凉地委召开全区落实干部政策和信访工作会议。地委副书记、地区革委会副主任张居庆到会作了讲话。

12月29日，中共甘肃省委第一书记宋平对平凉地区运输公司职工写信反映问题作出批示。

1979 年

9月26日，中共平凉地委秘书处印发《关于催报查结信件的通知》（地委秘发〔1979〕21号）。

10月9日，平凉地区行政公署印发《关于加强信访工作的通知》（知字〔1979〕33号）。

11月15日，中共平凉地委秘书处印发《关于抓紧处理信访案件迅速减少上访的通知》（地委秘发〔1979〕26号）。

1980 年

12月29日，中共平凉地委秘书处印发通知（地委秘发〔1980〕51号），要求各县信访室全面总结1980年信访工作，查找当前信访工作中存在的主要问题。

1981 年

5月20日，中共平凉地委、平凉地区行政公署信访室印发《信访室处理人民来信来访工作细则（征求意见稿）》。

9月17日，中共平凉地委秘书处印发《关于贯彻中办二十二号文件情况的报告》（地委秘发〔1981〕39号）。

1982 年

5月25日至29日，平凉地区派员参加全省第四次信访工作会议。

是年，平凉地、县两级贯彻全省第四次信访工作会议精神和《关于甘肃省三年信访工作情况和今后意见的报告》《甘肃省党政机关信访工作细则（草案）》，积极开展信访工作。

1983 年

5月27日，中共平凉地委按照中共甘肃省委办公厅《关于进一步加强信访工作的通知》，要求各级各部门继续贯彻"分级负责，归口处理"的原则，各负其责，层层把关，不推不拖，不等不靠，把人民群众反映的问题解决在基层，解决在本部门和本单位。

1984 年

3月3日，甘肃省省长陈光毅对平凉县柳湖公社柳湖大队103名出嫁姑娘信访问题作出批示。

7月15日至18日，中共平凉地委、平凉地区行政公署召开全区信访工作会议。地委副书记朱彦邦到会并作总结讲话。

8月17日，中共平凉地委秘书处印发《关于健全分级负责、归口管理信访工作责任制的意见》的通知（地委秘发〔1984〕65号）。

8月23日，中共甘肃省委信访室向各地、市、自治州党委信访室印发通知（甘信办〔1984〕10号），要求参阅平凉地区抓好信访工作的做法。通知指出："平凉地委、行政公署于今年7月中旬召开全区信访工作会议，会议在总结经验的基础上，研究部署今后信访工作的任务。现将会议召开情况报告摘要转发你们参阅。"

1985 年

2月3日至5日，中共平凉地委、平凉地区行政公署召开全区信访工作总结评比会议。会议评选出在处理人民来信来访工作中做出优异成绩的先进集体6个、先进个人13名。

3月底至4月初，省委信访室抽调人员对平凉地区信访工作进行巡回检查。

9月3日至4日，中共平凉地委召开第三十三次委员会议，对在整党中群众来信反映的一些县级干部的问题进行认真研究，提出了具体处理意见。

1986 年

3月10日，中共平凉地委、平凉地区行政公署信访处印发《关于表彰一九八六年信访挂职先进单位、先进个人的通知》。

4月26日，中共甘肃省委办公厅、甘肃省人民政府办公厅印发《关于表彰全省党政机关信访工作先进单位、先进工作者的决定》，对全省21个信访工作先进单位和39名先进工作者予以表彰奖励。其中平凉地委、行政公署信访处，灵台县委、县政府信访室被表彰为"先进单位"；平凉市委、市政府信访室干部何兰香，崇信县委、县政府信访室干部郭玉兴，庄浪县委信访室副主任蒙俊清被表彰为"先进信访工作者"。

7月27日至30日，中共平凉地委、平凉地区行政公署召开全区信访工作会议。这次会议是地委、行政公署信访处正式挂牌成立后召开的第一次全区信访工作会议。地委书记徐尚和、地委副书记张新民、地委副书记丁泽生出席会议并分别作了讲话。

8月10日，中共平凉地委秘书处印发《关于启用印章的通知》（地委秘知字〔1986〕8号）。通知指出："现刻制'中国共产党平凉地区委员会地区行政公署信访处'印章一枚，即日起用。"

8月14日，中共平凉地委秘书处印发《关于转发〈全区信访工作会议纪要〉的通知》（地委秘发〔1986〕37号）。

8月19日，中共平凉地委秘书处印发《中共平凉地委秘书处、平凉地区行政公署办公室关于实行领导接待日制度的通知》（地委秘发〔1986〕38号）。通知指出："地委、行政公署决定，每周星期五为领导接待群众日，今后每周星期五，地委、行政公署领导同志分别在地委、行政公署轮流接待上访群众，具体事宜由地委、行政公署信访处安排。"

1987 年

1月8日，中共平凉地委、平凉地区行政公署信访处下发《关于对全区信访工作进行一次全面检查的通知》（平信字〔1987〕1号）。

3月9日，中共平凉地委、平凉地区行政公署信访处印发《关于印发地委书记马良骥在全区信访工作检查评比会议上的讲话的通知》（平信字〔1987〕3号）。

3月10日，中共平凉地委、平凉地区行政公署信访处印发《关于表彰一九八六年信访工作先进单位、先进个人的通知》（平信字〔1987〕4号）。

9月23日，中共平凉地区直属机关委员会印发《关于成立平凉地委、行政公署信访处党支部报告的批复》（直党字〔1987〕86号）。通知指出："经地直机关党委一九八七年九月二十二日会议研究，同意成立地委、行政公署信访处党支部。支委会由范凤林、冯生鼎、程建民三名同志组成。范凤林同志任支部书记。"

1988 年

3月5日至7日，中共平凉地委、平凉地区行政公署召开全区信访工作会议，分析全区信访工作形势，总结交流信访工作经验，讨论信访工作任务。地委副书记马良骥、行政公署副专员郭继芳分别作了讲话，地委、行政公署信访处处长范凤林就1987年信访工作情况和1988年信访工作安排作了工作报告。

3月9日，中共平凉地委秘书处印发《关于印发马良骥、郭继芳同志在全区信访工作会议上讲话的通知》（地委秘发〔1988〕6号）。

4月12日，中共平凉地委、平凉地区行政公署信访处制定印发《中共平凉地委、平凉地区行政公署信访处工作人员岗位职责（试行）》《中共平凉地委、平凉地区行政公署信访处处理人民来信来访工作制度（试行）》。

8月23日，中共平凉地委、平凉地区行政公署信访处向平凉地区行政公署报送《关于落实私房改造遗留问题的报告》（平信〔1988〕14号）。报告中指出："私房改造遗留问题，近两年上访人数骤增，1987年全区有关私改房屋问题的来信来访388件（次），占信访总数的15%。1988年上半年要求落实私改房产问题的来信来访147件（次），占上半年信访总数的9%，与去年同期相比上升了32.3%。"

11月8日，《甘肃日报》刊登了"发生在平凉地区医院的一件怪事'假死真死未弄清、小孩险些丧了命'"的报道和群众来信。地委、行政公署领导高度重视，分管信访工作的副书记、副专员亲自挂帅，抽调专人及时进行了调查，在短期内对这一问题作出了妥善处理，使遗弃7个月的患病婴儿重新回到父母身边。

12月24日至26日，平凉地区派员参加全省第五次信访工作会议。

1989 年

2月23日，中共平凉地委秘书处印发《关于召开全区信访工作会议的通知》（地委秘发〔1989〕5号）。

3月21日至23日，中共平凉地委、平凉地区行政公署召开全区信访工作会议，传达贯彻全省第五次信访工作会议精神，总结交流全区信访工作经验，讨论安排1989年全区信访工作任务。地委副书记、行政公署专员丁齐和地委副书记张新民出席会议并分别作了讲话。

1990 年

2月13日，中共平凉地委、平凉地区行政公署信访处向省委信访室报送平凉地区信访干部基本情况。是年，地、县（市）两级信访部门共有信访干部32人，其中地委、行政公署信访处9人，平凉市信访室

6 人，泾川县信访室 3 人，灵台县信访室 3 人，崇信县信访室 3 人，华亭县信访室 2 人，庄浪县信访室 3 人，静宁县信访室 3 人。

3 月 26 日，中共甘肃省委信访室《群众来信摘登》（第二期）刊发了《群众来信反映当前农村几个突出问题》。这期《群众来信摘登》的是平凉地区崇信县、泾川县 2 名农民向省委书记李子奇致信反映农村化肥缺少、生猪收购等问题。

4 月 10 日至 11 日，中共平凉地委、平凉地区行政公署召开全区信访工作会议。地委副书记张新民出席会议并讲话。

4 月 14 日，中共平凉地委、平凉地区行政公署信访处向地委各书记、行政公署各专员报送《关于改进地委、行政公署领导同志接待上访群众具体办法的几点意见》，对接待工作提出三点意见：一是按照领导分工，实行对口约访；二是定期接待，继续坚持原定每周星期五接待日制度；三是未经信访部门安排的临时接待，由领导直接接访，并做好记录，便于信访部门了解情况，承办领导交办的具体事宜。

12 月 19 日，中共平凉地委、平凉地区行政公署信访处和平凉地区行政公署公安处印发《关于贯彻执行国务院、省人民政府有关维护信访工作秩序的几个文件精神的通知》。

1991 年

7 月 30 日，甘肃省人民政府信访室印发《关于举办全省第五期信访干部培训班的通知》，要求各地（州、市）信访室（处）必须有 1 名科级以上干部参加，各县（市、区）信访室必须有 1 名主任或副主任参加。培训时间 15 天。

9 月 18 日至 21 日，全省第六次信访工作会议在兰州召开。平凉地委、行政公署信访处处长王正华，灵台县委副书记曹兴荣，平凉市委副书记杨保文，灵台县信访室主任孙培毓参加会议。会上，灵台县委副书记曹兴荣就灵台县近几年的信访工作情况作了交流发言。

10 月 22 日至 23 日，中共平凉地委、平凉地区行政公署召开全区信访工作会议。传达贯彻全省第六次信访工作会议精神，总结 1990 年及 1991 年 1 月至 10 月全区信访工作，对今后信访工作作了安排部署。

1992 年

3 月 9 日，中共平凉地委秘书处印发《关于成立平凉地区信访工作领导小组的通知》（地委秘发〔1992〕12 号）。地委副书记为组长，行政公署副专员和地委、行政公署信访处处长为副组长，地区纪委、组织部、统战部、政法委、公安处、监察局、经委、交通处、商业处、劳人处、教育处、卫生处等单位负责同志为组员。

4 月 21 日，中共平凉地委召开地直有关单位领导和专（兼）职信访干部会议。会上，地委、行政公署信访处处长范凤林通报地直单位信访工作情况，地委副书记张新民主持会议并作了讲话。

6 月 1 日，中共平凉地委、平凉地区行政公署信访处印发《关于贯彻省委省人大省政府信访室〈关于加强信访工作宣传的通知〉的意见》（平信字〔1992〕19 号）。

6 月 1 日至 3 日，中共平凉地委、平凉地区行政公署召开全区信访工作检查评比会议。会上，各县（市）信访室主任作了工作经验交流，并评选出全区信访工作先进集体 6 个，先进个人 12 名。地委副书记张新民作了讲话。同时，向省上推荐全省信访工作先进集体 1 个，先进个人 3 名。

6月3日，中共平凉地委、平凉地区行政公署信访处印发《关于表彰全区信访工作先进集体、先进个人的决定》（平信字〔1992〕20号），对灵台县信访办公室等6个先进集体、灵台县委书记李铁成等12名先进个人进行了表彰。

6月6日，中共平凉地委、平凉地区行政公署信访处印发《关于全区信访工作检查评比会议情况的报告》（平信字〔1992〕21号）。

8月18日，中共平凉地委、平凉地区行政公署信访处印发《关于做好党的十四大和首届中国丝路节期间信访工作的通知》（平信字〔1992〕32号）。

11月28日，中共平凉地委、平凉地区行政公署信访处印发《关于认真贯彻落实全省信访工作会议精神的通知》（平信字〔1992〕44号）。

12月16日，平凉地区行政公署档案处印发《关于地区中级人民法院等十个机关档案室升级的批复》（平档发〔1992〕57号），同意中共平凉地委、平凉地区行政公署信访处档案室晋升省二级档案室。

12月22日，中共平凉地委、平凉地区行政公署信访处印发《关于信访工作宣传员工作情况的通报》（平信发〔1992〕49号），对19名受聘的信访工作宣传员的半年工作情况作了通报，对华亭县信访室孟春贤等3名优秀信访工作宣传员进行了表彰奖励。

1993 年

1月16日，甘肃省人民政府信访室《信访情况》（第三期）分别摘登了华亭县神裕乡、泾川县窑店乡的农民来信，反映基层干部弄虚作假、乱摊派、侵吞国家财物等问题。

9月12日至14日，全省信访工作理论研讨会在平凉召开。会上，对信访工作中的热点、难点和深层次理论问题进行了探讨。

12月30日，甘肃省人民政府信访室印发《关于全省信访工作优秀论文评选结果的通知》，中共平凉地委、平凉地区行政公署信访处的文章《试论如何加强信访工作，使问题解决在基层》获三等奖。

1994 年

3月3日，中共平凉地委、平凉地区行政公署信访处印发《关于表彰一九九三年优秀信访工作宣传员的决定》（平地信发〔1994〕7号）。决定对在一九九三年信访宣传工作中做出优异成绩的静宁县信访室李国军、华亭县信访室孟春贤、行政公署劳人处陈殿元3名同志予以表彰。

是日，中共平凉地委、平凉地区行政公署信访处印发《关于认真搞好全区逐级上访试点工作的通知》（平地信发〔1994〕8号）。

5月23日至27日，中共甘肃省委信访室副主任倪文清一行4人，对平凉地区信访工作进行督查调研。

6月10日，中共甘肃省委信访室副主任倪文清一行4人从庆阳返回平凉后，与平凉地委书记丁泽生交换了意见，向平凉地委、行政公署信访处通报了对平凉地区信访工作的督查情况，并对今后工作提出具体要求。

8月8日，中共平凉地委、平凉地区行政公署信访处印发《平凉地区引导群众逐级上访制度实行办法的通知》（平地信发〔1994〕29号）。

11 月 28 日至 12 月 1 日，全省信访工作座谈会在兰州召开。中共平凉地委副秘书长孙创明，平凉地委、行政公署信访处处长范凤林参加会议。

12 月 6 日，中共平凉地委、平凉地区行政公署信访处印发《关于表彰奖励一九九四年度全区优秀信访工作宣传员的决定》（平地信发〔1994〕50 号）。

12 月 26 日至 27 日，中共平凉地委、平凉地区行政公署召开全区信访工作会议。地委、行政公署信访处处长范凤林传达全省信访工作座谈会精神，地委、行政公署信访处副处长程建民通报 1994 年全区信访工作情况，宣读 1995 年全区信访工作计划，地委副书记张新民、行政公署副专员李文业到会作了讲话。

1995 年

4 月 14 日，中共平凉地委、平凉地区行政公署信访处处长范凤林在《平凉报》发表《加强基层信访工作是减少上访的根本途径》的署名文章。

5 月 30 日，中共平凉地委组织部印发《关于转发〈老干部信访工作暂行规定〉的通知》（平组字〔1997〕18 号）。

8 月 30 日，中共平凉地委、平凉地区行政公署信访处《信息简报》〔第九期（总 120 期）〕上刊发了《1995 年上半年全区信访情况通报》并编发按语，指出："地委副书记张新民看了省政府信访室上半年信访工作总结后，针对我区信访量居全省地（州、市）第五位，特别是重信重访居高不下，集体上访大幅上升的情况，批示将上半年全区信访情况向各县（市）进行通报，希望各县（市）委、政府根据通报中工作的情况，认真回顾上半年的信访工作，狠抓今年最后四个月的工作，力争减少重信重访，防止出现新的集体上访。"

10 月 28 日，国务院令第 185 号发布《信访条例》，自 1996 年 1 月 1 日起施行。平凉地区地、县（市）两级采取多种形式组织开展了《信访条例》学习宣传和贯彻落实工作。

10 月 30 日，中共中央办公厅、国务院办公厅、人事部印发《关于表彰全国信访系统先进集体和先进工作者的决定》，平凉地区灵台县信访办公室主任王仁贵获全国信访系统先进工作者称号。

1996 年

1 月 19 日，在全省第七次信访工作会议上，省委信访室授予庄浪县委、县政府信访室张士言同志从事信访工作 25 年以上荣誉证书。

1 月 20 日，中共平凉地委、平凉地区行政公署信访处档案室被甘肃省档案局评为"甘肃省档案工作规范化管理省一级"。

3 月 13 日至 15 日，中共平凉地委、平凉地区行政公署召开全区信访工作会议。会上，全国信访系统先进工作者灵台县信访室主任王仁贵汇报传达了全国第四次信访工作会议精神；地委、行政公署信访处处长范凤林传达全省第七次信访工作会议精神；地委、行政公署信访处副处长程建民代表信访处总结全区近 3 年来的信访工作，安排 1996 年全区信访工作；对 4 个信访工作先进集体、12 名先进工作者、3 名优秀信访工作宣传员进行表彰奖励。地委副书记、地区人大工委主任张新民作了讲话，并与各县（市）委、政府及地直 10 个大口部门签订了 96 年度信访工作目标管理责任书。

6 月 4 日至 6 日，中办、国办信访局处长齐涛、科长于荔来平凉地区督导调研信访工作，省委信访室副主任李永生、杨林，地委委员、秘书长朱生福，地委、行政公署信访处处长范凤林陪同督导调研。督导调研组先后听取了静宁县、平凉市、泾川县，地委、行政公署信访处，地区农牧处、民政处和地委的工作汇报，深入基层督导调研贯彻全国第四次信访工作会议精神、学习宣传《信访条例》、农民负担、群众生活安排、亏损企业生产经营等情况。

7月26日，人事部印发《关于全国信访系统先进工作者享受省部级劳动模范和先进工作者待遇的通知》（人发〔1996〕67号）。按照有关规定，灵台县信访办公室主任王仁贵同志享受省部级劳动模范和先进工作者待遇。

1997 年

1月16日，中共平凉地委秘书处、平凉地区行政公署办公室印发《关于兑现一九九六年信访工作目标管理责任书的决定》，其中县（市）中灵台县获一等奖、华亭县获二等奖；地直部门中水利处、林业处、经委、劳人处、卫生处、粮食处、计划处获一等奖，农牧处、教育处获二等奖。

3月19日至21日，中共平凉地委、平凉地区行政公署在灵台县召开全区信访工作现场会。会上，与会代表实地参观学习了灵台县"五抓五促五到位"信访工作先进经验；地委、行政公署信访处总结了1996年全区信访工作，安排部署了1997年全区信访工作。地委副书记张新民、行政公署副专员李文业出席会议并作了讲话。

5月5日至12日，甘肃省人民政府信访室主任姜兰芳、巡视员连得璋、科长薛水旺等一行4人来平凉地区检查指导信访工作。

8月8日，中共平凉地委秘书处印发《关于印发中共平凉地委秘书处、政策研究室、信访处、保密委办公室（保密局）职能配置、内设机构和人员编制方案的通知》（地委秘发〔1997〕61号），中共平凉地委、平凉地区行政公署信访处，职能并入中共平凉地委秘书处，保留牌子。

8月11日至15日，中共甘肃省委信访室副主任李永生来平凉检查指导信访工作。

12月8日至21日，中共平凉地委、平凉地区行政公署信访处组织各县（市）信访室主任，赴各县（市）对1997年度信访工作目标管理责任书落实情况进行了检查考核。

1998 年

4月8日，中共平凉地委、平凉地区行政公署召开全区信访工作会议。会上，对1997年全区信访工作进行了总结，对当前信访形势进行了分析，对1998年信访工作作了安排部署。地委副书记张新民作了讲话。

8月20日，中共甘肃省委办公厅、甘肃省人民政府办公厅印发《关于对在全省信访工作中取得突出成绩的集体和个人给予表彰的通知》，平凉地委、行政公署信访处被评为"全省信访工作先进集体"，灵台县委、县政府信访室主任王仁贵，平凉地委、行政公署信访处副处长程建民，泾川县委、县政府信访室主任史福林，平凉市委、市政府信访室主任柳治元被评为"全省信访工作先进个人"。

9月7日至9日，全省基层信访工作会议在平凉召开。会议主要内容是推广灵台县抓信访网络建设的经验。会上，有8个单位和个人做了经验交流，表彰奖励了1993年至1997年以来全省信访战线作出突出贡献的19个先进集体和50名先进个人，讨论省委、省政府领导讲话和省委办公厅、省政府办公厅《关于进一步加强基层信访工作的意见》。省委常委、省委秘书长仲兆隆，副省长洛桑灵智多杰，省委副秘书长翟克勇出席会议并讲话。省政府办公厅副主任谢庆昌，平凉地委书记丁国民，省人大办公厅副地巡视员胡伯年，平凉地区人大工委主任张新民，平凉行政公署副专员李文业出席会议。

9月11日，中共甘肃省委信访室主任俞培兰、甘肃省人民政府信访室副主任梁明平一行9人，深入平凉地区华亭县南川乡和东华镇检查基层信访网络建设工作。

12月23日，地委书记丁国民在国务院转来静宁县一退休干部向朱镕基总理反映家乡泾川县荔堡镇地庄村农民负担问题的信件上批示："马专员阅。荔堡及泾川的农民减负问题已得到省、地的十分重视，泾川县委、县政府也正在调查处理。总之，农民负担问题是大事、是政治问题，必须引起各级领导同志的重视。今后对此类信件及来访要十分重视，及时处理，对顶风违纪的严肃处理。"

12月24日，地委书记丁国民在一封灵台县农民的来信上批示："请灵台县立新书记阅。减负工作是事关大局的大事，应当主动地、认真地去抓，等到问题大了再去抓就迟了。"

1999 年

4月28日，中共平凉地委、平凉地区行政公署召开全区信访工作会议。会上，地委副秘书长、地委行政公署信访处处长高继学对1998年信访工作进行了总结回顾，分析了当前全区信访形势，安排部署了1999年全区信访工作。地委委员、秘书长朱生福，行政公署副专员黄选平出席会议并分别作了讲话。

7月26日至8月10日，中共平凉地委、平凉地区行政公署信访处对7县（市）上半年信访工作情况进行检查考评，先后抽查了14个乡（镇）、2个村、4个县（市）直部门，听取了各县（市）信访室和县（市）分管领导的工作汇报，对7县（市）上半年信访工作进行了综合考评。

9月13日至14日，中共平凉地委、平凉地区行政公署召开地直大口部门信访工作现场会暨业务培训会，对地直22个部门的信访兼职干部进行信访基本知识培训，现场参观学习了平凉检察分院、人劳处、计生处等单位的信访工作先进经验。

2000 年

8月9日，中共平凉地委、平凉地区行政公署信访处召开上半年信访情况分析会。地委委员、秘书长朱生福，地委副秘书长孙创明，地委副秘书长、地委行政公署信访处处长高继学出席会议。

12月28日，平凉地区分管信访工作的领导、信访处负责同志参加省信访工作领导小组召开的第二次全省信访形势分析暨重点信访案件交办会。

2001 年

1月15日至16日，中共平凉地委、平凉地区行政公署召开全区信访工作会议。总结全区2000年信访工作，安排部署2001年全区信访工作任务，兑现2000年全区信访目标管理责任书，表彰先进单位，总结交流经验，探讨做好新形势下全区信访工作的有效措施及办法。

5月18日，中共平凉地委、平凉地区行政公署信访处干部李怀荣撰写的报告文学《深山里一个信访干部的脚印》获全国信访系统征文二等奖。

10月22日，地委书记刘立军接待平凉市、华亭县上访群众，这是恢复地委、行政公署领导接待日以来地区书记的第一次接访。地委委员、政法委书记吴定军，地委副秘书长、秘书处处长孙创明，地委副秘书长、地委行政公署信访处处长高继学，地委行政公署信访处副处长程建民、李枫，地区公安处、检察院、法院，平凉市、华亭县等有关领导及相关责任单位负责人参加接访活动。

2002 年

3月8日，中共平凉地委、平凉地区行政公署召开全市政法信访工作会议。会上传达了全国、全省信访工作会议精神，对2001年全市信访工作进行了总结，对2002年信访工作作了安排部署。

6月28日，中共平凉地委办公室发出《关于印发中共平凉地委、平凉地区行政公署信访处职能配置、内设机构和人员编制方案的通知》（地委办发〔2002〕76号），通知明确："信访处内设2个职能科室办公室、信访科，核定行政编制7名，事业编制1名。设处长1名，副处长1名，科级领导职数2名，科级非领导职数1名。"

是月，中共平凉地委、平凉地区行政公署信访处由原来地委秘书处归口管理的二级部门恢复为市委一级部门，配备专职局长。

9月6日，中共平凉市委印发《关于撤销地委所属机构和人民团体设立市委所属机构和人民团体的通知》（市委发〔2002〕3号）。通知指出："撤销中共平凉地委平凉地区行政公署信访处，设立中共平凉市委平凉市人民政府信访局。"

9月18日至19日，平凉市委、市政府分管领导和平凉市委、市政府信访局局长参加全省落实信访工作领导责任制座谈会。

9月28日，中共平凉市委、平凉市人民政府召开全市信访工作电视电话会议，传达全省落实信访工作领导责任制座谈会精神，通报分析全市信访工作情况和面临的形势，安排部署全市信访工作。市委副书记杨国爱出席会议并作了讲话，对召开党的十六大、省上"两会"和撤地设市期间全市信访工作提出了明确要求。

2003 年

3月18日，中共平凉市委、平凉市人民政府召开全市信访工作会议。会议全面贯彻落实市委一届二次全委（扩大）会议暨全市经济工作会议精神，总结2002年信访工作，分析当前信访工作形势，部署2003年全市信访工作，兑现并签订2003年度信访工作目标管理责任书。副市长武毅主持会议，市委副书记、市纪委书记王应天作了讲话，市人大副主任任桂霞，市政协副主席何兴荣出席会议。

3月30日，中共平凉市委、平凉市人民政府印发《平凉市信访工作责任制》（市委发〔2003〕22号）。

4月17日，中共平凉市委办公室、平凉市人民政府办公室印发《关于妥善处置来市集体上访、异常上访，维护市委、市政府机关正常工作秩序的工作方案》（市委办发〔2003〕36号）。

是年，市上实施律师参与信访接待工作制度。

8月25至26日，甘肃省人民政府信访室副主任吴学勤一行5人督查调研灵台、泾川县信访工作。平凉市委、市政府信访局局长陈黎萍、副局长朱克贤陪同督查调研。

2004 年

3 月 3 日，中共平凉市委、平凉市人民政府召开全市信访工作会议。会上，宣读了市委、市政府《关于进一步加强和改进信访工作的意见》，兑现了 2003 年度全市信访工作目标管理责任书，签订了 2004 年度信访工作目标管理责任书；交流了信访工作先进经验；总结了 2003 年全市信访工作，安排部署了 2004 年工作。市委副书记、市纪委书记王应天，市政府常务副市长武毅出席会议并分别作了讲话。

3 月 15 日，中共平凉市委、平凉市人民政府印发《关于进一步加强和改进信访工作的意见》（市委发〔2004〕14 号）。

8 月 4 日，中共平凉市委、平凉市人民政府信访局召开全市重点信访案件交办会议，对 2004 年以来全市赴省进京上访群众反映的 38 件重点信访事项，分别确定由市委、人大、政府、政协领导包案督办，限期解决。

2005 年

3 月 16 日，中共平凉市委、平凉市人民政府召开全市信访工作会议，传达学习中央和全省信访工作会议精神，全面总结 2004 年信访工作，兑现 2004 年度目标管理责任书，分析全市信访形势，安排部署 2005 年工作。市委副书记、组织部部长李志勋出席会议并作了讲话。

4 月 27 日，中共平凉市委、平凉市人民政府召开全市学习贯彻《信访条例》工作会议，对 7 县（区）分管领导、信访室主任、法制办主任和市直专（兼）职信访干部 110 多人进行了集中培训。市委副书记、组织部部长李志勋出席会议并作了讲话。

5 月 30 日，平凉市机构编制委员会印发《关于县（区）信访办公室更名为信访局的批复》（市机编〔2005〕5 号），同意县（区）信访办公室更名为县（区）信访局，原隶属关系不变。

6 月 3 日，市委、市政府信访局印发《关于交办信访案件办理规定（试行）》（平市信发〔2005〕42 号）。

7 月 6 日，市委组织部、市信访局印发《市直单位新任副处级领导干部担任市信访督查专员暂行办法》。

7 月 25 日，平凉市机构编制委员会印发《关于成立市信访局督查科的批复》（市机编〔2005〕36 号），批复指出："经市机构编制委员会 2005 年 7 月 15 日会议研究，同意你局成立督查科，增加全额事业编制 2 名，增设副局长领导职数 1 名，科级领导职数 1 名。"

8 月 15 日至 21 日，国家信访局副局长卫金木一行深入平凉市部分县、乡（镇）调研信访工作，就甘肃省贯彻落实《信访条例》和《信访条例》实施以来的工作运行情况进行专题调研。

是年，全市共举办《信访条例》培训学习班 16 期，培训各级领导和专兼职信访干部 1200 多人。

2006 年

3 月 1 日，中共平凉市委、平凉市人民政府召开全市信访工作会议。全面总结 2005 年信访工作，安排部署 2006 年信访工作。市委副书记、组织部部长李志勋出席会议并作了讲话。

3 月 5 日，中共平凉市委召开信访工作座谈会。市委书记、市人大常委会主任王耀东出席会议并作了讲话，市委副书记、组织部部长李志勋主持会议。

3月8日，中央集中处理信访突出问题及涉访群体性事件联席会议办公室副主任、国家信访局党组副书记、副局长耿志声，中央联席会议办公室督查组组长、国家信访局督查室主任张恩熙一行来平凉市督查调研信访工作，省政府办公厅副主任、省联席会议办公室副主任、省信访局局长张兴照和省政府国资委有关领导陪同督查调研。

3月28日，中共平凉市委、平凉市人民政府召开全市信访工作情况通报会。市委副书记、组织部部长李志勋出席会议并作了讲话，市委常委、副市长赵景山主持会议。

4月1日至30日，市委、市政府决定在全市范围内组织开展"信访月"活动，集中处理信访突出问题。

6月25日，市信访联席会议决定，从7月初开始，至8月底结束，在全市范围内开展为期两个月的到市、赴省、进京非正常上访集中整治行动。

8月，省信访局副局长吴学勤、省信访局信访督查专员任春峰、省信访局督查处副处长董丹芳一行，对崇信县信访工作及赴省进京非正常上访进行了实地督查，并召开了座谈会议。市委副秘书长、市委市政府信访局局长陈黎萍陪同督查。

12月11日，省委、省政府考核组组长，省政府办公厅副主任、省信访联席会议办公室副主任、省信访局局长张兴照来平凉市考核2006年度信访工作。

12月13日，平凉市集中处理信访突出问题及涉访群体性事件联席会议办公室印发《关于开展矛盾纠纷排查调处活动的通知》。通知要求，各级各部门要按照"排查得早、发现得了、控制得住、解决得好"的工作原则，在全市自下而上组织开展矛盾纠纷排查调处活动。

2007 年

3月2日，市委副书记张军利主持召开重点信访案件交办会。对全市摸排梳理出的16件重点信访案件向责任县（区）和部门逐一进行了面对面交办。崆峒区、灵台县、崇信县分管领导，市委政法委、中级人民法院、经委、交通局、民政局负责人参加会议。

3月14日，市委办、市政府办印发《市委、市政府领导接待信访群众办法（试行）》《关于进一步做好赴省进京非正常上访人员劝返有关工作的通知》。

3月20日，中共平凉市委、平凉市人民政府召开全市信访工作会议。会上，市委副秘书长、市委市政府信访局局长陈黎萍作了工作报告，回顾总结了2006年全市信访工作，分析了当前信访形势，安排部署了2007年信访工作。市委副书记张军利作了讲话，市委常委、常务副市长赵景山主持会议，市人大常委会副主任马森骏出席会议。各县（区）分管领导、信访局长，市直部门负责人80多人参加会议。

4月21日，中共平凉市委、平凉市人民政府召开信访工作会议。安排部署省党代会、"五一"期间信访工作，交办45件重点信访案件。市委副书记张军利，市委常委、市政府副市长赵景山出席会议并作了讲话，市委副秘书长、市委市政府信访局局长陈黎萍通报了全市信访形势，介绍了重点信访案件情况。各县（区）、市直有关部门分管领导和信访局长参加会议。

7月4日至11日，市委副秘书长、市委市政府信访局局长陈黎萍，市委市政府信访局副局长朱克贤带队，对7县（区）上半年信访工作进行了全面督查。

7月16日至19日，省信访局副局长薛生家一行4人，深入静宁、庄浪、华亭、泾川4县和崆峒区，对全市2007年上半年重点信访案件办理情况、进京非正常上访人员稳控情况进行了督查。市委副秘书长、市委市政府信访局局长陈黎萍陪同督查。

7月23日，市委常委会召开会议，专题研究信访工作。

8月13日，市委、市政府印发《关于进一步加强新时期信访工作的意见》（市委发〔2007〕34号）。

9月24日，中共平凉市委、平凉市人民政府召开全市信访工作会议。围绕做好国庆和党的十七大期间的信访工作，分析当前信访形势，交办重点信访案件，对全市信访工作作了具体部署。市委副书记张军利出席会议并作了讲话，市委常委、常务副市长赵景山主持会议。

11月30日，市纪委、市委组织部、市监察局、市人事局和市委市政府信访局联合印发了《平凉市信访工作绩效考核和责任追究暂行办法》。

12月11日，省政府副秘书长、省信访联席会议办公室副主任、省信访局局长张兴照一行3人，对平凉市2007年信访工作进行了检查考核。市政府副市长、市公安局局长万治贵，市委副秘书长、市委市政府信访局局长陈黎萍陪同。

2008 年

3月3日，中共平凉市委、平凉市人民政府召开全市信访工作会议。市委副书记张军利，市委常委、常务副市长赵景山出席会议并作了讲话。

4月15日，市委、市政府召开全市集中开展重复信访问题专项治理工作会议。

6月23日至27日，省信访局副局长吴学勤、督查处副处长董丹芳、接待处副处长张成乾一行3人对平凉市重点信访案件办理情况进行实地督查。市委副秘书长、市委市政府信访局局长陈黎萍，市委市政府信访局副局长朱克贤陪同督查。

7月，平凉市人民政府信访事项复查复核委员会办公室成立，科级建制，设在市委市政府信访局，设主任1名，主要职责是牵头办理市级信访事项复查复核业务。

2009 年

2月26日，市委常委会召开会议，听取市委市政府信访局工作汇报，就如何做好全市信访维稳工作进行了专题研究，提出了明确要求。

3月6日，中共平凉市委、平凉市人民政府召开全市维护稳定暨信访工作会议。市委常委、政法委书记马晓峰，市政府副市长、市公安局局长万治贵出席会议并作了讲话。

6月，省信访联席会议办公室组成督导组，对平凉市矛盾纠纷排查及信访积案化解情况进行联合督导。

2010 年

9月，平凉市人民政府信访接待室整体划入市委市政府信访局（事业编制3名），市委市政府信访局确定1名副局长、3名工作人员具体负责市政府来信来访受理接待工作。

11月，平凉市人力资源和社会保障局、平凉市财政局联合印发《关于调整信访工作人员岗位津贴实施范围和标准的通知》（平人社发〔2010〕348号），对从事信访一线业务工作人员每人每月发放岗位津贴235元。

12月，省信访局党组成员、副局长秦仰贤督查华亭县信访工作，市委副秘书长、市委市政府信访局局长陈黎萍陪同督查。

2011 年

10月10日，中共平凉市委、平凉市人民政府印发《关于用群众工作统揽信访工作的实施意见》（平发〔2011〕38号）。

11月18日，政协平凉市第三届委员会第一次会议选举陈黎萍同志为平凉市政协副主席。

12月13日，《甘肃日报》第七版加强和创新社会管理栏目刊登《庄浪：在交流沟通中化解信访难题》文章。

2012 年

2月10日，中共甘肃省委、甘肃省人民政府召开全省信访工作会议，对2011年度信访工作目标管理责任考核"全面达标"的市州进行表彰奖励，平凉市名列第三，受到省信访联席会议表彰奖励。

是月，市委常委、政法委书记，市信访联席会议召集人马晓峰主持召开市信访联席会议，认真分析2012年全市信访形势，就2011年各县（区）上报省、市联席办核查的336件信访积案和市上排查梳理的7件信访疑难问题进行专题研究。会上，印发了《平凉市2012年集中化解信访积案实施方案》，确定了包案领导和责任单位，明确提出了化解信访积案的措施和时限，靠实了工作责任。

2月21日，中共平凉市委、平凉市人民政府召开全市信访工作会议。市委常委、政法委书记马晓峰出席会议并作了讲话，市政协副主席、市委副秘书长、市委市政府信访局局长陈黎萍通报2011年全市信访工作情况。

2月27日，市政协副主席、市委副秘书长、市委市政府信访局局长陈黎萍到静宁县界石铺镇王庄村进行调研走访。

4月中旬，省信访局局长俞成辉专程来平凉市指导化解多次赴京上访且影响较大的3件信访积案。

4月16日，市委市政府信访局召开全市信访积案化解推进会，各县（区）信访局局长参加会议。

4月18日，市政府召开全市信访工作调度会。市政府副市长张正主持会议，市政协副主席、市委副秘书长、市委市政府信访局局长陈黎萍通报全市第一季度信访工作情况。各县（区）政府分管领导、信访局局长和市直有关部门负责人参加会议。

7月17日，市政协副主席、市委副秘书长、市委市政府信访局局长陈黎萍对崇信县2012年上半年信访工作进行督查考核。

8月26日，中央信访工作督导组对灵台县信访工作进行实地督查。省信访联席会议办公室主任、省信访局党组书记、局长俞成辉，市委常委、政法委书记马晓峰，市政协副主席、市委副秘书长、市委市政府信访局局长陈黎萍陪同督查。

2013 年

1月18日，市政府副市长李富君带领市政府研究室、市司法局、市公安局和市委市政府信访局负责人到泾川县调研政法、综治、信访工作。

3月6日，中共平凉市委、平凉市人民政府召开全市政法信访工作会议。市委常委、政法委书记马晓峰在会上作了讲话，市政协副主席孙创明、市法院院长杨险峰、市检察院检察长张发魁出席会议。市政府副市长李富君主持会议。在此次会议上，市政协副主席、市委副秘书长、市委市政府信访局局长陈黎萍通报了2012年全市信访工作目标任务完成情况。

4月，省信访局党组成员、督查专员王宗良带领省信访联席会议办公室调研组，在市政协副主席、市委副秘书长、市委市政府信访局局长陈黎萍的陪同下，对全市信访工作进行了专项调研。

4月16日，中共平凉市委办公室、平凉市人民政府办公室印发《关于进一步加强信访干部队伍建设的实施意见》。

6月25日，市委市政府信访局副局长苏调和一行人对泾川县上半年信访工作进行了督查调研。

7月11日，市委常委会议研究决定，周晓宁同志任市委副秘书长、市委市政府信访局局长；免去陈黎萍同志市委副秘书长、市委市政府信访局局长的职务。

7月中旬，市委、市政府召开全市上半年信访形势通报电视电话会议。

7月29日，市信访联席会议召集人主持召开市信访联席（扩大）会议。会议决定，在全市开展以治理进京非正常上访和赴省到市集体上访为重点的"百日攻坚"活动，集中化解信访突出问题，全力遏制信访上升势头，推动全年信访工作各项目标任务顺利完成。市委常委、政法委书记，市信访联席会议召集人马晓峰出席会议并作了讲话，市政府副市长、市信访联席会议召集人李启云主持会议。

8月13日至14日，市政府副市长李富君带领市委、市政府督查组对静宁、庄浪、华亭3县和平凉工业园区政法、综治、维稳、防邪、信访和安全生产工作进行督查。

11月4日，市委、市政府召开市信访联席（扩大）会议。市委常委、市纪委书记高淑美主持会议，市政府副市长、市信访联席会议召集人李富君出席会议并作了讲话。

12月17日，市委常委会议决定，成立中共平凉市委、平凉市人民政府信访局党组。

2014 年

3月19日，市委常委会讨论通过市委、市政府《关于创新群众工作方法做好群众信访工作的实施意见》，会议决定，年内启动市人民来访接待大厅建设。

3月31日，市委通知：周晓宁任中共平凉市信访局党组书记，苏调和、李卫东、付小江为党组成员。

4月8日，市委副秘书长、市委市政府信访局局长周晓宁带领市信访局全体党员干部，到崆峒区西阳乡中营村宣讲政策、访民问需、征求意见，5名县级领导干部带队分组入户走访18户群众。

4月17日，市信访联席会议召开第一季度全市信访形势通报电视电话会议。市政府副市长、市信访联席会议召集人李富君出席会议并讲话，市委副秘书长、市委市政府信访局局长周晓宁通报有关情况。

5月5日，市委、市政府印发《关于创新群众工作方法解决信访突出问题的实施意见》（平办发〔2014〕12号）。

6月，市政府信访事项复查复核委员会按照信访"三级终结"程序，依法复核终结了平凉旅捷出租车公司车主长达2年的集体上访事项。

7月6日至12日，市委副秘书长、市委市政府信访局局长周晓宁参加国家信访局在江西干部学院举办的全国新任市级信访局长培训班学习。

8月，市委市政府信访局在全市信访系统全面实行网上信访，全市信访工作信息化水平明显提升。

8月5日，中共平凉市委、平凉市人民政府召开全市信访形势通报暨庄浪现场观摩会议。市委常委、统战部部长毛文平出席会议并作了讲话，副市长、市信访联席会议召集人李富君主持会议，市委、市政府信访局主要领导、分管领导和各县（区）县（区）长、县（区）委分管领导及信访局长参加会议。

8月，市政府信访接待大厅建成，正式接待来访群众。

9月10日，省信访联席会议办公室副主任、省信访局副局长薛生家及《甘肃信访》编辑部副主任温保中一行4人调研平凉市信访宣传工作。

11月19日，市委常委、政法委书记、市处理突出信访问题及涉访群体性事件联席会议召集人马晓峰，副市长李富君督查调研市信访局贯彻落实党的十八届四中全会精神、党风廉政建设主体责任和信访业务工作。

12月3日至5日，省信访局督查专员史虎平督查平凉市网上信访工作。督查组一行先后深入崇信县、崆峒区部分乡（镇）、单位和市信访局，对2014年网上信访工作开展情况进行实地督查指导。

2015 年

1月8日，省信访局督查专员吴学勤、督查处处长吕建锋，兰州市信访局劝返工作处副处长张本红、兰州市城关区副区长胡泉一行，来平凉市协调督办泾川县刘仁志及其女儿刘彩云信访事项。市委副秘书长、市委市政府信访局局长周晓宁陪同。

1月，市委市政府信访局信访科科长黄沿钧光荣入选第二期"平凉好人榜"，受到市委宣传部、市文明办、平凉日报社、平凉广播电视台联合表彰。

2月13日，市信访联席会议召开全市信访形势分析通报会，市委常委、政法委书记、市信访联席会议召集人马晓峰在会上作了讲话，市政府副市长、市信访联席会议召集人李富君主持会议，市委常委、副市长徐恩毅，市委副秘书长、市委市政府信访局局长周晓宁及各县（区）县（区）长、县（区）委分管领导和信访局局长参加会议。是日，市委市政府信访局召开全市信访局长会议和全市信访系统党风廉政建设工作会议，传达贯彻省、市有关会议精神，研究部署2015年信访工作和党风廉政建设工作。市委副秘书长、市委市政府信访局局长周晓宁出席会议并讲话。市委市政府信访局班子成员、市直有关部门分管领导和各县（区）信访局局长参加会议。

3月12日，市委市政府信访局召开局机关党风廉政建设工作会议，市委副秘书长、市委市政府信访局局长周晓宁对局机关党风廉政建设工作作出全面部署，提出具体的工作要求。

3月17日，市委副书记、市长臧秋华主持召开市长办公会，专题研究静宁县刘汉雄等15名临时代课教师信访事项办理意见，市教育局、市人社局、市编办、市信访局及静宁县政府主要负责人参加会议。

4月21日，市信访联席会议召开第一季度全市信访形势分析通报视频会议。市委常委、政法委书记、市信访联席会议召集人马晓峰出席会议并作了讲话。

5月8日，市人民来访接待大厅落成，顺利通过竣工质量验收。

6月2日至5日，省信访联席会议办公室副主任、省信访局党组成员、副局长薛生家带领省信访联席会议办公室第二督查组，对平凉市2件重点信访事项办理和相关县（区）信访工作情况进行实地督查。

市委常委、市政府副市长徐恩毅和市委副秘书长、市委市政府信访局局长周晓宁陪同督查。

6月11日，市信访联席会议办公室印发《平凉市人民来访接待大厅联合接访方案（试行）》。

6月12日，市信访联席会议召开平凉市人民来访接待大厅启用暨2015年1月至5月全市信访形势通报会议。市委常委、副市长徐恩毅主持会议。会上，市委副秘书长、市信访联席会议办公室主任、市委市政府信访局局长周晓宁通报2015年1月至5月全市信访工作情况；市委常委、政法委书记、市信访联席会议召集人马晓峰对平凉市人民来访接待大厅联合接访工作和2015年6月至12月信访工作作了安排部署。

7月1日上午9时，庄浪县信访局局长柳志福在上班期间因心脏病突发，经抢救无效逝世，市委市政府信访局向庄浪县信访局及柳志福同志的亲属发去了唁电。

7月10日，省信访联席会议召开第二季度全省信访形势通报会暨加强信访基础业务规范化建设电视电话会议。市委常委、副市长徐恩毅在平凉分会场参加会议。

7月13日至18日，市委副秘书长、市委市政府信访局局长周晓宁在井冈山参加国家信访局在江西干部学院举办的全国地市级信访局长培训班。

8月12日至13日，省委副秘书长、省信访联席会议办公室主任、省信访局局长戴炳隆督查调研泾川、崇信、华亭、崆峒四县（区）及市信访局落实信访工作制度改革措施、信访工作规范化建设及信访接待场所建设情况。

8月18日，中央综治办、中央维稳办、中央信访联席会议办公室、公安部联合召开依法处理纪念抗战胜利70周年进京非正常上访工作电视电话会议。市委常委、副市长徐恩毅在市公安局分会场出席会议，市委副秘书长、市信访联席会议办公室主任、市委市政府信访局局长周晓宁，市委市政府信访局副局长董永昌、李卫东及市信访联席会议成员单位负责人参加会议。

8月21日，市信访联席会议召开市信访联席会议全体（扩大）会议。市委常委、副市长徐恩毅主持会议。会上，市委副秘书长、市信访联席会议办公室主任、市委市政府信访局局长周晓宁通报2015年1月至8月全市进京非正常上访情况；市委常委、政法委书记、市信访联席会议召集人马晓峰对进京非正常上访综合整治、信访工作制度改革、信访业务规范化建设和信访工作责任制落实等重点工作进行了安排部署，对做好纪念抗日战争胜利70周年活动期间的信访工作提出了明确要求。

8月22日至9月5日，市委副秘书长、市信访联席会议办公室主任、市委市政府信访局局长周晓宁带领市、县（区）综治、维稳、信访、公安四部门抽调的22名工作人员，组成驻京工作组，在北京世界田径锦标赛和纪念抗战胜利70周年活动期间，开展劝返接领平凉进京非正常上访人员工作。

8月25日，按照中央和省上有关文件要求，中共平凉市委、平凉市人民政府决定将平凉市集中处理信访突出问题及涉访群体性事件联席会议更名为平凉市信访工作联席会议，相关职能、工作机构和组成人员同时予以调整。

9月24日，全省信访工作制度改革暨网上信访工作交流推进会在平凉召开。会上，通报了全省信访工作制度改革暨网上信访工作情况，总结回顾了全省信访工作改革取得的成绩，分析了当前工作中面临的挑战和问题，对下一步如何深化信访工作制度改革作了全面的安排部署。与会代表现场观摩了平凉市和崆峒区有关部门、单位开展网上信访工作情况及市人民来访接待大厅开展联合接访工作情况，平凉市、崆峒区、庆阳市、兰州市、张掖市、省人社厅、省民政厅作了大会交流发言，分别介绍各自推行信访工作制度改革和网上信访工作的经验和做法。省委副秘书长、省信访工作联席会议办公室主任、省信访局局长戴炳隆出席会议并作了讲话。省信访局副局长、副巡视员，各市（州）、甘肃矿区信访局局长，10个省直部门信访业务处（办公室）负责人，省信访局各处（室、中心）负责人，平凉市所辖县（区）信访局局长参加会议。市委常委、政法委书记、市信访联席会议召集人马晓峰出席会议并致辞，市委常委、副市长徐恩毅出席会议。

10月19日，市委书记陈伟，市委副书记、市长臧秋华，在市政府秘书长王锦、市委副秘书长李诚、崆峒区委书记陈铎、崆峒区区长赵小林的陪同下，对市人民来访接待大厅投入使用情况进行现场观摩调研，听取了市委副秘书长、市委市政府信访局局长周晓宁关于开展联合接访工作情况的汇报，对今后市委、市政府信访局如何做好联合接访工作提出了具体要求。

11月1日至7日，市委副秘书长、市信访工作联席会议办公室主任、市委市政府信访局局长周晓宁参加由省信访局组织的"公民行政诉求法制化建设"公务赴台学习交流活动。

2016 年

1月7日，市信访工作联席会议召开信访维稳工作分析研判会。会议由市政府副市长张正主持。市委市政府信访局、市公安局、市维稳办、市宗教局、市民政局、市安监局等部门主要负责人参加会议，并结合各自工作实际，对元旦春节及全国"两会"期间的信访维稳工作进行了分析研判。市委副书记王奋彦出席会议并就如何做好元旦春节及全国"两会"期间的信访维稳工作讲了具体的意见。

1月20日，市信访工作联席会议办公室制定印发《全市开展"信访工作制度改革推进年"活动实施方案》（平信联办发〔2016〕1号）。

2月1日，市委副秘书长、市信访工作联席会议办公室主任、市委市政府信访局局长周晓宁在兰州宁卧庄宾馆参加省委政法工作会议和全省信访局长会议。

2月26日，中央综治办、中央维稳办、中央信联办、公安部联合召开全国综合治理进京非正常上访工作电视电话会议。平凉市在市、县（区）公安局设分会场，市政府副市长张正在市公安局分会场参加会议。

3月2日，市委市政府信访局召开全市信访局长会议。会议的主要任务是：传达贯彻中央、省、市领导同志关于信访工作的重要批示和全国信访局长会议、全省信访局长会议精神，回顾总结2015年全市信访工作，安排部署2016年全市信访工作任务。

5月3日，华亭县、泾川县1月至4月进京非正常上访问题突出，进京非访人数已超过年控指标，市委、市政府信访局向两县发出《信访工作建议》，要求两县采取有力措施，加强进京非正常上访综合治理，切实扭转工作被动局面。

5月16日至6月2日，市政府副市长李富君带领市委政法委、市委市政府信访局、市公安局、市司法局、市综治办、市维稳办负责人，对7县（区）1月至5月政法、综治、维稳、信访工作任务落实情况进行了实地观摩和督查调研。

6月6日，市委、市政府信访局召开全市信访局长会议。市委副秘书长、市信访工作联席会议办公室主任、市委市政府信访局局长周晓宁就如何做好信访积案化解、进京非正常上访综合治理、信访信息系统深度应用、依法分类处理信访事项和推行依法逐级走访等重点工作进行全面的安排部署，对各县（区）

信访局提出了明确的要求。

6月27日，在平凉市庆祝中国共产党成立95周年大会上，平凉市信访局党支部作为全市50个先进基层党组织之一，受到市委表彰。

7月25日至28日，市委副秘书长、市信访工作联席会议办公室主任、市委市政府信访局局长周晓宁在甘肃行政学院参加全省信访局长培训班。

8月8日，中共甘肃省委副书记、省长林铎对崆峒区某企业信访反映民营企业发展意见建议作出批示。

8月22日至8月25日，省信访局党组成员、副局长张惠武带领省信访工作联席会议办公室第三督查组，专项督查平凉市信访积案化解工作。市政协副主席陈黎萍和市委副秘书长、市委市政府信访局局长周晓宁陪同督查。

10月24日，市信访工作联席会议召开第三季度全市信访形势通报会，分析通报信访形势，交办当前信访工作任务。市政府副市长、市信访工作联席会议召集人李富君出席会议并讲话。市政府党组成员、市公安局局长吴建忠和市信访联席办、市综治办、市维稳办主要负责人分别在会上通报有关情况，并对下一步工作作出具体安排。

12月，国家信访局通过门户网站向社会公示40名"最美信访干部"名单，市委市政府信访局干部黄沿钧入围全国"最美信访干部"提名人选。

12月14日，市委常委、政法委书记、市信访联席会议召集人杨军到市信访局督查调研信访工作。

2017 年

2月下旬，华亭县信访局局长王彩菊、静宁县信访局局长郭国定被甘肃省人力资源和社会保障厅、甘肃省维护稳定工作领导小组办公室表彰为"2013—2016年度维护稳定先进工作者"。

2月21日，市委市政府信访局召开全市信访局长会议。市委常委、政法委书记、市信访工作联席会议召集人杨军出席会议并讲话。

6月15日至21日，市委市政府信访局副局长李良军一行人对泾川县、华亭县网上信访事项受理办理等工作进行专项督查。

6月28日至7月1日，省信访局党组成员、督查专员吴学勤带领省信访工作联席会议办公室第四督查组，对市委市政府信访局和崇信县、华亭县、静宁县信访工作进行了实地督查。市委副秘书长、市信访工作联席办主任、市委市政府信访局局长周晓宁陪同督查。

7月28日，市信访工作联席会议召开上半年全市信访形势通报会，市政府副市长、市信访工作联席会议召集人李富君主持会议并传达中央和省上有关会议精神，市委常委、政法委书记、市信访工作联席会议召集人杨军出席会议并作了讲话。

9月6日至7日，市委常委会召开会议，传达学习习近平总书记对信访工作的重要指示、省委常委会议对信访工作的要求和全国全省信访工作会议精神，研究贯彻落实意见。市委书记郭承录主持会议。

9月12日至14日，中共平凉市委、平凉市人民政府信访局在市委党校举办全市信访工作制度改革专题培训班。在开班仪式上，市委常委、政法委书记、市信访工作联席会议召集人杨军作了讲话，市委副秘书长、市信访工作联席会议办公室主任、市委市政府信访局局长周晓宁作了辅导报告。市、县（区）、乡（镇）三级重点单位的100名专兼职信访干部参加此次培训。

9月27日，市信访工作联席会议召开全市信访工作暨第三季度全市信访形势通报会。市委常委、政法委书记、市信访工作联席会议召集人杨军出席会议并作了讲话，市政府副市长、市信访工作联席会议召集人李富君主持会议，市委市政府信访局班子成员、市直部门分管领导和各县（区）党委政府分管领导、信访局局长参加会议。

9月下旬，在第八次全国信访工作会议和全省信访工作会议上，平凉市信访战线有2个集体和4名个人受到国家及省上表彰。其中，市委市政府信访局信访科科长黄沿钧被人社部、国家信访局表彰为"全国信访系统先进工作者"；灵台县信访局、庄浪县信访局被省人社厅、省信访局表彰为"全省信访工作先进集体"；市委市政府信访局督查科科长刘东升、市人社局事业单位管理科科长周睿、崇信县信访局督查专员陈丽萍被省人社厅、省信访局表彰为"全省信访工作先进个人"。

11月27日上午，市委市政府信访局召开全市信访系统党的十九大精神宣讲报告会。报告会邀请党的十九大代表、甘肃省第十三次党代会代表、定西市委市政府信访局副局长赵贵成作了学习贯彻党的十九大精神专题宣讲辅导。市委副秘书长、市委市政府信访局局长周晓宁主持报告会。

2018年

1月16日，市信访工作联席会议召开2017年第四季度全市信访形势通报会。市委常委、政法委书记、市信访工作联席会议召集人杨军出席会议并作了讲话，市政府副市长、市信访工作联席会议召集人李富君主持会议。

1月17日，宁夏回族自治区固原市信访局副局长任清池带领固原市信访系统考察团到平凉市考察学习信访工作。

4月20日，市信访工作联席会议召开第一季度全市信访形势通报会。市委常委、政法委书记、市信访工作联席会议召集人杨军出席会议并作了讲话，市委副秘书长、市信访工作联席会议办公室主任、市委市政府信访局局长周晓宁主持会议并通报第一季度全市信访工作情况。

5月30日，市委市政府信访局副局长李良军带领督查组对省信访局向灵台县交办的重点信访事项办理情况进行了实地督查。

6月29日，市信访工作联席会议在崇信县召开全市信访形势通报会暨信访工作制度改革研讨会。市委常委、政法委书记、市信访工作联席会议召集人杨军出席会议并讲话，市政府副市长、市公安局局长、市信访工作联席会议召集人吴建忠主持会议并对当前信访维稳工作作了安排。

8月20日至21日，省信访工作联席会议办公室主任、省信访局局长秦仰贤一行人对平凉市及崇信、泾川两县信访工作进行督导调研。市委常委、政法委书记杨军，市政府副市长、市公安局局长吴建忠和市委副秘书长、市委市政府信访局局长周晓宁陪同调研。

10月15日至19日，省信访局党组成员、督查专员郑永生带领省信访工作联席会议办公室第六督查组对平凉市开展信访矛盾化解"四场攻坚战"等工作进行实地督查，市委常委、政法委书记、市信访工作联席会议召集人杨军出席督查情况反馈会，市政府副市长、市公安局局长、市信访工作联席会议召集人吴建忠出席汇报会，市委副秘书长、市信访工作联席会议办公室主任、市委市政府信访局局长周晓宁，省政协委员、市政协常委者金平全程陪同督查。

12 月 12 日，《甘肃纪检监察网》发布题为《平凉：一场关于茶叶该不该买的讨论》文章。

12 月 29 日，市信访工作联席会议召开全市信访形势通报会。市委常委、政法委书记、市信访工作联席会议召集人杨军主持会议并作了讲话，市政府副市长、市公安局局长、市信访工作联席会议召集人吴建忠对当前信访工作作了安排部署。

2019 年

1 月 14 日，中共平凉市委办公室、平凉市人民政府办公室转发《平凉市机构改革方案》（平办字〔2019〕3 号），将中共平凉市委、平凉市人民政府信访局改为平凉市信访局，作为市委工作机关。

1 月 21 日，经市委常委会议讨论，决定撤销中共平凉市信访局党组。

1 月 24 日，平凉市信访局举行挂牌成立仪式。市委常委、政法委书记、市信访工作联席会议召集人杨军出席挂牌仪式并作了讲话。

3 月 8 日，市信访局召开全市信访工作会议。会上，宣读了市委书记郭承录，市委常委、政法委书记、市信访工作联席会议召集人杨军分别对信访工作的批示。市委副秘书长、市信访工作联席会议办公室主任、市信访局局长周晓宁主持会议并讲话。

3 月 9 日，省信访工作联席会议办公室副主任、省信访局副局长史虎平督查指导华亭市信访工作。

5 月 7 日，市信访工作联席会议召开全市信访形势通报会暨市信访工作联席会议全体（扩大）会议。市委常委、政法委书记、市信访工作联席会议召集人杨军出席会议并讲话，市人大常委会副主任、市信访工作联席会议召集人冯宁平出席会议，市政府副市长、市公安局局长、市信访工作联席会议召集人吴建忠主持会议。

5 月 7 日，市信访局举行平凉市"阳光信访"宣传月活动启动仪式。市委常委、政法委书记杨军宣布平凉市"阳光信访"宣传月活动开始，市人大常委会副主任冯宁平主持启动仪式，市政府副市长、市公安局局长吴建忠致辞。

6 月 25 日，市信访局副局长朱云带队对崇信县信访工作进行实地督查。

7 月 25 日，市信访工作联席会议在华亭市召开全市信访形势通报会暨信访基础业务规范化建设推进会。市政府副市长、华亭市委书记孟小金出席现场观摩活动；市政府副市长、市公安局局长、市信访工作联席会议召集人吴建忠出席会议并作了讲话；市委副秘书长、市信访工作联席会议办公室主任、市信访局局长周晓宁主持会议并通报上半年全市信访工作情况，华亭市委副书记、市长王宏林大会致辞。各县（区）分管领导、信访局局长和市直部门分管领导参加会议。

9 月 12 日，市委副书记、市长王奋彦主持召开全市重点信访事项协调调度会。市委常委、政法委书记、市信访工作联席会议召集人杨军，副市长、市公安局局长、市信访工作联席会议召集人吴建忠及市政府秘书长薛晓宏出席会议。

11 月 4 日，甘肃省政协副主席、中共平凉市委书记郭承录同志在《甘肃信访》杂志 2019 年第 4 期上发表了题为《牢记初心使命、做好信访工作》的署名文章。

2020 年

2 月 4 日，因新冠疫情影响，根据中央和省、市部署要求，即日起，全市各级各部门信访接待场所暂时关闭，停止接待群众来访，恢复时间视疫情形势变化另行通知。停止接待期间，信访反映事项通过网上信访、纸质信件、电话信访提出，将严格按照《信访条例》相关规定，及时转交责任单位办理。

3月18日，市信访工作联席会议印发《关于表扬2019年度全市信访工作先进县（市、区）和先进单位的决定》（平信联发〔2020〕1号），决定对全面完成2019年度信访工作目标任务的7个县（市、区）和市公安局、市住建局、市人社局、市自然资源局、市工信局、市退役军人事务局、市文化广电和旅游局、市市场监督管理局等8个先进单位予以通报表扬，各颁发奖牌一面。

3月19日，市信访局召开全市信访工作会议。会上，市委副秘书长、市信访工作联席会议办公室主任、市信访局局长周晓宁对2019年全市信访工作进行了全面总结，对2020年全市信访工作作了安排。市信访局班子成员、科（室）负责人、各县（区）信访局局长和市直部门信访工作人员参加会议。

3月27日，市信访局召开全市网上信访"四率一占比"等重点信访工作专题调度会议。

4月21日，市信访工作联席会议召开第一季度全市信访形势通报会。市委常委、政法委书记、市信访工作联席会议召集人杨军出席会议并作了讲话，市政府副市长、市公安局局长、市信访工作联席会议召集人吴建忠主持会议，市委副秘书长、市信访工作联席会议办公室主任、市信访局局长周晓宁通报第一季度全市信访工作情况。

5月11日，市政府副市长、市公安局局长吴建忠在市信访局视频接访室，现场接待来访群众并协调处理相关信访事项。市委副秘书长、市信访局局长周晓宁，市人社局、崆峒山大景区管委会等有关部门和单位负责人参加接访活动。

5月下旬，市委副秘书长、市信访工作联席会议办公室主任、市信访局局长周晓宁到庄浪、静宁两县，对重点信访工作进行督查调研。

6月19日，市委常委、政法委书记杨军，市委组织部副部长李春茂一行人到市信访局宣布市委关于市信访局主要领导同志职务调整的决定，市委决定由王怀义同志任市委副秘书长、市信访局局长，免去周晓宁同志市委副秘书长、市信访局局长职务。

7月2日，市信访局召开党员大会和支委会，补选王怀义同志为局党支部委员，同意免去周晓宁同志局党支部委员职务；选举王怀义同志为局党支部书记，同意免去周晓宁同志局党支部书记职务。

7月21日，市信访工作联席会议全体（扩大）会议召开。市委常委、政法委书记、市信访工作联席会议召集人杨军出席会议并作了讲话，市人大常委会副主任、市信访工作联席会议召集人薛晓宏出席会议，市政府副市长、市公安局局长、市信访工作联席会议召集人吴建忠主持会议。

7月21日，市信访局组织召开全市网上信访技能培训会。市委副秘书长、市信访工作联席会议办公室主任、市信访局局长王怀义在会上作了讲话。

7月27日至8月4日，市委副秘书长、市信访工作联席会议办公室主任、市信访局局长王怀义带领调研组，对全市7县（市、区）信访工作进行专题调研督导。

8月10日至11日，市委副秘书长、市信访局局长王怀义带领考察组，到白银市、定西市考察学习领导干部接访下访等信访工作开展情况。

9月30日，市信访工作联席会议召开市信访工作联席会议全体（扩大）会议暨全市集中治理重复信访化解信访积案专项工作动员部署会议。市委常委、政法委书记、市信访工作联席会议召集人杨军出席会议并作了讲话，市人大常委会副主任、市信访工作联席会议召集人薛晓宏主持会议。

10月20日，市委副书记、市长王奋彦在市信访局视频信访会议室接待来访群众。市政府秘书长龚卫兵，市委副秘书长、市信访局局长王怀义和崆峒区政府及市、区有关部门负责人参加接访活动。

10月23日，省政协副主席、市委书记郭承录在市信访局信访接待室接待来访群众。市委常委、崆峒区委书记陈铎，市委常委、市政府常务副市长叶剑芳，市人大常委会副主任薛晓宏，市委秘书长张弘及市委相关副秘书长，崆峒区政府和市、区有关部门负责同志参加接访活动。

10月26日至27日，省委副秘书长、省信访工作联席会议办公室主任、省信访局局长秦仰贤到平凉市调研督查信访工作。市委常委、政法委书记、市信访工作联席会议召集人杨军，市委常委、崆峒区委书记陈铎，市委常委、灵台县委书记刘凯，市人大常委会副主任、市信访工作联席会议召集人薛晓宏分别参加相关活动。省信访局有关处室负责同志和市委副秘书长、市信访工作联席会议办公室主任、市信访局局长王怀义随同调研。

10月27日下午，市政府副市长王锦在市政府信访接待大厅会商室现场接待来访群众。市政府相关副秘书长和崆峒区政府分管领导及市、区有关部门负责人参加接访活动。

10月30日，市信访局召开全市信访工作重点任务调度推进视频会议。市委副秘书长、市信访局局长王怀义参加会议并作了讲话。

11月2日，市委常委会召开会议，听取全市信访工作情况汇报，审定《市级党政领导干部包案督办重点重复信访问题化解信访积案工作方案》，市委书记郭承录对做好信访工作提出明确要求。

11月2日，市信访局通过视频信访系统，对各县（市、区）集中治理重复信访化解信访积案专项工作进行调度。市委副秘书长、市信访局局长王怀义参加调度会。

11月2日至6日，市委副秘书长、市信访工作联席会议办公室主任、市信访局局长王怀义，市信访工作联席会议办公室副主任、市信访局副局长王喜东，市信访工作联席会议办公室副主任、市信访局副局长王永红带队，分3个督查组，对7县（市、区）信访工作进行了实地督查。

11月25日，市信访局举办全市信访系统学习贯彻党的十九届五中全会精神宣讲报告会。市委副秘书长、市信访局局长王怀义主持报告会并作了讲话。

12月31日，市信访工作联席会议全体（扩大）会议暨集中治理重复信访化解信访积案专项工作调度会召开。会议认真贯彻习近平总书记重要指示精神和中央、省、市部署要求，分析通报全市信访形势，专题调度集中治理重复信访、化解信访积案专项工作，研究部署以治理化解专项工作为重点的当前信访工作任务，要求各县（市、区）、各部门进一步加大工作力度，扎实推进信访突出问题解决，全力保障"两节""两会"等重要节会期间全市社会和谐稳定。

2021 年

1月12日，市信访局召开专题会议，认真传达学习市委四届十一次全会暨市委经济工作会议精神，研究提出贯彻落实措施。市委副秘书长、市信访局局长王怀义主持会议并作了讲话。

1月27日，市信访局召开全市信访局长视频会议，市委副秘书长、市信访局局长王怀义出席会议并作了讲话。

2月9日上午，市政府副市长王锦现场接待信访群众，协调解决有关拖欠农民工工资问题。市委、市政府相关副秘书长和崆峒区政府分管领导及市、区有关部门负责人参加接访活动。

2月21日，市委常委会召开会议，传达学习习近平总书记、李克强总理对信访工作的重要指示批示精神，听取市信访局工作汇报，研究平凉市贯彻意见。市委书记郭承录主持会议。

3月9日，市委常委、政法委书记杨军在市人民来访接待大厅现场接待来访群众。市委副秘书长、市信访局局长王怀义与市公安局、崆峒区政府等有关部门负责人参与接访。

3月下旬，市委常委、副市长唐如海带领华亭市政府相关人员赴中国电建集团甘肃能源投资有限公司协调信访积案化解工作。

3月31日，市信访工作联席会议2021年第一次全体（扩大）会议召开。市委常委、政法委书记、市信访工作联席会议召集人杨军出席会议并作了讲话，副市长、市公安局局长、市信访工作联席会议召集人吴建忠主持会议。

4月2日，市委常委、政法委书记、市信访工作联席会议召集人杨军主持召开信访突出问题化解联席会议，专题协调会商信访积案化解工作。

4月16日，甘肃省政协副主席、平凉市委书记郭承录在党史学习教育"我为群众办实事"实践活动中，亲自包抓信访积案，开展带案下访，现场协调督办信访积案化解工作。市委秘书长张弘，市委副秘书长、市信访局局长王怀义一同参加下访活动，崆峒区政府和市、区有关部门（单位）主要负责同志参加协调督办会。

4月19日，市委副秘书长、市信访工作联席会议办公室主任、市信访局局长王怀义带领督查组对崆峒区信访工作责任制落实、治理重复信访、化解信访积案等工作进行实地督查，并对重点信访积案升级调查和带案下访。

5月10日，市委常委、宣传部部长、统战部部长马琦主持召开协调督办会议，研究会商包抓信访积案化解工作。市委副秘书长、市信访局局长王怀义和市、区有关部门负责同志参加会议。

5月14日，市委副书记、市长王旭到市信访局预约接待信访群众，协调督办信访积案化解工作。市政府秘书长龚卫兵，市委副秘书长、市信访局局长王怀义一同参加接访活动，崆峒区政府和市、区信访、自然资源、住建等部门主要负责同志参加预约接待督办会。

5月14日至18日，省信访局督查专员刘全生带领督查组督查调研平凉市信访工作。市委常委、政法委书记杨军及市委副秘书长、市信访局局长王怀义陪同督查。

5月下旬，国家信访局下发《关于甘肃省2020年度信访工作"三无"县（市、区、旗）创建情况的通报》，国家信访局决定，授予平凉市泾川县、灵台县、庄浪县、静宁县4个县全国信访工作"三无"县称号。

5月21日，市信访局通过视频信访系统召开市、县（市、区）信访局干部会议。市委副秘书长、市信访工作联席会议办公室主任、市信访局局长王怀义主持会议并作了讲话。

5月21日，市信访局召开《平凉信访志》编纂工作动员部署会议，对《平凉信访志》编纂工作进行了部署。市委副秘书长、市信访局局长王怀义主持会议并作了讲话。

6月2日，市委常委、组织部部长王之臣到泾川县对2021年包抓的"三个一"重大项目、包案督办的重点重复信访积案和基层党建工作重点任务进行实地调研。

6月3日，市政府副市长、市公安局局长吴建忠到泾川县专题调研信访积案化解工作。

6月21日，平凉市人民政府网站发布《平凉信访志》编纂征稿启事。

6月22日，市委副秘书长、市信访工作联席会议办公室主任、市信访局局长王怀义深入静宁县实地督查重点信访事项化解工作。

6月30日上午，中共甘肃省委召开"两优一先"表彰大会，平凉市信访局党支部被省委表彰为"全省先进基层党组织"，成为庆祝建党百年之际全省信访系统唯一获此殊荣的集体。

6月30日，市委常委、常务副市长叶剑芳在党史学习教育"我为群众办实事"实践活动中亲自包抓信访积案，开展带案下访，现场研究提出化解信访积案的办法。市政府办、市信访局、市自然资源局、市住建局、市市场监管局和崆峒区政府及其相关部门负责同志随同下访。

7月14日，市政府副市长、市公安局局长吴建忠到市信访局视频接访会议室接待来访群众。市委副秘书长、市信访局局长王怀义参加接访。

7月19日，省信访局在全省信访系统党史学习教育座谈会上，表彰了20名全省"最美信访干部"，并颁发了荣誉证书。灵台县信访局四级调研员牛国平受到表彰奖励。

7月23日，市信访局在灵台召开全市信访系统党史学习教育座谈会暨"党建+信访"研讨推进会。

8月16日，市委副书记、市长王旭主持召开市政府常务会议，听取市信访工作联席会议办公室关于全市信访形势及重点领域信访突出问题治理情况的汇报，研究下一步工作措施。

8月16日至23日，省信访工作联席会议办公室副主任、一级巡视员王宗良带队到平凉市7县（市、区）督查调研集中治理重复信访、化解信访积案专项工作。市政府副市长、市公安局局长吴建忠及市委副秘书长、市信访局局长王怀义陪同调研。

9月1日，市信访局组织召开全市信访系统"五讲"活动第八讲暨全省"最美信访干部"事迹报告会，邀请全省"最美信访干部"、灵台县信访局四级调研员牛国平作专题报告，安排启动全市"寻找最美信访干部"活动，市委副秘书长、市信访局局长王怀义主持会议并讲话。

9月24日至25日，市信访局组织举办全市信访系统"学党史、强能力、开新局"知识竞赛及业务交流活动，对全市信访系统党史学习教育、机关党建、"作风大转变、能力大提升"活动成效进行全面检阅交流。市委副秘书长、市信访局局长王怀义参加活动并作了讲话。

10月13日，市信访工作联席会议召开市信访工作联席会议2021年第二次全体（扩大）会议。市委常委、政法委书记、市信访工作联席会议召集人王晓军出席会议并作了讲话，市政府副市长、市公安局局长、市信访工作联席会议召集人寇正德主持会议。

10月18日，市委常委、政法委书记、市信访工作联席会议召集人王晓军带领市信访工作联席会议第一督查组，到崆峒区实地督查信访突出问题化解和信访维稳工作。

是日，市政府副市长、市公安局局长、市信访工作联席会议召集人寇正德带领市信访工作联席会议第二督查组，到静宁县实地督查信访突出问题化解和信访维稳保障工作。

11月18日，市委书记周伟接访督办包抓信访积案，并调研信访工作。市委常委、崆峒区委书记王琳玺，市委常委、政法委书记王晓军一同接访调研。市委相关副秘书长，市、区有关部门负责同志参加接访活动。

12月1日，市委常委、组织部部长王之臣到市信访局现场协调督办包抓信访积案。

12月6日至8日，省委副秘书长、省信访工作联席会议办公室主任、省信访局局长秦仰贤带领督查组，深入静宁、崆峒区、泾川县、庄浪县，对中央信访工作联席会议办公室挂牌督办重点群体、重点人员、重点事项等信访突出问题化解情况开展实地督查。

12月16日，市政府副市长、市公安局局长寇正德在市公安局接访室接待来访群众，现场听取诉求，当场协调解决群众反映的问题。

12月30日，市信访工作联席会议办公室副主任、市信访局副局长李良军一行3人对市公安局2021年公安信访工作完成情况进行实地考核。

2022 年

1月28日，市委书记周伟主持召开市委常委会会议，传达学习1月24日中央政治局会议和习近平总书记、李克强总理对信访工作的重要批示精神，研究部署贯彻落实工作。

2月10日上午，市信访工作联席会议召开全体（扩大）会议，认真传达学习习近平总书记等中央领导对信访工作的重要指示批示精神和全国、全省信访局长会议及市委常委会会议对信访工作的要求、市委书记周伟的批示，总结通报2021年度信访工作情况及考核结果，安排部署2022年全市信访工作任务。市委常委、政法委书记、市信访工作联席会议召集人王晓军出席会议并作了讲话，市人大常委会党组成员、市信访工作联席会议召集人薛晓宏主持会议。是日，市信访工作联席会议命名表彰"全市最美信访干部"32名。

2月22日至25日，市委常委、政法委书记、市信访工作联席会议召集人王晓军，市人大常委会副地级干部、市信访工作联席会议召集人薛晓宏，市政府副市长、市公安局局长、市信访工作联席会议召集人寇正德分别带领督查组，深入7县（市、区）、平凉工业园区（高新区）及市直有关部门，对全国"两会"信访维稳保障、信访积案化解及2022年信访工作重点任务推进情况开展实地督查。

2月28日，市委常委、政法委书记王晓军，市委组织部分管日常工作的副部长范景刚一行人到市信访局宣布关于市信访局主要领导同志职务调整的决定，市委决定由滚多雄同志任市委副秘书长、市信访局局长，免去王怀义同志市委副秘书长、市信访局局长职务。

3月8日，市政府副市长、市公安局局长寇正德到市信访局视频接访会议室接待来访群众，认真听取信访人诉求，与相关责任单位会商存在问题，研究处理意见。

3月14日，市信访局召开党员大会和支委会，补选滚多雄同志为局党支部委员，同意免去王怀义同志局党支部委员职务。选举滚多雄同志为局党支部书记，同意免去王怀义同志局党支部书记职务。

3月18日下午，市委直属机关工委书记、督查协调领导小组组长闫雪峰带领督查组，对市信访局夯实"三个基本"活动开展情况进行全面评估验收。

4月18日，市委副书记、市政府党组书记、市长王旭主持召开市政府党组（扩大）会议暨理论学习中心组学习会议，学习中共中央、国务院《信访工作条例》，安排部署有关工作。

4月29日，市总工会印发《关于命名2022年平凉市五一劳动奖和平凉市工人（劳动）先锋号的决定》（平工发〔2022〕28号），市信访局接访科科长单鑫玮荣获"五一劳动奖章"。

5月10日，平凉市《信访工作条例》宣传月活动启动仪式在人民广场举行。市委常委、政法委书记王晓军出席并宣布宣传月活动启动，市委副秘书长、市信访局局长滚多雄致辞，崆峒区委常委、政法委书记陶烨主持仪式。市、区信访工作联席会议成员单位及有关部门（单位）负责同志，市、区信访局全体干部职工及宣传员参加启动仪式。

5月11日，市委直属机关工委书记闫雪峰带领市直机关党务干部培训班70余名党务干部观摩市信访局党建工作，市委副秘书长、市信访局局长、局党支部书记滚多雄陪同。

5月12日，平凉市召开市信访工作联席会议2022年第二次全体（扩大）会议，认真贯彻《信访工作条例》和中央信访工作联席会议学习贯彻《信访工作条例》座谈会及甘肃省信访工作联席会议2022年第二次全体（扩大）会议精神，通报分析全市信访形势，对当前重点信访工作进行再动员、再部署。市委常委、政法委书记、市信访工作联席会议召集人王晓军出席会议并作了讲话，市人大常委会副地级干部、市信访工作联席会议召集人薛晓宏传达有关会议精神，市政府副市长、市公安局局长、市信访工作联席会议召集人寇正德主持会议。

5月13日，市委常委会召开会议，学习《信访工作条例》。市委书记周伟主持会议并作了讲话。

5月中旬，市委副秘书长、市信访工作联席会议办公室主任、市信访局局长滚多雄带领督查组，对7县（市、区）初信初访办理及"治重化积"专项工作进行了实地督查。通过与党政主要领导面谈、实地查看、约见信访人、召开座谈会、书面反馈督查意见等方式，重点针对中央信访工作联席会议办公室交办未化解信访积案，省、市升级调查处理重点信访事项，省、市交办重点信访事项和信访人员等，深入有关乡镇（街道）、村（社区）及信访群众中，逐事逐人面对面听取汇报、核实情况、分析问题、会商措施、提出意见，现场督办指导相关单位靠实责任、综合施策，限期推动问题有效化解。并围绕学习宣传贯彻《信访工作条例》、责任制落实、源头治理、突出问题化解、信访业务规范化、信访工作阵地及干部队伍建设等重点工作开展了调研检查。

5月25日至26日，第九次全国信访工作会议在京召开。会上，平凉市信访局被表彰为"全国信访系统先进集体"，市信访局主要负责人滚多雄同志作为会议代表参加会议并受到了习近平等党和国家领导同志的亲切接见并合影留念。

6月8日，市信访工作联席会议办公室副主任、市信访局副局长李良军一行人赴华亭升级调查处理重点信访事项并督办积案化解工作。督查组先后深入东华镇、工业园区、安口镇，通过查阅资料、约见信访人、召开座谈会等方式，对升级调查信访事项和未化解信访积案逐案进行调度，面对面倾听信访人诉求，核实前期调查处理情况，分析案件症结，指出存在问题，提出化解意见。

6月10日，市信访局组织召开全市信访基础业务培训会。会议以视频方式进行，重点对2022年度信访工作考核评分细则和信访事项"四率"、网上信访基础业务、"领导信箱"办理等方面的问题进行了解读培训。市信访局分管领导、各科室负责同志、市直相关单位信访业务人员在市主会场参加会议。各县（市、区）信访局全体干部职工及相关责任单位信访业务人员在分会场参加会议。

6月14日至18日，省信访工作联席会议办公室副主任、省信访局副局长梁兆光带领督查组督查调研平凉市信访工作。市政府副市长、市公安局局长寇正德及市委副秘书长、市信访局局长滚多雄陪同督查。督查组先后深入崆峒区、华亭市、泾川县、灵台县、庄浪县、静宁县部分乡镇、社区、村组和市直有关部门及信访群众中，通过约见信访群众、查阅资料、走访现场、座谈交流、听取汇报等方式，对集中治理重复信访化解信访积案专项工作、领导干部包案督办重点信访事项、升级调查处理重点信访事项、越级走访治理等重点工作进行了督查调研。

6月23日，市委常委、组织部部长王之臣在静宁县主持召开座谈会，现场督办化解包抓的信访积案。是日，市政府副市长王锦深入华亭市安口镇带案下访，现场协调化解包抓的信访积案。

6月27日，市直机关工委组织召开市直机关庆"七一"喜迎党的二十大"两优一先"表彰大会，会上，市信访局党支部组织委员、局办公室主任、一级主任科员梁涛同志被表彰为"市直机关优秀党务工作者"，并作为获奖代表作了大会发言。

7月5日至6日，省委副秘书长、省信访工作联席会议办公室主任、省信访局局长秦仰贤来平凉作《信访工作条例》专题宣讲报告并督查调研全市信访工作。市委常委、宣传部部长马琦，市政府副市长、市公安局局长、市信访工作联席会议召集人寇正德一同参加有关活动。市、县（市、区）、乡镇（街道）三级一千余名干部和信访部门全体干部、市委党校2022年春季主体班学员及有关教员分别在市上主会场和县上分会场聆听报告。

7月9日至10日，省委副秘书长、省信访工作联席会议办公室主任、省信访局局长秦仰贤一行人到平凉督查调研治理重复信访、化解信访积案专项工作。市委常委、政法委书记、市信访工作联席会议召集人王晓军一同督查调研。督查组先后深入华亭市东华镇和庄浪县紫荆社区、赵墩乡大庄村，通过现场看点、查阅资料、听取汇报、面见信访群众等方式，详细了解信访积案化解、重复信访处理、初信初访办理和信访安全保障等重点工作开展情况。

7月11日至15日，平凉市信访系统组织召开全市信访工作观摩调度会暨全市信访系统深化支部共建座谈会，认真盘点分析上半年信访工作和支部共建情况，就全面落实年度信访工作目标任务、推进党建与信访融合发展进行研究部署。会议采取现场观摩、研讨交流、通报情况、部署任务相结合的方式召开。市委副秘书长、市信访局局长滚多雄出席会议并作了讲话。

7月15日，市委书记、市长王旭主持召开市委常委会会议，传达学习第九次全国信访工作会议精神，研究贯彻意见。

7月26日，市委常委、崆峒区委书记王琳玺到东关街道双桥路社区现场接访，协调督办群众反映的信访问题。

8月5日，市信访工作联席会议组织召开全市信访突出问题化解推进会议，传达贯彻全省2022年下半年重点信访工作视频调度会精神和市委书记王旭对信访工作的批示要求，通报今年以来信访工作任务完成情况和当前信访形势，面对面向7县（市、区）和8个市直部门及市属企业交办重点信访事项，对信访突出问题化解和党的二十大信访稳定工作进行再部署、再调度。市委常委、政法委书记、市信访工作联席会议召集人王晓军出席会议并作了讲话，市人大常委会副地级干部、市信访工作联席会议召集人薛晓宏出席会议，市政府副市长、市公安局局长、市信访工作联席会议召集人寇正德主持会议。

8月19日上午，全省信访工作会议在兰州召开。会前，省委书记、人大常委会主任尹弘、省委副书记、省长任振鹤会见了全省信访系统受表彰集体代表和个人，并同大家合影留念。平凉市信访局副局长李良军、灵台县信访局四级调研员牛国平分别作为受表彰的"全国信访系统先进集体"、全省"最美信访干部"代表受到会见并合影。

8月24日，市委常委会召开会议，传达学习全省信访工作会议精神，研究部署贯彻落实意见。市委书记王旭主持会议。

8月26日，平凉市召开市信访工作联席会议2022年第三次全体（扩大）会议，贯彻落实全省信访工作会议和市委五届五次全会、平安平凉建设领导小组会议精神，对信访突出问题化解、信访安全保障等重点工作进行再部署、再推进。市委常委、政法委书记、市信访工作联席会议召集人王晓军出席会议并作了讲话，市人大常委会副地级干部、市信访工作联席会议召集人薛晓宏传达省上会议精神，市政府副市长、市公安局局长、市信访工作联席会议召集人寇正德主持会议。会议通报了1月至8月全市信访工作情况，向各县（市、区）和市直有关部门交办了重点信访事项。崆峒区、华亭市、泾川县作了表态发言。会议以视频形式召开。市信访工作联席会议办公室主任、副主任，市信访工作联席会议部分成员单位和市直有关部门主要负责同志在主会场参加会议，各县（市、区）分管领导和有关部门、乡镇（街道）主要负责同志在县上分会场参加会议。

8月30日下午，市委书记王旭接待来访群众并现场办公。接访前，现场查看崆峒区朝阳嘉苑部分楼房施工进度和配套设施建设情况。接着，在市人民来访接待大厅接待了来访群众代表，认真倾听群众诉求，详细了解信访事项。市领导王琳玺、张弘、杨恭一同接访。随后，王旭主持召开专题协调督办会，听取市、区相关部门及相关企业关于信访事项办理情况汇报，现场分析问题，研究解决方案，责成有关单位认真解决。

是日，中共中央、国务院印发《关于表彰全国"人民满意的公务员"和"人民满意的公务员集体"的决定》，平凉市信访局网信科科长、一级主任科员黄沿钧被授予全国"人民满意的公务员"荣誉称号。

9月14日，市委常委、统战部部长辛少波在市信访局视频会议室接待市农技推广站商住楼信访群众代表，认真听取信访人诉求，与相关责任单位会商存在问题，研究提出下一步处理意见。市信访局、市农业农村局、市住建局、市机关事务管理局、市政府国资委等有关部门（单位）负责同志参加接访。

9月18日，省委副秘书长、省信访工作联席会议办公室主任、省信访局局长秦仰贤带领督查组深入平凉市静宁县，重点对集中治理重复信访、化解信访积案专项工作进行督查调研。市政府副市长、市公安局局长、市信访工作联席会议召集人寇正德，市委副秘书长、市信访工作联席会议办公室主任、市信访局局长滚多雄一同调研。

9月20日，市委副书记、市长白振海到市信访局预约接访督办重点信访事项。

9月21日，市委直属机关工委书记闫雪峰带领督查组，到市信访局开展"党建领航促发展·忠诚向党迎盛会""六大行动"启动情况和第三季度党建工作督查调研。

10月9日，省委办公厅《甘肃信息》经验交流第1432期刊发《平凉市"三级四联"模式提升信访治理效能》稿件。10月10日，市委书记王旭在该信息上作出批示。10月29日，甘肃广电总台以《平凉：创新机制 推动信访工作显成效》为题进行了深度报道。

11月9日，市信访局由崆峒区红旗街344号市委大院平房搬迁至红旗街358号市政协机关院内，并举行挂牌仪式。

11月30日、12月4日，市委副秘书长、市信访局局长滚多雄分别接受平凉日报、平凉市电视台学习贯彻党的二十大精神专题采访。

附　录

中共平凉市委　平凉市人民政府
平凉市信访工作责任制

市委发〔2003〕22 号
(2003 年 3 月 30 日)

第一章　总则

第一条　为了进一步加强信访工作，密切党和政府同人民群众的联系，正确处理新形势下的人民内部矛盾，维护社会稳定，保障改革开放和经济建设的顺利进行，根据《甘肃省信访条例》和省委、省政府《关于认真落实信访工作领导责任制的意见》，结合我市实际，特制定《平凉市信访工作责任制》。

第二条　信访工作是党和政府联系群众的重要渠道和纽带，是贯彻党的群众路线的重要组成部分，是新时期社会主义民主政治建设的重要方面。信访工作不仅是体察民情的"寒暑表"、检验政策的"调节器"和发扬民主的重要"窗口"，而且已经成为实践"三个代表"重要思想，实现好、维护好、发展好广大人民群众的根本利益、凝聚人心、理顺情绪、化解矛盾、维护社会稳定的重要战线。

第三条　信访工作要按照"分级负责、归口办理，谁主管、谁负责，及时就地依法解决问题与思想疏导教育相结合"的原则，坚持实行信访工作责任制，切实做到职责明确，各负其责，齐抓共管。

第四条　信访工作的基本目标是：以"三个代表"重要思想为指针，通过落实信访工作责任制，使初信初访的一次性办结率达到90%以上；当年信访案件结案率达到90%以上；90%以上的信访问题解决在基层；对上一级督办案件做到件件有回音、事事有着落，努力减少群众集体访、越级访和重复访，把矛盾化解在萌芽状态，把问题解决在基层。

第二章　信访领导责任制

第五条　各级党政主要领导对本地区信访工作负总责。要把信访工作纳入重要议事日程，整体部署，统一安排；定期召开党委、政府专题会议，研究信访工作，及时解决本地区信访工作中的重要问题；亲自阅批群众来信，接待重大群众来访；解决分管领导提交的疑难信访问题；审定有关部门提出的比较重大的信访工作责任查究意见；审核签署上级领导批示给本人的信访案件办理结果、报告；解决好信访机构、信访干部队伍建设等相关的问题。

第六条　分管信访工作的党政领导对本地区信访工作负主要责任。负责信访工作领导小组工作；负责落实上级和同级党委、政府关于信访工作的指示和要求；具体部署指导和组织检查本地区的信访工作，协调处理重大或疑难信访问题；监督本地区信访工作责任查究制度的落实；负责协调涉及多个部门的信访案件；审核签署上级领导批示给本地区的信访案件办理结果、报告；帮助信访部门解决日常工作中的实际困难。

第七条　其他党政领导要把信访工作与分管工作结合起来，实行"一岗双责"，对分管部门、系统反映的信访问题负直接责任。积极主动地将重大或疑难信访问题解决在部门和系统内部，对涉及交叉的信访问题要主动配合处理。

第八条　各级党委、政府职能部门的一把手要对本部门、本系统的信访工作负总责，分管领导具体抓，其他领导协同抓。对本部门发生的信访问题要采取得力措施。组织力量及时解决；对本系统直属单位及归口管理单位发生的信访问题，要高度重视，及时督促解决；对跨地区、跨部门的信访问题，要主动协调，密切配合，共同做好工作；对群体上访引发的过激行为，有关责任部门、行业的领导同志要与信访部门密切配合，尽快平息事态，维护机关工作的正常秩序。

第九条　企业党政领导要对本企业信访问题负责，看好自己的门，管好自己的人，及时妥善处理本企业发生的信访问题。企业党组织要发挥政治核心作用，做好职工的思想教育疏导工作。企业各项重大改革措施的出台，要严格按照《企业法》和《工会法》规定的程序办事，凡涉及职工切身利益的事，必须经职工大会或职代会讨论通过；在具体改革过程中，对困难和特困企业要严格按照中央和省市的有关政策规定，妥善处理好人员分流、安置和社会保障等问题，努力从源头上预防和减少信访问题的发生。

第十条　各县区、乡镇和各部门、各单位党政领导除分别履行上述职责外，要强化基层信访工作，努力把矛盾纠纷化解在当地。对涉及职工安置、生活保障、资源权属纠纷、征地、拆迁补偿、民族宗教纠纷以及涉法问题等引发的群体性事件，要及时赶赴现场，主要领导、分管领导要靠前指挥，深入群众面对面地做好教育疏导工作，尽快平息事态，防止矛盾的扩大或激化。要深入基层调查研究，围绕易引发群体性上访的热点、难点问题，加强预测预警工作，努力从源头上化解矛盾，做到小事不出乡（企业），大事不出县（部门）。特别要加大对集体上访和越级上访的工作力度，防止越级访、集体访的发生。

第十一条　工、青、妇等群众团体的负责人要对本系统信访工作负总责，要充分发挥其广泛联系群众的优势，做好信访工作，维护工人、青年、妇女儿童的合法权益。

第十二条　各级公安部门领导负有维护正常信访秩序的重要职责，要积极掌握影响政治稳定和社会安定的集体上访事件的情况信息，及时向当地党委、政府报告；在各级党委、政府统一领导下，会同有关部门和单位的领导妥善处理群体性事件；正确处理慎用警力与依法治理的关系，维护党政机关的正常工作秩序。

第十三条　建立党委、政府定期研究信访工作制度。县区委、政府每年召开两次专题会议，专门研究信访工作，听取信访情况汇报，解决信访工作中存在的突出问题。遇到特殊情况要及时研究。各级信访领导小组每季度召开一次会议，专题研究信访工作，分析信访形势，研究解决重大疑难信访案件。

第十四条　建立领导接待来访群众制度。各级党政领导和信访量较大的部门领导要定期接待来访群众，亲自听取群众反映，协调解决重大信访案件。要进一步完善接待办法，提高接访质量和效率，对领导接访需要处理的问题，跟踪抓好落实。

第十五条　建立领导阅批重要来信制度。各级党政领导同志要经常阅批群众来信。对群众直接寄送的信件和信访部门呈送的重要来信，要亲自阅批。凡是需要办理的，要有明确的意见批交有关部门办理。对上级领导批示的群众来信，有关部门要及时查办，并向领导和信访部门反馈处理结果。

第十六条　建立领导包案制度。对集体上访问题和重大、疑难信访案件按领导分工实行包案制，包案领导要亲自组织、协调、督促有关部门限期办理，并书面报告处理结果。

第十七条　建立目标管理制度。各级党委、政府及各部门对信访工作要实行年度目标管理，明确信访工作的责任目标，年终进行检查考核，奖优罚劣。

第十八条　建立信访情况通报反馈制度。各级信访部门每季度要对信访情况进行分析通报，对集体上访和重大案件实行督查专报制度，对上级信访部门通报的重要信访案件要进行核查，逐件反馈情况。

第三章　信访办理责任制

第十九条　各级党政机关对依法有权作出处理决定的信访事项，应当直接办理，在30日内办结。情况复杂的，最多可以延长至90日。

第二十条　依法应当由上级党政机关作出处理决定的信访事项，应当及时报送上级党政机关。上级党政机关须在30日内给予答复。

第二十一条　对依法应由其他机关作出处理决定的信访事项，应当及时办理。办理机关应当在60日内办理完毕，并将结果及时报送交办机关。不能按期办结的，应当向交办机关说明情况。交办机关认为事实不清，处理不当的，应当及时向办理机关提出建议，或者退回重新办理，必要时可以直接办理。对转交不当的信访事项，接受机关应当在收到转交的信访事项之日起5日内附上书面理由，退回转交机关。

第二十二条　对依法应由人民法院、人民检察院受理的信访事项，信访人到各级党政机关信访的，各级党政机关要做好说服解释工作，避免事态发展和矛盾激化，同时告知人民法院或人民检察院做好接待工作。

第二十三条　对涉及两个或两个以上党政机关的信访事项，由所涉及的党政机关协商办理，办理有争议的，由上一级党政机关协调办理。

第二十四条　对越级到上级党政机关（包括赴市、赴省、赴京）集体上访的人员，由所属党政机关负责做好工作。对上访者反映的问题，应当及时研究解决。

第二十五条　各级信访部门要按照"分级负责、归口办理"的原则，按照上级机关或领导批示，向有关党政机关交办人民群众的信访事项，并检查督办；对重大疑难信访问题，根据领导批示直接调查，提出意见，交有关行政机关办理；定期通报信访案件和信访办理情况。

第二十六条　信访事项办结后，负责办理的党政机关或者信访工作机构，应当在5日内按照有关规定向信访人出具处理决定书或者反馈处理意见。

第四章　信访责任查究制

第二十七条　要把落实信访工作责任制的情况，作为衡量各级各部门工作和领导干部政绩的一项重要内容严格考核。对领导干部不认真履行信访工作领导职责，具有下列情形之一的，由相关部门视其情节轻重，予以处理。情节轻微的，由上级信访部门通报批评；情节严重的，由上级信访领导小组给予黄牌警告；情节特别严重的，由上级信访工作领导小组建议，同级社会治安综合治理委员会按规定给予一票否决。凡是被黄牌警告和一票否决的县区和部门、单位在一年内不能评选先进，主要领导和分管领导取消年度奖金和评先资格，并在未扭转本县、区、部门、单位信访工作被动局面之前不得晋升职务。

①对上级有关部门交办的信访案件无故推拖不办，在规定限期内不能查结上报的；

②对已经确定的正确处理意见拒不执行，致使案件久拖不决的；

③基层工作不落实，致使群体性上访、越级上访问题突出，对本市乃至全省稳定造成重大影响的；

④对管辖区群众到上级机关集体上访，不积极配合做工作或工作不力，致使上访群众长时间滞留的；

⑤对老上访户工作措施不落实，致使其长期滞京、滞省、滞市，造成不良影响的；

⑥有责任解决群众信访问题而不解决，反而纵容、指使群众越级上访，把矛盾和责任推向上级机关和领导，造成严重后果的；

⑦对在解决信访问题中措施不落实，失职、渎职，导致群体事件和重大事故发生，造成严重影响和重大后果的。

第二十八条　各级党政机关及群众团体信访工作人员在信访办理中有下列行为之一的，由本机关或者上级党政机关依照有关规定给予批评或者党纪、政纪处分，构成犯罪的，依法追究刑事责任。

①属于自己职权范围内应当从速办理的信访事项，推诿扯皮或者拒不办理的；

②对上级行政机关交办的信访事项，久拖不办，超过期限，既不报办理结果，又不说明情况，或者弄虚作假、谎报办理情况的；

③对信访人进行刁难、压制、歧视，态度蛮横，作风霸道，恶意对待或者打击报复的；

④对重大信访事项不及时采取措施办理，致使信访矛盾激化升级，造成不良影响的；

⑤参与、支持、纵容、教唆群众集体上访的；

⑥利用职权徇私舞弊，索贿受贿的；泄露信访秘密或者将检举、揭发、控告材料泄露给被检举、揭发、控告单位和人员的；

⑦应当回避，拒不回避的；袒护、包庇以上行为的。

信访人及其他公民、法人和组织发现以上各项行为可以向有关党政机关控告、检举，要求依纪、依法处理。

第二十九条　对官僚主义严重，决策有重大失误或者工作严重失职，激化矛盾，引发事端，致使群众大规模到京、到省、到市集体上访，造成不良政治影响或重大经济损失的主要领导，要给予党纪政纪处分。追究责任领导的党纪政纪处分，由上一级信访部门提出建议，按干部管理权限由纪检或监察机关具体办理。

第三十条　对落实信访工作责任制的情况要强化督办检查，每半年一次。督查工作由各级信访工作领导小组统一部署，由市信访部门具体组织实施，并通报督查情况。

中共平凉市委　平凉市人民政府
关于进一步加强和改进信访工作的意见

市委发〔2004〕14 号

（2004 年 3 月 15 日）

为了贯彻落实"三个代表"重要思想和党的十六大精神，切实维护人民群众的根本利益，努力化解人民内部矛盾，维护全市改革、发展、稳定大局，现就进一步加强和改进全市信访工作提出以下意见：

一、正确估价和分析全市信访工作形势，增强做好新时期信访工作的责任感和紧迫感

（一）清醒看待信访工作面临的新形势。目前，我市经济已进入了一个快速发展的新阶段，特别是随着经济结构调整的持续深入、城镇化进程的稳步推进、各项建设步伐的逐渐加快和经济利益格局的进一步调整，一些深层次的社会矛盾不断显露，新的问题不断出现，全市信访形势发生了较大变化。信访总量，特别是集体访、越级访、重复访较大幅度上升，已成为影响社会稳定的重要因素。主要表现为，信访行为的无序性增大，异常性、突发性事件时有发生；信访活动组织倾向明显，信访问题日益复杂，涉及面越来越广，协调处理的难度越来越大，使信访工作的任务变得非常繁重和艰巨。

（二）正确认识群众的信访活动。信访活动是人民群众陈情建言、申诉求决、民主监督、参政议政的主要方式，信访工作是党和政府发扬民主、体察民情、密切联系群众、接受群众监督的重要渠道，也是发现问题、解决问题、维护群众利益、保持社会稳定的一项重要工作。在信访工作中，既要看到当前信访总量上升是改革进程中出现的正常现象，也要看到无序的大规模的集体上访、越级上访给社会稳定带来消极影响；既要看到群众来信来访是对各级党委和政府的信任，也要看到群众在生产生活中确实存在一些实际困难亟须帮助解决，更要重视我们在思想认识和工作中存在的问题和不足；既要善于观察和把握主流，积极应对挑战，又要充分认识信访工作的长期性、艰巨性和复杂性，居安思危，树立忧患意识，切实加强和改进信访工作。

（三）切实增强做好信访工作的责任感和紧迫感。各级党委、政府一定要从贯彻"三个代表"重要思想和党的十六大精神的高度，从维护改革发展稳定大局的高度，从密切党同人民群众血肉联系的高度，充分认识新形势下做好信访工作的重要性和艰巨性，树立政治意识、大局意识，不断增强责任感和紧迫感，不断增强做好新时期信访工作的自觉性；树立抓信访就是抓稳定、就是抓环境、就是抓发展、就是抓形象的意识，始终高度重视信访工作，切实把它作为维护社会利益、维护社会稳定、促进经济发展的一项政治任务抓紧抓实抓好。

二、加强领导，全面落实《平凉市信访工作责任制》

（一）全面落实信访工作领导责任制。各级、各部门要按照"分级负责、归口办理""属地管理"和"谁主管、谁负责"的原则，认真落实信访领导工作责任制和目标管理责任制，做到任务明确，权责统一。按照责任制的要求，各级党委、政府的主要领导要认真履行第一责任人的职责，分管信访工作的领导要负主要责任，其他领导要"一岗双责"，切实处理好职责范围内的信访问题。

各级党政领导要坚持实行定期研究信访工作制度，分析本辖区、本部门的信访工作形势，研究解决重大信访问题；坚持实行领导阅批重要来信制度，对于群众直接寄送的信件和信访部门呈送的重要来信，要亲自阅批、交办；坚持实行领导干部接待群众来访制度，要定期轮流接待来访群众，亲自听取群众反映、协调解决重大信访案件；坚持领导干部包案制度，对集体上访问题和重要、疑难信访案件按领导分工实行包案制，限期解决；坚持目标管理考核制度，制定年度信访工作目标，逐级签订信访工作责任书，年终进行检查考核。

（二）全面落实信访办理责任制。各级党政机关对依法有权作出处理决定的信访事项，应当直接办理；依法应当由上级党政机关作出处理决定的信访事项，应当及时报送上级党政机关；对依法应由人民法院、人民检察院受理的信访事项，信访人到各级党政机关信访的，各级党政机关要做好说服解释工作，避免事态发展和矛盾激化，同时告知人民法院或人民检察院做好接待工作；对越级到上级党政机关（包括赴市、赴省、赴京）集体上访的人员，由所属党政机关负责做好工作；各级信访部门每季度要对信访情况进行分析通报，对集体上访、重大案件实行督查专报。

（三）全面落实信访责任查究制。要把重视信访工作，落实信访工作责任制的情况，作为衡量各级各部门工作和领导干部政绩的一项重要内容严格考核。对因工作不负责任、无视群众疾苦、失职渎职，致使矛盾激化而造成不良后果的，按照责任制的规定严肃追究有关领导的责任。

三、加强基层基础工作，努力把问题解决在基层

（一）建立健全信访工作网络。要按照巩固规范完善县一级、大力加强乡一级、延伸发展村一级的思路，进一步加强信访工作网络建设。针对城市信访总量的日益增多，重点加强市、县（区）所属部门、企事业单位和街道、社区信访网络建设，做到有机构、有人员、有制度，不断畅通信访渠道，拓宽信访工作面。

（二）加强矛盾纠纷排查调处工作。各县（区）、各部门每季度要开展一次矛盾纠纷排查工作，重大节会等特殊时期要及时组织排查，确保苗头早发现，措施早制定，争取工作主动权。对排查出的问题和不稳定因素，要及时化解。对有可能引发集体访、越级访和重访的热点、难点问题，要实行领导包案件、包查办、包结案、保稳定的"三包一保"责任制，限期解决。

（三）加大对初信初访的处理力度。对群众初信初访反映的问题，应该解决并且能够解决的，要立即解决；暂时解决不了的，要做好解释工作，取得群众的理解和信任；对提出过高或不合理要求的，也要做好说服教育工作。凡群众来访和署名来信反映问题的，应将调查处理情况反馈给来访来信人，并征求其意见。

（四）及时妥善处置和化解集体上访。各县（区）、各部门要制定处置和化解群众集体上访工作预案，建立健全部门联动机制，及时处理集体上访问题。对重大集体上访，在坚持属地管理、分级处理的基础上，要加强上下级之间、部门之间的配合，不能相互推诿扯皮，有关领导要亲自出面接待处理。

对赴市赴省集体上访，上访群众所在地和部门的党政主要领导必须亲临现场，靠前指挥，及时疏导、带离上访群众。驻兰办事处、驻京办事处要主动配合做好全市赴省进京上访群众的疏导、教育和劝返工作。市信访局要充分发挥处理群众上访问题联席会议制度的作用，协助并督促有关地方和部门化解集体上访。

（五）加强信访案件的督查督办。信访部门交办、转办的信访案件，下级党委、政府及同级部门要认真办理，并按要求及时报告情况，回复处理结果。对办结的信访案件，发现事实不清或处理不当的，信访部门要责成承办单位限期复查纠正。各级信访部门要加大信访案件自查自办力度，市信访局自办率要达到30%以上，市直部门和县（区）信访部门自办率要达到50%以上。市信访局要把工作重点放在宏观管理和信访案件的督查督办上，对特别重大或上级领导批示的信访案件，由市信访局牵头，会同有关部门进行实地调查，提出处理意见。

（六）及时上报重大信访信息。对本县（区）本部门发生的30人以上的集体访、10人以上有可能赴市赴省的集体访、有跨地区串联倾向的上访，涉及人数较多可能引发集体访的重大事故，其他可能产生严重后果或影响社会稳定的情况，各县（区）、各部门在做好处置工作的同时，要在事发后2小时内向市信访局报告，并及时续报处理进展情况，对漏报、瞒报、迟报造成后果者要进行严肃处理。

（七）努力从源头上预防和减少信访问题的发生。各级领导干部，特别是基层干部要牢固树立群众观念，切实转变工作作风，提高依法行政水平。要积极推行政务公开、厂务公开和村务公开，自觉接受广大人民群众的监督。要不折不扣地贯彻执行中央和省上的各项政策措施，防止因政策不落实或执行中的偏差而引发群众信访。要坚持民主决策和科学决策，在制定出台有关政策措施时，充分考虑人民群众的切身利益和承受能力，避免因决策失误引发社会矛盾。

四、积极探索做好信访工作的新途径，推进信访工作的法制化和规范化

（一）加大信访法规宣传教育力度。各县（区）、各部门要把《国务院信访条例》《甘肃省信访条例》

列入"四五"普法教育规划，利用多种渠道，采取多种形式，有计划、有步骤地开展信访法规宣传教育活动。要把法制宣传教育贯穿于依法治访工作之中，常抓不懈，使广大干部群众树立起依法信访的观念，为信访工作营造良好的法制环境。

（二）依法规范处理群众来信来访。各级信访部门要严格按照《国务院信访条例》《甘肃省信访条例》，依法办理信访问题。处理信访事项的程序应规范、公开，自觉接受群众监督。对应由司法相关受理的或已经进入司法程序和行政复议程序的，要引导群众按照法定程序解决。各县（区）、各部门要努力创造条件，积极推动法律工作者义务参与信访接待工作。要组织律师参与接待上访群众，对涉及法律问题的信访事项提供咨询服务。

（三）依法规范群众信访行为。要教育上访群众正确行使权利，通过依法、有序、逐级上访，反映问题。对涉及群体利益的问题，要由上访群众选派代表到信访部门或相关部门反映。对到接待场所的无序集体访，先依法整顿秩序，然后再处理问题。对不到接待场所反映问题，采取举标语、打横幅、拦截车辆、围堵冲击党政机关、堵塞交通等影响正常社会秩序的行为或以信访为名煽动闹事的人员，各级公安部门要按照属地管理原则，依法予以严肃处理。对已构成犯罪的，由司法机关依法追究刑事责任。

（四）不断探索做好信访工作的新途径、新方法。要立足新形势新任务的需要，不断研究新情况，解决新问题，积极推进信访工作的改革和发展。要创新工作思路，切实改进信访工作的方式方法，实现由注重接待上访向接待上访和主动下访相结合转变；由单一的行政手段向法律、经济、行政等手段相结合转变；由被动应付向源头预防、标本兼治、重在治本转变；由主要依靠信访部门向各级各部门齐抓共管、综合治理转变；由单纯解决信访问题向既解决问题，又宣传政策法律法规，规范信访行为转变。各级各部门既要在解决具体问题上做积极探索，也要在信访体制改革方面做有益尝试；既要坚持"分级负责、归口办理"的原则，还要积极探索解决"无口可归""多口难归"等信访问题的有效途径，努力提高信访工作的实效。

五、理顺体制，强化职能，不断提高信访部门工作水平

（一）完善信访工作体制，强化信访部门职能。按照中央的精神和省委、省政府的要求，各县（区）要理顺信访工作机构，成立信访局。强化信访部门职能作用。信访部门在有效行使信访案件交办权、查办权和协调裁决权的同时，可对同级职能部门和下级党委、政府在信访工作方面行使督导、批评、通报和责任追究建议权。

（二）努力改善信访工作条件。各级党委、政府要重视解决信访部门的实际困难，保证信访工作经费，改善办公接访条件，以确保信访工作的顺利开展。要加大信息化建设力度，市信访局要尽快建立和完善信访工作信息化办公系统，力争早日与省信访局联网。各县（区）也要按照市上信息化建设方案，尽快并入市委信息网，完成省、市、县（区）联网。

（三）加强信访干部队伍建设。各级党委、政府要注意优化信访干部队伍结构，把政治素质高、业务能力强、懂法律、善于做群众工作的干部选拔充实到信访部门。要关心信访干部，加大信访干部的交流使用力度。要进一步加强教育和培训工作，不断提高信访干部队伍的整体素质，使之与新形势新任务的要求相适应。

中共平凉市委　平凉市人民政府
关于用群众工作统揽信访工作的实施意见

平发〔2011〕38 号

（2011 年 10 月 10 日）

为深入贯彻党的十七大和十七届五中全会精神，进一步密切党和政府同人民群众的血肉联系，维护社会和谐稳定，根据《中共甘肃省委甘肃省人民政府关于用群众工作统揽信访工作的若干意见》（甘发〔2011〕6 号）精神，结合我市实际，现就以群众工作为统揽，进一步做好新形势下的信访工作提出如下实施意见。

一、深刻领会用群众工作统揽信访工作的实质内涵，牢固树立信访工作新理念

群众工作是我们党的优良传统和政治优势，是一项全局性、经常性的工作，贯穿于党和国家工作的各个领域和各个方面。信访工作是党的群众工作的重要组成部分，是送上门来的最直接、最现实的群众工作。用群众工作统揽信访工作，是信访工作的本质属性和内在要求，是信访工作适应新形势、新任务、新要求的必然选择，是加强党的群众工作、促进科学发展的有效途径，也是加强和创新社会管理、构建和谐社会的重要内容。随着改革发展不断深入，人民内部各种利益矛盾大量地以信访形式表现出来，及时认真解决好人民群众信访反映的各类利益诉求，成为新形势下最重要的群众工作。各级党委、政府要把信访工作放在党的群众工作的全局中去把握，跳出信访抓信访，以新理念推动新发展，在体制机制、方式方法、阵地载体、经费保障、队伍建设等方面积极探索，使信访工作与党的群众工作、政府的社会管理工作有机融为一体，形成信访工作从源头上做、全过程做、靠大家做的新局面，在更好地服务人民群众、化解社会矛盾、促进社会和谐中发挥更大作用。

二、健全完善用群众工作统揽信访工作的长效机制，推动构建信访工作新格局

1. 健全完善维护群众权益工作机制。各级党委、政府要充分发挥在调节社会利益关系中的主导作用，努力提高群众工作能力和社会管理水平，统筹兼顾、公正合理、及时有效地解决好不同群体利益诉求。各级人大、政协和纪委、法院、检察院以及工会、共青团、妇联等人民团体要在党委统一领导下，积极主动听取群众意见，协同解决群众反映问题。各有关部门和单位要把群众工作融入改革发展的全过程，通过加强党务政务公开、严格行政执法、行业监管自律等途径，及时回应广大人民群众的重大关切，切实维护广大人民群众的民主权利和根本利益。要重视加强青少年、妇女、儿童、农民工、困难群众和残疾人等重点群体、弱势群体的维权工作，最广泛地凝聚和调动社会各方面的力量，形成与构建"和谐平凉"目标任务相适应的维护群众权益机制。

2. 健全完善社会稳定风险评估机制。各级党委、政府要把推进民主科学决策与社会稳定风险评估结合起来，在事关群众切身利益的重要政策、重大改革举措、重点工程建设项目等重大事项决策之前，要广泛听取群众意见，认真开展稳定风险评估，做到有明显不稳定风险的政策不出台、绝大多数群众不支持的项目不立项，保证作出的决策符合国家法律法规和有关政策规定，符合人民群众根本利益，使党委、政府的科学决策变成广大群众的自觉行动，努力从源头上预防和减少社会矛盾。

3. 健全完善矛盾纠纷排查化解机制。要把信访工作的重心从事后处理转移到事前排查化解上来，进一步健全基层工作网络，坚持日常排查、定期排查、专项排查和重要敏感期集中排查相结合，及时发现社会矛盾纠纷和不稳定因素。对排查出的矛盾纠纷，要动员和组织各方力量，综合运用政策、法律、经济、行政等手段和教育、协商、调解、疏导等办法，及时就地化解，做到小事不出村（社区）、大事不出乡镇（街道）、矛盾不上交。

4. 健全完善领导接待群众工作机制。各级党委、政府领导同志要亲自阅批接待群众重要来信来访，并抓好督促落实。市委、市政府领导接待群众来访采取预约接待或带案下访的方式，每季度至少安排1至2天时间；县（区）委书记、县（区）长每月至少安排1天时间接待来访群众，每个工作日都要有1名县级领导值班接待群众来访；市直部门和中、省驻平单位领导每周至少安排1天时间接待来访群众，信访问题突出的单位要适当增加接访次数；乡镇（街道）领导干部要随时接待群众来访。要认真落实"谁主管、谁负责"的信访工作原则，进一步强化部门单位的责任意识，严格考核问责，形成工作合力，及时、就地化解各类矛盾。要把访民情、听民意、惠民生行动与联系群众、服务群众、团结群众的工作有机结合起来，进一步密切党群、干群关系。

5. 健全完善信访问题协调督办机制。建立党委政府统一领导、联席会议牵头协调、信访部门组织实施、各职能部门共同参与的工作机制，深入开展"两访"（来市进省集体上访、进京非正常上访）治理、信访积案化解等集中整治活动，多措并举，综合施策，着力解决好经济社会发展和社会管理等方面群众反映的突出问题。要严格落实党政领导包案、机关干部下访、案件督查督办和信访问题突出地区通报和谈话、信访责任追究等制度，进一步加大督查督办力度，推动信访突出问题及时妥善解决。

6. 健全完善信访事项三级终结工作机制。规范落实信访事项"三级终结"制度，逐级依法按政策做好群众信访诉求的答复、复查、复核工作，做到事实清楚、证据充分、定性准确、程序规范、档案完备。严格落实有权处理机关信访事项首办责任，使大多数信访事项在首办环节终结。对已经"三级终结"的信访事项，由市信访联席会议办公室审核认定后上报省联席会议办公室备案，录入全国信访信息系统案件终结数据库，实行"三不一公告"（不受理、不交办、不统计，在接待场所或媒体对外公告），实现"案结事了""结案息诉"的目标。

7. 健全完善规范信访秩序工作机制。进一步加大《信访条例》等法律法规的宣传教育力度，依法规范信访工作者的工作行为和信访人的信访行为，努力营造文明、和谐、高效的信访环境。各级党政机关及工作人员要强化为民意识，坚持以人为本，认真负责地处理群众来信来访事项，倾听群众的意见和建议，及时妥善解决群众反映的合理诉求。要引导群众正确履行公民权利和义务，以理性合法有序的形式表达利益诉求、解决利益矛盾，自觉维护社会和谐稳定。对所反映问题已经处理到位，仍重复上访、缠访、闹访的，要动员社会各方力量，采取思想疏导、救助救济等综合措施，使其息诉罢访。对策划、煽动、组织不明真相群众聚众上访者，以及信访活动中少数人违反有关法律法规，损害国家、社会、集体利益和其他公民合法权益的行为，要依法严肃处理。

8. 健全完善处置群体性事件工作机制。各级党委政府和有关部门要制定工作预案，靠实工作责任，积极预防和妥善处置群体性事件。群体性事件发生后，有关县（区）、部门主要领导要靠前指挥，全面掌握事态发展状况，准确把握群众的心理和情绪，做好疏导和化解工作。加强部门之间的协调联动，建立信息通报制度，有针对性地采取处置措施，及时稳控现场局面。加强舆论引导，第一时间发布权威信息，做到及时准确、公开透明，妥善回应社会关切，赢得群众理解和支持。

三、积极探索用群众工作统揽信访工作的途径方法，不断提高信访工作新水平

1. 全面畅通信访渠道。各级各部门要充分尊重和保护人民群众的信访权利，热情文明接待群众来访，认真负责办理群众来信。要积极拓宽社情民意表达渠道，通过开通群众来信绿色邮政、专线服务电话、市（县区）长信箱、网上信访等多种形式，引导群众更多地以书信、电话、电子邮件等形式表达利益诉求，确保社情民意顺畅上达。要充分利用已建成的信访信息系统平台，为群众反映问题、提出意见和建议、查询办理情况提供便利条件，真正做到让群众理有处讲、怨有处诉、困难有处反映、问题有处解决。

2. 大力措办为民实事。各级党委、政府要更加重视社会建设和管理，推进基本公共服务均等化，大力措办为民实事，着力解决好扩大就业、社会保障、公共卫生、基础设施、城乡住房、生态环境、教育文化、权益保障等人民群众最关心、最直接、最现实的民计民生问题，让人民群众在政治上受尊重、权益上有保障、经济上得实惠。要加大困难群体社会化救助工作，采取政府救助、社会救济、民间互助等方式，保障困难群众的基本生活。

3. 严格依法按政策办事。各级党员干部要带头学习法律知识，增强法制观念，严格按照法律和政策规定开展工作，不断提高运用法律手段和政策规定协调关系、化解矛盾的能力。要切实改进干部思想作风和工作作风，坚持用群众观点思考问题，把群众工作的触角延伸到村居、社区，多做人对人、面对面、心交心的工作。要教育引导群众增强法律意识，以理性合法的形式表达利益诉求、解决利益纠纷、维护自身权益。

4. 加强基层民主建设。要切实保障人民群众的知情权、参与权、表达权、监督权，组织群众积极参与民主选举、民主决策、民主管理、民主监督，全面推行政务公开、村务公开、厂务公开等公开办事制度，增强工作透明度。各级党政机关和工作部门要定期开展"群众代表评机关"和"民主评议行风"等活动，把群众的满意程度作为衡量评价工作的重要依据。

5. 弘扬良好社会风气。要结合创先争优活动开展，注意培养、发现、运用群众工作先进典型，营造崇尚先进、学习先进、争当先进的良好风气，增强群众工作的亲和力和感染力。要组织好基层群众性精神文明创建活动和道德建设活动，注重实效，发挥文明单位、文明村、文明户和道德模范的示范带动作用，提高城乡社会文明程度。

6. 引领网上正面舆论。深入研究网上舆论引导的特点和规律，有效引导网上舆论，掌握网上宣传的主导权，增强网上宣传的主动性、针对性。加强与网民的网络互动，用群众听得明、看得懂、信得过的语言回答群众关心、关注、关切的问题。加强互联网管理，密切关注网上舆情热点，加强分析研判。建立壮大网上评论员队伍，积极主动开展正面引导，解疑释惑，疏导情绪。

四、切实强化用群众工作统揽信访工作的保障措施，努力开创信访工作新局面

1. 加强组织领导。以党委、政府为主导，切实加强对信访工作的组织领导，充分发挥信访联席会议的综合协调作用，形成上下联动、综合施治的工作合力。各级党委、政府主要负责人是信访工作的第一责任人，要亲自抓、负总责；分管领导是主要责任人，要具体抓、搞好协调；其他领导成员担负"一岗双责"的职责，抓好分管部门和单位的信访工作。县（区）信访联席会议召集人由县（区）委书记担任。党委常委会议、政府常务会议要定期听取工作情况汇报，及时研究解决信访工作中的热点难点问题，每年召开一定形式的工作会议，研究部署信访工作。各部门都要根据职能分工，把开展业务工作与做好信访工作同部署、同落实、同检查。

2. 理顺体制机制。积极借鉴外地先进经验，开展用群众工作统揽信访工作试点，通过不断总结完善，逐步建立和形成符合工作实际的体制机制和运行模式。市上确定崆峒区为试点县（区），先行先试、总结经验，其他县也要结合各自实际，在信访工作职能定位、机构设置等方面积极探索实践。有关信访部门增加群众工作职能和机构、编制、人员、领导职数等事宜，按规定权限和程序，由市、县（区）编制部门商信访部门提出具体方案予以落实。

3. 加强队伍建设。要高度重视信访部门领导班子和干部队伍建设，选派政治素质好、工作能力强、群众经验丰富的干部从事信访工作，配齐配强工作力量。要将信访部门作为教育、培养、锻炼党员干部的重要基地，建立"双向挂职锻炼"制度，有计划地选派新提拔干部到信访部门、信访干部到地方及其他部门进行挂职锻炼，提升群众工作能力和水平。要从政治上关心信访干部成长，对群众工作能力强、工作业绩突出的，适时予以提拔，对长期从事信访工作的干部，要有针对性地安排进行跨部门交流。要高度重视关心信访干部身心健康，落实信访干部岗位津贴和公休假制度，定期对信访干部进行体检。

4. 打造工作阵地。整合力量资源，打造群众诉求表达和为民排忧的工作平台。市、县（区）设立群众来访接待大厅，组织重点职能部门开设窗口、派驻人员、挂牌办公、联合接待，实行群众诉求"一站式受理、一条龙服务、一揽子解决"；乡镇（街道）通过整合信访、综治、司法、民调、群团等工作力量，打造解决问题、化解矛盾的群众工作场所。群众来访接待大厅和工作场所由本级政府通过内部调剂、立项建设等方式解决，对经济困难、基础薄弱的地方，市发改、财政等部门要给予项目资金支持。

5. 保障工作经费。市、县（区）两级设立信访专项资金，用于妥善解决特殊疑难信访个案，逐步解决信访工作保障中存在的突出问题。信访专项资金以当地总人口为基数，按照市级人均 1 元标准，县（区）可依据财力状况确定标准，列入本级财政预算，并随财力增长逐年增加。

6. 严格考核奖惩。将信访工作纳入各级领导班子和领导干部考核指标体系，作为领导班子评价和领导干部奖惩的重要指标。把群众合理诉求是否能够及时解决、"两访"问题是否能够明显减少、违法信访行为是否得到矫正处理、基层基础工作是否得到切实加强作为衡量信访工作成效的主要标准，进一步完善考核办法，加大奖惩力度。各级纪检监察和组织部门要重视信访工作绩效考核及奖惩结果的运用，健全信访突出问题地方通报谈话制度，加大信访工作责任追究力度，确保各项要求切实落到实处。

后 记

志书具有存史、育人、资政的重要作用。编纂一部完整记录新中国成立以来平凉信访工作发展历程和主要成就的志书，是全市广大信访工作者矢志不渝的心愿。

2015 年时，市信访局即谋划提出编纂《平凉信访志》的设想，但由于种种原因未能付诸实施。2020年起，市信访局将《平凉信访志》编纂工作摆上重要议事日程，列为全市信访工作重点任务，组建形成编委会和编纂工作组，调动集聚市信访局全体人员乃至全市信访系统力量，历时 3 年、接续奋进，反复雕琢、数易其稿，克服部分年代历史资料短缺、新冠疫情影响、编纂任务繁重等重重困难，终于完成了志书编纂工作，一举填补了平凉没有信访工作方面志书的空白。

这部志书是集体智慧的结晶，凝结了全体编纂人员和许多关心支持志书编纂工作的领导、专家及有关同志的心血。编纂过程中，市信访工作联席会议召集人给予亲切关怀指导，市级机关及部门（单位）和县（市、区）信访部门均倾注大量精力、给予鼎力支持；市地志办及有关专家学者对志书编纂评审倾心指点把关，使志书编纂工作得到有力保障。在资料征集期间，陈黎萍、范凤林、岳彦杰、曹百芳、董永昌、李怀荣、荆世雄等老同志及已故老同志亲属和李良军、史维君、付小江等已调离市信访局的领导干部，无私提供珍贵的图文资料和佐证信息，力所能及关心帮助编纂事宜。摄影家徐振华同志、篆刻家保长清同志无偿提供封面摄影图片和封底篆刻作品。市信访局领导班子 10 余次部署调度编纂工作，在编写大纲、框架完善、方向把握、史料考证、内容修改等方面勠力求索、守正求进、精益求精，终得圆梦成真、脱稿付样。周晓宁同志在临近退休前，不辞辛劳撰稿组稿统稿，亲自执笔撰写综述、机构编制、新中国成立以来历年信访工作简述及一些业务章节的内容 10 万余字。志书各章节编纂人员均尽心竭力完成编纂任务，其中：信访干部章节由王勇、赵永福、乔婷同志撰稿；信访工作联席会议机制、信访工作典型经验、表彰奖励、优秀论文、党的建设、信访艺苑章节及附录由梁涛、朱旺春、安云霞等同志撰稿；网上信访章节由黄沿钧、马华、马顺义同志撰稿；信访保障、来访接待章节由单鑫玮、王小珍同志撰稿；信访督查、典型案例章节由李军、高小钟、方淑荣同志撰稿；信访工作制度改革、信访事项复查复核章节由杜培林、李转转、陈蕊同志撰稿；大事记由赵永福、乔婷同志撰稿；涉及县（市、区）和其他市级机关及部门（单位）的志书内容，由相关县（市、区）信访局和市级机关及部门（单位）编纂人员撰稿。赵永福、乔婷、安云霞等编纂业务人员恪守职责、苦干实干，做了大量扎实细致有效的具体工作。在此，向所有为《平凉信访志》编纂付出心血的领导、专家和同仁们表示衷心的感谢！

编纂首部《平凉信访志》，对我们来说是一项具有开拓性、挑战性的工作，加之时间跨度大、部分资料阙如、编者水平有限，书中疏漏之处在所难免，恳请读者包涵斧正。

编 者

2023 年 9 月